융·복합 시대의 공교육 혁신

Innovation of Public Education in the Age of Convergence

한국교육학회 편

박영story

머리말

PREFACE

요즘 우리들은 책에서보다는 인터넷을 통해 퍼져 있는 다양한 컨텐츠를 통해 정보를 얻고, 지식을 습득하고, SNS을 통해 대화를 즐겨하고 있습니다. 최근 Youtube 등의 플랫폼을 통해 1인 미디어시대가 보다 보편화되면서 초등학생부터 손쉽게 자신만의 고유한 콘텐츠를 창조하여 전 세계인과 공유하고, 다양한 사람들로부터 피드백을 받고 상황은 재미를 넘어 산업으로 그리고 학습의 한 유형으로 자리하고 있습니다. 이러한 시대의 교육변화는 고등교육에서는 미네르바 대학을 필두로, 직업교육에서는 에꼴 42, 초중등교육에서는 칸아카데미 등이 대표적 사례로 논의되고 있습니다. 이들은 우리가 이미 가지고 있던 다양한 속성들을 융복합하여 탄생한 새로운 교육의 새로운 얼굴입니다. 우리가 예견하는 혁명적 시대의 변화는 기술산업에서 이미 시작되었고 우리 삶에서 서서히 그 모습을 드러내고 있습니다.

'敎育 百年大計'란 과거－현재－미래의 통시적인 시각에서 교육의 중차대한 역할과 거시적인 계획의 필요성을 상징하는 말입니다. 오늘날 한국의 교육현실을 조망할 때, 우리는 이 말의 의미를 재해석할 필요가 있습니다. 정치, 경제, 사회, 문화, 과학기술, 생태환경 등 모든 분야에 걸친 변화는 그 속도와 질적인 면에서 이전 시대보다 훨씬 더 급격하고 복잡합니다. 교육 분야도 응당 이러한 변화에 대한 체계적이고 적극적인 대응이 필요할 것입니다. 한국의 교육은 해방 이래 해외의 교육이론과 제도들을 수용하고 우리 사회의 특수성을 고려하여 상당한 발전을 이루어 왔습니다. 그럼에도 한국교육은 21세기의 급변하는 상황과 사회의 다양한 요구들에 대한 합리적인 대응을 위해 이론적 측면 및 정책·제도적인 측면에서 해결해야 할 과제들이 많다고 봅니다. 이러한 과제들은 교육연구자뿐 아니라 교육행정가, 교사, 학부모 등 다양하고 폭넓은 교육 관계자들이 머리를 맞대고 심의(審議)하여야 할 것이며, 특히 교육연구는 이러한 논의를 수렴하여 이론적 방향과 실제적 문제들을 고려한 교육개혁의 초석이 되어야 할 것입니다. 하지만 그간의 한국교육은 상당한 발전적 성과에도 불구하고, 현재와 미래의 당면 문제 및 변화의 양상에 대한 효과적인 대응이 부족하였습니다. 한국교육의 발전을 위한 이러한 대응은 크게 보면 인간과 사회에 대한 근본적 통찰의 '인문적/기초과학적 연구'와 변화하는 환경에 상응한 실용적인 방법을 모색하는 '응용과학적 연구'가 융·복합적으로 이루어질 때 가능합니다. 또한 미시적으로는 교육의 내용과 방법 면에 있어서도, 복잡하고 급변하는 상황에서 다양하고 복잡한 지식과 정보를 종합하여 해당 문제에 창조적으로 적용할 수 있는 능력을 지닌 '제4차 산업혁명 시대'가 요구하는 '융·복합적 인재'를 키울 수 있는 교육방향이 모색되어야 할 것입니다.

이러한 시대적 교육적 요구에 한국교육학회는 2018년 학술대회 주제를 "융·복합시대의 공교육 혁신"으로 정하였습니다. 기획주제를 교육의 주요한 영역에 상응하여 크게 4영역으로 구분하고, 제1영역은 융·복합시대의 인재양성으로 미래사회에서 요구되는 역량과 진로교육, 공동체와 민주시민교육을, 제2영역은 융·복합시대의 교육과정과 평가로 융·복합교육과 통합교육, 융·복합시대의 교수학습과 평가를 다루고, 제3영역은 융·복합시대의 대학교육으로 고등교육의 위기와 기회, 고등교육의 공공성 및 경쟁력 강화를, 제4영역은 융·복합시대의 교원전문성 신장으로 교원 양성기관 질 관리 및 교원 인사제도 개선을 탐구하였습니다.

이 책은 2018년도 한국교육학회 연차학술대회의 기획주제발표들을 모아 편집한 것으로, 대회에 참석하지 못한 많은 분들과도 융·복합시대의 공교육 혁신의 방향을 함께 고민해보기 위한 취지로 기획되었습니다.

지난 학술대회의 논의가 급변하는 변화에 현재의 공교육을 날카로운 시선으로 다각적으로 분석하고 입체적인 사고로 변화를 이끌고자 하는 초석이 되기를 기대합니다. 이 책을 통하여 급변하는 사회와 공교육의 현실에 맞추어 창의적이고 혁신적인 교육을 모색하며 다양한 교육적 문제를 명확히 진단하고 합리적인 해결책을 찾는 계기가 될 수 있기를 기대합니다. 이 책이 제작될 수 있기까지 협력해주신 발표자들과 출판을 맡아 준 박영스토리 안상준 상무님 이하 관계자 여러분들께 감사의 말씀을 드립니다.

2018년 10월

한국교육학회 편

차 례

CONTENTS

기획주제 발표 1: 융·복합 시대의 인재양성

1주제 / 미래사회에서 요구되는 역량과 진로교육 … 7
발표자/양흥권(대구대학교)

2주제 / 공동체와 민주시민교육 … 57
발표자/장수빈(세인트메리스컬러지), 한동숙(미시건주립대학교)

기획주제 발표 2: 융·복합 시대의 교육과정과 평가

3주제 / 융·복합 교육과 통합교육 … 87
발표자/오찬숙(수주고등학교)

4주제 / 융·복합 시대의 교수학습과 평가 … 157
발표자/이인회(제주대학교)

기획주제 발표 3: 융·복합 시대의 대학교육

5주제 / 고등교육의 위기와 기회 … 191
발표자/허지숙(아주대학교)

6주제 / 고등교육의 공공성 및 경쟁력 강화 … 243
발표자/신현석(고려대학교)

기획주제 발표 4: 융·복합 시대의 교원 전문성 신장

7주제 / 교원 양성기관 질 관리 … 275
발표자/남수경(강원대학교)

8주제 / 교원인사제도 개선 … 313
발표자/정바울·김재원(서울교육대학교)

1주제

미래사회의 인재상에 대응하는 교육변혁 방향: 역량교육과 진로교육을 중심으로

양흥권(대구대학교)

1주제
미래사회의 인재상에 대응하는 교육변혁 방향
: 역량교육과 진로교육을 중심으로

양흥권(대구대학교)[1)]

Ⅰ. 서 론

교육은 인류사의 각 시기에 걸쳐 해당 시대의 인재를 양성하여 충원함으로써 사회의 유지와 발전에 기여해 왔다. 이 같은 측면에서 볼 때 교육은 사회의 유지와 발전을 보장하는 중요한 사회제도이다. 인류의 역사를 생산양식을 준거로 구분하면 원시시대, 목축·농경시대, 산업시대, 지식정보화시대, 제4차 산업혁명기로 구분 할 수 있다. 주지하는 바와 같이 원시시대의 생산양식은 자연으로부터 수렵과 채집에 의존하였다. 목축시대는 가축 사육으로 필요한 재화를 생산하였고, 농경시대에는 농사를 지어서 먹을 것을 마련하였으며, 산업시대에는 1차 산업으로부터 얻은 자원을 가공하여 부가가치를 창출하는 방식의 생산이 이루어졌다. 지식정보화 시대에는 1차 산업이나 2차 산업보다도 지식과 정보에 기반한 3차 산업과 서비스업이 생산의 중요 부문을 점한다.

그런데 이 같은 인류 생산양식 변화는 해당 사회구성원들에게 그

---

1) 대구대학교 교수, 대구대학교 평생교육원 원장, 한국평생교육학회 이사, 감사, 한국평생교육총연합회 부회장. 전 한국교육학회 편집위원, 전 한국교육개발원 부연구위원. heungkweun@hanmail.net.

같은 생산에 필요한 능력을 필요로 한다. 즉, 원시시대에는 수렵과 채집을 잘하는 사람이 필요했으며 이 같은 기술은 일상의 경험을 통해 자연스러운 교육과 학습으로 습득되었다. 목축시대에는 가축사육과 목초지를 찾아내는 능력이 필요하였고, 농경시대에는 농사짓는 기술이 필요하였다. 목축기술과 농업기술은 생산 현장의 체험을 통해 학습이 이루어졌다. 농경시대까지의 생산기술의 학습은 별도의 교육기관 없이 생산현장에서 이루어졌다. 물론 목축과 농경시대에도 교육이라는 인류의 생활양식이 있었고, 교육기관도 있었지만 여기서의 학습은 주로 인문교양교육과 전투기술교육, 종교교육을 중심으로 전개되었다.

일반인 모두를 대상으로 하는 공적 형태의 국민교육제도가 형성되고 학교에서 직업 기술에 대한 교육이 본격적으로 이루어진 시기는 산업혁명 이후 공장에서 본격적인 생산이 전개되면서부터이다(김신일, 2015). 이 시기의 학교교육은 생산현장에서 일할 수 있는 기초적 문해능력과 직업기술, 직업윤리와 국가관에 관한 교육이 이루어졌다. 이 시대의 교육은 초등단계와 중등단계의 학교를 중심으로 전개되었다. 오늘날 지식정보화 사회의 도래로 인하여 학교교육은 새로운 전기를 맞게 되는데 학교에서는 기초문해능력과 독·서·산 교육은 물론 창의력, 정보화기기 사용능력, 의사소통 능력, 자기주도학습력, 협업능력 등 이전의 산업사회와는 다른 새로운 능력에 대한 교육이 필요하게 되었다. 정보화사회, 지식기반사회에서 성공적으로 직업생활과 사회생활에 적응 할 수 있는 능력을 기르기 위한 목적의 교육이 필요한 것이다. 오늘날의 사회 구성원들이 보편적 교육수준은 과거 중등교육을 넘어 고등교육에 이르고 고등교육 이후에도 추가교육, 계속교육이 이루어지고 있다.

그런데 근래에 인류는 교육에 있어서 새로운 전환기를 맞고 있다. 오늘날 교육은 지식정보화사회가 필요로 하는 인재를 육성하는 것에도 어려움이 있음에도 불구하고 과학기술의 비약적 발전과 각 분야의 기술의 융·복합으로 인해 제4차 산업혁명이 사회전반적 영역에서 급속히 전개됨에 따라 이 같은 시대에 대응하기 위한 새로운 능력을 갖춘 인재양성이 필요한 시대를 맞고 있다.

즉, 현재 인류는 제4차 산업혁명의 전개로 인하여 미래사회가 필요로 하는 새로운 인재양성의 필요성에 직면하고 있다. 더불어 그동안 인류가 구축해온 학교교육제도의 한계와 모순이 절정에 이름에 따라 학교교육제도의 전반적 변혁과 개선이 필요한 시점을 맞고 있다. 즉, 제4차 산업혁명으로 전개되는 새로운 사회에 필요로 하는 인재양성과 전통적 교육제도의 변혁의 필요성이 맞물리면서 교육 대변혁이 절실히 필요한 시점을 맞고 있다.

이하에는 이 같은 전제에 기반하여 현 시대와 미래사회가 필요로 하는 인재상에 대하여 탐색하고 이를 기반으로 이 같은 인재를 양성하기 위한 교육은 어떤 모습과 기능을 해야 하는가에 대하여 교육의 전반적 측면에 대하여 논의하고자 한다. 이 글에서는 특히 교육내용과 방법으로서의 역량교육과 진로교육 차원에서의 인간의 전생애 발달을 지원하는 평생학습 지원체제를 중심으로 살펴보고자 한다. 이를 위해 우선적으로 교육변혁의 방향과 교육변혁의 내용에 대하여 논의하고자 한다.

II. 미래사회의 인재상

1. 산업발전과 사회변화

근래 세계적 화두의 하나는 제4차 산업혁명으로 불리는 과학기술의 급속한 발전과 과학기술의 융·복합을 통한 기술의 급속한 진보, 그리고 이 같은 기술진보가 수반해올 것으로 예상되는 급격한 사회변화이다. 어떤 학자들은 제4차 산업혁명에 대한 논의가 시기상조라고 보는 이들도 있지만, 또 다른 학자들은 이 같은 변화가 곧 현실에서 급격하게 진행될 것으로 보는 이들도 있다. 이 같은 두 주장은 모두 속도와 시기의 차이일 뿐 향후 과학기술의 융·복합을 통한 사회의 전반적 변화가 전개될 것이라는 점에는 동의하고 있다. 이 절에서는 제4차 산업혁명의 원인과 전개양상과 향후 이 같은 과학기술 융·복합의 영향으로 인한 사회변화에 대하여 논의하고자 한다.

제4차 산업혁명이라는 용어는 2016년 스위스 세계경제포럼에서 처음 사용된 이후 전 세계적 화두어가 되고 있는데, 해당 포럼의 창립자 클라우스 슈밥에 의하면, "제4차 산업혁명이란 물리적 영역, 디지털 영역, 생물학 영역의 경계가 허물어지는 융·복합 산업혁명"을 말한다(류태호, 2017). 즉 기술 간의 경계가 없어지는 가운데 각 영역의 기술의 융·복합이 전개되어 다양한 새로운 기술이 인간 삶의 여러 부문에 영향을 미치는 것을 의미한다. 이처럼 제4차 산업혁명의 동인은 과학기술의 급격한 발전과 서로 다른 영역 간의 연계와 융·복합이다. 구체적으로 지능정보기술인 인공지능, 사물인터넷, 클라우드, 빅데이터, 모바일 기술 등의 발달을 동인으로 한 초지능, 초연결 사회로의 급격하고 광범위한 생산과 생활양식의 진화를 말한다(김진숙, 2017).

과학기술의 급격한 발달과 다양한 영역 간의 융·복합은 인간의 일상적 삶에 직접적 변화를 가져올 것으로 예상할 수 있다. 예컨대, 자율주행자동차를 타고 다니고, 인공지능을 장착한 로봇과 함께 생활하고, 유비쿼터스 기술과 사물인터넷 기술로 인하여 시간과 공간의 제약 없이 인터넷 접속이 가능해지며, 생명공학기술과 3D프린팅 기술의 융합으로 인간의 장기를 인공적으로 만들어 내는 기술도 곧 현실화될 것으로 보고 있다. 이처럼 제4차 산업혁명의 전개는 인류의 일상적 삶의 양식에 큰 변화를 가져올 것으로 예견된다. 즉, 사회의 정치, 경제, 노동, 사회, 교육, 문화, 여가, 스포츠 등 전반적 영역에 급속하고 큰 변화가 전개될 것으로 예상된다.

제4차 산업혁명이 우리사회의 많은 영역에 영향을 미칠 것으로 보이는데, 이 중에서 인류가 특별히 주목하는 부문은 경제와 노동 영역이다. 제4차 산업혁명으로 산업계에 급격한 변화가 이루어질 것이다. 생산 자동화와 로봇과 인공지능의 투입이 이루어질 것이며, 새로운 혁신적 제품들이 생산될 것이다. 이 같은 변화 속에서 노동의 형태변화와 새로운 고용창출이 이루어질 것으로 예상되는 주장과 인공지능과 로봇으로 인해 인간의 일자리가 많이 사라질 것으로 우려하는 주장이 대두되고 있다. 또한, 인공지능 로봇과 인간이 어떻게 공존해야 하는가 하는 문제에 대해서도 사람들의 관심이 높아가고 있다. 일자리 문제는 인류의 경제적 삶과 직결되어 있으며, 인공지능과의 공존문제는 인공지능이 인간을 지배하는 시대가 도래하지 않을까하는 우려로 인한 것이다.

우선 일자리 문제에 있어서는 많은 영역의 일자리가 인공지능과 로봇으로 대체될 가능성이 있다. 그러나 인간을 꼭 필요로 하는 일자리는 인간과 인공지능이 상호 협력하여 일하는 형태로 노동이 변화할 것이다. 산업발달로 인해 새로운 산업에 종사하는 사람들이 늘어날 것으로 전망하는 이들도 있다.

그런데 인공지능이 인간을 지배할 우려가 있다는 것은 지나친 우려라는 시각이 있는데 이는 아직 인간의 뇌와 인지가 어떻게 작동하는가에 대하여 충분한 연구가 이루어지지 않았는데, 인간의 종합적 사고력을 능가하는 인공지능이 곧 나타날 것으로 보는 것은 과학기술의 발달에 대한 지나친 우려라고 보는 시각도 있다(김희철, 2017).

향후 제4차 산업혁명의 여파로 인하여 인간 삶의 많은 부분에 급격한 변화가 이루어질 것으로 보인다. 이 같은 변화로 인하여 인간의 삶은 더욱 편리해지고, 다양한 영역 간의 융·복합화가 이루어져서 인간의 생활양식에 적지 않은 영향을 미칠 것으로 예견된다. 인간의 평균수명이 늘어날 것이며, 노동환경이 개선되고, 인간은 이전보다 안락한 생활을 할 수 있을 것으로 기대된다. 그런데 여기서 중요한 점은 제4차 산업혁명이 이끌어올 시대변화의 방향과 내용이 아직 확정된 상태가 아니라는 것이다. 제4차 산업혁명을 주도하는 존재는 다름 아닌 인류자신이다. 이렇게 볼 때 제4차 산업혁명시대에 우리가 우선적으로 생각해야 하는 점은 제4차 산업혁명시대의 미래는 우리 사회 구성원의 결정에 달려 있다는 것이다. 그러므로 현 시대의 전 인류는 향후 미래를 어떻게 펼칠 것인가 하는 구상을 우리 스스로 해야 한다.

이 점에서 볼 때 제4차 산업혁명시대에 있어서 우선적으로 필요한 것은 사회구성원의 교육이라고 할 수 있을 것이다. 그것은 앞에서도 말한 바와 같이, 사회구성원들의 관점과 생각과 능력이 미래의 제4차 산업혁명시대를 이끌어 갈 것이기 때문이다. 인류사를 되돌아보면, 각 시대마다 기술의 발전과 교육의 변화가 있어왔다. 교육과 사회변화는 서로가 서로에 영향을 주고받는 양상으로 전개되어 왔다. 즉, 인류의 힘으로 과학기술의 변화와 산업혁명이 전개되고 이로 인하여 생산양식과 생산품이 변화에 왔으며, 이 같은 사회변화에 능동적으로 대응하기 위하여 지속적으로 교육개선과 변화가 전개되었다. 시대의 변화는 무엇보다도 새로운 시대에 적응하고 사회활동과 생산활동에 참여하는 새로운 능력과 역량을 가진 인재를 요청해왔다. 사회는 늘 교육부문에 이 같은 새로운 인재상의 양성에 대한 요구를 해온 것이다.

요컨대, 시대의 변화는 인재상의 변화를 초래하고 이는 교육의 변화를 가져왔으며, 교육으로 양성된 새로운 인재들은 또다시 새로운 사회변화를 이끌어 온 것이다. 그러므로 사회의 변화와 인재상의 변화는 닭이 먼저인가 계란이 먼저인가와 같은 관계로 어느 것이 선후라고 말할 수 없는 인과관계와 선후관계가 얽혀있다. 이 같은 점으로 보건대 지금 인류는 제4차 산업혁명의 출발지점에 서 있다. 여기서 우리가 고민할 문제는 향후 제4차 산업혁명 시대에 필요한 인재가 어떤 인재인가하는 것과 이 같은 인재를 양성하기 위한 교육은 어떻게 변혁되어야 하는가이다. 따라서 제4차 산업혁명기를 인류에게 보다 이로운 방향으로 이끌어가기 위하여 우선적으로 해결되어야 하는 것은 바로 교육문제이다(류태호, 2017).

세계경제포럼에서는 미래사회의 변화에 대처하기 위해서는 인간의 능력을 적극적으로 계발하는 것이 필요하고 강조하였다. 세계경제포럼은 인간의 학습능력을 계발하는 것이 필요한데 그 같은 학습능력으로는 일상적인 과업을 수행 할 수 있는 문해, 산술, 과학, ICT문해, 문화와 소양 등 '기초문해 능력', 복잡한 과제를 수행할 수 있는 비판적 사고, 문제해결력, 창의력, 의사소통 능력, 협업능력 등 '사회정서학습 역량', 변화하는 환경에 대응할 수 있는 호기심, 진취성, 끈기, 투지, 적응력, 리더십, 사회문화적 인식 등 "인성 역량" 등의 학습능력이 필요하다고 주장하고 있다(김진숙, 2017).

한편, 안종배(2017)는 미래사회가 필요로 하는 인재상으로 미래창의혁신 인재상을 제시하고 있다. 그는 미래 인재의 4대 핵심 기반역량으로 창의적 인지역량, 인성을 갖춘 정서역량, 협력하는 사회역량, 생애주기 학습역량을 제시하고 있다. 그가 말하는 창의혁신 인재란 인지역량, 인성역량, 협동역량, 학습역량을 갖춘 인재임을 제시하고 있는데 그의 주장에 있어서 독특한 측면은 생애주기 학습역량을 강조하고 있는 점이다. 생애주기 학습역량에는 자기주도학습 능력, 과학기술 변화 이해력, 새로운 정보통신기술 활용능력, 평생학습능력 등이 포함되어 있다. 이하에는 제4차 산업혁명 시대가 이끄는 미래사회에 필요한 인재상은 어떠해야 하는가와 그리고 이 같은 인재를 양성하기 위하여 교육은 어떻게 변혁되어야 하는가에 대하여 논의하고자 한다.

2. 미래사회의 인재상

최근 제4차 산업혁명이 이끄는 미래사회의 인재상에 대한 논문이 증가하고 있다. 이 같은 문헌분석을 토대로 미래사회의 인재가 갖추어야 하는 역량을 중심으로 미래사회의 인재상을 살펴보고자 한다. 미래

사회의 인재상에 대한 논의는 오이시디(OECD)의 역량에 대한 연구분석, 글로벌 기업의 지원 하에 이루어진 호주, 핀란드 등의 교육 선진국에서 이루어진 역량에 관한 연구결과와 한국교육개발원(KEDI), 한국과학기술원(KAIST)에서 수행한 미래 인재상에 관한 연구 등이 있다.

이 같은 연구결과는 공통적으로 창의적 인재상을 강조하고 있다. 21세기는 사회구성원이 관심을 갖거나 일하는 분야에 대한 전문성을 갖춘 인재, 지식의 응용 능력을 갖춘 인재로 창의적, 비판적 사고력, 창의적 문제해결력, 의사소통 능력, 시민의식, 사회적 책임감을 갖춘 인재가 필요하다는 것이다. 즉, 창의적 인재는 적성과 인성, 기초와 전공 분야의 지식과 미래 핵심 역량을 갖춘 인재이다(최상덕, 2011).

한편, 오이시디는 1997년 말 21세기에 필요로 하는 핵심역량이 무엇인지를 규명하고자 "역량 개념정의와 선정(DeSeCo: Definition and Selection of Competencies)" 프로젝트를 통해 청소년들과 성인들의 역량을 규명하였다. 이 프로젝트를 통해 학자와 전문가들은 역량이 어떻게 정의 될 수 있는지 이론적 이해를 기초로 하여 핵심역량을 정의하였다. 프로젝트 결과 정보기술환경과 사회문화적 환경 속에서 상호작용하기 위한 도구를 활용 할 수 있는 능력, 세계화가 전개되는 사회에서 다양한 배경의 타인과 협력하고 상호작용할 수 있는 능력, 자신의 인생을 책임지고 자율적으로 살아갈 수 있는 능력 등 주요 세 가지 역량을 도출하였다. 이를 바탕으로 하여 도출된 핵심역량은 언어, 공학기술 등의 도구 등을 포괄적으로 사용할 수 있는 역량, 타인과 효과적으로 상호작용을 할 수 있는 역량, 자기정체성을 갖고 자율적으로 살아갈 수 있는 역량이 핵심적 역량으로 도출되었다(이병준 외, 2010).

한편, 시스코, 마이크로소프트, 인텔 등의 글로벌 기업이 후원하고 호주, 핀란드 등 여러 나라가 참여한 '21세기 역량 평가와 교육(Assessment and Teaching of 21st-Century Skill)' 프로젝트가 2009년부터 추진되었다. 이 프로젝트의 1차 연구결과에 의하면, 21세기에 요구되는 역량으로 사고방식, 직무수단, 생활방식의 4개 영역에서 <표 1>과 같은 역량이 필요함이 분석되었다.

표 1 21세기 핵심역량

범주	사고방식	직무방식	직무수단	생활방식
역량	• 창의력, 혁신력 • 비판적 사고력, 문제해결력, 의사결정력 • 자기주도학습력	• 의사소통력 • 협동능력 (팀워크)	• 정보문해 • ICT능력	• 시민의식(지역/글로벌) • 인생과 진로 개척능력 • 개인과 사회적 책임

※ 최상덕(2011). 21세기 창의적 인재상과 인재 양성 방향. 한국교육개발원. p. 173.

이 표에서와 같이 21세기 역량연구는 사고력, 직무수행 능력, 사회생활 능력을 통합적으로 접근하고 있다. 그리고 이 프로젝트에서는 협동적 문제해결 역량과 정보문해 역량이 21세기 역량을 포괄하는 것으로 보고 이 두 가지 역량을 측정하는 방법을 개발하기 위해 노력하고 있다. 이 프로젝트에는 호주, 핀란드, 싱가포르 등 9개국이 시범사업에 참여하였으며, 국제 학업성취도 평가를 주관하는 오이시디와 국제교육협회도 역량중심 평가로의 전환을 위하여 참여하였다(최상덕, 2011).

한편, 유영만은 21세기 인재상으로 브리콜뢰르형 인재를 역설하였다. 브리콜뢰르형 인재란 브리콜라주가 가능한 인재를 의미하는데, 여기서 브리콜라주는 인류학자 뢰비스트로스(Levi-Strauss, 1962)가 저술한 『야생의 사고』라는 저서에 등장하는 용어로 인간이 문제상황에 직면하면 그 당시 가용한 자원을 활용하여 문제상황을 탈출하는 즉흥적 상황판단력과 임기응변력을 발휘하는 사고를 의미한다. 이는 “기존의 과학적 지식과 기술적 노하우 안에서 고민하지 않고 길 밖의 길을 모색하기 위해 이미 검증된 이론적 · 실제적 지식과 기술적 노하우를 벗어나는 사유와 실험을 통해 불확실하고 애매모호한 상황을 슬기롭게 탈출하는 과정을 의미한다(한국교육개발원, 2011). 즉, 기존의 규범적이고 틀에 박힌 전통적 사고방식에서 벗어나 주어지는 다양한 상황의 문제를 해결할 수 있는 융 · 복합적 창의적 사고와 역량을 발휘할 수 있는 인재를 의미한다. 유영만(2011)은 21세기를 지배하는 문명과 인류는 다름과 차이를 인정하지 않는 용광로형이 아니라 각자의 개성을 존중하면서 전체적 시너지 효과를 추구하는 모자이크형 인재로 진화될 것으로 예견하고 있다.

이처럼 레비스트로스의 브리콜뢰르형 인간이란 기존의 검증된 과학적 이론과 기술적 노하우에 고착하여 다른 가능성을 생각하지 못하는 정주형 인간이 아니라 낯선 다름의 세계를 끊임없이 모색하면서 새로운 가능성의 출구를 찾아가는 유목형 인간이다(유영만, 2011). 이처럼 유영만(2011)은 미래사회에 필요한 인재상을 제시하고 있다. 그것은 새로운 것에 도전하고 새롭게 직면하는 과제를 창의적으로 해결하는 인재를 말한다. 즉, 융 · 복합형 인재, 창의적 인재, 문제해결역량을 갖춘 인재이다.

2017년 한국과학기술원(KAIST)의 미래전략연구실에서도 미래사회에 교육을 통해 육성해야 하는 인재상을 탐구하였다. 그들이 제시하고 있는 미래사회에 요구되는 인적자원의 속성으로는 창조적 지성, 바른 세계관, 전면적 인성, 융합적 의식, 글로벌 의식을 갖춘 인재이다. 이를 자세히 살펴보면 다음과 같다(KAIST 미래전략연구센터, 2017).

첫째, “창조적 지성”이란 참과 거짓을 구별하고 창의적 사고를 할 수 있는 지적 틀을 갖추는 것을 의미한다. 지식운영 능력을 기반으로 창조적으로 생각하며 새롭고 혁신적 아이디어를 생산해 낼 수 있는 인재를 의미한다.

둘째, "바른 세계관"이란 인간의 가치체계의 기본적 바탕이 되는 세상과 우주를 바라보는 관점으로 이는 인간 삶의 저변을 이루며 인간의 가치체계와 행동의 패턴을 형성하는 관점을 말한다. 일반적으로 인간의 세계관은 개인마다 서로 다르며, 비체계적, 비학문적, 비객관적, 경험적 특성을 갖는데 이는 각 개인들마다 경험이 다르고 외부 세계에 대한 인식에 있어서도 왜곡이 있기 때문이다.

셋째, "전면적 인성"이란 전인적 품성을 의미하는 것으로 이는 지력, 심력, 체력, 자기관리와 인간관계로 구성된다. 한 인간이 성숙된 인성을 갖추기 위해서는 위의 다섯 가지 요소의 균형적 육성이 필요하다는 것을 의미한다. 오늘날 글로벌시대에 있어서는 다른 국가와 인종과 민족 간의 교류 기회도 늘어나고 있으므로 현 시점에서는 이 같은 건전한 세계시민으로서의 인성 함양이 요청된다고 할 수 있다.

넷째, "융합적 의식"이란 여러 학문영역과 전공영역 간의 지식이 상호 연계되어 하나의 문제를 해결하고자 하는 의식을 말한다. 융합적 의식은 1990년대부터 등장하여 2010년대에 강화되었다. 오늘날 사회가 복잡해짐에 따라 다양한 문제들의 연쇄적 그물망 속에서 발생하는 사회현상을 해결하거나 다양한 삶의 방식과 인간 욕구 충족을 위하여 다양한 분야의 지식과 학문 간의 상호 융합과 통합을 통한 문제해결이 활성화 되면서 대두된 것이다. 미래사회에서는 이처럼 여러 사회현상들이 여러 가지 원인과 문제들의 연계망 속에서 발생하므로 이를 해결하기 위한 인재는 타 영역과 학문 분야에 개방된 자세로 지식을 받아들이고 이를 연계하여 응용할 수 있는 의식을 갖춘 인재가 필요하다.

다섯째, "글로벌 의식"이란 세계화시대를 살아가야 하는 시대의 인류에게 필요한 역량으로 국제 감각과 국제적 시야, 국제 의사소통 능력, 외국인과의 원만한 인간관계를 형성하는 의식을 의미한다. 이는 세계시민이라면 기본적으로 갖추어야 하는 의식으로 국제적 감각과 타문화와 인종에 대한 학습과 존중의식을 갖춘 개방되고 협력된 자세를 견지하는 의식을 의미한다. 이처럼 한국과학기술원 미래전략연구센터에서는 미래사회의 인재는 앞에서 말한 바와 같이 창조적 지성 역량, 바른 세계관 함양 역량, 전면적 인성계발 역량, 융합적 의식형성역량, 글로벌 의식형성역량을 갖춘 인재상을 제시하고 있다. 여기서 유의할 점은 이 같은 인재상은 완성된 인간이기보다는 지속적으로 부족한 부분을 메우기 위하여 노력하는 인간이다. 이는 미래사회가 필요로 하는 인재상의 육성을 위해서는 교육의 개입이 필요하다는 것을 의미한다.

여기서 이 원고의 핵심 주제인 미래인재양성을 위한 교육변혁에 방향에 대하여 논의하고자 한다. 미래인재의 양성은 필연적으로 현 교육체제로는 불가능하다. 그 같은 교육은 현 교육체제의 대변혁을 통해 가능하다. 이 원고에서는 이 같은 교육변혁의 방향과 내용을 우리나라의 교육에 한정하여 논의하고자 한다.

Ⅲ. 미래인재 양성을 위한 교육변혁의 방향과 내용

앞에서 제4차 산업혁명기를 맞아 미래사회의 변화에 대하여 살펴보았으며, 이를 토대로 미래사회가 필요로 하는 인재상에 관한 국내외 선행연구를 기반으로 미래사회의 인재상을 도출해 보았다. 미래사회의 인재는 미래사회의 사회적 생활양식에 적합한 인재일 것이다. 이 같은 인재를 양성하기 위해 우선되어야 하는 것은 교육의 변혁이다. 역대 모든 정부는 정부출범 이전부터 우리교육의 개혁과 혁신을 추진하겠다고 공약하고 이를 실제로 추진해왔지만 오늘날 교육정책이나 교육행정과 학교경영, 교실수업은 과거와 별반 크게 달라진 것이 없는 것이 오늘날 한국교육의 현실이다. 오히려 변화가 개악을 가져왔다거나, 전시행정, 번문주의로 인하여 현장의 원활한 교육을 방해하고, 수업의 질적 수준 저하를 가져왔다는 비판도 있다. 이하에서는 이 같은 문제를 개선하기 위해 향후 우리나라 교육 변혁에 대하여 크게 두 가지 점을 논의하고자 한다. 한 가지는 한국교육 변혁의 방향에 관한 것이고, 한 가지는 교육내용과 교육방법, 평가에 관한 것이다.

1. 교육변혁 방향

미래사회의 인재를 양성하기 위한 한국 교육의 변혁의 방향은 크게 다섯 가지로 제안하고자 한다. 그것은 교육목적, 교육내용, 교육방법, 교육평가에 있어서의 변혁과 학생의 학습권 보장과 교원의 교권 보장이다.

가. 교육목적 변혁

미래사회의 인재상을 양성하기 위한 한국교육에 있어서 가장 중요한 변혁 과제는 교육목적 변혁이다. 현재 우리사회의 교육목적이 무엇인가에 대하여 사회구성원 모두의 심각한 문제의식이 필요하다. 흔히 교육목적은 두 가지로 논의된다. 그것은 외재적 교육목적과 내재적 교육목적이다. 외재적 목적은 수단적 목적이라고도 할 수 있으며, 내재적 목적은 본래적 목적이라고 할 수 있다. 본래 교육에 있어서 이 두 가지 목적은 모두 중요하다. 온전히 교육만을 위한 교육이 있을 수 없으며, 다른 것을 위한 수단만의 교육이 있을 수 없는 것이다. 그런데 현재 우리나라의 교육은 지나치게 교육의 수단적 가치가 중시되고 본래적 가치는 경시되고 있다. 이는 모든 학교 수준의 교육에 있어서 동일하다. 우리나라 초·중등 단계의 교육은 모두 대학입시를 중심으로 작동하고 있다. 초·중등 교육은 궁극적으로 대학 입시에 초점을 맞추고 있다. 초·중등 교육을 통해 전인적 인격을 형성하고 더불어 사는 공동체 의식을 배양하는 것은 소홀히 되고 있다. 그 결과 학교폭력과 교실붕괴현상, 교육과정의 비정상적 운영이 전개되고 있다.

이처럼 교육이 본질에서 멀어진 것은 고등교육 단계에서도 마찬가지이다. 고등교육도 학문탐구보다는 취업에 초점을 두고 이루어지고 있으며, 교육당국도 이 같은 취업 중심의 고등교육을 교육의 본질인 것처럼 호도하고 있다. 이렇게 대학입시와 취업을 목적으로 하는 교육은 수단으로서의 교육이다. 교육의 본래적 목적을 생각해보면, 교육은 인간을 전인적으로 성장하도록 돕는 것이다. 인간이 인간일 수 있는 가장 기본적 조건은 학습과 교육에 있다. 다른 동물과 같이 인간이 타인과 사회를 의식하지 않고 본인의 욕구와 욕망을 추구하기 위하여 본능적으로 살아간다면 이는 동물과 하등의 차이도 없다. 좋은 대학에 진학하고 나은 직장에 취직하는 것은 인간의 기본적 욕구의 하나이다. 생존과 안전의 욕구가 현시대적 방식으로 표출된 것에 불과하다. 이를 모두 기본적 욕구라고 치부하는 것은 지나친 감이 있지만 그래도 그 같은 교육은 교육이 기르고자 하는 완성된 인격과 전인적 인간교육과는 거리가 있다는 것은 모두가 수긍할 수 있을 것이다.

우리나라의 교육이 언제부터 참된 인격의 완성으로부터 멀어졌는지 정확히 말하기는 어렵지만 연구자가 보기에는 이는 오랜 교육의 역사 속에서 찾을 수 있다. 즉, 교육의 수단적 목적이 사회구성원의 관심으로 대두된 계기는 과거제도와 밀접한 연관이 있다. 고려 광종시대에 과거제도가 시작된 이후 선비들이 학문을 하는 목적은 과거시험에 급제하여 국가의 관직에 오르는 것이 주된 목적이 되었다. 그렇게 됨으로써 유학과 성리학을 탐구하여 우주와 인간 세상의 진리와 품성을 닦는 것보다는 과거시험에 합격하여 출세하는 것이 우선시된 것이다. 과거제도에 대한 사람들의 태도는 오늘날 대학입시에 대한 사람들의 태도와 유사하다. 한국교육의 최우선의 과제는 이처럼 교육의 수단적 가치 못지않게 교육의 본래적 가치를 회복하는 것이다. 언제부터인가 우리나라 교육은 목적적 가치는 경시된 지 오래되었으며, 대신 그 자리에 수단적 가치가 가득 채워져 있다. 이렇게 됨으로써 학력이 높고 좋은 학교를 졸업했다는 것이 좋은 능력 있고 인품을 갖춘 사람이라는 것을 보증하지 못하게 된 것이다.

그렇다면 교육의 본래적 가치를 회복하는 것은 어떻게 가능한 것인가? 이는 비단 교육제도의 변혁만으로 가능한 것은 아니다. 교육을 둘러싼 고용과 임금 등 노동시장의 변화가 필요하다. 그리고 사회 구성원들의 학력 우선주의 문화가 변화되어야 한다. 수학 연한에 불과한 학력(學歷)보다는 학력(學力)과 실제적인 능력과 역량이 중시되어야 한다. 오직 대학입시 성적이 높아 서열이 높은 대학에 진학하는 것이 그 이후의 인생의 행복을 결정하는 유일한 조건이 되는 사회에서는 그 어떤 정책과 미사여구로 교육의 본래적 가치를 강조한다고 해도 이 같은 교육을 둘러싼 사회구성원의 의식과 문화는 변화하지 않을 것이다. 따라서 교육의 본래적 가치를 회복하기 위해서는 고용과 노동 등 직업세계에서의 제도적 변화가 선행되어야 할 것이다.

나. 교육내용 변혁

미래인재를 양성하는 교육 변혁 방향의 하나는 교육내용의 변혁이다. 향후 우리교육의 내용은 교육의 목적과 목표를 준거로 재정비 되어야 할 것이다. 현재 각급학교에서는 표준화된 교육과정으로 학생들에게 동일한 교육내용을 가르치고 있으며, 교과와 지식 중심의 교육과정으로 구성되어 있다. 교육을 통해 미래사회의 인재상을 양성하기 위해서는 교육내용은 응당 미래사회의 인재를 육성할 수 있는 내용으로 교체되어야 한다.

앞에서 살펴본 바에 의하면, 미래사회에 필요한 인재상은 미래사회에 성공적으로 적응하고, 미래를 개척하면서 살아나가야 하는 역량을 갖춘 인재이다. 이는 오이시디(OECD)와 유럽국가의 연구에서 규명된 역량을 갖춘 인재이다. 유영만 교수(2011)가 주장한 낯선 다름의 세계를 끊임없이 모색하면서 새로운 가능성의 출구를 찾아가는 유목형인간인 브리콜뢰르형 인재 양성이 필요하고, 한국과학기술원 미래전략연구소가 제시하고 있는 창조적 지성역량, 올바른 세계관 함양역량, 전면적 인성계발역량, 융합적 의식형성역량, 글로벌 의식 형성 역량을 갖춘 인재의 양성이 필요하다.

그렇다면 이 같은 역량을 갖춘 인재의 양성을 위해 학교에서는 어떤 내용을 가르쳐야 하는가? 논리적으로 미래사회의 인재가 갖추어야 하는 역량을 계발할 수 있는 교육내용을 가르쳐야 할 것이다. 전통적 지식위주의 교육에서 탈피하여 사회적 수요에 부합하는 실제적 지식교육과 실증적 경험에 기반한 교육이 이루어져야 할 것이다. 학자들 중에는 역량교육이 단순한 지식과 기능교육으로 교육내용을 한정하게 되어 학생들의 폭넓은 지식과 사고력과 판단력 등 고차원의 인지적 능력과 원만한 품성을 기르는 데 한계가 있음을 지적하는 이들도 있다. 그러므로 여기서 우리는 역량이 과연 무엇이며, 역량을 기르는 교육내용이 무엇인지에 대한 학문적 논의와 검토가 있어야 할 것이다. 이에 대해서는 4장에서 자세히 논의하고자 한다.

교육을 통해 미래형 인재를 양성하기 위해서는 학교교육을 통해 이 같은 역량을 기를 수 있는 경험을 제공하는 것이 필요하다. 그러므로 향후 교육내용은 지식과 교과가 아니라 역량을 체험하고 계발하는 교육내용으로 구성하는 것이 바람직하다. 교과서로 대변되는 학문중심 교육과정의 변혁이 긴급하고도 절실히 필요한 시점이다. 이 같은 교육내용의 변혁은 그리 만만치 않은 과제이다. 교육과정을 둘러싼 매우 다양한 이해관계 집단이 기득권을 포기하지 않으려고 할 것이기 때문이다. 그러나 교육과정과 교육내용의 변혁은 미래사회를 준비하기 위하여 우리나라 교육이 반드시 헤쳐나가야만 하는 길이다.

다. 교육방법 변혁

미래사회가 필요로 하는 인재를 양성하기 위해서는 교육방법의 변혁이 필요하다. 앞에서 제시한 교육목적과 교육내용의 변혁은 교육방법의 변혁을 통해 비로소 완성될 수 있다. 교육목적과 교육내용이 변화하면 필연적으로 교육방법 변화가 필요하다. 민주시민역량을 계발하는 교육이 민주시민에 관한 지식 교육만으로 가능한 것이 아니기 때문이다. 마찬가지로 조리기술에 관한 교육이 인쇄된 레시피를 암기한다고 해서 충분한 것이 아니기 때문이다. 민주시민을 육성하기 위한 교육은 민주주의를 교육경험 속에서 체험하고 실천하게 함으로써 가능하다. 교육경험 자체가 민주적 교수-학습과정이 되어야 한다. 도덕성 높은 사회구성원을 육성하기 위한 교육은 교수-학습 경험이 도덕성을 체험할 수 있는 방법으로 구성되어야 할 것이다. 따라서 미래 인재양성을 위한 교육방법은 필연적으로 변혁되어야 한다.

미래사회의 인재상이 특정 역량을 갖춘 인재라고 한다면, 그 같은 인재를 양성하는 교육내용은 특정 역량을 계발할 수 있는 교육내용으로 구성되어야 하고, 그 같은 인재를 양성하기 위한 교육방법은 그 같은 역량을 함양할 수 있는 경험을 체험하게 하는 교수-학습 방법으로 구성되어야 한다(박민정, 2010). 역량교육 과정을 위한 교육방법은 단순히 강의식 교육과 교실수업만으로 가능한 것은 아니다. 그것은 해당 역량이 교수-학습 과정의 경험을 통해 계발될 수 있도록 하는 교수방법으로 접근해야 한다. 이 같은 교육방법은 지식교육, 기능교육, 태도교육과 총체적 역량을 기를 수 있는 총체적 경험을 제공하는 교육방법이 되어야 한다. 그리고 이 같은 교육방법에 있어서 발달된 과학기술을 적극적으로 활용해야 한다.

김진숙(2017)은 제4차 산업혁명시대를 맞아 교육의 역할이 변화되어야 한다고 주장하고 있다. 즉, 학교는 지식을 전수하는 기능으로부터 학교 구성원 모두의 사회적 창의성에 기반한 학습공동체로 변혁되어야 함을 주장하고 있다. 제4차 산업혁명시대에는 정보화기술과 인공지능, 빅데이터 분석과 모바일 기술 등 정보통신기술을 적극적으로 활용하여 학교 교육방법을 변혁하는 것이 필요하다. 구체적으로 인공지능을 활용하여 학생들의 기초학습력을 제고하고, 기존의 암기식 교육에서 탈피하여 창의력과 문제해결력과 통섭능력을 계발해야 하며, 클라우드 기술과 빅데이터 분석 기술을 활용하여 학생들의 학습활동을 분석하여 학습활동 개선을 지원할 수 있고, 모바일 기술을 활용하여 유비쿼터스형 학습의 지원과 교수자와 학습자, 학습자와 학습자 간 상호작용 촉진을 통한 공동체적 학습을 촉진할 수 있다고 역설하고 있다.

라. 교육평가 변혁

교육을 통해 미래인재를 양성함에 있어서 가장 핵심적 부분을 점하는 것은 교육평가이다. 교육에 있어서 평가는 교육의 목적과 내용과 방법을 좌우하는 중요한 요소이다. 즉, 교육평가가 제대로 이루어지지 않으면 교육의 목적과 내용, 방법 등 모든 것이 흐트러진다. 일선 교육현장에서 교육평가는 시험의 형태로 이루어진다. 그러므로 평가를 개선한다는 것은 결국 시험제도와 시험방식을 개선한다는 것과 같은 의미이다.

교육에 있어서 평가의 본래 목적은 교육을 시행한 결과 학생들이 성취해야 하는 교육목표에 어느 정도 도달했는가를 알아보기 위한 것이다. 이를 알아보려는 이유는 학생들이 도달하지 못한 학업성취 부분을 추가적인 교육을 통해 도달하게 해주기 위한 것이다. 또한, 학생들이 교육성취에 도달하지 못한 원인이 교육환경과 운영에 의한 것이라면 이를 개선하고자 하는 목적으로 이루어진다. 그런데 우리나라의 시험제도는 언제부터인가 학생들의 학업성취를 측정하기 위한 것이기보다는 우수한 학생(시험 잘 보는 학생)을 선발하기 위한 수단으로 활용되고 있다. 시험 도구의 변별력을 높이고자 하고 절대평가보다는 상대평가를 권장하는 오늘날의 시험제도는 노동시장이 학교를 통제하는 메커니즘에 해당한다(한숭희, 2017). 즉, 시험에서 좋은 성적을 받는 이들에게 선호하는 직장에 취업하는 기회를 제공하고자 하는 목적으로 시험이 존재하는데 이는 교육적 차원의 시험의 본질적 기능이 아닌 것이다. 구조적으로 불평등한 교육기회로 인한 학업성취의 차이를 난이도 높은 시험의 결과로 정당화하고자 하는 것은 정의롭지 못하다. 이 경우에 시험은 교육을 사회적 지위이동의 정당화 도구로 활용하는 것에 불과하다.

교육에서 평가가 제대로 이루어지지 못하면 학업성취도가 높은 학생, 우수한 학생을 제대로 선발하지 못하게 되는 것이다. 학생과 학부모는 평가제도 자체가 잘 되었든 아니면 평가의 내용과 방법이 올바른 것인가에 상관없이 무조건 자녀의 평가결과가 좋기만을 바란다. 그들에게는 평가제도와 평가내용과 평가방식을 따질 만한 여유가 없다. 그러므로 평가제도가 어떠한가, 평가내용이 무엇인가, 평가방법이 어떠한가에 따라 일선 학교 교육현장의 교육은 평가에 의해 왜곡될 수 있는 것이다. 이처럼 평가제도와 평가내용과 평가방식이 제대로 자리를 잡지 못하면 교육은 평가로 인해 왜곡되고 표류하게 된다.

우리나라 교육현장에 있어서 국민 모두가 가장 주목하는 평가의 하나는 대학생 선발을 위해 시행되는 평가이다. 우리나라의 대학 선발시험은 역사적으로 다양한 방식으로 이루어지고 변경되어 왔다. 본고사, 학력고사, 그리고 몇 해 전부터는 대학수학능력시험이 시행되고 있고, 대학수학능력시험은 수시고사와 본고사 등의 형태로 시행되고 있다. 현재 시행되는 수시고사와 본고사는 매우 다양한 형태의 전형이 있다. 대학수학능력 시험의 본래 취지는 학생들이 대학에 진학하여 교육과정을 제대로 이수할 만한 충분한 능력을 갖추고 있는가를 평가하기 위한 시험이다. 그러나 여전히 이 시험은 학생들의 대학진학 이후의 수학능력을 알아보기 위한 시험이기보다는 대학과 학과의 서열에 따라 학생을 시험 점수 순으로 서열을 매기기 위한 목적의 시험이다.

대학수학능력시험을 잘 치룬 학생은 정말 대학에서 수학할 수 있는 능력이 높은 학생인가에 대하여 의문을 가질 필요가 있다. 필자가 보기에 현실은 그렇지 않다. 대학수학능력시험을 잘 보기 위해서는 대학수학능력시험을 잘 볼 수 있는 역량(?)을 기르는 것이 필요하다. 그런데 안타깝게도 대학수학능력시험을 잘 보는 능력은 학교라는 공교육 기관에서 보다는 학원이라는 사교육기관에서 더 잘 배울 수 있다는 점에 수능시험과 공교육의 한계가 있는 것이다. 오늘날 고3 재학생은 대학수학능력시험을 잘 볼 수 없는 환경에 처해있다. 그들은 수시입학 시험기간동안 학교와 학과를 선택하고 원서를 작성하고 시험을 보러 다니느라 정작 대학수학능력시험에는 집중하지 못하는 것이 고등학교 교육의 현실이다. 따라서 현재의 입시제도에서는 재학생보다 재수생의 대학수학능력시험 성적이 더 좋을 수밖에 없는 구조적 여건이 조성되어 있다. 수능을 잘 보기 위해서는 수능에 출제되는 시험문제 풀이에 정통한 학원에 고액의 비용을 지불하고 다니는 것이 필수적인 대입 코스가 되어가고 있다.

무엇보다 심각한 대학수학능력 시험의 문제는 해당 시험의 평가내용은 앞에서 기술한 한국과학기술원 연구소가 제시하고 있는 미래 인재가 갖추어야 하는 능력인 창조적 지성, 바른 세계관, 전면적 인성, 융합적 의식, 글로벌 의식 등의 요소를 제대로 반영하여 평가하고 있는가 하는 점이다. 현행 대학수학능력시험은 아마도 창조적 지성 정도의 내용만을 불완전하게 평가하고 있을 것이다. 학생의 지적역량, 정의적 역량, 신체운동역량, 자기관리와 인간관계 역량 등의 총체적 역량 모두가 대학의 교육과정을 성공적으로 이수하는 데 필요한 역량이다.

이처럼 현재의 대학입학 시험과 선발방식은 앞에서 오늘날 사회적 이슈가 되고 있는 문제점인 수시입학제도와 정시입학제도의 운영방식이 완벽하게 개선된다고 하더라고 여전히 본질적 문제가 있는데 그것은 대학입학 시험에서 평가하는 내용이 과연 미래사회가 필요로 하는 인재가 갖추어야 하는 총체적 역량을 제대로 평가하고 있는가 하는 점이다. 현재의 대학입학 시험 그 중에서도 특히 수능시험은 대부분 지식과 사고력에 대한 내용을 위주로 구성되어 있으며, 학생의 신체적 발달, 사회적 활동, 정서적 균형, 자기관리와 인간관계를 통한 주체적 삶을 이끄는 능력 등 정의적 영역과 신체적 영역에 대한 평가는 거의 이루어지지 않고 있다는 점은 현행 대학입학 시험이 평가내용에 있어서 근원적 한계를 내포하고 있는 점이다.

마. 교권과 학습권 보장

우리나라 교육이 미래인재를 양성하는 교육이 되기 위해서는 무엇보다도 학생들의 학습권에 대한 보장과 교원의 교육 전문가로서의 자율성과 전문성을 존중하기 위한 교권보장이 이루어져야 한다. 현재 우리나라의 학교교육현장에는 학생의 인권보장만 부각되고 있고 학습권 보장은 이루어지지 않고 있으며, 교사들의 자존감은 없고 자괴감만 있을 뿐 교권이 무너진 지 오래되었다. 학생들의 인권을 보장하는 것도 중요하지만 학교가 제대로 된 교육기관으로 기능하기 위해서는 학생들의 인권만큼 중요한 것이 학생들의 학습권 보장이다.

언제부터인가 학생인권조례를 제정하는 것이 전국의 학교현장에서 붐처럼 전개되었다. 과거 우리나라의 교육현장에는 학생들이 학습의 주체임에도 불구하고 교육과 관련된 의사결정에서 소외되고 상대적 권력자인 교원들의 횡포가 심했던 시절이 있었다. 이 같은 문제 인식에 기반하여 수요자 중심 교육이 강조되고, 학생들의 교육에 대한 의사결정권을 대신하여 학부모와 지역주민과 교사가 함께 학교교육에 대한 주요 사항을 심의하는 학교운영위원회 제도가 도입되었다. 이 같은 과정은 학생들의 학습권을 존중하고, 인권을 보장하고 교육바로세우기의 일환으로 필요한 과정이었다. 그러나 이 같은 과정에서 대부분의 교원들은 권력을 남용하고 학생의 인권을 무시하는 개혁과 적폐의 대상으로 치부되기도 하였다. 그 결과 교사들이 교육전문가이자 권위자로서 응당 존중받아야 하는 교권이 추락하였다. 교권의 추락은 교사들의 권리와 위상의 추락만을 의미하지는 않는다. 교권의 추락은 결과적으로 학생들의 학습권을 제대로 보장하지 못하는 현상을 초래한다. 전문성과 자율성을 인정받지 못하는 적폐 대상이 된 교사들이 어떻게 자긍심과 자존감을 가질 수 있으며, 어떻게 소신을 가지고 헌신하며 교원으로서의 직무를 수행하기를 기대할 수 있는가 하는 의문이 든다.

오늘날 세계적으로 가장 우수한 교육 경쟁력을 갖추었고 이상적인 교육을 구현하고 있다고 평가되고 있는 북유럽 국가 중 특히 핀란드교육의 우수성을 보장하는 핵심기제는 여러 선행 연구들에서 밝혀진 바와 같이 학교의 자율성과 교사의 교권 존중에 있다. 핀란드는 초·중등학교 교사들이 모두 석사학위 이상의 학력을 취득하고 있다. 판란드에서 교사는 사회적으로 존경받는 직업이며, 교사에 대한 존경과 충분한 예우가 보장되어 있다. 이 같은 교원제도와 교육풍토 속에서 교사들은 자존감과 책무성을 갖고 헌신적으로 교육에 임하고 있는 것이다. 그 결과 학생들이 건강하고 건전하게 성장하고 있으며, 피사(PISA)에서 학생들의 학업성취도가 몇 년에 걸쳐 연속 세계 최고수준이다. 이는 교사를 존중하고 교권을 인정하는 것이 바로 학생들의 인권과 학습권을 보장하는 지름길이라는 것을 보여주는 단적인 사례이다. 우리 속담에 바쁠수록 둘러가라는 속담이 있듯이 교원들의 교권을 존중하고 충분히 예우하고, 학교의 교칙을 제정하는 것이 궁극적으로 학생들의 학습권과 인권을 보장하는 지름길인 것이다. 교원을 예우하고 교권을 존중하는 것은 학생들의 학습권을 보장하기 위한 기반인 것이다.

2. 교육변혁 내용

앞에서 미래사회에 필요한 인재를 양성하기 위한 교육의 주요 변혁 방향에 대하여 논의하였다. 여기서는 이 같은 교육변혁의 방향에 기반하여 교육변혁의 내용에 대하여 논의하고자 한다. 이 같은 교육변혁 내용으로는 학제개편을 통한 사회구성원의 전생애 진로지원, 교육행정 개혁을 통한 교수-학습 내실화, 학교경영 혁신을 통한 학교운영 민주화, 교원의 전문성 향상과 교권신장, 학습권보장과 학생들을 창조적 평생학습자로 육성하는 것이다.

학제개편은 현시대 한국교육의 가장 긴급한 과제의 하나이다. 학제개편을 통해 과거 전통적 교육의 밀린 과제를 혁신적으로 개선하는 시금석을 놓자는 의미이며, 교육행정 개혁은 아직도 형식에 치중하고 지시 보고식의 교육행정을 개혁하여 외형을 중시하는 행정업무로 인하여 더 중요한 학생과의 교수-학습 활동이 위축되지 않아야 한다는 것이다. 그리고 학교혁신을 통한 학교운영 민주화는 교장 독선의 학교경영이 아니라 학교 구성원의 민주적 토의와 협의에 기반하여 학교경영을 해야 한다는 것이다. 그리고 교원의 전문성 향상은 교원양성제도와 교원연수제도 개선, 교원의 자기주도적 학습지원을 통해 교원의 역량을 지속적으로 계발할 수 있도록 지원하자는 의미이다. 학습권보장과 학생들을 창조적 평생학습자로 육성은 학생들의 학습권을 보장하고 학습자들이 평생학습자가 되도록 그들의 학습력을 신장하자는 것이다.

가. 학제개편을 통한 전생애 진로지원

미래형 인재 양성을 위한 우리교육의 가장 긴요한 변혁의 과제는 학제개편이다. 교육은 모든 사회 구성원의 전생애에 걸친 자아실현과 성장을 지원하기 위한 제도이다. 그런데 현행 학제는 사회 구성원의 발달속도와 생애진로를 고려할 때 시급히 개선되어야 할 필요가 있다. 이 같은 변화의 필요성은 유아교육, 초등교육, 중등교육 단계에 있어서 변화의 필요성이 높다. 학제를 개편하여 국민의 전생애발달 단계에 적합한 최적의 교육환경을 제공하는 것이 국민의 전생애에 걸친 직업생활과 사회적 적응을 위하여 가장 긴급한 현 시대의 과제이다.

학교제도는 초기 출발부터 아동과 청소년 시기의 사회구성원들에게 성인기 이후의 사회적 적응과 경제활동을 할 수 있는 능력을 육성하는 미래 준비형 사회화 기관이다. 학교제도에 있어서 학제는 학교제도의 근간을 이루는 핵심적 요소이다. 현재 우리나라의 학제는 6-3-3-4 제도로 요약할 수 있다. 이는 초등학교, 중등학교, 대학의 수학 연한을 표시한 것이다. 우리나라에서 초등학교에 입학하여 대학을 졸업하기 위해서는 중간에 단락이 없을 경우에 총 16년간을 학교에 다녀야 한다. 그런데 이 학생이 학교를 졸업하고 추가적으로 교육에 참여하지 않는다면 이 학생의 정규교육은 대학졸업을 마지막으로 종료하게 된다. 이를 가리켜 김신일(김신일 외, 2003)은 우리나라의 학제를 폐쇄형 종점모형이라고 지칭하였다. 이는 학교교육 제도가 학교 밖의 비형식, 무형식 학습과 단절된 닫힌 구조를 갖고 있으며, 대학 졸업과 동시에 종료한다는 의미이다. 이 같은 한계를 극복을 위한 대안으로 개방형 계속교육모형의 학제를 제안하였다. 개방형 계속교육학제는 현행 학제의 한계인 학교졸업이후 성인기의 학습을 계속을 지원할 수 있는 학제이며, 형식교육 외 다양한 형태의 학습결과를 인정하여 공교육의 보완이 이루어질 수 있게 함으로써 학습자들이 개인적, 사회적 상황과 조건 속에서 대안적 학습기회를 가지를 수 있으므로 사회적 약자를 위한 교육지원과 학습자의 선택적 자율적 학습을 가능하게 한다.

우리나라의 현행 학제는 비록 유럽의 복선형 학제에 비하여 학생들의 전생애 진로가 조기에 결정되지 않는다는 점에서 학생의 사회경제적 배경에 따른 교육불평등 구조가 비교적 약하다고 볼 수 있다. 그런데 최근 몇 년 동안 우리 사회의 자사고, 외국어고, 과학고 등 일반고와 다른 성격의 중등학교가 설립됨에 따라 학생들이 생애초기 단계에 본인이 속한 불리한 사회계층에 의해 교육불평등이 심화되고 있다. 학생이 부모의 불리한 사회계층적 지위로 인하여 교육초기 단계부터 불평등한 교육차별을 받는다면 이는 사회적 평등을 저해하는 심각한 구조적 문제라고 할 수 있다. 그것은 교육은 사회적 계층이동의 가장 강력하고 근원적 장치인데 사회적 약자들이 교육을 통한 사회적 계층 상승의 기회를 조기에 빼앗긴다면 해당 사회는 부모의 계층을 대대로 세습하는 사회계층 재생산의 구조를 갖고 있어서 불평등이 고착된 정의롭지 못한 사회이기 때문이다.

우리나라의 현행 학제는 아동의 급속한 발달과 성장단계에 적합한 학제가 아니며, 중등학교 단계에서 진로교육이 제대로 이루어지지 않고 있다. 즉, 유치원단계의 아동은 초등학교 수준의 성장을 보이고 있고, 초등학교 고학년은 중학교 학생 수준의 발달단계를 보이고 있다. 그러므로 향후 초등학교 입학 시기를 앞당기고, 초등학교 고학년을 중학교에 편입하여 중학교의 이수 연한을 늘리고, 고등학교의 진로교육을 강화하여 고등학교 시기에 진로체험과 진로선택의 기회를 주어야 한다. 그렇게 함으로써 학생들이 입직과 대학진학에 대한 선택을 신중하고 유연하게 할 수 있을 것이다.

오늘날 모든 이가 동의하는 바와 같이 중·고등학교는 대입 준비학원이 되고 있으므로 중등교육의 정상화가 절실히 필요하다. 중등교육 시기에 진로교육을 강화하여 학생들의 진로탐색과 진로선택을 위한 충분한 시간과 기회를 제공해야 한다(한국교육개발원, 2006). 대학에 진학하지 않고 중등교육 이후에 취업하고자 하는 학생들에 대한 진로교육과 직업능력 향상교육이 강화되어야 할 것이다.

결론적으로 우리나라의 학제는 개방형 계속교육형 학제로 개편되어야 하고, 사회구성원의 발달속도에 맞추어 학교 연한이 개편되어야 한다. 그리고 중등교육 단계에서 학생들의 진로교육이 강화되고 진로선택과 이동이 유연한 학제를 구성해야 한다. 또한, 공공학교에서의 형식교육, 학교 밖의 비형식 교육, 직업과 생활경험 자기주도학습을 통한 무형식 학습결과를 평가·인정하여 상호호완하는 개방형 학제를 구축하는 것이 필요하다.

나. 교육행정 변혁을 통한 교수-학습 내실화

우리교육이 미래사회가 필요로 하는 인재를 원활히 공급하기 위해서는 무엇보다도 교육행정개혁을 통해 학교교육의 내실화가 이루어져야 한다. 교육행정이 학교행정과 교실의 교수－학습 활동을 저해하는 것은 해묵은 교육의 장애물이다. 20년 이전이나 오늘날이나 여전한 것은 교사들이 행정업무, 공문처리 등으로 인하여 정작 교실에서 학생교육에 전념하지 못하고 시간과 에너지를 소모하고 있다.

핀란드 학생들의 학업성취도가 높은 것은 학교가 천재를 만들기보다는 학생들이 학업에 어려움을 느끼는 경우, 이를 조기에 포착하여 그들의 실력을 끌어 올려주기 때문이다. 교사들은 학생 수 24명 이하의 작은교실에서 교육하고 있으며, 교사들은 위에서 주어지는 지침과 목표달성을 위한 상부의 간섭에 대응할 필요가 없고 이에 따라 담당하는 학생들을 충분히 이해하고 지도한다. 개별지도를 하는 보조교사가 있어서 특별 대응이 필요한 학생을 가르친다. 교사, 학교행정가, 사회복지사, 양호교사로 구성된 학교 복지팀이 정기적으로 회의를 하여 학업에 낙오될 위험이 있는 학생에 대한 지원을 예방적 차원에서 하므로 학업부진 학생을 사전에 예방하는 구조를 갖추고 있다(엔디 하그리브스·데니스 설리, 2009).

핀란드와 대조적으로 우리나라는 중앙 교육당국과 지역교육지원청의 외형적 행정, 공문 남발로 인하여 교실에서의 교수－학습 활동이 원활히 이루어지는 데 장애를 초래하고 있다. 몇 해 전부터 교육당국은 이 같은 문제점 개선을 위하여 교육청의 명칭을 교육지원청으로 개칭하고 그 같은 문제를 최대한 해소하고자 노력하고 있지만, 현장 교원들의 목소리에 의하면, 여전히 행정서류와 공문서는 줄어들지 않고 있다. 이제 더 이상 현황과 실적보고 등의 불필요한 공문으로 인하여 교사들의 교육력이 허비되는 일이 없어야 할 것이다.

이를 위해서는 교육행정 업무를 간소화하고 효율화하는 방안이 마련되어야 한다. 혹은 학교에 행정업무를 전담하는 교사나 직원을 추가로 배치하여 일반교사들은 교실수업에 전념할 수 있는 교육환경을 조성해야 할 것이다. 교육의 개혁과 혁신은 공문과 지시로 이루어지기보다는 교실현장의 수업의 질적 제고를 바탕으로 가능하다. 이제 교육지원청을 중심으로 하는 교육행정은 명실상부하게 학교교육을 지원하고 활성화하는 데 기여해야 할 것이다. 교육행정 변혁으로 교사들의 공문처리와 형식적 행정의 속박에서 벗어나 시간낭비를 막는 것이 필요하고, 교육과정 운영과 관련된 교육당국, 지역교육지원청, 단위학교 등의 협력과 역할정립을 통해 교육과정 운영의 자율성을 확보하는 것이 필요하다. 그렇게 함으로써 단위학교 교육과정 운영의 자율성이 확보되어야 한다. 이를 위해서는 중앙 교육당국, 지역교육지원청, 사회, 단위학교의 역할체제를 재정립하는 것이 필요하다(김진숙, 2017). 이 같은 문제의 근본적 변혁 방안은 교육자치제를 강화하고, 지역교육지원청과 단위학교의 자율적 경영을 강화를 위한 제도를 구축하는 것이다.

다. 학교경영 변혁을 통한 학교운영 민주화

오늘날 단위학교 경영은 여전히 학교행정가 교장 1인의 교육철학과 의사결정에 의존하는 구조로 이루어지고 있다. 한 때는 교원노조 활성화로 인하여 교원들의 학교운영 의사결정에 대한 활발한 참여가 이루어지고, 학교운영위원회제도의 활성화로 인하여 학교운영에 평교사와 지역주민, 학부모 대표가 참여하여 학교의사 결정이 투명화 되고 민주화되는 데 기여하였다. 그런데 신자유주의적 조류가 교육계에도 영향을 미쳐서 단위 학교경영 성과에 대한 평가와 교원에 대한 평가가 강화되었다. 몇 해 전 교원교섭단체 중의 하나인 전국교직원노동조합이 법외노조화됨으로써 교사들의 목소리는 위축되었다. 그 대신 일선 학교경영의 모토는 효율성과 효과성, 책무성 강화, 교육수요자 요구 반영 등의 담론이 주도하고 있다.

단위학교의 민주적 경영은 교원들의 적극적 참여와 토론과 협의를 통한 교육공동체적 풍토조성을 통해 가능하다. 민주적 학교경영에는 학교운영위원회의 활성화, 학교 내부의 각종 전문 영역별 위원회의 구성과 운영을 통해 가능하다. 즉, 학교운영위원회, 교육과정운영위원회, 학생생활지도위원회, 학생진학지도위원회, 교원윤리위원회, 동학년위원회, 인사위원회 등 다양한 학교경영과 업무 영역별 위원회를 구성하여 학교경영이 학교 구성원의 참여와 의견을 반영하여 위원회 중심으로 운영되도록 하는 것이 필요하다. 이를 위해서는 학교의 민주적 운영을 위한 제도 보완이 시급하다.

학교운영의 민주화와 합리화를 위해서는 무엇보다도 교원의 의사가 학교경영에 반영되는 통로를 마련하고 더불어 교원 평정과 교원 인사제도에 대한 민주적 절차와 제도를 마련하는 것도 필요하다. 교사들의 근무평정에 있어서 학교 행정가의 일반적 평가보다는 자기평가, 동료교사의 평가, 학부모의 평가 등 객관적 기준에 의한 성과평가 등 다면적 평가가 이루어져야 한다. 또한, 한 학년의 경영은 같은 학년 소속 교사들의 논의와 협의를 통하여 민주적이 절차를 통해 운영되어야 할 것이다. 일선 학교 단위학급 경영은 담임교사의 의사와 자율성에 기초하여 운영되어야 하고 여기에는 학생들과 학부모의 의견을 적극적으로 수집하고 학급경영과 교육활동에 학부모의 의견을 적극 반영해야 한다.

라. 전문성 신장을 통한 교권신장

미래사회가 필요로 하는 인재양성을 위하여 무엇보다도 교원의 전문성을 강화하고 교권을 신장하는 것이 시급하다. 현 단계에 있어서 우리교육 변혁의 가장 긴급한 과제의 하나는 교원 양성제도와 교원연수제도를 개선하여 교원의 전문성을 신장하고 정책적 차원에서 교사의 처우를 개선하고 권익을 존중하여 교권을 신장하는 것이다. 최근 십 여년 동안 학교 현장에 수요자 중심 교육의 강화로 인하여 의도한 바는 아니나 교권의 추락이 지속적으로 이루어졌다. 또한, 교원들과 관련된 각종 불미스러운 사고로 인하여 교사들에 대한 신뢰가 무너지고 있다. 이를 해결하기 위해서는 교사들 스스로 교직윤리를 재정립하는 것이 필요하고, 나아가 교원의 전문성 강화 노력이 필요하다.

교원의 전문성 강화와 교권 신장은 논리적으로 맞물려 있다. 필자는 오늘날 교원이 전문직인가에 대한 의문이 든다. 일반적으로 전문직이 되기 위해서는 해당 직종이 입직과정에 필요한 고도의 전문교육과 자격이 필요하고, 전문가들이 모인 전문단체가 있어야하고, 집단의 자율적인 윤리강령이 있어야 한다. 그리고 무엇보다도 사회구성원들이 전문직이라고 인정해야 한다.

우리나라의 교원은 이 같은 기준으로 볼 때 교원단체가 있고, 윤리강령이 있고, 전문성을 강화하려는 노력을 하고 있다. 그런데 과연 교원의 자격을 얻는데 고도의 훈련과 전문지식이 필요한가에 대해서는 의문을 가질 필요가 있다. 1970년대 시기만 해도 교사가 되기 위해서는 대학을 졸업해야 하는데 그 당시 대학졸업자는 사회구성원 중 고학력에 해당한다. 그러나 오늘날과 같이 고등교육이 보편화된 시대에 있어서 교사자격을 취득하기 위한 학사 졸업은 사회 구성원들에게 대중화된 학력이다. 물론 교사가 되기 위해서는 임용고시라는 자격시험에 합격해야 하지만 객관적 시각으로 볼 때 교원이 되는 과정이 고도의 전문지식을 갖추어야 하는 과정으로 보기는 어렵다. 오늘날은 거의 대부분의 직업이 대학졸업 이후에 입직하기 때문이다. 그러므로 어쩌면 교원집단 스스로 전문직이라고 주장하지만 사회 전반적으로 교원을 전문직이라고 보는 것 같지는 않다. 이 같은 맥락에서 필자는 향후 교원양성제도의 변혁이 필요하다고 본다. 향후 교원양성과정을 석사학위 이상으로 상향 조정하는 것에 대하여 고민해보아야 할 시점이다. 핀란드 사례에서 알 수 있는 바와 같이 교원양성 과정을 석사이상으로 하여 교사의 전문성을 신장함으로써 교사의 처우를 개선함으로써 교권을 보장하고 있다.

핀란드 교사들은 오이시디(OECD) 평균 수준의 급여를 받는데 국가는 교사에게 공익수행의 전문가, 미래창조의 전문가로서 지위를 부여하므로 이 같은 분위기로 인하여 고등학생들은 교직을 최고로 선호하며, 교사가 되기 위한 경쟁이 치열하여 초등교사 양성과정 지원자 합격가능성은 10% 미만 수준이다. 국가는 국가교육과정을 기획하고 방향을 설정하는데 교사 추진단이 교육과정을 구성, 시 · 군 · 구 단위의 교육과정을 개발하고 있으며, 교사들은 자신이 담당하는 교실과 과목과 학생들뿐만 아니라 학년과 학급을 넘어서 모든 학생들의 교육에 책임감을 가지며 교사들은 신뢰 · 협력 · 책임의 문화 속에서 상호 협력한다(앤디 하그리브스 · 데니스 셜리, 2009).

우리나라도 대학원 석사학위과정을 이수하는 것을 교원자격 취득의 기본 조건으로 하는 것이 필요하다. 현 시점은 교원양성제도에 대한 재정립이 필요한 시점이다. 교원들이 전문가 집단으로서 교육의 자율성과 전문적 권위를 인정받기 위해서는 우선적으로 교직의 전문직화 조건을 갖추는 것이 필요하다. 그 중 하나는 교사 스스로 전 재직기간에 걸친 자기계발을 지속해야 한다. 그리고 다른 직장과 마찬가지로 교사들 스스로 전문성을 학습하도록 격려하는 학교 자체가 조직화된 전문 학습조직이 되어야 한다(곽덕주 외, 2011). 교사 혼자 본인의 전문성을 계발하기는 어려우므로 동료교사들과 팀을 이루어 학습조직을 활성화하고, 실무공동체(Community of Practice) 형태로서의 학습을 할 수 있는 학교환경을 구축하고 제도적으로 이들의 학습을 지원하는 것이 필요하다.

마. 학생을 자기주도적 평생 학습자로 육성

미래형 인재를 양성하기 위한 한국교육은 모든 학생을 자기주도적 학습자로 육성하는 것이 필요하다. 미래형 한국 교육은 특정 교육내용을 교육하는 것보다 더 중요한 것은 학생들의 자기주도적 학습력을 육성하는 것이 매우 중요한 과제가 될 것이다. 미래형 인재는 문제를 해결하는 인재가 아니라 문제를 만드는 인재이며, 주어지는 내용을 이해하고 습득하는 인재가 아니라 평생학습이 필요한 환경 속에서 끊임없이 자기주도적으로 학습할 수 있는 학습력(學習力)을 갖춘 인재이다. 바야흐로 평생학습의 세기를 맞아 이제 전 세계를 어느 국가의 국민이든 어느 사회에서 살고 있는가와 상관없이 모든 사회 구성원들은 평생 동안 지속적으로 학습하지 않으면 사회에 제대로 적응하기 어려운 시대에 접어들었다. 교육과 학습은 인류가 다른 동물과는 달리 문명을 발달시켜 살아가는 기본 조건이 되었는데 오늘날은 인류의 삶에 있어서 교육과 학습이 매우 중요한 기능을 하는 시대가 된 것이다. 사회구성원은 개인적으로 지속적으로 학습하지 않으면 안 된다. 국가와 사회는 사회구성원들이 평생학습할 수 있는 교육환경을 마련하지 않으면 안 된다.

미래사회의 대표적 인재상의 하나는 창조적 자기주도적 평생학습자이다. 미래사회의 인재는 항상 학습하고 변화할 준비가 되어 있어야 한다. 미래사회의 변화 속도는 오늘날보다 더 빨라질 것이다. 이 같은 환경변화에 능동적으로 적응하기 위해서는 모든 사회 구성원들이 창조적이고 열정적인 자기주도적 평생학습자가 되어야 한다. 배움을 두려워하고 학습을 게을리하면 안 되는 것이다. 그러므로 오늘날 교육의 중요한 과제의 하나는 학생들을 창조적 자기주도적 학습자로 육성하는 것이다. 그러므로 교육을 통해 학습자의 학습력과 학습역량을 적극적으로 계발하는 것이 필요하다. 그런데 이 같은 과제는 별도의 노력으로 도달할 수 있는 것이기보다는 앞에서 제시한 우리교육의 변혁방향과 변혁과제를 성공적으로 수행해가는 과정을 통해 자연스럽게 학습자의 학습력 계발이 이루어질 것이다. 이처럼 미래지향의 교육은 교육내용의 전달도 중요하지만 교육과정을 통해 학습자들이 학습동기를 지속적으로 고양하고, 학습하는 방법의 메타학습이 지속적으로 향상되도록 창조적 자기주도적 학습자로 성장하게 하는 것이 더 중요하다.

이상과 같이 필자는 우리나라의 미래 인재를 양성하기 위한 교육변혁의 방향과 구체적 교육변혁의 내용에 대하여 거칠게 개관하였다. 이하에서는 미래 인재 양성을 위한 다양한 과제 중 특히 역량교육과 진로교육에 초점을 맞추어 논의하고자 한다.

Ⅳ. 미래인재 양성을 위한 역량교육과 진로교육

앞에서 우리는 미래사회가 필요로 하는 인재상을 분석하고, 이 같은 인재를 양성하기 위한 우리교육의 교육변혁의 방향과 교육변혁 내용에 대하여 살펴보았다. 여기서는 앞의 논의에 기반하여 미래사회의 인재를 양성하기 위한 역량교육과 진로교육이 어떻게 이루어져야 하는가에 대하여 논의해 보고자 한다. 이 주제에 있어서 역량교육은 교육내용과 교육방법과 관련되어 있으며, 진로교육은 학제개편과 관련된 것이다. 그러므로 이 글의 논의는 3절의 논의와 다소 중복될 수밖에 없다. 향후 우리나라의 교육은 교육의 목적, 내용, 방법, 평가 등이 역량을 중심으로 전개되어야 할 것이며, 교육의 전체 체제는 모든 사회 구성원의 전생애 직업진로계발과 사회적응을 위한 평생학습지원형 학제로 구축되어야 할 것이다. 그렇게 함으로써 교육이 모든 사회구성원의 자아실현과 성장에 원활히 기여할 수 있는 평생학습지원체제로서의 모습을 갖출 수 있을 것이다.

가. 역량기반 교육과정 구성

우리나라 교육이 미래사회가 필요로 하는 인재를 육성하기 위해서는 교육내용을 역량중심 교육과정으로 재구성할 필요가 있다. 일반적으로 역량교육에는 반대하는 입장과 찬성하는 입장이 있는데, 반대하는 대부분의 입장은 역량을 특정 업무나 작업을 수행할 수 있는 한정적이고 단편적인 지식과 기능으로 이해하는 데서 비롯된 것이다. 그러나 필자가 이 글에서 사용하는 역량 개념은 인문학적 지식에 대한 이해와 자유교육의 차원도 포괄하는 인간의 고도의 지적 사유와 운동기능 능력과 윤리적 가치 판단능력과 주체적 인간으로서의 살아가는 능력 등을 포괄하는 총체적 개념이다(소경희, 2010; 박민정, 2010).

최근 제4차 산업혁명을 화두로 하는 미래사회의 변화에 대응하기 위한 교육사례로 선진국에서 유치원과 초등학교 학생을 대상으로 하는 코딩교육이 소개되고 이에 따라 우리나라에서도 코딩교육이 필요하다는 주장이 있으며, 실제로 사회 일각에서는 코딩교육이 이루어지고 있다. 그런데 과연 미래사회를 대비하는 교육이 컴퓨터 프로그램 코딩교육만으로 충분한 것인가 하는 의문이 든다. 미래사회가 필요로 하는 인재를 양성하기 위해서는 초등교육부터 고등교육에 이르는 전체 학교급의 교육내용을 총체적으로 변혁해야 할 것이다. 변역의 방향은 전술한 바와 같이 미래사회의 인재가 갖추어야 하는 능력과 역량을 반영하는 역량중심 교육과정이 편성되어야 할 것이다.

교육과정이 역량을 중심으로 구성되어야 한다는 것은 현재의 지식중심, 교과중심 교육과정을 미래사회가 요구하는 미래인재를 육성할 수 있는 역량 중심 내용으로 변경해야 한다는 것을 의미한다. 이는 매우 어렵고 방대한 국가적 과제이다. 교육과정을 역량기반으로 재구성하기 위해서는 미래의 인재가 갖추어야 하는 하위 역량을 분석하고 각각의 하위 역량을 갖출 수 있는 교육내용으로 재구성해야 한다는 것을 의미한다. 이는 현재의 지식중심, 교과중심 교육과정을 변혁하여 미래인재가 갖추어야 하는 역량으로 재구성해야 한다는 것을 뜻한다.

역량이란 인간이 실제적 맥락 상황 속에서 특정의 직무나 과제를 수행할 수 있는 능력을 의미한다. 역량을 갖고 있다는 것은 실제로 해당 일을 수행할 수 있는 능력을 개인이 체득하고 있다는 것을 의미한다. 역량에 대하여 비판하는 이들은 역량기반교육이 질 낮은 형태의 훈련에 불과한 것으로 이론적 지식과 인문학습의 전통과는 무관한 것으로 여기기 때문이다(소경희, 2010). 반면에 역량기반 교육 지지자들은 역량기반 교육이 역량을 더 강조하고 있지만 학문적 이론적 지식을 경시하지도 않는다. 역량은 다름 아닌 학문 군을 특징짓는 이해 양식과 탐구방법의 표현이다. 역량은 대개 학문적 내용을 통해 가르쳐지며, 역량에 대한 평가도 내용에 기반하여 이루어진다. 역량은 이론적 이해 이상의 것을 포함하지만 학문자체가 하는 이해도 포함하는 총체적 포괄적 능력이다(소경희, 2010). 이처럼 역량은 편협하고 단절된 파편적 지식이나 능력이 아니라 학문적 지식과 고차원의 이해를 포괄하는 총체적 지식을 의미한다.

현행 초·중등 교육과정은 교과목과 지식중심으로 구성되어 있다. 즉, 교육을 통해 학습자에게 지식을 갖추도록 하는 데 집중하고 있다는 것이다. 앞에서 언급한 바와 같이 역량은 지식요소만으로 구성되어 있는 것이 아니며 총체적이고 포괄적인 특성을 갖고 있다. 즉, 지식, 기능(기술), 태도와 가치관으로 구성되어 있는 것이다. 그러므로 현행 교육과정을 가르치는 것만으로는 미래사회에서 필요로 하는 인재를 교육할 수 없다. 그래서 인지 고등교육을 마친 이들이 직업현장으로 진입할 경우 직업현장에서 필요로 하는 역량이 부족하여 보충적인 교육을 이수하는 것이 일반적 경우이다. 이 같은 점을 보완하기 위하여 몇 년 전부터 대졸자의 취업 시험에 역량에 관한 시험(NCS)이 추가적으로 이루어지고 있다. 그런데 그 같은 역량 시험이 실제로 수험생이 갖추고 있는 역량을 정확히 측정해 낼 수 있는가는 여전히 의문이다. 이는 입직자가 갖추어야 하는 역량이 지필 평가를 통해 측정할 수 없는 것이 아니기 때문이다. 역량은 해당 역량이 발휘되는 실제적 맥락 속에서만 발휘될 수 있기 때문이다.

교육과정을 역량을 중심으로 구성한다는 것은 현재의 교과목 중심,

지식중심 교육과정을 교육대상자가 교육 이수 이후에 갖추어야 하는 역량을 중심으로 재구성해야 한다는 것이다. 이는 다양한 지식 영역 간의 융·복합화 통합이 필요할 뿐만 아니라 지식 외의 기능과 태도, 가치관 등이 상호 융·복합의 형태로 재구성되어야 함을 의미한다.

이 같은 역량기반 교육과정 재구성 작업은 초등 단계부터 중등교육 및 고등교육 단계에 이르기까지 전체 교육단계에 걸쳐서 이루어져야 하는 과제이다. 이처럼 역량기반 교육과정 구성은 규모와 양에 있어서 상상을 초월하는 방대한 작업이 될 것이다. 그리고 이를 추진하는 과정 중에 다양한 이해관계 집단의 갈등에 직면할 것이 명약관화하다. 그러나 이는 우리 교육의 변혁을 위하여 꼭 필요하고 선결되어야 과제에 해당하는 것이다. 따라서 교육과정을 미래인재가 갖추어야 하는 역량을 중심으로 재구성하는 작업은 국가적 차원으로 추진되어야 하는 현 시대의 가장 긴요한 정책과제이다.

나. 역량교육을 위한 교육방법

미래형 인재 양성을 위하여 앞에서와 같이 교육과정을 역량기반 교육과정으로 개편하면 동시에 교육방법의 변화도 필요하다. 교육에 있어서 교육내용의 성격이 변화하면 교육방법도 변화하는 것이 당연한 이치이다. 역량기반 교육과정은 전통적 학문중심 교육과정과는 다른 교육방법이 적용되어야 한다. 역량기반 교육과정의 교육방법은 교수–학습과정을 통해 학생들이 교육목표로서의 역량을 성취할 수 있게 하는 학습경험을 제공해야 한다. 또한, 이 같은 역량을 체험하는 학습경험의 제공에 있어서는 제4차 산업혁명기의 발달된 과학기술과 정보통신기술, 교육매체와 교수기술이 활용되어야 할 것이다.

역량기반 교육과정의 교육에 있어서는 현재와 같이 교사의 강의에 의존하는 방식이 아니라, 토론식 수업, 역할극, 실습, 시뮬레이션 수업, 게임방식 수업, 역할극, 화상강의, 쌍방향 화상회의 등 학습자들에게 목표로 하는 역량계발이 가능한 다양한 교수법이 적용되어야 할 것이다. 그리고 이 같은 수업과정 속에서 발달된 과학기술이 교수방법 요소로 접목되어 활용되어야 한다. 즉, 사물인터넷(IoT), 인공지능(AI), 머신러닝, 가상현실(VR), 3D프린팅 등의 제4차 산업혁명의 혁신기술들이 교육에 활용될 것이다. 더구나 사물인터넷과 정보통신기술의 발달로 언제 어디서든 시간과 장소의 제약에서 벗어나 학습할 수 있는 유비쿼터스 교수–학습환경을 구축하여야 할 것이다. 인공지능과 머신러닝으로 학생들의 학습은 단순 암기에서 벗어나 복잡한 문제를 해결하는 학습을 활성화해야 할 것이다(류태호, 2017). 즉, 현재와 같이 이해와 암기위주의 교육이 아닌 비판적 사고력과 창의력을 기르는 교수방법이 활성화 될 것이다. 실제로 학습하는 데 위험요소가 있거나 비용이 많이 소요되는 역량내용의 학습에 있어서는 가상현실과 증강현실 등의 첨단기술들이 교육방법으로 활용될 수 있을 것이다.

또한, 미래학교는 전통적 학교와는 다른 모습으로 변화할 것인데 가장 큰 변화는 학교가 지역사회와 연계되고 개방된 체제를 갖추어야 할 것이다. 학교는 지역사회와 연계되어 지역사회의 자원을 활용하고, 지역사회 주민들은 학교의 자원을 활용하여 평생학습과 여가생활과 봉사활동 할 수 있는 지역사회센터가 되어야 한다.

미래학교는 지역의 학습문화를 지역사회와 공동으로 만들어서 학생, 학부모, 지역주민 모두의 학습공간이 되어야 한다. 학교는 물리적으로도 지역사회와 연계되고 개방되어야 한다. 그리고 학교건물 형태도 교육이 원활하게 이루어질 수 있는 형태로 설계되어야 한다. 학교건물은 복합시설화되어 한 건물이 다양한 기능을 동시에 수행하도록 설계되어야 한다. 또한, 학교는 최신 첨단기술을 도입하고 스마트행정, 시설관리시스템, 원격관리시스템, 공간의 개방과 폐쇄가 체계적으로 이루어지는 공간시스템을 갖추어야 한다(천세영 외, 2012).

이상과 같이 미래인재 육성을 위한 교육방법은 발달된 과학기술에

힘입어 다양한 교육매체와 교수학습방법의 혁명적 변화가 전개될 것이다. 교수법의 변혁은 새로운 역량기반 교육과정을 학생들에게 교육하기 위하여 필수적 변화이다. 미래교육은 학생들에게 다양한 역량을 계발하는 것이므로 이를 가르치기 위한 교육방법도 육성하고자 하는 역량을 체험하고 실천할 수 있는 학습경험을 제공하는 교수－학습방법이 적용되어야 하는 것이다.

다. 전인교육과 진로교육을 위한 학제개편

미래의 가장 긴급한 과제의 하나는 사회구성원의 전생애 발달을 지원할 수 있는 학제개편이 긴급하게 요청되고 있다. 학제는 교육제도의 근간으로 이에 따라 학교 급의 운영과 교육과정의 운영이 달라진다. 학제는 구체적으로 학교제도의 줄임말로 교육 급(학교 급), 교육기관, 계열, 학과, 졸업자격 등의 요소로 구성되어 있다(김기수, 김성기, 이은경, 2017). 학습자들의 올바른 성장을 위해서는 최적의 학제를 구축하는 것이 필요하다. 학제는 학습자의 전생애 발달과 진로지원을 위한 형태로 구성되어야 한다. 모든 사회구성원들에게 평등하고 공정한 학습기회를 제공하고, 학생들의 수평적 이동과 수직적 이동이 가능한 형태로 구성하여 학습자에게 학교와 교육과정의 유연한 선택이 가능하도록 구성되어야 한다(박재윤 외, 2007).

2006년 참여정부에서 미래형 학제개편을 위한 정책연구와 토론회를 개최하였는데, 그 당시 학제개편을 추진한 이유는 교육체제 내외의 급속한 변화, 교육체제의 구조적 변화, 현행 학제의 구조적 문제점 해결을 위한 것이었다. 교육전문가들 대상의 설문조사에 의하면, 응답자들은 학제개편의 필요성으로 사회의 급속한 변화, 학교교육의 문제해결과 교육정상화, 지식정보화 사회의 인재양성 등 사회변화와 그 같은 사회변화에 대응하는 인재의 양성 그리고 학교교육의 문제해결과 교육정상화를 위해 학제개편이 필요하다는 의견을 보였다(김기수 · 김성기 · 이은경,

2017).

2017년 조영달 교수는 학제개편이 필요한 이유로 과거의 근대적 매뉴얼에 의한 교육문제 해결이 한계에 이르렀으므로 제4차 산업혁명과 인구고령화로 인한 탈현대적 상황에 대응하기 위해 학제개편이 필요하다는 주장을 하고 있다. 즉, 한계에 도달한 근대적 패러다임의 핵심은 6-3-3-4의 단선형 학제, 보통교육과 고등교육의 연결통로 역할을 하는 대학입시, 그 연결 지점의 고등학교체제와 이 같은 학제의 배경이 되는 노동시장과 대학과의 연계성 등이 근간이라고 보았다.

조희연 서울특별시 교육감은 미래역량을 키우는 학제로 K-5-4-3 학제 개편안을 제시하였으며, 학제개편의 배경으로 아동 청소년의 발달단계의 변화, 사회의 전반적 변화, 유아 사교육 문제해소와 교육공공성 확대, 학생의 성장속도의 변화에 대한 고려를 위한 것이었다. 그는 학제를 개편함으로써 초등학교 취학준비교육에 대한 국가 책무성 확보, 유아교육의 공공성 강화, 학생의 잠재력 개발과 진로에 맞는 과목설계, 진로결정의 자율성 증진이 이루어질 수 있다고 보았다(김기수 · 김성기 · 이은경, 2017).

그동안 다양한 주체들에 의해 학제개편안이 제시되었는데 구체적 내용에는 차이가 있다. 2017년 조영달 교수의 학제 개편안은 유아교육을 2년간 시행(만3세 - 4세), 초등학교를 5년으로 단축, 현 중등학교를 5년제 중등학교(만 10세 시작, 초등 5-6학년+ 중학교 3년제)와 2년제 진로탐색형 학교(만 15세 시작, 진학형, 직업형)로 전환, 유아교육에서 5년제 중등학교까지 총 12년을 의무교육기간으로 하는 개편안을 제안하였다. 2017년 서울시교육청은 취학전 만 5세 유아교육 의무화, 초등 5학년제로 교육연한 단축, 중학교 4학년제로 확대, 고등학교는 3학년제를 유지하여 개방형 학점제 도입(무학년제, 학점이수제, 연간 4학기제) 등을 제안하고 있다.

한편, 참여정부에서는 5-3-4제와 5-3-3제의 학제를 제안하였다. 5-3-4제는 초등학교 중 1개 학년을 중학교로 통합하고, 고등학교 학생들에게 학문세계와 진로탐색 기회의 제공을 위한 수업연한 연장을 제안하였다. 5－3－3제는 초등학교 수업연한을 5년으로 줄이고, 고등학교까지 12년 수업연한을 11년으로 줄이자는 제안이다. 즉, 우리나라의 높은 입직 연령, 최근 아동의 급속한 발달수준에 대한 고려, 초등학교 저학년과 고학년의 발달상의 이질성에 대한 고려 등을 반영한 안이다.

이상과 같이 우리나라 교육의 변혁에 있어서 학제개편의 필요성이 높은 시점이다. 학제개편에는 여러 가지 쟁점이 있고, 고려해야 하는 점이 있으며, 학제개편으로 야기되는 새로운 교육의 문제점이 있지만 현시점은 이 같은 점을 고려 학제개편이 절대적으로 필요한 시점이다.

학제개편에 있어서 김기수 등(김기수 · 김성기 · 이은경, 2017)의 주장은 반드시 고려해야 할 점이다. 즉, 학제개편으로 인한 사회적 충격을 신중하고 고려하고, 인구고령화, 사회양극화, 세계화, 제4차 산업혁명의 전개 등 미래사회 변화 고려, 입시위주의 교육탈피, 사회구성원에 대한 교육의 공공성과 형평성의 제고, 학제의 유연화와 학력인정제도의 다양화, 다양한 평생학습기제와의 유연한 연계 등이 고려되어야 한다.

라. 전생애 평생학습지원체제 구축

미래사회의 인재상을 양성하기 위한 우리교육 변혁에 있어서 핵심요소는 교육체제 전체를 교육제공자 중심의 학교교육체제로부터 교육수요자 중심 평생학습지원체제로 전환하는 것이다. 교육체제를 교육제공체제에서 학습지원 체제로 전환한다는 것은 교육패러다임의 총체적 변혁을 함의한다. 교육은 이제 더 이상 백년지대계가 아니다. 교육은 급변하는 현재의 적응 능력을 기르는 교육이 되어야 하고 다가오는 미래사회를 주도적으로 창출해 나가는 주도적 인재를 양성하는 교육이 되어야 한다. 지식교육이 아닌 역량중심교육이 되어야 하고, 문제를 해결하는 인재가 아니라 새로운 문제를 만들어 내는 인재를 양성해야 한다. 향후 전개되어야 하는 교육은 이미 짜여있는 교육 판에 적응하는 인간을 양성하는 교육이 아니라 새로운 판짜기를 주도해 나가는 인재를 양성하는 교육이 되어야 하는 것이다. 이를 게임에 비유하자면 타인이 만든 게임을 배워서 그 게임의 고수로 등극하기 위한 교육이 아니라 내가 나의 규칙을 갖고 새로운 게임을 만들어서 게임판을 이끌고 주도해나가는 인재를 육성하는 교육이 되어야 하는 것이다.

교육은 한 사회 내의 모든 인간 성장의 가능성을 최대한으로 보장하는 환경을 적극적으로 구성하는 인간 기업(基業)이다. 이 같은 교육을 사회화로 말하기도 한다. 여기서 사회화란 사회에 순응하는 인간을 육성하는 것만을 의미하는 것은 아니다. 교육은 사회를 변혁하고 개조하고 혁명하는 인간을 육성하는 것을 목적으로 한다. 교육을 통해 육성하고자 하는 인간은 올바른 태도와 품성을 갖는 인간과 더불어 사회의 한 구성원으로 사회가 정상적으로 작동할 수 있는 기능을 수행할 수 있는 직업인으로서의 인간 육성도 동시에 추구한다. 한 사회의 구성원인 인간이 정상적으로 살아가는 데 있어서 직업인, 근로자, 노동자로서의 인간능력을 함양하는 것은 교육의 전체 기능 중 중요한 기능에 해당한다. 이는 직업 진로교육 영역에 해당하는 것이다. 한 인간이 정상적 사회구성원으로 살아갈 수 있게 하는 데 있어서 직업진로교육 영역은 중요한 부분이다.

그것은 인간은 직업을 통해 자아를 실현하고 사회적 존재로서의 가치를 갖고 살아가기 때문이다. 한 인간이 하나의 직업인으로 노동을 하면서 살아갈 수 있도록 돕는 것이 교육의 주요 기능이라고 할 수 있으므로 전 생애에 걸쳐서 사회의 직업인으로서 살아갈 수 있도록 하기 위하여 전생애진로를 설계하고 직업인으로서의 생애를 살아가는 것을 지원하는 진로교육과 더불어 이를 지원하는 평생학습지원체제가 구축되어야 할 것이다.

이 같은 평생학습지원체제는 비단 학교교육과 같은 형식교육은 물론 비형식 교육과 학습자의 직업경험과 일상적 삶을 통한 무형식 학습 내용에 대한 지원도 필요하다. 여기서 무형식 학습을 지원한다는 의미는 앞에서 열거한 형식교육, 비형식 교육과 무형식 학습의 성과를 상호 포괄적으로 연계하고 통합하여 인정하는 학습지원체제가 구축되어야 한다는 것을 의미한다. 즉, 한 인간의 전생애단계의 성장과 자아실현을 축으로 다양한 형태의 교육과 학습이 이를 지원할 수 있는 형태로 학습지원체제가 구축되어야 한다는 것을 의미한다.

전통적 교육이 이미 정해진 학교급과 교육과정이라는 경로를 학습자가 수동적으로 따라가는 형태로 구성되어 있다고 한다면 미래 교육은 한 인간의 성장과 발달을 축으로 놓고 교육이라는 의상이 학습자의 특성과 체형에 맞춤식으로 지원하는 형태의 교육이 이루어져야 한다. 이를 위해서는 초등단계에서부터 시작하여 중등 학교급 단계에 있어서 학습자 개개인 모두가 본인의 진로에 대하여 충분한 탐색과 선택을 할 수 있는 학습기회를 제공해야 한다. 이를 위해서는 앞의 학제개편 부분에서 언급한 바와 같이 중등교육 시기에 충분한 진로교육을 통해 진로탐색과 진로선택을 할 수 있는 기회를 제공해야 한다. 나아가 고등교육 이후 입직과 재직을 거쳐, 퇴직이후 제2, 제3의 생애를 계획하는 단계에 있어서도 생애진로 재설계와 제2, 제3의 인생을 위한 공적차원의 지원체제도 동시에 구축되어야 한다.

기존의 학제개편 논의는 주로 고등교육단계에서 종료하고, 형식교육만을 고려하는 체제로 구성되어 있으므로 영유아교육과 고등교육 졸업이후의 성인계속교육을 포괄하고, 형식교육, 비형식교육, 무형식 학습을 포괄하는 학제를 구상하는 것이 필요하다. 이 같은 평생교육학제를 <그림 1>과 같이 제안할 수 있다. 이 학제는 교육의 단계가 영·유아교육으로부터 초등교육, 중등교육, 고등교육, 추가·계속·순환교육에 이르고, 형식교육과 국가표준학력 및 자격체제, 비형식교육, 무형식학습이 상호 개방되고 수평적으로 연계되어 경험학습의 결과까지도

인정되는 체제이다. 또한, 학습자의 학습경로 이동이 상이한 교육형태 간에도 수평적 이동과 수직적 이동이 가능한 형태의 학제다.

그림 1 평생교육학제

연령	교육단계	형식교육 (전공과 계열)	국가 표준학력 · 자격체계	비형식 교육	무형식 학습
23 –	추가교육/ 계속교육/ 순환교육	전공별 대학원	K22 K21 K20 K19		
21–22	고등교육	A대학 B대학 C대학 D대학 E대학	K18		
19–20			K17 K16 K15		
17–18	중등교육	a고교 b고교 c고교 d고교 e고교	K14 K13		
15–16			K12 K11 K10	비형식 교육	무형식 학습
13–14		중학교	K9 K8 K7		
11–12	초등교육	초등학교	K6 K5		
9–10			K4 K3		
7–8			K2 K1		
5–6	영·유아교육	유원			
3–4		탁아시설			
1–2		육아			

※ 출처: 양흥권(2017). 평생교육론: 학습세기의 교육론. 신정. p. 452.

오늘날 고령화 사회로의 진입과 베이비붐 세대의 은퇴가 본격적으로 이루어지고 있는 현 시점에 있어서 인간의 전생애진로지원을 위한 생애진로교육과 진로설계 그리고 이를 지원하기 위한 평생학습지원 차원의 공적지원체제 구축이 국가 정책적 차원에서 필요한 시점이다.

V. 결론

이 글에서 필자는 교육이란 사회의 생산양식과 삶의 양식의 변화에 따라 해당 사회 필요로 하는 인재를 양성하는 가장 중요한 사회제도의 하나라는 전제 하에 현 시대는 미래사회가 필요로 하는 인재를 양성하는 것이 주요한 교육기능이라고 하였다. 이를 위하여 미래사회에 필요한 인재상이 어떠한 능력을 갖춘 인재인가를 분석하고 그 같은 인재를 양성하기 위한 교육변혁의 방향을 두 가지 제시하였다. 즉, 미래사회의 인재상을 양성하기 위해서는 교육의 전반적 변혁이 필요한데 이를 교육변혁의 방향과 교육변혁의 내용을 중심으로 논의하였다. 교육변혁 내용의 중심은 역량교육과 전생애 진로교육 체제의 구축이다. 교육이 혁명적으로 변혁되기 위해서는 이 같은 역량교육과 진로교육 차원의 변혁만으로 충분한 것이 아니다. 교육을 둘러싼 전 사회 구성원의 행위와 전반적 교육환경의 변화가 필요하다. 여기에서 우리는 하그리브스와 셜리가 제안하는 "학교교육 제4의 길"을 참고해볼 만하다. 그들에 의하면, 현대 학교교육은 세 가지 여정을 밟아왔다. 학교교육 제1의 길은 풍부한 국가지원과 교사의 자율성이 높았지만 교육내용과 방법, 질의 지역적 차이가 커서 균등성과 균질성이 낮았다. 학교교육 제2의 길은 교육에 시장주의적 경쟁이 강화되고, 국가의 교육표준화 추구로 인하여 교사의 자율성을 상실한 길이다. 학교교육 제3의 길은 시장주의의 장점을 살리고, 국가의 풍부한 지원을 통해 교사의 자율성과 책무성 사이의 균형을 찾으려고 했던 길이다. 이 같은 모든 교육실천은 제각기 한계를 갖고 있다.

그들은 대안으로 제4의 길을 제안하고 있다. 그들이 제안하는 학교교육 제4의 길은 세계 각국의 우수한 교육체제와 성공사례에 관한 방대한 1차 연구자료의 실증적 분석에 기반한 것이다. 이제 그들이 제안한 학교교육 제4의 길을 소개하면서 글을 마치고자 한다. 학교교육 제4의 길은 사회와 교육에 대한 비전 아래 정부정책과 교육계의 헌신, 시민사회의 참여를 통합하는 길이다. 교육표준화, 데이터 중심 의사결정, 목표지상주의를 넘어 민간, 교육계, 정부 간에 평등하고 수평적 소통의 파트너십을 구축하고, 교사가 정부의 통제로부터 더 자유로워지고 학부모, 지역사회, 대중으로부터의 자율성을 제한받는 길이며, 변화의 동력을 관료주의와 시장이 아닌 민주주의와 전문성에 두는 길이다. 교사가 고도의 훈련을 거치고 전문적 훈련을 받으며, 정치적 관료주의가 축소되고 대중 민주주의가 활력을 얻는 길이다(앤디 하그리브스·데니스 셜리, 2009).

학교교육 제4의 길은 국가, 교사, 대중(학부모와 사회구성원)이라는 세 가지 주체가 역할을 분담하고 협력과 소통하는 길이다. 국가는 비전과 방향을 제시하고 지원하는 역할을 교사는 전문성을 높이고 책임감을 갖고 실천하는 역할을, 대중과 학부모는 교육에 적극적 관심을 갖고 참여하는 역할을 수행해야 한다. 그들은 제4의 길의 구체적 실천전략으로 교육변화의 목적과 파트너십을 세우는 여섯 가지 기둥, 교육변화의 동력이 되는 교사 전문성의 세 가지 원칙, 교육변화를 지속시키고 통합하는 네 가지 활력소를 제안하고 있다(앤디 하그리브스·데니스 셜리, 2009)[2].

---

2) 변화의 목적과 파트너십을 세우는 기둥은 6가지가 있다. 그것은 ① 영감을 주고 통합을 이끄는 비전, ② 시민의 적극적 참여, ③ 성과 도출을 위한 적극적 투자, ④ 교육에 대한 기업의 사회적 책임, ⑤ 변화의 파트너로서의 학생, ⑥ 사려 깊은 교수－학습 등이다. 다음은 교사의 전문성을 강화하는 세 가지 원칙이다. 그것은 ① 질 높은 교사,

앞에서 연구자는 우리교육이 미래형 인재를 양성하기 위해서는 교육의 혁명적 변화가 필요하고, 그것은 교육의 기본적 변화방향을 설정하는 것과 교육의 변화의 내용을 실천하는 측면이 필요하다는 것을 논의하였다. 그런데 그 같은 변화의 방향 정립과 변화의 내용실천은 하그리브스와 셜리가 제안하는 학교교육 제4의 길의 방향을 적용하여 실천할 필요가 있다. 그들이 제안하는 방향의 요지는 교육은 국가, 교원, 학부모와 사회구성원의 올바른 역할분담과 협력을 통해 가능하다는 것이다. 즉, 교육당국은 교육에 대한 안정적이고 장기적은 지향과 정책을 제시하고 교원들이 이를 실행할 수 있는 투자와 지원 및 자율성 부여가 필요하다. 교원은 스스로의 전문성을 신장하고, 교원들 간의 협력과 소통과 학습으로 교육실천을 개선하고 교육실천에 헌신하며, 교원단체는 교사들의 권익을 보장해야 한다. 그리고 학부모와 사회구성원은 교육에 적극적 관심을 갖고 국가와 교원들의 교육활동에 협력하는 것이 필요하다. 이처럼 교육과 관련된 세 가지 주체가 각 주체의 본연의 책임과 권한을 다 할 때 교육의 혁명적 변화는 자연스럽게 이루어 질 수 있을 것이다.

---

② 적극적이고 강력한 교원단체, ③ 능동적인 학습공동체 등이다. 끝으로 교육의 변화를 지속하게 하고 통합하는 네 가지 촉매제는 ① 지속가능한 리더십, ② 통합을 이끄는 네트워크, ③ 책무성에 우선하는 책임감, ④ 개별화와 다양성의 존중이다.

참고문헌

곽덕주 외(2011). *지식사회와 학교교육: 불안정한 시대의 교육*. 학지사.

김기수 · 김성기 · 이은경(2017). *최근 학제 개편 논의의 쟁점 분석*. 이슈페이퍼. 경기도교육연구원.

김신일(2015). *교육사회학*. 교육과학사.

김신일 외(2003). *평생학습지원체제 구축 방안 연구*. 한국교육개발원.

김진숙(2017). 미래사회 변화와 ICT 융합 교육 정책 방안: 모든 아이를 위한 창의와 융합. 제1회 ICT공유포럼, *제13회 KERIS 미래교육 포럼 자료집*. “디지털 혁신 시대, 미래교육을 디자인하다”. 국회의원 송영길, 먹고사는 문제해결을 위한 의원 연구모임.

김희철(2017). *4차 산업혁명의 실체*. 북랩.

류태호(2017). *4차 산업혁명: 교육이 희망이다*. 경희대학교 출판문화원.

박민정(2010). 대학교육의 기능과 역할 변화에 따른 대안적 교육과정 담론: 역량기반 교육과정의 교육적 함의. *새로운 교육학을 위한 서설: 역량기반 교육*. 교육과학사.

박재윤 외(2007). *미래사회에 대비한 학제개편 방안(II)*. 한국교육개발원.

소경희(2010). 역량기반 교육의 교육과정사적 기반 및 자유교육적 성격 탐색. *새로운 교육학을 위한 서설: 역량기반 교육*. 교육과학사.

서울대학교 교육학과 BK21 역량기반 교육혁신 연구사업단(2010). *새로운 교육학을 위한 서설: 역량기반교육*. 교육과학사.

안종배(2017). *대한민국 미래교육의 인재상: 제 4차 산업혁명시대 대한민국 미래교육 보고서*. 광문각.

양흥권(2017). *학습세기의 교육론: 평생교육론*. 신정.

오욱환(2015). *배움을 지겨워하는 교육만능주의 사회: 학문을 직업으로 삼은 교육학자의 가르침과 배움에 대한 해학*. 교육과학사.

유영만(2011). “21세기 인재상, 브리콜뢰르형 인재: 독창적 인재에서 협창적 인재로의 전환”. *한국교육 미래비전*. 한국교육개발원.

앤디 하그리브스 · 데니스 셜리(2009). *The Fourth Way: 학교변화의 역사*

와 미래방향. 이찬승 · 김은영 역(2015). *학교교육 제4의 길*. 교육을 바꾸는 사람들 부설 21세기교육연구소.

정성식(2014). *교육과정에 돌직구를 던져라: 종이교육은 그만하고 삶을 살아가고 싶다*. 에듀니티.

천세용 · 김진숙 · 계보경 · 정순원 · 정광훈(2012). *2015, 새로운 학교가 온다*. 21세기 북스.

최상덕(2011). “21세기 창의적 인재상과 인재양성 방향”. *한국교육 미래비전*. 한국교육개발원.

클라우스슈밥(2017). *클라우스슈밥 제4차 산업혁명*. 송경진 역. 새로운 현재.

한국교육개발원(2011). *한국교육 미래비전*. 학지사.

한국교육개발원(2006). *외국의 학제 개혁 동향, 학제 연구 전문가 토론회 자료집*. 한국교육개발원.

한숭희(2017). “대한민국의 미래와 평생학습정책 비전”, *대한민국 미래를 위한 평생학습 정책기획 학술포럼 자료집*. 한국평생교육학회.

한숭희(2010). *평생학습사회연구*. 교육과학사.

2주제

융 · 복합 시대의 공동체와 민주시민 교육

장수빈(St. Mary's College of Maryland)
한동숙(Michigan State University)

2주제
융·복합 시대의 공동체와 민주시민 교육

장수빈(St. Mary's College of Maryland)
& 한동숙(Michigan State University)

Ⅰ. 서 론

한 사람이 '시민'으로서 본인의 정치적 정체성을 자각하고 그 역량을 갖추게 되는 시점은 언제인가. 어떤 과정을 통해서 시민으로서의 정체성(civic identity)을 형성하게 되며, 시민 역량(civic competence)을 키워나갈 수 있는가. 가정에서 부모님과 대화하면서? 사회 혹은 도덕 수업 시간에 배우는 내용을 통해서? 유년시절 대부분을 보내는 학교에서의 공동체 경험을 통해서? 혹은 개인 또는 사회의 어떤 역사적인 사건이 계기가 되어 시민으로서 각성이 일어나는 것인가. 아니면 성인이 되면 자연스럽게 시민으로서의 정체성과 역량은 생기는 것인가. 시민으로서의 정체성과 역량이 형성이 완성되는 시점은 언제인가. 아니, 그 완성의 시점이 있기는 한가. 사회 구성원으로 살아가는 긴 시간 동안 우리의 정치적 정체성과 역량은 계속 변화하는 것은 아닌가. 민주 시민교육과 관련한 여러 질문은 쉽게 답을 내릴 수 있는 성질의 것이 아니다. 다만, 시민, 다시 말해서 정치적 주체로서 개인의 정체성이나 그 역할 수행에 필요한 역량이 어느 한 시점에 자연 발생적으로 획득되는 것은 아니며, 의도적인 목적과 구체적인 계획에 따른 교육활동을 통해서 추구되어야 함은 분명해 보인다.

이 글에서는 한 개인의 시민적 정체성과 역량은 삶 전체를 통해서 성장하고 완성되어간다는 전제하에, 특히 학교를 통한 미성년의 민주 시민교육에 관해 이야기하고자 한다. 한 개인의 시민적 자아의 발달은 학교 밖, 학교 이후의 삶에서도 계속된다. 그러한 측면에서 볼 때, 학교를 통한 민주 시민교육은 전부가 아닌 부분일 뿐이다. 하지만 학교는 우리가 한 국가 공동체로서 중요하게 여기는 가치들과 시민의 역할에 관한 이야기를 깊이 있게 탐구할 수 있는 공적 공간이며, 미성년인 한 개인이 자기 생각, 가치, 태도, 역할을 탐색하고 연습하면서 시민적 주체로 성장할 수 있는 교육기관이다. 아직 미성년인 사회의 구성원들이 시민으로서의 역량을 기를 수 있도록 학교에서는 대한민국 공동체의 정치·사회적 기초를 구성하는 지식과 가치들을 탐구해보고 시민의 역할을 교사 및 학우들과 함께 연습해볼 기회를 가질 수 있다. 시민으로서 어떻게 살아갈 것인가에 대한 사유의 기회와 그런 생각을 실천해보는 경험, 그리고 그러한 지식과 기능, 경험을 내적으로 통합할 수 있는 반성의 과정을 통해서 학교는 시민으로서 한 개인의 생각하고 실천하는 힘을 길러줄 수 있는 공간이면서 동시에 국가 공동체의 민주주의 발전에 핵심적인 사회적 기관이다.

이 글은 융·복합 시대에 강조되고 있는 역량 함양이라는 관점으로 학교에서 이루어지는 시민교육에 접근하고자 하였으며, 개인의 시민적 역량 함양에 초점을 맞춘 학교 시민교육의 개념을 개략적으로 제안하려는 목적으로 작성되었다. 학교를 통한 민주 시민교육이라는 큰 주제를 포괄적으로 다루기 위해서 이 글은 크게 세 부분으로 구성되었다. 먼저 '2장 시민교육의 지형도'에서는, 다양성-통일성, 비판적-무비판적(non-critical) 두 축을 기준으로 다문화 교육 및 사회과 교육의 유형을 분석한 Miller-Lane, Howard, Halagao(2007)의 틀을 사용하여, 현재 운영되고 있는 해외의 시민교육 관련 프로그램과 우리나라의 2015 국가 교육과정을 논의한다. 이어지는 '3장 다원화된 사회에서 시민역량'에서는 증가하고 있는 다원성이라는 현실에서 시민교육의 나아갈 방향에 대해서 논의한다. 마지막으로 '4장 공동체와 민주시민 역량을 높이는 학습 경험'에서는 학교에서 다원화된 민주주의 사회에 적합한 시민적 역량을 기르는 구체적인 프로그램 및 수업 방법으로 사례분석, 온라인 정보 추론 훈련, 구조화된 지역봉사 프로젝트를 예시로 소개하였다.

II. 시민교육의 지형도

1. 시민교육 관련 프로그램 분석 틀: 다양성-비판성의 기준

적극적이고 책임감 있는 시민으로 교육을 시행하는 과정은 공공의 문제를 인지하고 분석하고, 협력, 조직화하는 방식, 다시 말해 사회적 문제 해결(problem-solving)의 개념으로 이해할 수 있다. 이 가운데 공공의 문제를 비판적으로 사고하고, 다른 공동체와 더불어 이해하는 과정에서 비판성과 다양성이 중시되고 있다. 미국에서 시민교육은 크게 사회과 교과 교육과 다문화 교육, 두 학계에서 논의되고 있으며 최근 들어 이 두 학계의 협력 방안이 모색되고 있다. 그 한 예로 Miller-Lane, Howard, Halagao(2007)는 시민적 다문화역량(civic multicultural competence)의 개념화하는 과정에서 다문화 교육 분야의 연구물과 사회과 교과교육 분야의 연구물 중첩과 차이의 문제를 분석하기 위해 비판성과 다양성의 두 축의 스펙트럼이 교차하는 분석 틀을 사용했다<그림 1>.

x축은 시민교육 관련 프로그램의 비판성(critical)-무비판성(non-critical)의 성격을 나타내며, y축은 현대 민주사회의 통일성-다양성의 긴장감에 관한 것이다. 현존하는 사회시스템에 대해 비판적인 태도를 보이는 정도와 통일성-다양성의 연속 선상에서 어느 쪽에 더 무게 중심을 둘

것인가를 기준으로 다문화교육과 사회과 교육을 분석함으로써, 두 분야의 공통점과 차이점을 분명하게 드러나게 하려는 목적으로 사용되었다(Miller-Lane, Howard, Halagao, 2007). 이 분석 틀은 비록 미국 내의 다문화교육과 사회과 교육 학계의 지형도를 파악하기 위해 제안된 것이지만, 다양한 국가 및 국제기구의 시민교육 관련 접근을 전체적으로 조망하는 데에도 유용하게 쓰일 수 있다.

그림 1 시민교육 관련 개념분석 틀(Miller-Lane, Howard, Halagao, 2007)

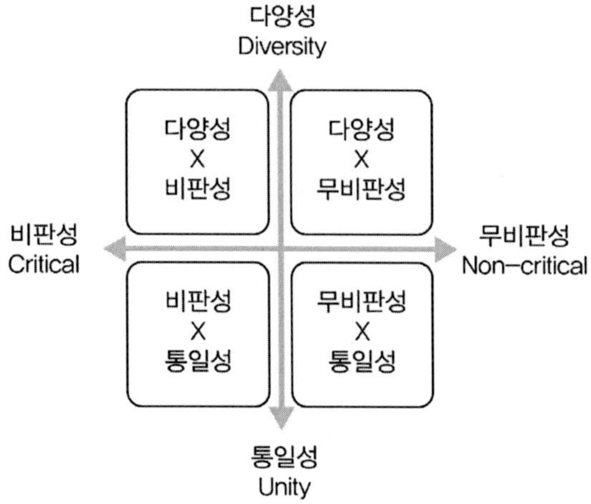

비판성-무비판성의 연속 범위를 나타내는 x축은 교육과정이 현상(status quo)에 대해 어떤 접근을 취하는가에 관한 것으로서, 현 사회시스템을 그대로 기술하고 이해하는 무비판적인 접근에서부터 누가, 어떤 의도를 가지고 어떤 상황적 조건에서 현 사회시스템을 만들었고 그 과정에서 누가 배제되었으며, 그에 관한 서술은 누구의 관점에서 기술되었는가를 다루는 비판적인 접근까지를 말한다(Parker, 2003). Parker(2003)는 미국 내의 다양한 사회과 교육과정을 검토하기 위해 처음 이 스펙

트럼 개념을 사용하여 비판적 혹은 무비판적인 사회과 교육과정의 차이를 설명하였다. 비판적인 사회과 교육과정의 예로는 가난이 발생하는 사회적인 조건들에 대한 근본적인 원인에 대해 분석하고 변화의 가능성을 모색하는 프로젝트를 제시하였고, 무비판적인 사회과 교육과정의 예로 지역 사회의 가난한 사람들을 돕는 봉사활동에의 참여하는 것을 들은 바 있다(Miller-Lane, Howard, Halagao, 2007). Parker(2003)의 예시에서 보듯이 시민교육 관련 교육과정은 크게 준법, 투표, 등의 시민적 역할을 강조하여 현상의 유지에 초점을 두는 것과 현재 시스템에 문제를 제기하는 양 축으로, 다시 말해 보수적인 관점과 진보적인 관점으로 구분할 수 있다.

통일성–다양성 중 어느 쪽에 더 중점을 둘 것인가를 나타내는 y축은 국가를 어떻게 개념화할 것인가, 국가의 역사를 어떻게 기술할 것인가의 문제와 맞닿아 있다. 다문화·다인종 사회인 미국에서 역사 교육과정은 사회통합과 공동체성을 강조하기 위해 미국 건국자와 영웅들 중심의 내용으로 이루어진 하나의 국가주의 네러티브를 강조해왔다(Evans, 2004). 이 관점에서 보면, 미국이라는 국가는 이미 민주주의의 이상을 실현한 곳이며, 시민교육은 개인들의 인종적, 문화적, 사회계층적 정체성의 차이보다 미국 국민으로서 갖는 공통성과 자긍심 및 충성을 더 강조하게 된다. 반면, 통일성의 반대쪽에 있는 사람들은 미국의 민주주의의 이상은 아직 실현되지 못했고, 미국의 역사는 다양한 소수집단들이 정치적 권리를 보장받기 위해 투쟁해 온 것으로 인식한다(Miller-Lane, Howard, Halagao, 2007). 따라서 이러한 관점에서 시민교육은 공동체가 추구하는 자유와 정의의 이상으로 나아가기 위해 개인 및 소수집단들이 경험한 불평등과 불의에 관한 것을 다뤄야 한다고 본다. 정리하면 y축은 시민교육에서 국민으로서의 공통적 정체성을 더 강조할 것인가 아니면 여러 사회적 집단 간의 정치적 권리의 불평등 해결을 더 강조할 것인가를 구분한다.

비판성과 다양성을 교차시키는 Miller-Lane, Howard, Halagao (2007)의 분석틀은 점점 더 다양성이 증가하는 한국 사회에서 필요한 시민역량을 개념화하는 작업에도 적용해볼 수 있다. 미국 시민교육 내의 여러 담론은 비판성과 다양성의 정도에 상관없이 모두 국가의 정치적 이념인 민주주의의 제 가치에 근거하여 시민교육을 정당화한다. 다시 말하면, 민족적 단일성이 아닌 국가의 헌법에 제시된 민주주의 가치나 그것을 현실에서 이루기 위해 투쟁해온 민주화 역사에 기대어 공동체적 정체성과 시민교육을 정당화한다는 것이다. 이는 민족의 단일성에 호소하는 방식으로 공동체적 정체성을 강조해온 한국 사회의 지배적인 담론과 대비되는 것으로서, 단일 민족이라는 민족적 동일성의 담론을 미래의 시민교육과 관련하여 어떻게 위치시킬 것인가에 대해 사유할 틀을 제공한다.

2. 해외 시민교육 관련 프로그램 분석

안정적으로 운영되고 있는 해외의 시민교육 프로그램을 살펴보면, 일반적으로 사회, 법률, 정치에 관한 체계적인 지식을 배우고, 이를 기반으로 민주주의 가치를 적용하여 사회 참여 및 시민적 정체성 형성을 추구하는 구조로 되어 있다. 또한, 다양성의 증가와 정보화 시대로의 이행과 같은 여러 21세기의 시대적 변화에 대응하여 시민교육의 추가적인 내용이 연구·개발되고 있다. 이 글에서는 특별히 미국의 사회과 교육(College, Career and Civic Life, C3), 유럽을 중심으로 시행되는 국제 시민과 시민 교육연구(International Civic and Citizenship Education Study, ICCE), 싱가포르의 인격과 시민교육 학습(Character and Citizenship Education, CCE), OECD의 글로벌 역량 프레임워크를 살펴보고, 우리나라 시민교육에 관한 시사점을 찾고자 한다.

시민으로서 공동체의 문제에 관한 논의, 개선, 해결에 참여하기 위해서는 기본적으로 시민사회의 역사, 민주주의의 원칙, 기초, 절차, 규칙 등의 사회와 시스템에 관한 지식 기반이 요구된다(IEA, 2016). 국제 시민의식과 시민성 교육 조사(이하 ICCS)에서는 구체적인 내용 영역으로 1) 시민사회와 시스템, 2) 시민사회 원리, 3) 시민 참여, 4) 시민 정체성으로 구분하고 있다(Schulz, Ainley, Fraillon, Losito, Agrusti, 2016). 풀어서 설명하면, 시민사회를 구성하는 국가, 민간, 시민 기관 및 조직, 그리고 민주주의의 핵심 가치를 포함하는 작동 원리에 관한 기본적인 이해를 갖춰야 할 뿐만 아니라, 의사결정, 영향력 행사, 공동체 참여, 등의 공동체 속에서 시민 개인의 역할을 연습하고 시민적 자아상과 시민적 유대감을 포함하는 시민 정체성을 형성할 수 있어야 한다. 미국의 시민교육과정(C3) 또한 시민교육에서 기본 지식의 이해와 추론을 포함하는 비판적 사고력을 강조하고 있으며, 학년이 올라갈수록 민주주의 원칙의 실제적인 적용과 개인의 역할에 관한 분량을 강화하고 있다(NCSS, 2013). ICCS와 C3 모두 시민 공동체의 여러 측면과 관련하여 판단할 수 있는 추론 능력과 개인의 관점과 태도를 형성하고 정당화(justify)할 수 있는 능력을 강조한다는 특징이 있다. 또한, 소셜미디어 등 디지털 정보의 범람에 대응하여 정보를 비판적으로 해석하고 합리적으로 판단·평가하는 정보를 비판적 및 능동적으로 활용하는 능력도 강조되고 있다(Schulz, Ainley, Fraillon, Losito, Agrusti, 2016).

시민적 추론 및 합리적 사고를 측정하는 구체적 실례를 살펴보면 그 의미가 좀 더 쉽게 다가온다. 예를 들면, ICCS에서는 시민사회에 관한 개념과 원리에 대해 이해하고 있는가의 지식 분야와 실제 생활에서 활용하기 위한 합리적 추론과 적용을 구분해서 측정한다. 실생활에서 마주하는 다양한 정보의 해석 역량을 갖추었는지, 미래에 일어날 수 있는 일에 대하여 사고하고, 유럽 사회에 존재하는 차별에 대해 인지하는지, 모든 조직에 대해 동등한 권리가 보장되어 있는지 등에 대한 인식을 평가한다. OECD에서는 최근 글로벌 역량을 측정하기 위해서 학생들에게 사회적인 이슈에 대한 비판적 사고 능력, 다문화 관점의 이해와 갈등 관리, 의사소통 역량 등을, 교사들에게 이러한 개념을 학생들에게 어떻게 전달하는지 묻는 서술형 설문조사를 실시하였다(OECD, 2018b).

최근의 시민교육 동향은 종교, 인종, 가치관 등으로부터 야기되는 여러 수준의 시민 공동체의 갈등 문제를 포함하는 것이다. 현대사회의 여러 조건에 의해서 개인이 속한 거의 모든 공동체에서 다원성이 증가하고 있기 때문이다. 이와 관련하여, 다원성에 대응하는 시민교육의 관점으로 공동체의 조화를 강조하는 접근과 개인의 정치적 책임을 강조하는 접근 사이에 약간의 긴장이 존재한다. 예를 들면, 동양 문화권이자 다문화 사회인 싱가포르의 경우, 순응과 조화라는 개별 시민의 덕성을 강조하고 있다(Ministry of Education, Singapore, 2014). 시민의 역할을 사회·정치적 차원이 아닌 개인의 윤리적인 문제로 파악하여 시민성의 하위 구성요소를 긍정적인 자아관, 감정 및 스트레스 조절 능력, 의사결정에 대한 책임감, 가족, 지역 사회, 조직에서 타인과의 관계, 협력, 다른 사람의 관점 이해 및 수용으로 제시한다(Ministry of Education, Singapore, 2014a, 2014b). 반면 역시 다문화 사회인 미국의 C3의 경우에는 시민의 정치적 책임으로써 사회·정치 영역에서의 상호 간의 존중, 협력, 다양한 관점 수용이 시민사회 참여의 기본 원리라고 가르친다(NCSS, 2013). 그리하여 현재의 질서 속에 융화되는 조화를 추구하는 것이 아니라, 민주주의의 원리인 자유와 평등이 인종, 계층, 성별 등에 차별 없이 모든 구성원에게 구현될 수 있는 사회적 진보를 강조한다. 시민사회와 다원성의 문제와 관련하여 OECD 2030 핵심역량 프로젝트에서는 갈등을 해결하는 새로운 가치관의 창출을 제시하였다(OECD, 2018a). 현대사회의 여러 시민 공동체가 마주하고 있는 다원성의 문제는 기존 질서의 유지/개인의 저항이라는 이분법으로는 해결할 수 없는 복잡한 문제이며, 따라서 개별 시민의 창의적 역량이 요청된다는 의미로 해석할 수 있다.

각 국가의 시민사회를 구성하는 역사 및 현재 위치는 같지 않기 때문에 필요한 시민교육 또한 차이가 있을 수밖에 없다. 다원성에 대응하는 방식에서 발견되는 싱가포르와 미국의 시민교육 담론의 미묘한 문화적 차이는 유교 문화의 전통적 담론과 서구 개인주의 문화에 뿌리를 두고 있는 민주주의 담론 사이의 긴장 관계에 대해 성찰할 수 있는 틈을 제공한다. 쉽게 말해서 위의 사례는 우리나라 시민교육에서 공동체 속의 개인을 강조할 것인가, 개인이 모인 공동체를 강조할 것인가에 관한 질문을 던진다고 할 수 있다. 또한, 라틴 아메리카 지역 국가들의 낮은 정부 신뢰, 높은 사회적 불평등, 빈곤, 범죄, 폭력, 부패 등의 현실이 개인의 시민성 및 시민의식 수준에 영향을 미친다는 ICCS 2016의 접근에서 우리 사회에 만연한 신뢰 부재의 문제, 부패의 문제, 양극화의 문제를 돌아보지 않을 수 없다. 미래세대의 시민성과 시민의식의 고취를 위해서는 사회정의가 실현되어야 하며, 이를 위해서는 시민교육의 비판적 접근이 필요하다. 다음 절에서는 융·복합 시대에 필요한 시민교육을 논의하기에 앞서 현재 우리나라 교육과정 상의 시민 역량 관련 내용을 살펴보고자 한다.

3. 2015 국가 교육과정 문서의 공동체와 민주시민 역량

우리나라의 가장 최근 2015 국가 교육과정에서도 시민역량에 해당하는 개념들을 도입하고 총론 및 교과교육과정에서 이를 언급하여 조금 늦은 감이 있지만, 세계적인 역량교육의 흐름에 편승하였다. 2015 이전의 교육과정에 관해서는 총론 및 사회과 교육과정의 서술에서 헌법적 가치 및 서술의 일관성 부재(은지용·정필운, 2014), '한국인'으로서의 정체성을 강조하고 있어서 다문화 사회의 담론과 긴장이 나타날 소지(하경수, 2015), 지식 전달 중심의 민주 시민교육(홍미화 외, 2016)의 문제점이 분석된 바 있다. 2015년 국가 교육과정 총론에서는 교육받은 사람이 갖춰야 할 여섯 가지 역량 중의 하나로 지역·국가·세계 공동체 구성원에게 요구되는 가치와 태도, 공동체 발전을 위한 적극적으로 참여하는 능력을 시사하는 공동체 역량을 제시하고 있으며, 시민역량과 깊은 관련이 있는 지식정보처리역량, 의사소통 역량, 자기관리 역량 또한 문서 가장 앞부분에 적시하고 있다. 그러나 이정우(2017)의 분석에 따르면 총론에서 수사적으로 언급된 위 역량들은 구체성 및 하위 요소가 부재할 뿐만 아니라 자유, 평등과 같은 헌법에 명시된 민주적 가치가 명시되지 않았고 성찰 및 반성의 능력이 빠져있다.

민주 시민교육을 주로 담당하는 사회과 교과 교육과정에서는 민주 시민이 갖추어야 하는 능력을 보다 구체적으로 창의적 사고력, 비판적 사고력, 문제해결력 및 의사 결정력, 의사소통 및 협업 능력, 정보 활용 능력으로 세분화하여 제시하고 있다. 시민성과 관련한 다양한 측면을 광범위하게 포함하고는 있으나 전자배와 이수진(2017)의 분석에 따르면 여전히 '추상적인 서술'에 머무르고 있다. 또한, 도덕과 교과교육과정에서는 한국인으로서의 보편적 가치로 성실, 배려, 정의, 책임을 목표로 제시하여 정의로운 시민의 인성을 강조하고 있으며, 구체적인 역량으로 자기 존중 및 관리 능력, 도덕적 사고 능력, 도덕적 대인 관계 능력, 도덕적 정서 능력, 도덕적 공동체 의식, 윤리적 성찰 및 실천 성향을 제시하고 있다. 도덕과 교과교육과정에서는 공동체의 구성원으로서 개인의 능력, 다시 말해서 조화라는 개념을 강조하고 있다.

2015 국가교육과정 문서는 시민역량(civic competence)이라는 용어를 직접 명시하지는 않았지만, 그 개념에 해당하는 다양한 하위 요소들을 총론, 사회과, 도덕과 교육과정에서 포함하고 있다. 또한, Miller-Lane, Howard, Halagao(2007)의 비판성-다양성 분석 틀에 비추어 보면, 우리나라의 2015 국가교육과정은 무비판-통일성의 교차지점에 해당하는, 다시 말해 오른쪽 아래 분면에 위치한다고 할 수 있다. 교육과정 문서에서 '공동체'는 개인들이 참여하여 계속해서 발전을 이루어나가야

할 대상이지, 여전히 현존하는 불평등과 불의가 민주주의의 이상을 가로막고 있는, 다시 말해 민주화가 여전히 진행되고 있는 곳으로 나타나지 않는다. 2015 국가 교육과정의 시민역량은 사회의 불평등과 불의에 질문하고 민주주의의 이상에 가까워지기 위해 노력하는 능력이 아니라, 현재의 시스템에 적응하고 그것을 더 발전시키는 능력으로 그려지고 정의되었다. y축, 즉 다양성–통일성의 스펙트럼에서 보면 다양한 가치, 다문화에 대한 이해에 대해 수요는 증가하고 있는 데 비해 교육과정 문서에서는 개인, 지역, 문화, 등의 '다름'에 대해서 아직 적극적으로 다뤄지지 않는 것으로 보인다.

앞 절에서 살펴본 해외 사례보다, 2015 국가 교육과정 문서상의 시민역량의 개념은 그 세부적인 구조의 구체성, 다시 말해 지식, 기술, 태도, 가치 등의 개념화 및 구체화는 이정우(2017)나 전자배·이수진(2017)의 분석과 같이 추상적인 수준이다. 물론 시민역량 개념의 구체화의 한 부분으로 우리나라 교육과정에 맞는 평가 기준을 설계하고 학습자들의 성취 수준 진단과 피드백 제공을 위한 연구도 이루어지고 있다(임은진, 2015). 그러나 시민역량을 국가 교육과정 문서에 담기에 앞서, 미래 사회의 바람직한 시민이란 어떤 것인지, 우리가 한 국가 공동체로서 어떤 이상을 가지고 다음 시대를 바라보는지, 그리고 그에 필요한 능력은 어떤 것인지에 대한 원론적이지만 중요한 것들에 관해 이야기가 이루어져야 할 것이다. 양흥권(2017)은 이와 관련하여, 민주 시민교육 측면에서 학교 내에 시민교육과 관련된 법제, 기구, 전문인력 등 기반이 부족하고 정부의 영향을 받지 않는 항구적 표준 교육과정의 체계화가 필요하다고 주장한 바 있다. 우리의 현실에 맞는 시민성 및 시민의식에 대한 사회적 담론 및 합의에 근거하여, 교수–학습 및 평가를 위한 하위 내용을 개념적으로 촘촘하게 설계하는 교육과정 및 평가의 개발·설계 작업이 뒤따라야 한다.

Ⅲ. 다원화된 민주주의 사회의 시민역량

미래를 살아갈 다음 세대들은 다원화된 민주사회를 살아갈 능력이 필요하다. 다원화된 세계에서 살아가는 역량은 이미 OECD와 같은 국제기구뿐만 아니라 여러 국가에서 중요하게 강조하는 부분이다. 우리가 속한 세계 공동체는 물론이거니와 국가와 지역에도 다원성은 일상이 되어가고 있다. 이러한 사회적 조건의 변화는 민주 시민교육이 훨씬 더 복잡해졌다는 것, 그러면서도 그 중요성이 계속 증가하고 있다는 것을 의미한다. 이 장에서는 전통적으로 시민교육을 전담해 온 사회과 교육의 외연을 확장하여 다문화 교육에서 우리나라 다음 세대의 시민역량 교육에 주는 시사점을 간략하게 논의하고자 한다.

다른 문화에 대한 지식과 이해를 갖추기 위해서는 자기 자신에 대해 아는 것부터 출발해야 한다. '다름'을 이야기하기 위해서는 상대가 나와 어떻게 같고 다른지 그 차이를 다양한 각도에서 생각해 볼 수 있어야 하기 때문이다. 따라서 다원화된 민주주의 사회에서 요구되는 시민역량을 구성하는 지식과 이해의 중요한 한 축은 자신의 문화적, 종교적, 사회경제적 및 성별에 따른 정체성, 그러한 정체성을 바탕으로 한 사회와 역사를 이해하는 관점에 대한 자각과 성찰, 곧 자기 이해이다(OECD, 2018c). 우리가 세상을 바라보는 시선은 우리가 살아온 배경과 경험에서 벗어나 있지 않기 때문에 그러한 자기 이해를 바탕으로 자신이 가진 가정(assumptions)이나 편견, 중요하게 생각하는 가치와 신념을 성찰할 힘을 길러주어야 한다. 나아가, 그러한 개개인들의 성찰을 바탕으로 개인들이 여성으로서, 혹은 장애가 있는 사회의 구성원으로서 살아온 경험을 시민교육의 장에서 나눔으로써 우리가 민주주의의 이상을 향해서 더 나아갈 부분들이 드러나게 된다(Souto-Manning, 2009).

한 국가 공동체의 구성원으로서 갖는 공통적인 시민적 정체성의 담론을 강조하는 사회과의 시민교육 접근과는 달리 다문화 교육에서는 개개인들의 삶과 경험의 다양성을 시민교육의 지식으로 삼는다(Pang, Gay, & Stanley, 1995; Sleeter & Grant, 1991). 교실의 교육과정은 학생들의 다양한 아이디어, 생각, 관점으로 더욱 풍성해져서 지적으로나 정서적으로나 훨씬 더 몰입하는 학습을 할 수 있게 된다(Marri, 2005). 다원화된 민주주의 사회에서의 시민역량에서는 개인들의 다양한 삶과 경험이 획일적인 국민으로서의 공통된 정체성 이상으로 가치 있게 여겨져야 한다. 우리의 시민적 정체성을 구성하는 요소들은 모든 사람에게 획일적이지 않으며, 우리의 문화적, 종교적, 사회경제적 및 성별, 살아온 개인의 역사에 따라서 조금씩은 다를 수밖에 없기 때문이다. 그리고 그러한 다양성과 차이가 갈등과 불편함을 가져오는 부정적인 요소로 인식되는 것이 아니라, 우리 공동체가 민주주의 이상으로 더 나아가기 위해 지속해서 노력해 나가야 할 부분들을 드러내는 생산적인 작업으로 인식될 수 있어야 할 것이다.

Banks(1991)에 따르면, 다문화 교육은 개인의 역량을 강화(empowerment)하는데 직접 기여한다. 구체적으로, 학생들은 사회, 정치, 경제체제에 대한 지식을 갖게 되며, 권력 구조에 대해서 자각하고, 변화를 일으킬 수 있는 기능들을 기르며, 그들이 변화의 주체가 될 수 있다는 것을 알게 된다. 다시 말하면, 다문화 교육에 기초한 시민역량은 학생들이 사회변혁의 주체가 될 수 있는 능력을 기르는 데 주안점을 두고 있다는 것이다(Silva & Langhout, 2011). 이러한 사회변혁은 헌법적 가치, 평등한 기회에 대한 신념, 인간의 존엄, 민주주의 사회가 요청하는 시민의 역할 등에 기초한 것이다(Pang, Gay, & Stanley, 1995; Freire, 1970; 심성보, 2011).

시민역량과 다문화역량을 융합한 시민교육은(civic multicultural competence) “더 포용적이고, 정의로우며, 평등한 사회를 추구하기 위해 다양한, 논란의 여지가 있는 문제적인 이슈를 조사하려는 열망과 능력”

으로 정의할 수 있다(Miller-Lane, Howard, Halagao, 2007, p. 563). 그리고 이런 능력은 "실제적이고, 자기 주도적이며, 사회정의 관점에 기초한 참여를 통해서" 학습할 수 있다(Miller-Lane, Howard, Halagao, 2007, p. 563). 갈등이 있는 주제(conflictual issues)는 교실 토론에서 다양한 관점을 경험할 기회를 제공할 뿐만 아니라 반성적 사고 및 대화를 장려한다는 측면에서 효과적이다(Parker, 2016). 이런 갈등 학습에 적합한 주제들은 인권, 편견, 시사 문제 등과 관련하여 찾을 수 있다(Claire & Holden, 2007).

다원화된 민주주의 사회에서 필요한 시민적 능력을 기르기 위해서는 열린 마음과 존중의 태도가 선행되어야 한다. 열린 마음은 나와 문화 혹은 생각이 다르다고 해서 배척하는 것이 아니라 그 다름을 민감하게 인지하고 알아가며 관계 맺기를 시도하는 자세라고 할 수 있다(OECD, 2018c). 이를 위해서는 내가 가진 생각, 내가 알고 있는 것, 내게 익숙한 문화가 정답이라고 생각하고 그렇지 않은 상대는 틀렸다고 하는 자세를 버리고 판단을 유보한 채 상대에 대해 알아가는 자세가 요구된다. 나와 다르다고 해서 관심을 두지 않는 무관심이나, 나와는 다른 상대를 '신기'하게만 여기고 평등하고 의미 있는 관계 맺기를 하지 않는 것도 열린 자세가 아니다(OECD, 2018c). 존중의 태도란 나 자신뿐만 아니라 모든 개인이 자기가 원하는 대로 신념, 의견, 삶의 방식을 선택할 권리가 있다는 것을 인정하는 것, 그리고 그 '다름'을 지워버리거나 바꾸려고 하지 않는 것이다(OECD, 2018c). 존중은 시민교육에서 자주 등장하는 관용(tolerance)보다 더 적극적인 개념으로 타자와 평등한 관계에서 그 다름을 지워버리지 않은 채로 적극적인 관계 맺기를 시도하는 것이라고 할 수 있다(OECD, 2018c).

요약하면 다원화 민주주의 시대에 요청되는 시민교육은 공동체를 구성하는 개개인들의 시민적 역량을 강화하는 것이며, 그리하여 각 시민 주체가 창의적인 방식으로 공동체의 민주성 확대에 기여하게 되는 것이다. 교육을 통해서 길러진 시민역량은 개인이 정치적 주체성을 가지고 시민으로서 자신의 삶과 경험을 바탕으로 공동체 안에서 자신의 역할과 위치를 찾아가는 동력이 될 것이다. 이러한 점에서 모든 사람이 동일한(identical) 시민의 정체성과 역할을 갖지 않는 것이며, 개인들의 차이와 다양성을 통해 모든 사람에게 더 정의롭고 자유로우며 평등한 공동체로 나아갈 수 있다.

Ⅳ. 공동체와 민주시민 역량을 높이는 학습 경험

1. 기본 원리: 내적으로 융합해보는 경험

그렇다면 개인의 시민역량, 다시 말해서 다원화된 민주주의 사회의 시민으로서 본인의 정체성을 자각하고 그 역할을 다 하며 살아가기 위한 힘을 길러줄 수 있는 실제적인 교육방법은 무엇인가? 구체적인 시민역량 고취를 위한 교수-학습 방법 소개에 앞서 먼저 역량의 개념을 살펴보자.

역량은 실제적인 행위(action)를 할 수 있는 능력으로 지식 기반(knowledge)과 하위 기능(cognitive, communicative, interpersonal skills), 태도 등이 한 개인 안에서 내적으로 융합되어 발휘되는 것이다. 역량이라는 개념은 언뜻 보아서는 과거의 지식, 기능, 태도로 학습 내용을 구조화하는 전인교육 교수-학습과정안과 유사해 보이지만, 가장 큰 차이점은 역량은 지식의 구조가 아니라 개인의 내적 정신 구조(internal mental structures)이기 때문에 그 요소들을 따로따로 가르쳐서는 절대로 발휘될 수 없다는 것이다(Hoskins & Crick, 2010). 다시 말해서 역량교육이란, 지식, 기능, 가치, 태도가 유기적으로 얽힌 학습의 경험을 강조하는 것이며 이는 이제는 수업이 텍스트를 읽고 암기하는 방식으로는 불가하며, 실제 삶에서 능력을 발휘하는 그 국면과 유사한 환경으로 이루어져야 한다는 학습 방식의 패러다임 변화를 의미한다. 따라서 교사는 교과서의 내용을 잘 정리해서 알기 쉽게 전달하는 지식의 전달자가 아니라, 지식과 기능, 그리고 태도를 융합하는 학습 경험을 디자인하는 설계자가 된다.

한 개인이 사회·정치 공동체에서 시민으로서 기대되는 역할(예를 들면, 시민 단체 활동, 투표, 자원봉사, 토론, 등)을 할 수 있는 시민역량을 갖추기 위해서는 시민으로서 알고 있어야 하는 지식(knowledge), 분석하고 논증할 수 있는 힘(cognitive skills and meta-cognitive skills), 타인과 관계 맺는 기술(social and emotional skills), 공동체와 개인에게 의미 있는 가치, 삶과 타인에 대한 태도, 윤리적인 의사결정, 정체성, 등 여러 가지가 한 개인 안에서 내적으로 융합되어야 하며, 이것들은 따로따로 가르쳐지는 것이 아니라 융합의 경험 그 자체로 교실 안팎에서 다루어져야 한다(OECD, 2018c; Hoskins & Crick, 2010). 다음 절에서는 그러한 융합의 경험을 제공하는 수업 방법이 어떤 것인가에 대한 독자들의 이해를 돕기 위해서 사례분석, 온라인 추론 훈련, 지역봉사 프로젝트의 교수–학습 전략을 설명하겠다.

2. 융합의 경험을 제공하는 교수–학습 전략의 예시

가. 사례분석(case study analysis)

학생들이 사회적 문제 해결 과정(problem-solving)에 참여하는 것은 이미 여러 이론 및 연구를 통해 효과적으로 시민역량을 높이는 교수법으로 알려져 있다(Parker et al., 2013). 문제중심학습(PBL)은 학생에게 의미 있는 학습 경험을 제공하기 쉽고, 이를 통해서 학생의 이해가 깊어지면서 종국에는 새로운 문제를 발견하고 해결해나가는 방식으로 전이가 일어날 가능성이 큰 효과적인 학습법이다(Bransford & Schwartz, 2000). 문제중심학습은 다양한 형태의 변용이 가능하지만, 핵심은 학생이 직접 조사나 탐구를 수행하여 실제적인 결과물을 산출한다는 것이다(Parker et al., 2013). 학습활동은 정도의 차이는 있을 수 있지만, 학생이 주도적으로 학습을 설계하는 것, 협동, 문제해결, 의견 및 주장을 구성하기(argumentation), 관련 학문의 개념과 원리를 깊게 탐구하는 것 등이 포함된다. 이러한 학습의 형태는 탐구중심학습(inquiry-based learning)으로 불리기도 한다(Darling-Hammond et al., 2008).

사례연구는 이러한 문제중심 혹은 탐구중심 학습의 한 형태라고 할 수 있다. 지역, 국가, 세계 공동체의 실제 사례를 학생이 주도적으로 탐구해나가면서 학생들은 논리적이고 체계적으로 사고하는 능력을 기를 수 있다. 특히 사례분석의 경우 어떤 사례를 선정하는가가 매우 중요한데, 무엇보다 학생 자신에게 의미 있는 사례를 선정하는 것이 중요할 뿐만 아니라 다양한 견해의 차이를 드러낼 수 있는 사례도 학습의 효과를 높일 수 있다. 교실에서 실제 공동체의 사례를 토론과 분석의 통해서 학습하면서, 사회적 문제를 지리학적, 역사적인 맥락에서 바라보는 경험, 그리고 그러한 문제들에 내재한 다양한 관점들을 발견하는 작업을 하게 된다(OECD, 2018c). 특히 사례분석의 방법은 현대 시민사회의 문제의 복잡성, 의견과 관점의 차이에 대해서 학습할 수 있다는 장점이 있다. 학생들은 이러한 학습 과정에서 관련한 교과 지식, 사고 및 의사소통 기능, 사회 문제에 관심을 갖는 태도 등을 융합하는 경험을 하게 된다.

조사, 분석, 토론 등을 통해서 사례를 탐구하고 난 뒤에는 이를 정리하여 종합적으로 평가하고 자기 생각과 입장을 정당화하는 글을 작성하게 된다. 시민사회의 갈등을 유발하는 사례를 조사하고 분석하는 것에서 그치는 것이 아니라 거기에서 한 걸음 더 나아가 그러한 사회현상을 바라보는 자신의 시각, 그 시각에 영향을 미치는 가치, 경험, 담론, 신념에 대해서 성찰하여 의견을 형성하는 경험까지를 포함하는 것이다. 이러한 학생의 주장과 해석을 담은 서술을 평가함으로써 학생이 가진 지식 기반, 여러 자료를 분석하고 해석하고 종합하는 사고력, 민주적 가치 및 태도 등을 융합적으로 평가할 수 있다(OECD, 2018c).

시민역량을 융합적으로 측정하는 서술평가는 이미 여러 시민교육 관련 표준 평가에서 사용되고 있다(예, ICCS, NAEP Civics, GCSE examination in Citizenship Studies). 개별 학생이 사례를 심층적으로 분석하는 과정에서 보여주는 관련 지식, 사고 기능, 민주적 태도 등을 종합적으로 활용하여 자신의 의견을 개진하는 능력(justify; argumentation)을 객관적이고 공정하게 평가하기 위해서는 루브릭과 같은 완성도 높은 평가도구가 교사에게 제공되어야 한다. 표준화된 평가도구는 교육과정의 성취기준과 연계(예, 지식, 기능, 태도, 가치 영역의 학습 목표)되어 아주 구체적인 수준으로(예, 예시 답안과 해당하는 점수) 자세하게 개발되어야 할 것이다(OECD, 2018c). 사범대학이나 교육연구소는 시민역량, 특히 시민적 사고를 평가할 수 있는 같은 표준화된 평가도구를 개발하고 지속적인 학생 평가 데이터를 통해서 완성도를 높여나가야 한다.

나. 인터넷 정보에 대한 시민의 온라인 추론 훈련

2015 국가 교육과정의 총론과 사회과 교과교육과정에서 정보처리 역량을 강조하고 있듯이, 민주 시민역량에서 정보 리터러시(information literacy)의 강조, 특히 인터넷상의 정보를 평가하는 능력을 강조하는 것은 전 세계적인 추세이다. 특히 다수의 개인이 정치 및 사회와 관련된 뉴스나 정보를 TV나 인터넷으로 접하고 있고, 그러한 정보의 양은 개인이 다 소화하기 어려울 만큼 많아서, 지금은 그 어느 때보다 시민의 온라인 추론 능력(civic online reasoning) 필요한 시점이다(McGrew et al., 2018). 미국의 사례이긴 하지만, 2016 대선에서 75% 달하는 젊은 층이 뉴스를 인터넷을 통해서, 그것도 페이스북과 같은 소셜미디어를 통해서 접한 것으로 조사되었다(Gottfried et al., 2016). 한국도 이러한 온라인에 정치 및 사회 관련 정보를 의존하는 경향은 크게 다르지 않을 것이며,

그런 의미에서 정보의 신뢰성을 평가하는 능력은 시민역량에 반드시 포함되어야 한다.

온라인 추론 능력은 정치 및 사회 관련 정보를 효과적으로 찾고, 평가하며, 확인하는 일련의 능력으로 특히 세 가지의 하위 능력으로 구성된다. 해당 정보 뒤에 누가 있는가를 파악하는 능력, 주장에 동원된 증거(evidence)를 파악하고 판단하는 능력, 그리고 다른 정보원(source)은 같은 정보에 대해서 어떻게 설명하고 있는지를 파악하는 능력이 그것이다. 이러한 능력을 평가도구로 개발하여 학생들의 정보 신뢰성 판단 능력을 평가한 스탠퍼드 대학의 역사교육 팀(The Stanford History Education Group)은 연구 참여자들이 온라인 정보를 작성한 사람이나 사용한 증거를 검증하는 대신, 화려한 웹 디자인, 그래프와 같은 시각적인 요소를 가지고 정보를 더 신뢰한다는 것을 발견했다. 이러한 연구 결과는 미래사회의 시민역량 교육이 적극적으로 온라인 정보의 신뢰성을 판단하는 훈련을 포함해야 한다는 시사점을 제공한다(McGrew et al., 2018).

교실에서 이러한 시민의 온라인 추론 능력을 기르는 방법은 교사와 학생이 함께 자료를 찾고, 해당 자료의 신뢰성을 판단하는 것을 함께 여러 번 연습하는 것이다. 스탠퍼드 역사교육 팀은 팩트체커들이 사용하는 측면(lateral) 읽기 전략을 추천한다(McGrew et al., 2018). 측면 읽기 전략은 어떤 정보를 찾았다면 그 정보를 작성한 사람이나 제공하는 사이트에 대해서 새로운 검색창을 열어서 조사하는 방식이다. 예를 들면, 기후변화에 관한 정보를 the Atlantic이라는 사이트를 통해 찾았다면, 새로운 검색창을 열어 해당 사이트와 기사를 작성한 기자에 대해서 믿을만한지 조사를 하는 것이다. 또 다른 교수-학습 방법으로 인터넷 검색 결과를 가지고 비교하고 토론하는 수업을 하는 것이다. 어떤 주제를 정해서 학생들이 각자 검색을 하고, 출력된 수많은 사이트 중에서 어느 것을 클릭할 것인가를 토론한 뒤 실제로 해당 사이트를 들어가

보고 다시 정보의 신뢰성에 대해서 소집단으로 토론을 하며 결론을 도출하는 방식이다(McGrew et al., 2018). 이러한 수업을 통해서 학생들은 비판적으로 사고하여 정보를 자기 주도적으로 소비하는 기능과 태도, 즉 디지털 민주주의 시대에 필요한 역량을 기를 수 있다.

다. 구조화된 지역봉사 프로젝트

시민으로서의 정체성은 교실 밖에서 실제 시민으로서의 역할을 수행하는 경험을 통해 더 극적으로 형성될 수 있다(Wade & Yarbrough, 2007). 시민역량은 실제 삶에서 시민으로서 어떤 행위를 할 때 가장 정확히 평가할 수 있다는 점에서 교실 밖에서 지역 사회 문제의 해결을 위해 직접 참여하는 것은 이런 행위를 연습해보는, 다시 말해서 내적인 융합을 해볼 기회라고 할 수 있다. 미국의 사회과교육단체인 NCSS가 제공한 CiviConnections의 모델을 보면 봉사활동은 지역 사회의 역사 및 문제(예, 노숙자, 치안, 동물 권리 등)와 관련 있게 설계된다(Wade & Yarbrough, 2007). 다시 말해서 봉사활동의 시간을 채우는 데 주안점을 주는 것이 아니라, 학생 스스로 지역 사회의 역사 및 제 문제와 관련있는 봉사활동 중장기 프로젝트(6-8개월)를 설계하고 진행하는 것이다. 이러한 구조화된 형태의 봉사활동을 통해서 학생은 지역 공동체의 일원으로서 시민의 역할을 의미 있게 구성해나가는 경험을 가질 수 있다. Wade & Yarbrough(2007)의 연구에서는 학생들이 CiviConnections을 통해서 시민으로서 참여하는 기능 및 태도뿐만 아니라 시민교육 관련한 지식과 이해, 다시 말해서 시민역량이 종합적으로 증가하였다.

시민 참여의 경험이 지식 기반, 기능, 태도, 가치와 유기적으로 엮어져 학생 개인에게 어떤 의미 있는 학습이 되기 위해서는 반성 및 성찰의 기회가 꼭 필요하다. 융합의 효과가 있는 반성 및 성찰을 위해서는 '한 페이지의 감상문을 제출하라'는 식으로 어떤 구조나 가르침 없이 제출하면 끝인 성찰이 되어서는 안 된다. 학생이 머리를 써서 자신의 참여 경험과 수업시간에 배운 내용을 연결하여 어떤 결론을 끌어내는 사고력까지 발휘할 수 있도록, 성찰의 과정을 스캐폴딩, 즉 단계별로 함께 하면서 방법을 가르쳐주어야 한다. 예를 들면, 지역 사회에서 봉사활동 프로젝트를 진행하는 동안 다양한 자료들을 수집하게 하고, 그렇게 모은 사진, 사물, 일지 등을 바탕으로 자신의 경험을 정리하여 주요한 포인트(big ideas)를 도출하고, 그러한 분석을 바탕으로 보고서를 작성하든지, 혹은 프레젠테이션 등의 형태로 다시 학교 및 지역 공동체와 나누는 학습 단계를 진행할 수 있다. 교사들은 이 모든 단계에서 세밀하게 방법(how to)을 지도하면서, 학생들이 그러한 경험을 통해서 시민적 정체성을 형성하는 계기를 마련할 수 있도록 도와주어야 한다.

Ⅴ. 결론

모든 사람에게 더 정의롭고 자유로우며 평등한 시민사회로 나아가기 위해서 우리 사회를 구성하고 있는 개개인의 시민성과 시민의식이 반드시 담보되어야 한다. 시민 공동체의 일원으로서 가진 정치적 책임감을 자각하고 그 몫을 다하는 데 필요한 능력을 적극적으로 가르치고 배우지 않는다면, 안타깝지만 그것은 자연스럽게 길러지지는 않는다. 역량을 갖춘 시민을 기르는 일은 전문성과 열정을 가진 교육자들에 의해서 계획되고, 가르쳐지고, 평가되고, 수정되는 과정을 통해서, 다시 말해서 적극적이고 의도적인 교육활동을 통해서만 이를 수 있다. 이러한 측면에서 민주 시민교육과 관련한 정책 관련자들은 시민역량을 높일 수 있는 다양한 교육 컨텐츠들이 생산될 수 있도록 재정적 지원과 인프라 구축에 관심을 쏟아야 한다. 교사들이 교실에서 바로 쓸 수 있는 수업자료, 평가 자료들이 만들어질 수 있도록 대학 및 연구소 연구인력의 정책 유인을 설계하고, 동시에 교사들이 자발적 학습 공동체에서 시민교육 수업을 연구하고 가르치고 개발할 수 있도록 현장에도 유인을 설계하여야 한다. 국가 권력으로부터 시민사회의 자율성을 지킨다는 차원에서 시민교육은 국가가 주도해서 모든 교육 내용을 제작하고 배급할 수 없는 분야이다. 시민교육 관련 교육 정책수립자들은 이러한 시민교육의 특성을 이해하고, 민간 및 현장 교사들의 적극적인 연구·개발·교육을 장려하는 방향, 민간 주도의 시민교육을 지원하는 방향으로 정책을 설계하여야 할 것이다.

이 글은 크게 세 가지 주제를 다루었다. 먼저 2장에서 다양성－통일성, 비판적－무비판적 분석 틀을 바탕으로 최근의 여러 국가에서 추진되고 있는 민주 시민교육이 전통적인 정치 시민교육과 다문화 교육이 융합된 다원화된 사회의 민주 시민역량으로 나아가고 있다는 것을 살펴보았다. 3장에서는 다문화 교육을 기초로 하는 시민교육의 이론적 배경을 설명하면서 앞으로 추구해야 할 다원화된 민주사회에서의 시민교육은 개개인의 시민적 역량을 높이는 것이라고 주장하였다. 마지막으로 4장에서는 역량이라는 교육 개념에 기초하여 유기적인 융합의 학습 경험을 제공할 수 있는 수업 전략을 세 가지 제안하였다.

저비용 고효율의 추격형 교육을 하던 패러다임 아래에서는 개인은 국가의 경제 발전을 위한 생산의 도구의 역할이 강조되었다. 그러한 패러다임은 개인의 고유한 다름뿐만 아니라 시민으로서의 공적인 삶과 역할도 이야기하기 어렵게 만든다. 공동체 안에서의 자기의 역할과 위치를 생각하고 실천하는 '시민'은 먹고 사는 문제에 짓눌리는 담론 속에서는 탄생하기 힘들다. 그동안 생존과 경제 발전의 가치가 너무나 오랫동안 한국 교육의 담론을 지배해오면서 그에 맞서는 내러티브는 그 존재조차 미미한 상황이 되어버렸다. 국가 경제 발전의 생산도구로서의 개인만이 아닌, 공동체의 적극적인 시민으로의 개인의 역할에 관한 이야기를 특히 교육에서 해야 할 것이다. 왜냐하면, 산업이 빠르게 변화하는 미래에도 학교는 여전히 다른 사람들과 어떻게 살아갈 것인가를 이야기하는 공간일 것이기 때문이다(OECD, 2018c). 이제부터라도 우리가 한 국가 공동체로서 중요하게 여기고 지켜야 하는 가치들은 무엇인지에 대한 이야기들을 시작하고, 그것이 시민교육의 기초가 되어야 할 것이다.

참고문헌

심성보. (2011). 인간과 사회를 진보를 위한 민주시민교육. 살림터.

양홍권. (2017). 한국의 민주시민교육 운영기반 분석과 개선 방안. 한국학논집, 67. 123-155.

은지용 · 정필운. (2014). 사회과에서 민주주의 개념과 관련된 국가 정체성 교육 내용에 대한 비판적 고찰. 시민교육연구, 46(4), 31-77.

이정우. (2017). 2015 개정 교육과정 총론의 공동체 역량 의미와 하위요소 탐색. 시민교육연구, 49(4), 149-170.

임은진. (2015). 핵심역량 기반 교육과정에서의 사회과 평가에 대한 연구. 사회과교육, 54(4), 143-155.

장은주. (2017). 시민교육이 희망이다. 피어나.

전자배 · 이수진. (2017). 역량 함양을 위한 사회과 교육과정 설계 방향 탐색. 시민교육연구. 49(4), 171-196.

정철민. (2017). 한국 시민교육에 대한 비판적 고찰: 시민교육의 목적과 내용을 중심으로. 교육철학연구, 39(2), 175-192.

정호범. (2016). 위기에 처한 사회과 교육: 진단과 처방. 사회과교육연구, 23(2), 19-32.

정호범. (2017). 미래사회를 대비하는 시민교육의 방향. 사회과교육연구, 24(4), 75-89.

홍혜경 · 남상준. (2017). 임파워먼트에 기반한 초등사회과 협동학습 원리의 고찰. 사회과교육연구, 24(4), 131-142.

홍미화 · 곽혜송 · 김옥진 · 배성호 · 차보은. (2016). 초등학교 민주시민교육의 효과성 제고 방안 연구. 선거연수원 2016 연구보고서.

Association of College and Research Libraries. (2016). *Information literacy best practices: Exemplary programs.* Retrieved from http://www.ala.org/acrl/aboutacrl/directoryofleadership/sections/is/iswebsite/projpubs/bestpractices-exemplary

Bransford, J. D., & Schwartz, D. L. (2000). Rethinking transfer: A simple proposal with multiple implications. In A. Iran－Nejad & P. D. Pearson (Eds.), Review of research in education (Vol. 24, pp. 61-100). Washington, DC: American Educational Research Association.

Claire, H., & Holden, C. (Eds.). (2007). *The challenge of teaching controversial issues.* Stock－on－Trent, UK: Trentham Books.

Darling－Hammond, L., Barron, B., Pearson, P. D., Schoenfeld, A. H., Stage, E. K., Zimmerman, T. D., Cervetti. G. N.. Tilson. J. L. & Chen. M. (2008). *Powerful learning: What we know about teaching for understanding.* San Francisco, CA: Jossey－Bass

Evans, R. W. (2004). *The social studies wars: What should we teach the children?* New York, NY: Teachers College Press.

Hoskins, B., & Crick, R. D. (2010). Competences for learn and active citizenship: Different currencies or two sides of the same coin? *European Journal of Education*, 45(1), 121－137.

Marri, A. R., (2005). Building a framework for classroom－based multicultural democratic education: Learning from three skilled teachers. *Teachers College Record,* 107(5), 1036－1059.

McGrew S.., Breakston, J., Ortega, T., Smith, M., & Wineburg, S. (2018). Can student evaluate online sources? Learning from assessments of civic online reasoning. *Theory & Reserach in Social Education.*

Miller－Lane, J., Howard, T. C., & Halagao, P. E. (2007). Civic multicultural competence: Searching for common ground in democracy education. *Theory & Research in Social Education,* 35(4), 551－573.

Ministry of Education, Singapore. (2014a). 2014 Syllabus character and citizenship education－Primary. Singapore.

Ministry of Education, Singapore. (2014b). 2014 Syllabus character and citizenship education－Secondary. Singapore.

National Council for the Social Studies. (2013). College, career & civic life: C3 Framework for social studies state standards. National Council for the Social Studies. Silver Spring, MD.

OECD. (2018a). The future of education and skills education 2030: The future we want. France, Paris: OECD.

OECD. (2018b). PISA: Preparing our youth for an inclusive and sustainable world. France, Paris: OECD.

OECD. (2018c). *Global competency for an inclusive world.* France, Paris: OECD.

Pang, V. O., Gay, G., & Stanley, W. B. (1995). Expanding conceptions of community and civic competence for a multicultural society. *Theory & Research in Social Education*, 23(4), 302-331.

Parker, C. (2016). Pedagogical tools for peacebuilding education: Engaging and empathizing with diverse perspectives in multicultural elementary classrooms. *Theory & Practice in Social Studies Education*, 44(1), 104-140.

Parker, W. C. (2003). *Teaching democracy: Unity and diversity in public life.* New York, NY: Teachers College Press.

Parker, W. C., Lo, J., Yeo, A. J., Valencia, S. W., Nguyen, D., Abbott, R. D., Vye, N. J. (2013). Beyond breadth-speed-test: Toward deeper knowing and engagement in an advanced placement course. *American Educational Research Journal*, 50, 1424-1459.

Schulz, W., Ainley, J., Fraillon, J., Losito, B. & Agrusti, G. (2016). IEA International Civic and Citizenship Education Study 2016 Assessment Framework. Netherlands, Amsterdam: IEA Secretariat.

Silva, J. M. & Langhout, R. D. (2011). Cultivating agents of change in children. *Theory & Research in Social Education*, 39(1), 61-91.

Sleeter, C. E., & Grant, C. A. (1991). Multicultural education and empowerment. In C. E. Sleeter (Ed.), *Empowerment through multicultural education* (pp. 1–26). Albany: State University of New York Press.

Souto–Manning (2009). Negotiating culturally responsive pedagogy through multicultural children's literature: Towards critical democratic literacy practices in a first grade classroom. *Journal of Early Childhood Literacy*, 9(1), 50–74.

Wade, R., & Yarbrough, D. (2007). Service–learning in the social studies: Civic outcomes of the 3rd – 12th grade CiviConnections Program, *Theory & Research in Social Education*, 35(3), 366–392.

3주제

융 · 복합시대를 대비하는 학교차원의 융합교육 실행 방안 탐구

오찬숙(고려대학교, 수주고등학교)

3주제
융·복합시대를 대비하는 학교차원의 융합교육 실행 방안 탐구

오찬숙(고려대학교, 수주고등학교)

I. 서 론

융·복합시대로의 변화를 대비하는 교육이 필요하다는 주장은 최근 제4차 산업혁명 시대에 대한 폭발적인 관심과 함께 더욱 큰 힘을 얻고 있다. 디지털 혁명을 기반으로 한 제4차 산업혁명은 초연결성, 초지능성을 특징으로 하며 수많은 분야와 발견이 끊임없이 융합하고 조화를 이루는 독특한 습성을 갖고 있다(Schwab, 2016). 융·복합적 사고와 창의성, 협업 등의 역량을 키우도록 교육하는 것은 이처럼 빠르게 변화하면서 모든 것이 연결되고 융합되는 미래사회를 살아가야 하는 학생들에게 매우 필요한 일이다. 최근 캐나다, 뉴질랜드를 비롯한 여러 나라들에서 미래를 대비하는 교육개혁 방안으로 역량중심으로 교육과정을 재구조화 하려는 시도들이 있고(소경희, 2007; 소경희 외 2010), 역량을 교육할 수 있는 하나의 방법으로 융합교육이 주목받고 있다. 현재 많은 관심을 받고 있는 융합교육은 최근에 등장한 완전히 새로운 교육방법이 아니라, 과거부터 여러 교육학자들(Ingram, 1979; Jacobs, 1989; Fogarty, 1991; 김대현·이영만, 1995; Drake & Burns, 2004)의 연구에서 논의되어온 것으로, 유사한 내용을 가르쳐야 하는 교과를 통합하여 한 번에 가르치거나 사실적 정보나 지식보다는 핵심 개념이나 원리를 중심으로 교육하는 것으로, 학생들의 비판적 사고와 문제해결 능력, 의사소통과 협력, 창의성과 혁신성 등의 미래핵심역량을 기를 수 있는 교육방법이다(오찬숙b, 2015).

우리의 교육도 이러한 미래 변화에 대비하기 위하여 융합교육을 위한 여러 가지 시도를 해왔다. 과학교과 중심의 융합인재교육(STEAM 교육)과 창의·융합형 인재 양성을 목표로 하는 「2015 개정 교육과정」의 도입 그리고 학교에서의 교과 융합(통합)형 수업을 활성화하고자 도입된 통합사회, 통합과학, 융합교과 중점학교 등이 그 예이다. 그러나 교육부 차원에서 이러한 융합교육을 위한 여러 방안들을 시도해 왔지만 아직까지 융합교육에 대한 정의가 모호한 상태로 교육 현장에서는 여전히 실행에 많은 어려움을 토로하고 있으며, 학교에서의 융합교육은 아직 널리 일반화되지 못하고 일부 교과를 중심으로 몇몇 교사들이 일회적으로 시도하는 수준에 머무르고 있다. 즉, '융합'이라는 말이 과학이나 기술, 경영 등에 있어서 일반적으로 둘 이상의 것이 서로 섞여 합쳐지는 것을 지칭하는 것으로 통합, 통섭, 융합, 복합, 융·복합 등의 용어가 사용되고 있으나, 교육에 있어서 융합교육을 지칭하는 용어나 융합교육 방법에 대해서는 여전히 하나로 정립되지 못한 상태이며, 융합교육을 대표하는 STEAM 교육에 대한 부정적 시각(조선일보, 2016. 06. 13)과 더불어 문·이과 통합을 제시했던 2015 개정 교육과정안에 따른 2021학년도 수능 개편 시안에 대한 논란도 크다(데일리안, 2017.08.10.).

이와 같이 시대적으로 융합교육의 중요성이 강조되고 있지만 융합교육에 대한 구체적 방안이 정립되지 않은 상황에서, 학교현장에서 실행되고 있는 융합교육 사례에 대한 연구는 교육현장에 적용 가능한 융합교육 방안을 구체적으로 제시해 줄 수 있을 것이다. 그러나 융합교육과 관련한 연구들은 주로 과학이나 수학 중심의 STEAM 프로그램에 관한 것이 대다수를 차지하고 있으며(오찬숙, 2018; 2015b), 국어, 수학, 사회와 같은 개별 교과의 융합교육 방안에 대한 연구(주미경 외, 2013; 배화순, 2017)와 글쓰기, 캠프와 같이 특정 교수학습방법과 연계된 실행방안 탐색 연구(김형숙 외, 2015)가 주를 이루고 있다. 또한 교육과정 통합과 관련해서는 통합교과를 가르치는 초등학교와 자유학기제가 시행된 중학교에 관한 연구(정광순, 2009; 2010; 김성수 외, 2016)는 찾아볼 수 있으나 고등학교급에서 실행되는 융합교육과 관련된 연구는 흔하게 볼 수 없는 실정이다. 이와 같이 볼 때, 융합교육의 일반화를 위해 일부교과 중심의 융합교육이 아니라 학교차원에서 융합교육을 실행할 수 있는 방안을 탐색하는 것은 매우 의미가 있을 것이며, 특히 고등학교 차원에서 교사들이 추축으로 실행하고 있는 사례를 살펴보는 것은 문·이과 통합이나 통합사회, 통합과학 교과의 도입과 관련하여 보다 구체적이고 실증적인 자료를 제공해 줄 수 있을 것이다.

이에 본 연구에서는 실제 학교 현장에서 융합교육을 실행하고 있는 고등학교에 대한 사례 연구를 통해 융합교육이 어떤 과정에 의해 계획되고 실행되어 평가에 이르는지에 대해 고찰하고, 학교차원의 융합교육 실행 방안을 탐구하는 것을 목적으로 한다. 이를 통해 융합교육을 일반화할 수 있는 방안에 대한 시사점을 찾아 공교육 혁신에 기여점을 모색하고자 한다.

II. 이론적 배경

1. 융·복합시대의 융합교육 개념

IT기술을 기반으로 다양한 산업이 결합되기 시작하면서 융·복합시대는 시작되었고, 융합과 초연결을 키워드로 하는 제4차 산업혁명 시대의 도래와 함께 더욱 많은 분야에서 융·복합[1]에 대한 관심이 커지고 있다. 일반적으로 융·복합이란 서로 다른 기술이나 서비스, 그리고 경영 등을 결합해 새로운 기술이나 서비스, 신제품을 개발하여 부가가치를 높이는 활동을 의미하는 것으로, 융·복합시대는 모든 것이 융합되고 복합되어 새로운 것으로 거듭나는 시대를 뜻한다. 그런 의미에서 고도로 발달한 디지털 기술이 다양한 분야와 융합되어 시너지 효과를 내는 제4차 산업혁명 시대는 현재 우리에게 빠른 속도로 다가오고 있는 그리고 앞으로 맞이하게 되는 융·복합의 미래시대라 할 수 있을 것이다. 그러므로 인공지능(AI), 로봇공학, 사물인터넷(IoT), 나노기술 등 새롭게 부상하는 첨단기술의 발전을 통해 믿기 어려울 정도의 엄청난 융합이 이루어지는 제4차 산업혁명 시대를 살아나가야 할 학생들에게는 끊임없이 탐구하는 창의력과 모든 사람들과 관계를 맺을 수 있는 협업능력, 무엇보다도 칸막이식 생각이나 고정된 태도를 갖지 않는 유연한 융합적 사고가 요구될 것이다(Schwab, 2016).

이렇듯 융·복합시대에 필요한 지식과 역량을 갖춘 인재 양성에 대한 관심이 집중되면서 교육이 변해야 한다는 필요성이 대두되었고 그 한 대안으로 통합교육이 주목받고 있다. 교육에서의 통합 혹은 융합이라는 개념은 최근에 새롭게 등장한 것이 아니라, Herbart 이후 중요한 주제 중 하나였으며 교육과정 구성의 방법으로 지속적으로 실행되어오던 것으로 학문의 융합에 대한 관심과 함께 다시 주목을 받고 있는 것이다(박영무 외, 2006). 교육과정의 맥락에서 '통합'은 주제나 활동 중심으로 교과 또는 영역 사이의 연계를 추구하는 방식을 의미하는 것으로, 연계의 정도나 방식에 따라 다양한 수준의 통합이 가능하며 STEAM형 융합교육이나 '융(복)합교육'[2]도 넓은 의미의 통합교육에 속할 것이다(함

1) 융·복합은 화학적 결합을 의미하는 융합과 물리적 결합을 의미하는 복합의 합성어로 일반적으로 두 개 이상의 어떤 것이 하나로 합쳐지는 것을 의미한다. 영어로는 convergence, fusion, crossover, hybrid 등으로 쓰이는데 우리나라 말로는 융합, 융·복합, 혼합, 복합, 통합 등 다양하게 해석된다.

승환 외, 2013 :111). 그러나 우리나라에서 일반적으로 통합교육이라고 하면 주로 특수교육대상 학생에 대한 교육(통합교육, inclusive education)을 지칭하는 것으로 사용되고 있기 때문에, 특수교육대상 학생에 대한 통합교육과의 구별을 위해 일반적으로 통합교육보다 융합교육이라는 용어를 보다 널리 사용하고 있다(오찬숙, 2015b: 235). 또한 현재 융합이 기존의 학문 분야가 만나서 새로운 학문 영역을 만들어 내고 그 새로운 영역들 사이의 융합을 통해 또 다른 학문 분야를 만들어내는 현대 사회의 지적 현상의 특징을 지칭하는 용어로 사용되고 있으며, 특별히 한 영역에 국한된 용어가 아니라 통합의 가장 상위 수준인 초학문적 접근을 포함하여 학습을 통해 창출되는 새로운 지식과 경험 등과 같은 결과물을 포괄할 수 있는 개념으로 사용되고 있기 때문에(함승환 외, 2013 :111), 본고에서는 통합교육, 융·복합교육 등을 아우르는 용어로 '융합교육'을 사용하고자 한다.

우리나라에서 융합교육은 2009 개정 교육과정(2011년 8월 고시)에서 융합적 교육·학습활동을 수월하게 적용할 수 있는 것을 교육목표로 제시하면서 융합의 개념이 강조되었고, 과학교과 중심의 융합교육인 STEAM 교육을 시도하였다. 그 후 미래 사회인 4차 산업혁명 시대는 융합기술이 주도하는 산업 구조를 갖춘 사회가 될 것이라는 사회적 요구를 반영하여 '창의·융합형 인재 양성'을 교육과정 구성의 중점으로 하는 2015 개정 교육과정을 발표하였다. 교육과정 총론에서 설정한 창의·융합형 인재 양성을 구현하는 방침으로 고등학교 급의 통합사회와 통합과학을 공통과목으로 구성하였으며, 특히 교과교육과정에 핵심 역량 및 핵심 개념을 도입하여 학교에서의 교과 융합(통합)형 수업을 활성화하는 데 기여하고자 하였다(정광순, 2015: 108). 이에 더해 최근 교육부

2) 융·복합교육이나 융합교육은 영어로 convergence education이나 multidisciplinary education으로 해석된다.

에서는 기존의 문과·이과로 분리되어 있던 학생 진로 선택권을 확대하고 교육과정을 다양화하고자 교과중점학교[3] 지원계획(교육부, 2016.)을 세워 전국적으로 융합교과 중점학교[4]를 운영하도록 하고 있다. 융합교과 중점과정은 2개 이상의 교과를 융합한 과정으로 예를 들면, 과학융합, 정보융합, 인문학융합, 문화콘텐츠융합과정이나, 공학·예술과정, 융합과학과정 등 다양한 형태의 융합 교육과정이 있다.

이와 같이 교육현장에서 현재 여러 가지 형태로 융합교육에 대한 시도가 이루어지고 있지만 아직까지도 많은 사람들은 융합교육에 대해 모호해하고 교육에 있어서의 융합을 일반적인 시각으로 바라보는, 예를 들면 경영이나 기술적 관점에서 융합이 이루어지듯이 그 구체적인 방법에 대한 대안 없이 이것 저것을 섞어 새로운 것을 탄생시키는 것으로 생각하는 경향이 있다(오찬숙, 2018: 30). 특히 융합교육이 반드시 일부 특정 교과를 중심으로 여러 과목 간의 통합을 해야 하고, 전통적인 교육과정 체계를 부정하여 교과 간의 경계를 허물고 새로운 교과를 만들어야 하는 것으로 생각하는 경향이 있으며, 특히 초등학교 학부모들이 새로운 선행학습을 해야만 한다고 생각하게 하는 특별한 형태의 교육적 실천으로 오해되기도 한다(차윤경 외, 2014; 차윤경 외, 2016; 오찬숙, 2015). 그러나 융합교육은 어떤 교과라도 융합의 중심교과가 되어 다 교과 간만이 아니라 단일교과 내에서도 이루어질 수 있는 교육과정 통합의 방법이며, 학생들 스스로 학습 경험을 융합할 수 있도록 교수학습방법을 구안해서 학생들의 융합능력을 개발해주는 것이다(오찬숙, 2015b: 239,

3) 교과중점학교란 특정분야에 소질·적성이 있는 고등학생이 특색있는 교육을 받을 수 있도록 중점과정을 설치하고 심화학습 경험을 제공하는 학교이다(교육부, 2016).

4) 융합교과 중점학교는 학생의 진로를 고려한 특색있는 교육과정 운영을 위해 전문교과 I, II 과목을 2개 교과(군) 이상에서 총 4과목 이상(또는 20단위 이상) 운영하고, 융합교과 중점학교 관련 동아리 3개 이상 운영, 학생봉사프로그램 운영하여야 한다(경기도교육청, 2017).

248). 현장의 교사들 또한 융합교육을 주로 학교 현장에서 이루어지는 교육과정의 재구성 및 교과통합과 관련된 시도로 이해하고 있으며(차윤경 외, 2016: 157), 단순한 수업 기법을 넘어서 궁극적으로 기존의 입시 중심의 경쟁적이고 획일화된 학교 교육 문화에서 탈피하여 학생들에게 고등 인지 능력을 신장시켜 주고 그들이 가지고 있는 역량과 목소리를 지속적으로 성장시켜 삶의 일부로 체화된 지식을 교육할 수 있는 새로운 교육 모델로 생각하고 있다(함승환 외, 2013: 128).

이와 같이 볼 때, 융합교육은 기존의 강의중심의 일제식 교육, 암기위주의 지식전달교육만으로는 더 이상 융·복합의 미래시대를 살아갈 학생들에게 필요한 역량을 교육시킬 수 없다는 인식에서 더욱 강조되고 있는 것으로, 융·복합의 미래시대에 필요한 '창의·융합형 인재'를 양성하고자 교육과정 통합의 방법에 의해 이루어지는 활동중심의 학생 맞춤형 교육이며 경험위주의 살아있는 교육이라 할 수 있을 것이다.

2. 미래핵심역량과 융합교육

빠르게 변화하는 사회를 맞이하여 기존의 교과 내용 중심의 학교교육으로는 학습자가 미래에 필요로 하는 것을 지니게 하는데 한계가 있다는 인식에서 역량 관련 논의가 시작되고 있으며, 특히 융합적 사고와 협업하는 능력이 요구되는 제4차 산업혁명 시대로의 변화는 그러한 시대를 살아가야 하는 학생들에게 창의성, 협업능력, 융합적 사고 등의 핵심역량을 길러 주는 것이 매우 필요하다는 인식을 하게 한다(정광순, 2013; 오찬숙, 2018). '역량'이란 본래 직업 교육이나 훈련 분야, 혹은 성인교육 분야에서 논의되어 온 것으로, 숙달하고자 하는 직무나 업무를 성공적으로 수행해내는 것과 관련된 개념이다(소경희, 2007: 2). 이것을 학교교육과 관련하여 본다면 핵심역량이란 사회공동체 구성원으로서 역할을 성공적으로 수행하기 위해 학습자에게 요구되는 지식, 기능, 태도의 총체로서 초 · 중등교육을 통해서 모든 학습자가 길러야 할 기본적이고 필수적이며 보편적인 능력을 말하는 것이다(정광순, 2015: 108).

역량 중심으로의 교육 변화에 대해서는 오래전부터 거론되었지만, 보다 체계적인 역량에 대한 논의는 1997년 말 경제개발협력기구(OECD)가 DeSeCo(Defining and Selecting Key Competencies) 프로젝트(1997~2003)를 통해 역량의 개념을 우리들의 삶의 질 향상을 위해 필요한 것으로 규정하면서 보다 중요하게 강조되었다(오찬숙, 2018:25). DeSeCo 프로젝트는 미래사회에서 원만하게 살아가기 위해, 언어나 지식정보, 기술을 사용할 수 있는 '상호적으로 도구를 사용하는 역량'과 타인들과 협력하고 협업할 수 있는 '이질적 집단 속에서의 상호작용 역량' 그리고 자기 스스로 결정하여 행동하고 주장할 수 있는 '자율적으로 행동하는 역량'을 가져야 한다고 제시하였다(OECD, 2005: 4-15). 한편, 미국에서는 Partnership for 21st Century Skills(이하, P21)[5]가 21세기 핵심역량을 '학습과 혁신을 위한 스킬[6]', '디지털 리터러시 스킬', '직업 및 생활 스킬'로 분류하고 전통적인 학교 교과목과 현 시대의 주요 주제를 21세기 스킬, 즉 핵심역량과 통합하여 더 높은 학생의 성취를 올릴 것을 주장하였다(한국교육개발원, 2012: 87-134). 그리고 요즈음 관심의 중심에 있는 '제4차 산업혁명(The Fourth Industrial Revolution)'의 저자 Schwab[7] (2016:

5) 21세기 스킬파트너십(P21)은 기술의 힘을 교수 및 학습의 전 영역으로 도입하려는 노력이 미국에서 성공을 거두자 이를 세계로 확대하고자 하는 차원에서 2002년 설립된 단체이다(한국교육개발원, 2012: 224).

6) 스킬(skill)은 기술, 역량, 능력, 태도 등을 포괄하여 쓰이고 있는 용어로 국제적으로 통용되고 있기 때문에 '21세기 핵심역량(2012)'에서는 이를 그대로 스킬이라고 표기했으며(한국교육개발원, 2012: 6), 본 연구에서도 스킬을 역량의 개념으로 파악하고자 한다.

7) 세계경제포럼(World Economy Forum/이하, WEF)의 창립자이자 회장으로 '제4차 산업혁명'이라는 책을 출판하였다. WEF는 스위스 제네바에 본부를 둔 공공 및 민간협력을 위한 국제기관으로 2016년 다보스포럼에서 제4차 산업혁명을 주요의제로 논의하였다(Schwab, 2016).

251) 또한 파괴적 혁신을 이끌어낼 제4차 산업혁명으로 인한 문제들을 극복하고 새로운 환경에 적응하기 위해 4가지 지능(intelligence)[8], 즉 '상황맥락(contextual)지능', '영감(inspired)지능', '신체(physical)지능', '정서(emotional)지능'이 필요하다고 강조하였다(오찬숙, 2018:25-29). 이러한 역량중심으로의 교육 변화 흐름에 맞추어 우리나라에서도 2015 개정 교육과정에서 역량중심 교육과정을 직접적으로 표방하고, 창의·융합형 인재가 갖추어야 할 핵심역량으로 '자기관리 역량', '지식정보처리 역량', '창의적 사고 역량', '심미적 감성 역량', '의사소통 역량', '공동체적 역량'을 국가 교육과정에서 처음으로 제시하였다(강현석, 2016: 136).

지금까지 살펴본 바와 같이, 역량의 중요함을 강조하는 각 기관들은 융·복합의 미래시대에 필요한 핵심역량으로 창의적 사고력이나 비판적 사고력, 문제해결력 등 기존의 상황에서 보다 새롭게 바꾸어 생각할 수 있는 창의성 관련 역량을 가장 많이 언급하고 있으며, 정보기술이 발달한 사회에 적응하여 살아가기 위해 정보활용역량이 필요하다고 주장하고 있다. 또한 기술의 발달로 인해 보다 길어진 생애 주기 동안 자기주도적으로 자신의 인생을 계획하고 학습하고 살아나갈 수 있는 자기관리 능력과 무엇보다도 공동체에서 함께 협력하여 살아가는 데 필요한 관계나 협업, 의사소통 등의 상호작용 역량이 필요하다고 보았다(오찬숙, 2018: 29).

8) 지능(intelligence)은 한 개인이 문제에 대해 합리적으로 사고하고 해결하는 인지적인 능력과 학습 능력을 포함하는 총체적인 능력(한국교육심리학회, 2000)을 의미하는 것으로 본 연구에서는 역량과 같은 개념으로 파악하고자 한다.

표 1 각 기관이 제시하는 미래핵심역량

기관	미래핵심역량
OECD(DeSeCo 프로젝트)	상호적 도구 사용 역량 (지식, 기술 등), 이질 집단 내 상호 작용 역량(관계, 협업, 갈등 관리 등), 자율적 행동 역량
P21 위원회	학습 및 혁신스킬(비판적 사고와 문제해결 능력, 의사소통 및 협력, 창의성과 혁신), 직업 및 생활 스킬, 디지털 리터러시 스킬
WEF(Schwab)	상황맥락지능, 정서지능, 영감지능, 신체지능
교육부	자기관리, 지식정보처리, 창의적 사고, 심미적 감성, 의사소통, 공동체

출처: 오찬숙(2018). 제4차 산업혁명 시대를 대비하는 교육방안으로서 융합교육프로그램 효과 분석. 교육연구, 32(2), p.29.

지금까지 살펴본 바와 같이, 역량중심의 교육이 필요하다는 것은 과거부터 강조되어 왔으며 디지털 혁명에 의한 지식의 폭발적 증가와 더불어 모든 것이 융·복합되는 제4차 산업혁명 시대의 도래와 함께 실제적 삶에서 필요한 역량에 대한 교육이 더욱 시급한 요구로 다가오고 있다. 즉, 미래사회에서 필요한 역량들을 교육하기 위해 핵심역량을 학교 교육과정에 도입해야 하는 필요성이 더욱 커지고 있는 것이다. 실제로 호주, 뉴질랜드, 프랑스, 캐나다 퀘벡주, 독일 등을 비롯한 여러 나라에서 교육과정 개혁의 방안으로 역량 중심으로 교육과정을 재구조화하려는 시도들이 이루어지고 있고, 우리나라에서도 최근 들어 핵심역량을 중심으로 교육과정을 개편하면서 이러한 교육과정 개혁 흐름에 동조하고 있는 모습을 보이고 있다(소경희, 2007; 소경희 외 2010).

호주 빅토리아주는 2006년부터 학생들의 사회적 삶에 필요한 역량을 토대로 새 교육과정을 설계하여 적용하고 있는데, 새 교육과정은 교과영역인 학문기반 학습 범주와 신체적·개인적·사회적 학습 범주, 그리고 의사소통, 디자인, 창의성, 공학, 정보통신기술, 사고력의 학습영역으로 구성된 간학문적 학습 범주로 구성되어 있다(소경희, 2007: 14). 또한 호주 국가 교육과정은 역량의 교과 내용 반영에 있어 학습 영역의 지식과 기능간의 연결성을 제시하는 데 초점을 두고 있으며, 학습 영역 간 연결성을 제시하고 있다. 즉, 타 학습 영역 간 관련성을 제시하여 특정 교과에만 한정하여 학습이 이루어지기보다는 다른 학습 영역과의 맥락 속에서 더욱 의미있고 풍부하게 이루어지도록 하고 있다(백남진·온정덕, 2015: 117). 캐나다 퀘벡주도 2000년대 초부터 새 교육과정을 제시하면서 이것이 '역량중심 접근'임을 강조하고 있는데, 특히 다양한 학습 간의 연계를 강조하고 있는 것이 주목할 만하다. 즉, 특정 교과 학습뿐만 아니라 교과 간 경계를 초월한 학습을 통해 교과에 특수한 역량 못지않게 범교육과정적인 역량의 개발을 강조하고 있다(소경희, 2007: 15). 뉴질랜드의 경우 또한 DeSeCo 프로젝트에서 제안한 핵심역량을 재개념화하여 이를 토대로 새로운 국가교육과정을 설계하였으며, 자기관리, 대인관계, 참여 및 공헌, 사고하기, 언어·상징·텍스트의 사용으로 규명된 핵심역량을 8개의 학습 영역을 통해 다루어지도록 하고 있다. 학교수준의 교육과정에서 핵심역량은 학습 영역 전반에 걸쳐 통합적으로 다루어질 수도 있고 학습 영역 간을 통합한 학습을 통해서도 다루어질 수 있으며, 학교가 핵심역량과 학습 영역을 통합시키는 학습을 할 수 있도록 주제중심 교육과정 운영에 적합한 주제(theme)를 제공하고 있다(소경희, 2007: 15).

이와 같은 여러 나라의 사례들에서 볼 수 있듯이, 역량에 대한 교육은 교과와 따로 분리해서 이루어지는 것이 아니라 교육과정을 통합적으로 운영하는 다양한 방법으로 이루어지고 있다. 특히, 예시된 나라들에서 시행하고 있는 역량교육은 간학문적 학습범주에서의 교육이나 다양한 다른 학습 영역과 연계한 교육, 교과 간 경계를 초월한 학습, 그리고 주제중심 교육과정 등의 융합교육을 통해 이루어질 수 있음을 보여주고 있다. 교과 내용의 통합뿐만 아니라 학습경험의 통합이 가능한 융합교육은 핵심역량을 학습영역과 상호 관련시킬 수 있는 가장 효과적인 방법일 수 있다. 역량은 단계별로 절차화되어 있거나 자동화된 능력이 아니라 특정 과제를 수행하는 데 필요한 지식과 기능을 가동시키고, 조정하는 능력(윤정일 외, 2007)으로, 전통적인 교사중심의 강의식 교육방법보다 프로젝트학습이나 문제해결학습과 같은 학생활동 중심의 교육방법에서 더욱 효과적으로 학습된다. 융합교육에 있어서 학습은 주로 주요한 주제를 중심으로 프로젝트학습, 문제해결학습, 설계기반학습, 협동학습 등으로 이루어지는 것으로, 핵심주제를 중심으로 여러 교과 내용을 통합하고 학생들은 협동적 수업 참여를 통해 할 줄 아는 실질적인 능력을 익히는 그리고 그 부산물로서 주요한 개념을 터득하는 것이다. 즉, 지식과 이론학습 위주가 아니라 할 줄 아는 역량을 종합적으로 키우는 학습을 하는 것이다(홍후조, 2013: 23). 그러므로 학교나 학년의 융합수업 대주제를 핵심가치로 정하고 그 주제를 중심으로 각 교과의 내용을 재구성한 후, 융합수업 활동을 통해 창의성, 자기관리 능력, 협업, 의사소통 등의 핵심역량을 기를 수 있는 융합교육은 핵심역량과 학습영역을 통합하는 역량중심 교육의 한 방법일 수 있음을 시사한다.

이러한 것은 특히 역량중심 교육과정의 적용을 위한 뉴질랜드 실험학교 사례에서 더욱 잘 드러나고 있다. 실험학교들이 사용한 가장 대표적인 통합 방식은 전 학교 차원의 핵심주제를 중심으로 교육과정을 조직하면서 그 속에 학습영역과 핵심역량을 통합하는 방식이었다. 대개의 경우 각 학교는 한 학기에 다룰 핵심주제를 정하고, 그 주제에 적합한 학습영역과 핵심역량을 한 두 가지 정도 선정하였다. 여기에서 학습영역과 핵심역량은 핵심주제를 중심으로 서로 통합되어 새로운 교수－학습 프로그램으로 만들어지며, 이러한 프로그램은 탐구학습, 체험학습, 통합학습 등의 형태로 구현되었다(소경희 외 2010: 39). 이러한 뉴질랜드의 실험학교 사례는 현재 우리 교육현장에서 시행되고 있는 융합교육의 방법과 매우 유사하다. 우리나라의 교육현장의 교사들은 융합교육을 교과 내·외적 주제나 개념을 중심으로, 관련성을 갖는 여러 교과의 학습내용 요소를 포함하는 과제를 바탕으로 하는 학생들이 스스로의 관점에서 탐구하고 표현할 수 있는 학습 경험을 제공하는 것으로 생각하고 있으며(함승환 외, 2013: 129), 실제로 여러 개의 교과를 주제 또는 역량을 중심으로 융합하거나 창체활동을 교과내용이나 역량을 중심으로 융합한 사례, 또한 학년별 대주제를 중심으로 여러 교과 간의 융합을 통해 학교 차원의 융합교육을 운영한 사례들을 찾아볼 수 있다(정광순, 2013; 오찬숙b, 2015). 또한 중학교 학생을 대상으로 실시된 융합교육프로그램 효과 분석 연구에서는 학교차원에서 실행된 융합교육이 창의성, 자기주도학습능력, 의사소통능력, 문제해결능력, 협업능력을 향상시키며, 특히 문제해결력과 창의적 사고력에 있어서 보다 큰 성장을 하게 한다는 결론을 보여주고 있다(오찬숙, 2018). 이와 같이 볼 때, 융합교육은 학교 교육과정을 핵심역량 중심으로 변화시킬 수 있는 방법이며, 융·복합의 미래사회를 대비하는 역량중심의 교육 방안이라 할 수 있을 것이다.

3. 융합교육 모형과 실행 방법

교육과정 및 수업 수준에서 통합이 논의되기 시작한 것은 적어도 1930년대 이후로 교과를 통합적으로 가르치는 방법으로 통합단원을 구성하기 시작하다가, 그 후 교육과정을 통합하는 혹은 통합교육과정 개발을 안내하는 다양한 방식들이 연구되고 있다(정광순, 2010: 95). 교육과정 통합의 모형을 제시한 학자들의 분류를 살펴보면 다음과 같다.

우선, 평생교육적 관점에서 학교교육의 중요한 역할을 강조한 Ingram(1979: 27-37)은 통합의 유형을 교과내용의 통합에 해당하는 '구조적 유형'과 학생 경험의 유의미성을 중시하는 '기능적 유형'으로 나누었다. 그에 따르면 구조적 유형에는 합산과 기여의 과정에 의해 통합되는

‘양적 형태’와 교과들이 종합과 융합의 과정으로 재조직되는 ‘질적 형태’가 있으며, 기능적 유형에는 학생 경험의 통합이 학생 내면의 흥미를 중심으로 통합되는 ‘내재적 통합’과 학생 외부의 다른 문제들을 해결하는 방식을 중심으로 통합되는 ‘외재적 통합’이 있다. Ingram의 분류는 교과내용의 통합에 대한 논의를 주로 하고 있는 다른 학자들에 비해 학생들의 통합 능력을 개발하기 위한 학습경험의 통합방법인 기능적 통합을 제안했다는 점에 주목해야 한다. 일반적으로 융합교육이라고 하면 교과내용의 통합만을 의미한다고 생각하지만, 융합교육에 있어서 중요한 부분은 학생의 융합하는 능력을 개발하는 것이기 때문이다 (오찬숙, 2015b: 236).

표 2 Ingram의 교육과정 통합유형 및 통합방식 분류

통합유형		통합방식
구조적 유형 (structural types)	양적 형태 (quantitative forms)	합산(summation) 과정에 의한 통합
		기여(contribution) 과정에 의한 통합
	질적 형태 (qualitative forms)	융합(fusion) 과정에 의한 통합
		종합(synthesis) 과정에 의한 통합
기능적 유형 (functional types)	내재적 범주 (intrinsic category)	필요와 관심(needs & interest)에 의한 통합
		활동(activity)에 의한 통합
		탐구(enquiry)에 의한 통합
		경험(experience)에 의한 통합
	외재적 범주 (extrinsic category)	귀납적(inductive) 접근/ 문제(problem) 접근
		연역적(deductive) 접근/ 적론적(teleological) 접근

출처: Ingram, J. B.(1979). Curriculum integration and lifelong education. Paris: Unesco, p.27; 오찬숙(2015:27)에서 재인용

"Interdisciplinary Curriculum"의 저자 Jacobs(1989)는 교육과정이 학문별 설계와 간학문적 통합 설계로 양분되는 것이 아니라 통합의 정도에 따라 교육과정 통합이 연속적으로 이루어질 수 있다고 보고, 통합에 대한 시도가 없는 학문기초 설계부터 학생의 생활이 곧 학교와 동의어로 볼 수 있는 완전히 통합된 프로그램인 완전프로그램 설계에 이르는 방법을 제시하였다. 그는 통합방법에는 옳고 그른 선택이 없고 단지 분명한 장점과 단점을 지닌 여러 방법들이 있을 뿐이라 하여 상황에 맞게 적용하는 교사들의 선택을 강조하였다(Jacobs, 1989: 13-24).

그림 1 Jacobs(1989) 통합교육과정의 설계를 위한 연속적 방법들

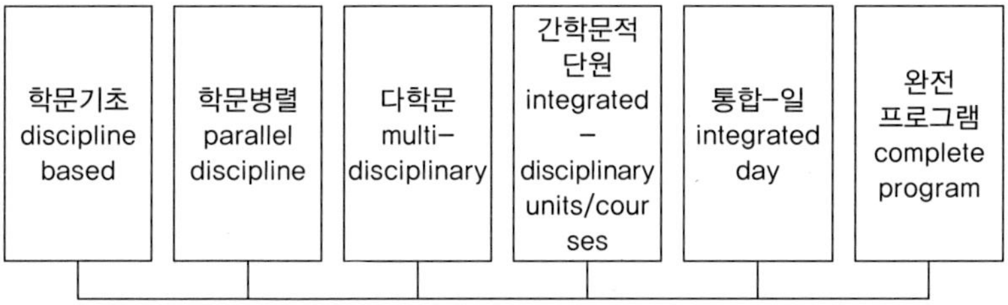

출처: Jacobs, H. H.(1989). Interdisciplinary curriculum. Alexandria, VA: ASCD, p.14.; 오찬숙(2015:29)에서 재인용

한편, 통합의 정도에 따라 교육과정 통합의 유형을 세 가지 큰 범주로 제시한 모형들이 있다. MST 통합교육과정 모형, Drake와 Burns 모형, STEM 모형 그리고 STEAM 모형 등이 여기에 속한다. Drake와 Burns(2004: 8-14)는 통합 방식을 문제나 주제 해결방법 모색에 있어 여러 학문을 활용하는 다학문적 통합(multidisciplinary integration), 두 가지 이상의 학문분야를 결합시키거나 관련시키는 간학문적 통합(interdisciplinary integration), 그리고 개별학문의 틀을 허물고 학습내용을 통합하는 초학문적 통합(transdisciplinary approach)으로 구분하였다. MST 통합모형과

STEM 통합모형에서 발전된 STEAM 통합모형[9])도 Drake와 Burns의 모형과 유사하게 다학문적 통합, 간학문적 통합, 탈학문적 통합으로 구성되어 있다(오찬숙, 2015b: 235-239).

그림 2 Drake와 Burns의 세 가지 통합 접근 방식

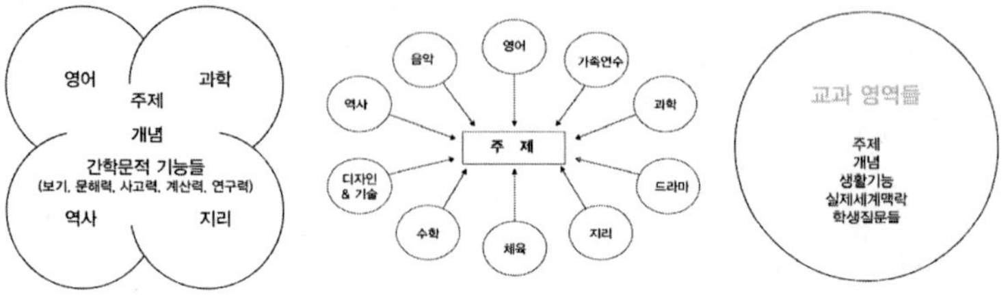

다학문적 통합 간학문적 통합 초학문적통합

출처: Drake, S. M. & Burns, R. C.(2004). Meeting standards through integrated curriculum. VA: ASCD, p.9, p.12, p.14.

한편, Fogarty(2009: 11-13)는 단일 교과 내에서의 통합과 학습자 내부 및 학습자 간의 통합의 개념을 추가하여 10가지의 통합방법을 주장하였다. 그는 교육과정 통합의 방법을 크게 단일 교과 내, 여러 교과 간, 그리고 학습자 내와 학습자간으로 나누고, 세부적으로 분절형, 연결형, 둥지형(동심원형), 계열형, 공유형, 거미줄형, 실로꿴형, 통합형, 몰입형, 그리고 네트워크형으로 구분하였다.

9) 미국 뉴욕주 교육부의 MST 통합교육과정 모형에 공학(E)를 추가로 통합하여, 과학-기술-공학-수학을 통합한 STEM 통합교육과정 모형이 도출되었고, STEM 통합모형에 예술(Arts)을 추가하여 STEAM 통합모형을 구안하였다(김진수, 2012: 90, 125, 182).

그림 3 교육과정 통합의 방법

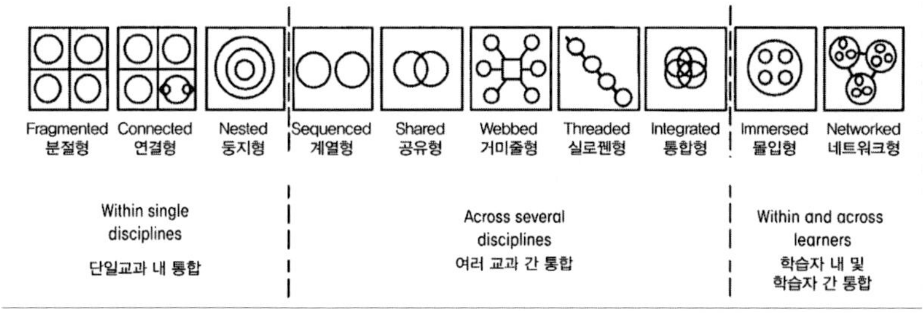

출처: Fogarty, R.(2009). How to integrate the curricula III, London: Corwin, p.11; 오찬숙(2015:31)에서 재인용

기존의 여러 학자들이 단일 교과 내에서의 통합에 대해 많은 관심을 두지 않았던 것에 비해, Fogarty는 단일 교과 내에서도 수직적으로 그리고 횡적으로 교과 학습의 폭과 깊이에 따라 개념이 통합되어야 한다고 보았고, 교과 내에서의 통합과 교과 간의 통합이 함께 이루어지는 것이 교육과정을 완전히 통합하는데 필수적이라 하였다. 그리고 학습자 내 및 학습자간 통합을 제시하여 지금까지 교육과정 통합이 교사들이 학생들에게 제공하는 것으로 간주해왔던 것에서 학습자 스스로 학습내용을 통합하고 더 나아가 스스로 필요한 네트워크를 연결시킬 수 있다는 점을 인식하게 해 주었다. 그러므로 Fogarty가 제시한 통합의 방법에 따르면 융합교육에 있어서 반드시 타 교과와의 융합만이 필요한 것이 아니라 단일 교과 내에서도 융합이 이루어질 수 있어야 하며, 학생 내부에서의 융합도 가능할 수 있도록 계획해야 할 것이다(오찬숙, 2015b: 235-239).

이처럼 통합교육과정의 유형에 대한 학자들의 분류는 다양하지만 크게 통합의 원천을 이루는 두 가지 축인 교과의 경험세계와 학습자의 경험 세계를 양극단으로 하여 교과의 정체성과 경계가 무너지는 정도에 따라 다양한 유형의 통합교육과정이 연속선 차원에서 열거될 수 있는 것으로(강충열, 정광순 2009: 23-24), 어떤 특정한 방법보다 탁월한 융합교육 방법이 있는 것이 아니다. 그러므로 교사들은 여러 융합교육의 방법들 중에서 자신들이 계획한 교수학습내용과 학생들의 상황에 적합한 방법을 선택하여 활용할 수 있어야 할 것이다(오찬숙, 2015b: 239).

현재 일반적으로 학교 현장에서 시도되고 있는 융합교육은 교육목표 달성을 위해 교육과정 통합의 원칙에 의해 교육과정을 재구성하는 형태로 이루어지고 있다. 예컨대, 교육 내용의 융합은 교육과정 통합 방법에 의해 단일 교과 내, 다 교과 간, 교과와 비교과활동 간의 융합으로 이루어질 수 있으며, 학생들의 통합 능력을 높여주기 위한 교육 방법의 융합은 교수학습방법 개발과 적용과정을 통해 가능하다. 그리고 교육 대상의 융합은 개별 학습자 내와 혼합 구성하는 방법으로 학습자 내와 학습자 간에 이루어질 수 있다. 이러한 융합교육의 실행 방법은 융합교육이 단일교과 내에서나 또는 여러 교과가 연계되어 통합되기 위해 교육과정 재구성을 하는 것이기 때문에 일반적인 교육과정 재구성의 단계와 유사하다고 볼 수 있다. 일반적으로 융합교육은 계획단계에서 융합의 주제를 정하고, 자신의 교과 교육과정을 분석하고 다른 교과 교육과정과의 관계성을 파악하는 순서로 진행된다. 융합교육의 시행단계는 교육과정 편성운영 매뉴얼(2010: 43)에서 제시한 일반적인 개별 교과의 재구성 단계에 상응하여 다음 <표 3>에서 볼 수 있는 것과 같이 '융합주제 정하기', '교과교육과정 분석', '융합교육과정 구성', '교과교육과정 재구성', '실행', '평가'의 순으로 이루어질 수 있다(오찬숙, 2015a: 53-56).

표 3 융합교육 시행 단계

교육과정 재구성 단계(교육부, 교육과정 편성운영 매뉴얼)		융합교육 시행 단계
학교교육과정위원회의 교과이수 단위결정	• 학생 수준 및 요구 분석 • 교과 영역 및 이수 단위를 고려한 분석 • 교과의 특성 분석	융합주제 정하기(학교교육의 비전에 따른 학교 및 학년 주제)
교육과정 및 교과서 분석	• 교육과정 분석 • 교과서, 교사용 지도서 분석	교과교육과정 분석(개인)
재구성 요소 추출	• 교과 간, 교과 내 유사주제 추출 • 학습시기 조정이 필요한 주제 추출 • 수준을 고려한 재구성 주제 추출 • 재구성 가능성 검토	융합교육과정 구성(전체교사 및 학년별 브레인스토밍)
교육과정 재구성	• 주제 선정 • 연간 계획 수립	
진도표 작성	• 지도 시기 조정	
교과별 지도계획 수립	• 교수·학습과정안 작성	교과교육과정 재구성(개인)
좋은 수업의 전개	• 교과 내 재구성 학습 • 교과 간 재구성 학습 • 수준별 재구성 학습	실행(개인·공동)
평가	• 문제점 추출 • 재구성 자료의 지속적 수정 보완	평가(개인·공동)

출처: 오찬숙(2015a). 학생, 학부모, 교사가 함께 하는 중등 융합교육 레시피. 서울: 지식과 감성#, p.56.

융합교육은 여러 교과가 함께 통합되어 운영되는 것으로 각 교과 교사들의 협력이 없이는 실행이 매우 어렵다. 융합교육 시행 단계에서 볼 수 있듯이, 융합주제 정하기와 융합교육과정 구성은 전체교사나 학년별 브레인스토밍을 통해서 이루어지는 것이다. 그러나 짜여진 시간표에 의해 각자의 수업을 진행하는 교사들로서는 융합교육의 필요성을 느끼지 못한다면 자발적으로 융합교육에 참여하지 않을 것이다. 무엇보다도 융합교육의 실행을 위해서는 융합교육을 하고자 하는 교사들의 자발성과 융합교육 방법을 선택하여 운영할 수 있는 전문성이 요구된다. 그러므로 융합교육의 실행을 위해서는 교사들이 함께 공부하고 자신들의 경험을 함께 나눌 수 있는 학교 차원의 협업문화 조성이 필요하고, 교사학습공동체 활동과 같은 협력적 학습모임을 통해 교사들의 융합역량을 개발해야 할 것이다(오찬숙, 2015b: 256).

III. 연구 방법

1. 사례연구 분석

사례연구는 일반적으로 '어떻게' 또는 '왜'에 대한 질문이 제기되었을 때 선호되는 연구방법으로, 왜 그러한 의사결정이 행해졌으며, 어떻게 실행되었는지, 그리고 결과가 어떠했는지에 대한 것을 밝히고자 하는 것이다(Yin, 2009: 17). 이에 본 연구에서는 어떻게 융합교육이 실행되고 있으며, 그 결과가 어떠한가를 살펴 융합교육의 실행 방안을 탐구하고자 탐색적 사례연구 방법을 사용하였다. 그리고 실제로 융합교육을 실행하고 있는 고등학교를 대상으로 단일사례연구로 진행하였으며, 분석 기법은 융합교육이 실행되는 단계에 따른 시계열 분석을 적용하여 준비, 실행, 평가의 단계로 분석하였다. 또한 사례연구 증거의 구성타당도과 신뢰성을 확보하기 위해 다양한 자료원을 사용하였고, 자료에 대한 정성적 분석과 정량적 분석을 함께 진행하였다. 왜냐하면, 사례 분석에 있어서 정량적 자료가 결과를 설명하기 위한 행동이나 사건과 관련되고, 사례연구의 하위 분석단위가 관련이 있는 경우 정성적 자료와 더불어 정량적 자료를 함께 사용하는 것은 매우 효과적이기 때문이다(Yin, 2009: 133).

2. 연구대상

사례 연구에서 사례 선택은 분석의 신뢰도와 타당성을 좌우하는 가장 중요한 결정이기 때문에 연구 목적에 적합한 사례를 선택해야 한다. 연구자들이 적절한 단일 사례의 선택 기준으로 가장 빈번하게 사용하는 것은 '주요 사례(crucial case)'이며, 이를 Eckstein(1975)은 '가장 부합하는 사례(most-likely case)'와 '가장 잘 부합하지 않을 것으로 보이는 사례(least-likely case)'로 구분하여 제시하였다(변수연, 2012: 82). 학교차원으로 융합교육이 이루어진 사례를 통해 융합교육 방안을 탐구하고자 하는 본 연구에서는 '가장 부합하는 사례'로 사례 선정 기준을 정하고, 융합교육 실행에 있어서 두드러진 특색을 보인 A고등학교를 연구대상으로 선정하였다.

A고등학교는 경기도에 소재하고 있는 총 24학급 597명으로 구성된 개교 10년차 일반계 고등학교로, 경제·문화적으로 소외된 지역에 위치하고 있으며 학생들의 학습 동기나 학습 성취수준이 매우 낮아 타 학교에 비해 학생들의 성취수준을 높일 수 있는 보다 다양하고 체계적인 교육 활동이 필요하였다. 이에 학교에 대한 부정적 인식을 해소하고 공교육 만족도를 높이기 위해 다양하고 특성화된 교육과정이 필요하다는 것에 교사들이 인식을 같이하고 경기도창의융합교육연구회와 연계하여 2016년부터 학년별 융합교육을 시작하였으며, 2017년부터는 공학·예

술과정과 융합과학과정을 구성하여 교과중점학교를 운영하고 있다. 이러한 교육과정 특성화를 위한 노력의 결과로 A고등학교는 2017년 고교 교육력 제고를 위한 일반고 좋은 프로그램 공모에서 학교 교육과정 다양화·특성화 영역 우수프로그램으로 교육부장관표창을 수상하였으며, 또한 창의융합교육 운영의 우수성을 인정받아 전국 100대 교육과정 우수학교 교육부장관 표창을 수상한 바 있다.

3. 자료 수집

본 연구에서는 2017년 한 해 동안 연구대상인 A고등학교에서 이루어진 융합교육과 관련된 문서정보나 기록정보 등의 정성적 자료와 더불어 정량적 자료인 학생 창의성 결과를 수집하였다. 정성적 자료로는 교육과정계획서, 학교평가보고서, 전문적학습공동체 활동자료, 각종 보고서, 교사 교육활동 자료와 융합교육에 참여한 교사의 서면 인터뷰 자료를 활용하였으며, 서면 인터뷰에 참가한 교사 현황은 다음 <표 4>와 같다.

표 4 서면 인터뷰 참가자 현황

참여자	교과	경력	참여자	교과	경력
A교사	국어	8년	D교사	윤리	16년
B교사	한문	11년	E교사	국어	13년
C교사	수학	12년			

또한 정량적 자료인 창의성검사 결과는 심리검사전문연구기관인 한국가이던스에서 출간한 창의성검사를 사전·사후 2회 실시하여 수집하였다. 학교차원에서 모든 학생들에게 융합교육프로그램을 실행했지만

창의성검사는 2017년 당시 1학년 2개반(50명)과 2학년 3개반을 대상으로 하여, 사전검사는 2017년 4월 19일 사후검사는 학년말인 12월 6일 실시하였다. 본 연구에서 사용된 창의성검사(CIS 검사)는 높은 신뢰도와 타당도를 지니고 있는 도구로 창의성검사 내용은 다음 <표 5>와 같다.

표 5 창의성 검사(CIS 검사) 내용

구분	하위요인	세부 내용
창의적 성격	철저함. 최선을 다함	자신이 맡은 일에 대해 철저하고 최선을 다하는 것
	사회적 책임감	정의감이 있고, 사회적 규칙이나 질서를 지키려고 하는 것
	개방성	다른 사람이 나에 대해 비판하는 것을 수용하고, 융통성이 있으며, 정서적으로 민감한 것
	독립성	유행을 따르지 않고, 자신의 판단에 의해서 의견을 결정하는 것
	독단적, 충동적 성향	창의적인 사람에게 보이는 독특한 성향으로, 자기중심적인 것
창의적 사고	상상력과 환상	상상을 많이 하고 유머 감각이 있는 것
	확산적/수렴적 사고	하나의 물건을 보고 그것에 대해 좀 더 확대해서 생각해 보고, 또 여러 가지 생각들을 하나의 생각으로 모으는 것
	창의적 사고 능력	창의성을 발휘하기 위한 인지적인 능력
창의적 동기	내재적 동기	어떤 일을 할 때 자기 스스로 정말 그 일을 하고 싶다는 생각을 가지고 열심히 하는 것
	호기심, 다양한 관심	궁금하고 알고 싶은 것이 많은 것
	근면	어떤 일을 할 때 부지런하고 성실하게 하는 것
	용기	도전정신이 강하고 모험심이 강한 것

출처: 최인수 · 이종구(2013). CIS 창의성검사 해석 지침서 중 창의성검사의 하위요인 p.5

Ⅳ. 학교차원의 융합교육 사례

1. 교사학습공동체와 연계한 준비 및 계획

가. 융합주제 선정

융합교육 시행 단계 <표 3>에 따르면 '융합주제 정하기', '교과교육과정 분석', '융합교육과정 구성', '교육과정 재구성(개인)' 단계가 '실행' 이전에 이루어져야 하는 단계이다. 이러한 과정은 융합교육의 특성상 교사 개인 혼자서 할 수 없는 과정으로 융합교육 시행 단계에서 제시하고 있는 것처럼 '학교교육의 비전에 따른 학교 및 학년주제를 정하는 것'과 '융합교육과정을 구성'하는 것은 전체교사 및 학년별 브레인스토밍 과정이 반드시 필요하다. A고등학교의 경우 이러한 과정이 교사학습공동체, 즉 전문적학습공동체[10] 및 학년공동체[11]와 연계하여 이루어지고 있다.

학교 차원에서 융합교육을 하고자 한다면 '학교비전에 따른 학년주제 정하기'부터 시작되어야 하는데 A고등학교에서는 전년도 12월에 다음해 교육과정 재구성 계획을 수립하고 다음해 3월부터 구체적으로 융합수업 계획을 수립하고 있다. 일반적으로 공립학교는 교사 전보로 인해 교육과정의 지속성을 유지하는 데 어려운 면이 있는데, A고등학교 역시 매년 전교직원의 20% 이상이 교체되어 새로 구성된 교사들 간의 학교 비전 및 학교의 특색 있는 교육과정에 대한 공유가 필요하였다. 이러한 이유로 새 학년이 시작되기 전인 2월 말 새로 전입해 온 교사

10) 경기도교육청에서 자율연수 활성화를 위해 직무연수 학점을 인정해주는 단위학교 교원들로 구성된 학교 안 전문적학습공동체이다(경기도교육청, 2016).

11) A고등학교에서 학년 교육과정 운영을 위해 주당 1시간씩 공식적인 협의시간을 갖도록 구성한 동학년 교사 모임이다.

들과 전교사가 함께 하는 워크숍 <표 6>을 통해 학교 비전과 학교 교육과정 운영방안을 공유하였다. 2016학년도에 실행했던 학년별 융합교육프로그램 운영 내용과 더불어 대표적 융합수업 사례를 나눔으로써 A고등학교에서 이루어지는 융합교육과정에 대한 이해를 도모하고 교사들 스스로 융합수업에 대해 생각해 보는 기회를 제공하였다. 이러한 활동은 그 후 1년에 걸친 전문적학습공동체 활동 <표 7>로 이어져 연간 32시간 활동중심의 직무연수로 운영되었으며, 융합교육 운영을 위한 교육과정 재구성, 사례공유를 위한 수업공개, 협의회 등의 전교사가 참여하는 활동과 교사들이 필요로 하는 영역의 연수를 받거나 관련 활동을 할 수 있는 분과별 활동으로 진행되었다.

이와 같이 볼 때 A고등학교의 전문적학습공동체 활동은 교사들에게 필요한 미래소양교육이나 교수법 개선을 위한 연수뿐 아니라 융합교육을 실행하기 위해 교사들이 함께 모여 학교 비전을 공유하고 학년주제를 정해 융합교육과정을 구성하는 만남의 장(場)으로 역할을 하고 있으며, 또한 융합수업에 대한 사례 공유를 통해 자신의 수업을 돌아보게 하는 기회를 제공하고 있다. 요컨대, 전문적학습공동체 활동이 융합교육과정 운영을 위한 교사역량 강화 방안으로 활용되고 있음을 알 수 있다.

표 6 학년 초 융합교육과정 사례 공유 방안

2017 OO교육, 새 길에 서다 −2017 OO교육 워크숍(2.20)−

사회: 연구부장

1. 일정

<table>
<tr><th>일자</th><th>프로그램</th><th>시간</th><th colspan="3">내용</th><th>장소</th><th>비고</th></tr>
<tr><td rowspan="11">2.20
(월)</td><td rowspan="2">여는 마당</td><td>09:00~
10:00</td><td colspan="3">한 마음 한 뜻으로(Ice Breaking)</td><td rowspan="3">211호</td><td>김OO,윤OO</td></tr>
<tr><td>10:10~
10:40</td><td colspan="3">학교장 인사 말씀</td><td>신임교감 선생님 소개</td></tr>
<tr><td>학교 안내</td><td>10:40~
12:00</td><td colspan="3">2017 학교 교육과정 운영 방안 소개</td><td>각 부서 사업 및 6개 특성화교육과정</td></tr>
<tr><td>점심</td><td>12:00~
13:00</td><td colspan="3">점 심(부서별)</td><td colspan="2">지정장소</td></tr>
<tr><td>강의</td><td>13:00~
13:50</td><td colspan="3">타교 교육과정 우수 사례 연수</td><td rowspan="7">211호</td><td>외부 강사</td></tr>
<tr><td rowspan="6">강의</td><td rowspan="4">14:00~
15:30</td><td colspan="3">2016년도 학년별 교육과정 사례 발표 및 토의</td><td rowspan="6">1, 2,3학년 부장 및 담당교사</td></tr>
<tr><td>1학년</td><td colspan="2">백OO</td></tr>
<tr><td>2학년</td><td colspan="2">김OO</td></tr>
<tr><td>3학년</td><td colspan="2">김OO</td></tr>
<tr><td rowspan="2">15:40~
16:00</td><td colspan="3">융합수업사례 나눔</td></tr>
<tr><td>3학년</td><td>고전</td><td>민OO</td></tr>
</table>

출처: 2017학년도 신학년 준비 워크숍 자료.

표 7 2017학년도 전문적학습공동체 일정

차시	일정	영역	활동내용	시간	강사 또는 진행자
1	3.24(금) 15:00~17:00	공동연구	학년별·교과 교육과정 재구성 융합수업 계획	2	연구부장 및 학년부장
2	4.07.(금) 5:00~17:00	공동연구	학년별·교과 교육과정 재구성 융합수업 지도안 개발	2	연구부장 및 학년부장
3	4.14.(금) 5:00~17:00	주제탐구	혁신교육: 4차 산업혁명에 대비한 미래 소양 교육	2	외부강사
4	5.01(월) 4:00~17:00	주제탐구	공공성 독서교육	3	외부강사
5	6.02(금) 15:00~17:00	공동실천	융합프로젝트 재구성 (꿈끼 탐색주간 계획)	2	학년부장
6	6.09(금) 15:00~18:00	연구결과 공유	공개수업 실시·평가 및 협의회	3	공개수업 담당자
7	7.20(목) 13:00~17:00	주제탐구 공동연구	더 좋은 일반고 선진학교 탐방 (교육과정 우수고 벤치마킹)	4	외부강사 및 분과별진행자
8	8.25(금) 15:00~17:00	주제탐구	희망주제	2	외부강사
9	9.01(금) 15:00~17:00	공동실천	미래소양교육	2	공학·예술과정 담당 교사
10	9.27(수) 14:00~17:00	주제탐구	희망주제	3	외부강사
11	10.20(금) 5:00~18:00	연구결과 공유	공개수업 실시·평가 및 협의회	3	공개수업 담당교사
12	11.03(금) 5:00~17:00	공동실천	융합프로젝트 재구성 (꿈끼 탐색주간 계획)	2	학년부장
13	11.17(금) 5:00~17:00	연구결과 공유	공개토론회 및 반성회(월드카페)	2	연구부장
14	12.08(금) 4:00~17:00	공동연구	차년도 학년별 교육과정 재구성	3	연구부장 및 학년부장
연수시간 계				35	

출처: A고등학교 2017 학교 안 전문적 학습공동체 직무연수 계획.

융합교육과정을 구성하기 위해 가장 먼저 해야 할 일은 학교의 비전이나 학교 교육목표를 달성하기 위해 어떤 주제로 융합교육을 할 것인지에 대해 전체적으로 논의하는 것이다. 특히 해당 학년에 어떤 교육이 필요한지에 대해 그 학년 담당 교사들이 함께 모여 '우리 학생들에게 교육이 필요한 부분은 무엇인가' 그리고 '어떤 주제로 융합교육을 하는 것이 도움이 될까'를 논의하여 학년별 융합교육 주제를 정하게 된다. 이것은 단위학교의 실정과 여건을 고려한 특색있는 학교 교육과정을 개발·운영하기 위해 우선적으로 필요한 작업이라 할 수 있다(오찬숙, 2015a: 69).

A고등학교 교사들은 3월과 4월에 전문적학습공동체 시간과 학년공동체 시간을 활용하여 학년별 융합교육 주제에 대해 논의하고, 각 학년의 특성에 따라 1학년은 '나', 2학년은 '우리' 그리고 3학년은 '세계'로 정하였다. 이와 같은 학년 융합교육과정 주제를 선정하게 된 것은 A고등학교 학생들에 대한 교사들의 논의 결과에 따른 것으로, 그들은 학생들이 자존감이 낮고 교우관계와 학교에 대해 자신감이 없으며 자신의 진로에 대해 결정하지 못하고 있는 것으로 파악했다. 교사들 각자가 해왔던 이러한 생각들을 브레인스토밍 과정을 통해 함께 공유하고 학생들에게 필요한 교육을 융합교육프로그램을 통해 시도해 보고자 한 것으로, <표 8>에서 볼 수 있듯이 학년별 주제와 연관된 2~3개의 세부주제를 선정하여 학년이 올라감에 따라 연계되어 운영될 수 있도록 하였다. 이에 대해 교사들은 주제를 중심으로 다양한 체험활동과 교과수업을 함께 할 수 있는 학교 차원의 융합교육프로그램을 통해 교과지식이 학생 자신의 삶으로 내면화되기를 바라고 있다.

> 모든 선생님들이 모여 우리 학생들의 상황에 대해 브레인스토밍을 했습니다. 그랬더니 우리 학생들이 자존감이 낮고, 따라서 친구관계나 학교에 대해 자신감이 없고, 무엇보다도 자신의 진로

에 대해 막막해 하고 무엇을 어떻게 해야 할지 잘 알지 못한다는 것으로 의견이 모아졌습니다. 사실 우리가 교과서에 맞춰 각 교과별로 수업을 진행해 왔지 전체가 모여 아이들에 대해 논의해 본적은 없었는데, 각자가 생각하고 있었거나 또는 몇몇이 모여 아이들에 대해 이야기 했던 것을 함께 이야기 해보니 공통적으로 그렇게 생각하고 있었다는 것을 알게 되었습니다. 그래서 우리 학생들이 이러한 상황에서 벗어나 보다 자신에 대해 그리고 주변 사람들에 대해 애정을 갖고 즐거운 학교생활을 해서 자신의 앞날을 개척해 나갈 수 있도록 교육해 보자 하는 것으로 의견을 모으게 되었습니다. (A교사)

자아존중감이 높아진 2학년 학생들이 개개인으로 생활하는 것보다 소중한 너와, 우리가 함께 생활하는 것이 보다 의미 있고 즐거운 것임을 다양한 체험활동과 교과수업을 통해 깨닫도록 해주고 싶었습니다. ... 이러한 학교 차원의 교육과정을 이수한 학생들은 교과지식을 있는 그대로 적용하는 것이 아니라 자신의 삶을 바라보며 내면화하는 과정을 통해 보다 진정한 지식을 흡수하고 방향성 있는 결정을 하여 진로를 개척하기를 기대했습니다. (B교사)

표 8 학년 융합교육과정 주제 및 세부 주제

학년	주제	학기	융합교육 세부 주제
1학년	나 (자존감)	1	학급 마스코트: 틴커캐드 프로그램을 활용하여 마스코트 제작
			삶의 의미를 찾아서: 삶과 죽음의 의미를 북아트로 표현
			나의 기원을 찾아 떠나는 여행: 지역사회(선사유적공원) 연계
		2	공감: 타인 공감 프로젝트, 자연 공감 프로젝트 운영
			함성: 함께하는 성탄 프로젝트(감사 카드, 학급 캐롤 대회)
2학년	우리 (협업)	1	I Love Earth: 멸종위기 동물 문제를 해결
			I Love Us: 고사성어를 활용하여 공동체 이야기 창작
			고살이 프로젝트: 지역 사회(전통시장－고강제일시장) 연계
		2	최척전 Co－spaces: 고전소설 최척전의 재구성을 통해 전쟁, 다문화 사회 고찰
			고리울 크리스마스: 지역 어르신과 함께 하는 크리스마스
3학년	세계 (세계시민의식)	1	세계 문화: 세계의 다양한 문화 현상을 이해
			글로벌 직업: 세계의 변화 탐구로 자신의 진로 구체화
			공존: 피보나치 수열의 원리로 각 과목의 공존 개념 표현
		2	세계여행: 여행하고 싶은 7개의 나라 탐구, 그래프활용 경로 정하고 이유 설명하기

출처: 2017학년도 OO고등학교 교육과정 운영 보고서

나. 교육과정 분석 및 융합교육프로그램 구성

각 학년에서 실행될 융합교육과정의 주제와 2~3개의 세부주제가 정해진 후 교사들은 그 주제에 맞추어 자신의 교과교육과정을 분석하고 주제에 맞는 내용을 교과에서 추출한 다음, 전문적학습공동체나 학년공동체 시간 등에 다시 모여 〔그림 4]와 같은 템플릿을 작성하였다. 즉, 융합교육프로그램 계획은 템플릿에 의해 보다 구체화되는데, 템플릿에는 융합교육의 시기, 주제, 참여하는 과목, 수업 내용과 수업 방법 그리고 수업자료, 평가방법 등이 기재되었다. 특히 이때 융합교육프로그램의 실행을 어떤 형태로 할 것인가, 예컨대 순차적으로 할 것인가 또는 동시에 할 것인가 등이 정해지고 수업방법에 대해서도 보다 자세하게 논의되었다.

그림 4 3학년 1학기 교육과정 재구성 템플릿

< 3학년 1학기-2 교육과정 재구성 >

시기	5월 ~ 6월				
주제	공존(共存)				
과목	확률과 통계	지구과학 I 생명과학 II	한국지리	윤리와 사상 고전	미술사
수업 내용 및 수업 방법	피보나치 수열 그리기 피보나치 수열을 활용하여 공존(共存)을 주제로 한 각 교과의 내용 융합하기	환경오염의 종류를 이해하고 환경위기 극복을 위한 방안 마련하기 유전자 발현 조건에 의한 생물의 다양성 이해하기	다양한 지형 경관의 이용과 보전 사례를 통해 인간과 지형 환경의 지속가능한 관계 유지 방안에 대해 토론하기	장자 제물론을 비판적으로 이해하고 장자 사상의 현대적 의미에 대한 토론하기 '나는 어떠한 삶을 살 것인가'를 주제로 한 글쓰기	1. 미술사적 황금 비율의 특징을 이해하고 공동체의 가치를 반영한 3학년 학생들의 팝아트 자화상을 제작하기 2. 피보나치 수열을 이용하여 작품을 전시·기획하고 감상하기
평가		과세특에 기록	과세특에 기록	과세특에 기록, 수행평가	과세특 기록
수업자료	색지	교과서	교과서	교과서 학습지	캔버스, 아크릴물감

◉ '공존 : 인간과 인간, 인간과 자연'이라는 주제를 각 과목 수업에서 어떻게 구체화할지 결정함.
◉ 각 과목에서 학습한 내용을 융합한 산출물을 어떻게 도출할지 결정함(피보나치 수열을 활용한 융합).

템플릿 내용에 따라 각 교과교사들은 자신의 교과교육과정을 재구성하고 지도안을 작성하였다. 그리고 작성된 참여 교과교사의 지도안은 수합되어 <표 9>와 같이 세부 주제에 따른 융합교육프로그램 지도계획으로 구성되었다. 공존을 주제로 한 융합교육프로그램의 템플릿과 지도계획을 살펴보면 템플릿에 작성된 내용에 교과 시수와 성취기준을 첨가하였고 교수학습방법과 평가방법에 대해서도 템플릿보다 자세하고 구체적으로 작성되었음을 알 수 있다. 특히 융합교육프로그램을 통해 기르고자 하는 중점역량을 함께 기재하여 역량에 대한 교육을 강조하고 있음을 볼 수 있다.

표 9 세부 주제에 따른 융합교육프로그램 지도계획

[주제] 공존(共存): 인간과 인간, 인간과 자연

융합 교과	단원 (소주제)	시수	주요 학습내용 / 성취기준	중점 역량	교수 학습 방법	평가
고전	Ⅲ. 고전과의 대화(장자)	7	장자가 추구하는 삶에서 배우는 인간과 삶에 대한 이해	자기주도학습 능력 문제해결능력 자료조사·분석능력 창의적 능력 의사소통능력	강의법 협동학습	수행평가 과세특
			고0631-1현대 사회의 맥락을 고려하여 고전의 내용을 재해석할 수 있다.			
확률과 통계	Ⅱ. 분할과 이항 정리(01. 이항정리)	11	이항정리, 이항계수, 파스칼의 삼각형	자기주도학습 능력 협력적 문제발견 해결능력	강의 모둠토의	과세특
			확통1141/1142. 이항정리를 이해하고, 이를 이용하여 여러 가지 문제를 해결할 수 있다.			

한국 지리	Ⅱ. 지형 환경과 생태계 4. 생태 환경으로서의 지형	1	-산지, 하천, 해안, 화산, 카르스트 지형에 대한 인간의 이용이 가져온 지형 변화와 그에 따른 피해 사례 찾아보기 -인간과 지형 환경의 공존을 위해 필요한 바람직한 이용 방안 토론하기	자료 분석력, 의사소통능력, 생태학적 국토관	강의법 토의법 개별학습	토론과정 관찰평가
			한지1224. 지형 환경을 생태적 관점에서 파악하고, 인간과 지형 환경의 지속가능한 관계 유지 방안에 대해서 토론할 수 있다.			
윤리와 사상	도가·도교 사상의 연원과 전개	1	장자의 제물론의 현대적 의의 파악하기	자기주도학습능력 문화적소양능력	시청각 매체 활용법	자기보고 구술평가
			고윤28. 도가·도교 사상의 성립 배경과 전개 과정을 상호 비교의 관점에서 이해하고, 도가·도교 사상의 공통점과 차이점에 대해 토론할 수 있다.			
생명 과학 Ⅱ	3. 생물의 다양성	1	여러 가지 공존의 형태를 알고 가장 바람직한 공존을 위해 요구되는 덕목 생각해 보기	의사소통능력 자기관리능력	강의법 모둠별 토론	
			생2321-1. 집단 내에 다양한 변이가 존재하며 이러한 변이가 생존과 번식에 영향을 끼침을 설명할 수 있다.			

지구과학 I	Ⅲ－1. 환경오염	3	지13101. 대기 오염, 수질 오염, 토양 오염, 해양 오염 등 각종 지구 환경 오염이 발생하는 과정을 과학적으로 설명할 수 있다.	자기주도학습능력 협력적 문제발견 해결능력 의사소통능력 대인관계능력 민주시민의식	모둠 발표 강의식	모둠 보고서 평가 모둠 발표 평가
			지13102. 인간 활동으로 인해 나타난 다양한 환경 오염의 심각한 피해 사례와 그 대책을 제시할 수 있다.			
			지13103. 우주 쓰레기가 증가하는 원인과 문제의 심각성을 이해한다.			
미술사	Ⅰ. 한국 미술사 Ⅱ. 동양 미술사 Ⅲ. 서양 미술사	10	－인물화의 특징을 살려 팝아트 자화상을 제작 －팝아트 미술사조의 특징과 피보나치 수열이해 －피보나치 수열로 자화상을 배치하여 전시	자료수집분석력 문제해결능력 협업능력 의사소통능력 조형적표현능력	강의법 창작 토의법 개별 학습	상호 평가 수행 평가
			미사321. 조형 원리의 특징을 이해하고 작품에 적용하여 표현할 수 있다.			

출처: 2017학년도 3학년 교육과정재구성 운영 보고서

2. 학년 융합교육프로그램 실행 및 평가

A고등학교의 융합교육프로그램은 융합교육 주제에 따라 작성된 지도계획에 의거 다양한 형태로 실행되었다. 교사들은 융합교육프로그램

이 지필고사나 현장체험과 같은 다른 학사일정과 조화롭게 실시될 수 있도록 계획단계부터 일정을 맞추어 계획했으며, 여러 과목에서 다양한 활동중심의 융합교육을 할 수 있도록 학기말 자기개발시기에 학교차원의 융합교육 프로젝트 주간을 지정하여 운영하였다. 일반적인 교과 간의 융합교육프로그램은 정기고사 전후에 실시되었으며, 1학년의 '나의 기원을 찾아 떠나는 여행'과 2학년의 '고살이 프로젝트'와 같은 학생들의 생활과 밀접한 연관이 있는 지역사회를 중심으로 이루어진 학년 융합교육 프로젝트는 자기개발시기에 진행되었다. 그리고 2학년에서 실시된 주제별체험학습(수학여행)연계 융합교육프로그램은 체험학습 전후에 창의적 체험활동과 교과를 연계하여 운영되었다. 아울러 A고등학교에서는 학생의 과목 선택권 확대를 위해 경기도교육청과 부천교육지원청 지정 융합교과 중점학교를 운영하고 있어 공학 · 예술 중점과정과 융합과학 중점과정에서도 융합교육이 이루어지고 있다.

이에 A고등학교에서 학교차원으로 이루어진 융합교육프로그램의 실행과 평가 방안에 대하여 '교과 연계 융합교육', '지역사회 참여형 융합교육', '창의적체험활동 연계 융합교육' 그리고 '교과중점형 융합교육과정'으로 분류하여 대표적 사례를 중심으로 살펴보고자 한다.

가. 나-우리-세계를 이어주는 교과 연계 융합교육

A고등학교에서는 학년별 융합주제인 나(자존감), 우리(협업), 세계(세계시민의식)를 중심으로 교과를 연계하여 융합교육을 실행하였다. 1학년 교사들은 나의 소중함을 알기 위해 삶의 의미를 생각해 보는 것이 우선적으로 필요하다고 보고 '삶의 의미를 찾아서' 프로그램을 5월과 6월에 진행하였다. 이 프로그램에는 8개 교과가 참여했으며 인생그래프 그리기나 시 쓰기, 명언 찾기 등의 활동을 진행하였고, 국어 시간에 각 교과의 결과물들을 모아 북아트로 제작하여 전시함으로써 공유되도록 하였다.

표 10 1학년 '삶의 의미를 찾아서' 주제 선정 취지

I 주제 선정 취지

◦행복한 삶을 살기 위해서 우선 삶의 의미를 찾아야 한다. 자존감을 바탕으로 인간은 왜 살아가는지, 살면서 무엇이 중요한지를 생각하며 살아가야 한다. 살아간다는 것은 끊임없이 자기 자신을 훈련시켜야 하는 과정이다. 학생들이 삶에 대한 깊은 성찰을 바탕으로 다양한 활동을 통해 각자 삶에 대한 의미를 조금씩이나마 알아가기 바란다.

출처: 2017학년도 1학년 교육과정재구성 운영 보고서

표 11 1학년 '삶의 의미를 찾아서' 지도 계획

■ **자서전 쓰기(북아트)** : 삶에 의미에 대한 탐구를 토대로 '삶의 의미를 찾아서' 책 제작

주제	차시	과목	성취기준	교과 교육과정 재구성	교수·학습 방법
삶의 의미를 찾아서 (5~6월)	동시 운영	기술·가정	기가0112	나의 인생그래프 그리기	모둠 토의, 쓰기
		생활과윤리	고생121	출생과 죽음의 윤리적 의미 탐구 후 명인 찾기, 자서전 쓰기	토의·토론, 쓰기
		실용영어 I	영고21343	원서에서 삶, 죽음 관련 명언 찾기, 윤리 시간 명인 번역	독서, 모둠토의
		국어 I	국31018	삶과 죽음에 대한 시 쓰기	모둠 토의, 창작
		미술창작	미창212	삶의 의미, 명인을 담은 판화 엽서 제작(캘리그라피)	모둠 토의, 창작
		한국사	국1215	고대 무덤 학습 후 인생의 3가지 순간을 담은 묘비명 쓰기	모둠 토의, 쓰기
		과학	과1254-2	3차 방어선의 의미를 자신의 삶과 연결 지어 짧은 글쓰기	모둠 토의, 쓰기
		사회	1211~1216	80세의 '나'가 현재의 '나'에게 보내는 회고록 쓰기	모둠 토의, 쓰기
	마지막	국어 I	국31018	각 과목에서 활동한 내용을 모아 나만의 '삶의 의미를 찾아서' 책 완성(북아트)	실습(북아트) 전시 연계

출처: 2017학년도 OO고등학교 교육과정 운영 보고서

2학년은 '우리'라는 주제 하에 인간과 자연이 함께 하는 공동체에 대해 관심을 가지고 환경보호 의식을 함양하기 위한 프로젝트인 'I Love Earth' 프로그램을 운영하였다. 이 프로그램은 멸종위기 동물 문제에 대하여 수학, 미술, 일본어, 중국어 등 6개 교과가 참여하였고 특히 주제별체험학습의 갯벌체험과 연계하여 운영되었다. 다른 융합교육 프로그램과 마찬가지로 교수학습방법은 토의·토론이 주로 사용되었고, 프로그램을 통해 협업능력을 기르기 위하여 토론이나 포스터 제작, 종이 공예전시 등을 모둠으로 진행하였다. 그리고 평가 방법으로는 일본

어와 중국어의 경우 수업 중 형성평가 후 학교생활기록부 과목별 세부 능력 및 특기사항에 기재하였으며, 수학은 지필평가, 미술은 동물보호 포스터를 제작하여 수행평가로 진행되었다.

표 12 2학년 'I Love Earth' 지도 계획

['우리'의 가치 지키기를 통해 협업 능력을 키우기 : 2학년 창의융합 교육과정]

■ I Love Earth : 멸종위기 동물 문제를 해결하여 인간과 자연이 함께 하는 공동체 만들기

주제	차시	과목	성취기준	교과 교육과정 재구성	교수·학습 방법
I Love Earth [공공미술] (4~5월)	1	미적분 I	미적1113	· 멸종위기 동식물의 개체수의 변화 조사 · 등비수열의 극한을 이용하여 위기 동식물의 미래 예측 · 예측되는 미래의 타당성에 대한 모둠 토론	토의·토론수업 주제별 체험학습 연계
	2	자율활동	(체험)	· 주제별 체험학습에서 갯벌 생태 체험	
	3	세계지리/ 생명과학 I	세지1226 생1421	· 갯벌의 이해 및 갯벌 멸종 위기종 탐구	
	4~5	미술문화	미문112	· 포스터의 특징 탐구(모둠 토의) · 멸종위기 동물 보호 포스터 제작	토의·토론 그리기
	6~7	일본어 I / 중국어 I	일1406 중1506	· 판다1600⁺ 수주공공미술프로젝트 안내 · 멸종위기 동물을 보호하기 위한 방안 토의(캠페인) · 일본 전통 공예인 종이접기를 활용하여 종이 판다 제작	토의·토론 종이 공예 전시

출처: 2017학년도 OO고등학교 교육과정 운영 보고서

표 13 2학년 'I Love Earth' 평가 계획

V 평가 계획

융합 교과	평가 기준	평가 방법
미적분	-수열의 극한을 이해할 수 있다.	지필평가
미술	문자와 이미지를 조합하여 나타내고자하는 주제를 효과적으로 표현할 수 있다.	수행평가
일본어	멸종위기 동물 보호 세계 공공미술프로젝트의 취지를 설명할 수 있다.	과목별세부특기사항
중국어	멸종위기 동물 보호 세계 공공미술프로젝트의 취지를 설명할 수 있다.	과목별세부특기사항

출처: 2017학년도 2학년 교육과정재구성 운영 보고서

3학년의 경우에는 진학과 취업이라는 진로 선택을 앞두고 있는 학생들의 관심에 맞추어 '세계'를 주제로 '세계문화', '글로벌직업', '공존' 등 4개의 융합교육프로그램을 계획하여 실행하였으며, 대학입시를 준비해야 하는 3학년의 특성상 1학기에 집중하여 진행되었다. <표 9>에서 살펴보았듯이, '공존'을 주제로 실행된 3학년의 융합교육프로그램은 확률과 통계, 고전, 윤리와 사상, 생명과학 등 다양한 영역의 교과가 참여하여 강의, 협동학습, 모둠 토론 및 발표, 창작 등의 학습방법으로 진행되었으며 평가방법으로는 수행평가, 관찰평가, 자기보고 구술평가, 논술형 평가, 모둠 보고서 발표 평가, 상호평가 등이 사용되었다. 이 융합교육프로그램은 피보나치수열의 원리를 바탕으로 각 과목에서 공존의 개념을 지도한 사례로, 확률과 통계시간에 피보나치수열을 공부한 후 다른 교과 시간, 예를 들어 생명과학시간에 자연물에서 공존을 위한 피보나치수열을 확인하고 미술시간에 자신들의 작품을 피보나치수열이 드러나도록 전시하는 교과 간의 연계성을 보여주고 있다.

표 14 3학년 '공존' 지도계획 및 융합수업 사례

■ **공존 : 피보나치 수열의 원리를 바탕으로 각 과목에서 찾은 공존의 개념을 피보나치 수열로 배열**

주제	차시	과목	성취기준	교과 교육과정 재구성	교수학습 방법
공존 (5월~6월)	1	확률과통계	확통1141,	피보나치 수열을 이해하고 표현하기	토론, 모둠활동
	동시 운영	고전, 윤리와사상	고0631-1 고윤28	장자의 제물론 읽기, '공존' 과 장자 사상의 의의 토론 (핵심 개념들을 정리하여 피보나치 수열로 표현)	토론, 모둠활동
		생명과학 II	생2321-1	다양한 변이 형태 조사, 바람직한 공존 탐구, 공존을 위한 다양한 실천 방안 토의(실천 방안을 피보나치 수열로 정리)	토론, 모둠활동
		미술사	미사321	팝아트 자화상과 황금 비율 학습한 후 자료를 수집하여 팝아트로 자화상 표현(팝아트 자화상을 피보나치 수열로 표현)	창작

■ **[사례]** 3학년 확률과 통계 융합수업 사례

주제/단원	**3학년, 공존** / II. 분할과 이항정리 : 파스칼의 삼각형에서 피보나치 수열 찾기
성취기준	확통1141/1142. 이항정리를 이해하고, 이를 이용… 해결할 수 있다.(수학적분석력, 의사소통능력, 협동심)
융합 수업	①파스칼의 삼각형에서 **피보나치 수열을 찾고 원리 이해** ②인간 신체, 자연물 등에서 피보나치 수열을 확인할 수 있음을 인식 ③각 과목에서 '공존' 의 가치를 찾고, 피보나치 수열로 표현하기  **예) 미술사 : 자화상을 팝아트로 표현하여 피보나치 수열이 드러나도록 전시**
평가	**[논술형평가]** 자신의 작품에 대해 논술 **[상호 평가]** 작품 전시, 감상을 통한 동료 평가, 교사들의 피드백
기록	교과 융합 프로젝트 '공존' 에서 피보나치 수열을 발견하고 … 평면도형 속에 기록하였으며

출처: 2017학년도 OO고등학교 교육과정 운영 보고서

나. 지역사회 연계형 융합교육

융합교육은 학생에게 의미충실한 맥락을 기반으로 실행되어야 하며, 불확실하고 복잡한 상황에서 문제와 관련되는 다양한 요소들을 결합하여 문제를 해결할 수 있도록 교육하는 것이다(차윤경 외, 2014: 56). 이와 같은 관점에서 볼 때 A고등학교에서 실행된 지역사회 연계형 융합교육프로그램은 학생들의 생활과 밀접하게 연관이 있는 지역사회를 중심으로, 지역의 문제를 해결하는 방식으로 진행된 융합교육이라 할 수 있다. 1학년은 자아정체감 확립과 마을에 대한 자긍심 고취를 위해 학교인근에 있는 선사유적공원을 중심으로 프로젝트를 구성하였으며, 2학년은 지역의 전통시장인 고강제일시장을 기반으로 문제해결력을 높이기 위한 지역 경제 활성화 프로젝트로 진행하였다. 또한 A고등학교는 이러한 지역사회 연계형 융합교육에 많은 과목이 참여할 수 있고 활동중심으로 교육활동을 운영하기 위하여, 학기말 2차 지필평가가 끝난 후인 자기개발시기에 학교차원의 융합교육프로젝트 주간으로 정하여 추진하였다. <표 15>에서 볼 수 있듯이, 2학년에서 실행된 지역 경제 활성화 프로젝트인 '고살이(고강동을 살리는 우리들)'는 전통시장을 활성화하여 경제 살리기를 과제로 하여, 탐구활동으로 시장을 답사하여 문제점을 찾고, 각 교과에서 연계하여 수업을 진행한 후 문제해결안을 만들어 발표하는 방식으로 진행되었다. 교사들은 이러한 프로젝트를 통해 협업능력과 민주시민 역량, 창의성을 높이고자 했으며, 평가는 보고서와 전시, 상호평가, 자기평가 등으로 이루어졌다. 특히 발표자료인 시장 활성화를 위한 홍보 UCC는 지역주민과 함께 하는 'OO고 영상제'에서 상영되어 학부모뿐만 아니라 지역주민과도 공유되어 학교와 학생들이 지역에 대한 관심과 애정을 갖고 있음을 알려주는 계기가 되었다. 이와 같이 학교주변의 지역을 기반으로 교과와 연계하여 이루어지는 융합교육프로그램은 앎과 삶이 하나가 되는 배움의 기회를 제공할 수 있다.

표 15 지역사회 연계형 융합교육 사례

■ **지역사회 참여형 프로젝트 수업**으로 미래 역량 키우기

◦ 1, 2학년 지역사회 연계 프로젝트 활동 : 앎과 삶이 하나되는 배움중심수업 운영

학년	프로그램	지역 참여	주요 활동 내용		중점 역량
1	자아를 찾아 떠나는 여행	선사 유적공원	교과 활동	자아 정체감 확립을 위한 다양한 교과 활동 진행	**자존감, 협업 능력, 창의성**
			체험	선사유적공원 탐방을 통해 나의 기원을 찾고 마을에 대한 자긍심 갖기	
2	지역 경제 활성화 프로젝트 : 고살이(고강동을 살리는 우리들)	고강 제일시장 (전통시장)	과제	지역 경제 활성화 방안 : 전통 시장을 활성화하여 경제 살리기	**협업 능력, 민주시민 역량, 창의성**
			탐구 활동	**답사 : 고강제일시장 답사를 통해 시장의 문제점 찾기** 교과(협력 학습) : 모둠별 시장 활성화 방안 마련하기	
			문제 해결	**현장 적용 : 고강제일시장에서 해결책 적용**	
			발표	수주 Go! Film Festival에 시장 활성화를 위한 홍보 UCC 출품	

→ 사례) 지역 경제 활성화 프로젝트 '고살이'

과목	단원(소주제)	시수	주요 학습내용	교수학습방법	평가	활동 사진
자율(체험)	부천옹기박물관	2	부천 옹기박물관 관람 및 체험을 통해 우리 마을의 역사를 알아가며 지역사회에 대한 이해, 애정 증진	체험	보고서 평가	
체육	건강식단짜기	2	고강제일시장의 식재료를 이용하여 1일 20,000원 이내로 고등학생 권장 Kcal에 맞는 건강 식단 짜기	개인 프로젝트	보고서 평가	
미적분 I	메뉴 상품의 가격정하기	4	인건비와 원가를 비교하고 분석해서 적정 소비자 가격을 정하기 활동	모둠 프로젝트	보고서 평가	
동아시아사	재래시장에서 동아시아 교류 흔적을 찾기	4	고강 시장에서 동아시아사 교류를 보여주는 요소 찾아서 그림으로 표현하거나 사진 부착하고 설명하기(상품, 음식, 풍습 등)	모둠 프로젝트	보고서 평가	
한문	所信(소신) 펀비튼 제작,전시	4	소신과 신념을 표현하는 한자어를 펀버튼에 제작하여 전통시장과 교내에 전시하는 활동	실습	전시	
문학	고강 제일 시장을 소재로 르포 쓰기	1	현직 전문 기자로부터 직업 설명을 듣고 르포의 특징 및 작성 방법 배우기	협력강사 강의·실습	자기 평가	
		3	고강제일시장을 취재하고 르포 작성	협력학습	상호 평가	
영어	영어 홍보 UCC만들기	4	고강제일시장의 홍보 영상을 영어로 인터뷰 하거나 우리말로 만들고 영어자막 입히기 활동	협력학습	관찰 평가	
미술	고강시장 지도 그리기	2	산업 디자인에 대한 이해를 바탕으로 고강제일시장 분야별 지도 그리기	개인 프로젝트	상호 평가	
자율(체험)	고강 제일 시장 체험	2	고살이 활동을 위한 사전 답사	체험	자기 평가	
		4	시장 내에서 각 교과 과제 수행			

출처: 2017학년도 OO고등학교 교육과정 운영 보고서

다. 창의적체험활동 연계 융합교육

A고등학교에서 실시된 창의적체험활동 연계 융합교육은 융합교육 프로그램이 주제별 체험학습을 유의미하게 만드는 데 역할을 할 수 있음을 보여주고 있다. 교사들은 5월 10일부터 12일까지 전주와 남원 그리고 변산반도 등의 지역에서 이루어진 주제별 체험학습을 의미 있는 경험으로 만들기 위하여 사전교육, 교과 연계활동 그리고 사후활동으로

구성하여 운영하였다.

우선 사전교육으로 체험학습과 관련된 내용에 대한 프레젠테이션 대회를 개최하여 학생들이 체험학습과 관련된 사전지식을 얻을 수 있게 하였고, 문학, 미술, 생명과학, 미적분, 세계지리, 동아시아사, 음악, 한문, 기술, 체육 교과에서 현장체험학습과 관련된 내용으로 재구성된 수업자료를 만들어 학습함으로써 교과 연계활동을 진행하였다. 그리고 사후활동으로는 교과별 체험학습 소감문 대회, 사이언스포토 경진대회, 시 창작 등을 통해 체험학습에서 얻은 경험을 내면화시킬 수 있는 기회를 제공하였다.

학교교육에 대한 융·복합적 관점은 학습자가 어떠한 지식을 자신의 삶이나 실세계 맥락과 유기적으로 연결 지을 수 있게 될 때 진정으로 지식을 의미 있는 방식으로 습득하고 이를 바탕으로 새로운 지식을 능동적으로 생산해낼 수 있다는 점을 강조한다(차윤경 외, 2016: 164). 이러한 관점으로 보았을 때, 모항을 소재로 한 시를 감상하고 실제 모항을 가본 후 패러디 시를 창작하는 활동이나, 음악 시간에 판소리의 구성과 장단의 개념을 이해하고 실제 판소리 공연을 체험하고 자신들이 창작한 책의 내용을 판소리로 표현하는 교과와 연계한 체험활동들은 교과지식을 보다 더 실제적으로 습득하게 할 수 있는 방법이라 할 것이다.

표 16 창의적체험활동 연계 융합교육 사례

◦ **학생 참여형 주제별 체험학습**으로 의미 있는 경험 만들기 : [창체+창체] 연계 활동

① 학생 참여형 주제별 체험학습 운영 과정

체험학습 일정 의견 수렴 (2016. 8~) ⇨ 체험학습 일정 확정 및 공고 (2017. 4.) ⇨ [학생 참여형 주제별 체험학습 운영: **프레젠테이션 대회** / **학생중심안전교육** ⇨ **주제별 체험학습** / **교과 연계 활동** ⇨ **사이언스포토** / **교과 연계 사후 활동**] ⇨ 생기부 기록 (과세특, 창체)

② 사전 교육 : **체험학습 프레젠테이션 대회**

영역	주제	학생 발표 영상 및 PPT	학생 참여
일정 안내	전체 일정 소개		3팀(9명)
체험지 소개	전주한옥마을, 판소리 체험, 갯벌 체험 등		5팀(13명)
안전 교육	안전하고 유익한 주제별 체험학습	갯벌 체험 시 주의사항, 내소사 탐방을 위한 트래킹 시 주의 사항 등을 직접 시연하며 상세하게 설명	1팀(3명)

③ 교과 연계 활동 : 남도 문학 기행(음악, 문학, 한문 교과 실시)

과목		교육과정	교실 수업	기록
사전 활동	음악과 진로	음진111-1.역사 속에 나타난 음악의…	[판소리 학습] '흥보가'를 통해 판소리 구성, 장단의 개념을 이해하고 '흥부 부부상'을 감상하며 전통의 재창조 사례 탐구 ['모항으로가는길' 감상] '모항'의 모습 상상	주제별 체험학습(2017. 5.9.-5.11) 활동 장소인 '모항'을 소재로 한 '모항으로 가는 길(안도현)'을 감상하고…마음속 치유와 희망의 공간인 '가야'…
	문학	31055-1.한국 문학 작품에 드러난 당대…		
사후 활동	문학	31055-1.원 작품의 … 원리를 반영하고 …	[패러디시 창작] 체험학습지 '모항'의 이미지를 바탕으로 내 마음 속의 '모항'을 찾아 '○○으로 가는 길' 시 창작	
	한문 I	한 I 211-1.선인들의 지혜 … 내면화할 수 있다.	[판소리 공연] 판소리 체험을 바탕으로 공동체 이야기책의 내용을 판소리로 표현하기	체험학습에서 배운 수궁가 장단에…

출처: 2017학년도 OO고등학교 교육과정 운영 보고서

라. 교육과정 편성에 의한 융합교과 중점과정

교육부는 일반계 고교에서 특정 분야에 소질과 적성이 있는 학생들이 특성화된 교육을 받을 수 있도록 교과중점학교를 지정 운영하고 있으며, 그 한 종류로 융합교과 중점학교가 있다. 과학, 예술, 체육 분야를 중심으로 교과중점과정을 운영해 오던 것을 2017년부터 학생의 소질과 적성에 따른 맞춤형 교육을 내실화하기 위해 교과를 과학 위주 운영에서 사회, 기술, 제2외국어 등 다양한 분야로 확대하였고, 특히 2015 개정 교육과정의 융합인재 양성 취지에 맞도록 2개 이상의 교과를 융합한 형태의 중점과정도 운영이 가능하도록 하였다(교육부 보도자료, 2016). 이것은 교육과정편성에 의한 융합교육으로 현재 국제·경제융합

형, 로봇공학융합형, 정보수리융합형, 인문융합형 등의 다양한 형태의 융합중점과정이 운영 중에 있다. A고등학교의 경우에는 미래시대를 대비하여 창의성이나 정보· 미디어 활용능력을 길러줄 수 있는 보다 발전된 학교 교육에 대한 요구에 따라 특성화된 교육과정 편성이 필요하였고, 사회형과 예술형 학생의 비율이 높게 나온 학생 진로적성 검사 결과와 부천영상문화단지와 한국만화박물관 등의 지역사회기반 조성을 강점으로 파악하여 2017년부터 공학·예술 중점과정과 융합과학 중점과정을 운영하고 있다(OO고 교과중점교육과정운영계획서, 2016).

A고등학교의 공학·예술 중점과정은 '영상미술', '공학기술', '영화창작과 표현' 교과를 통해 미래기술인 3D 모델링과 프린팅, VR, 애니메이션, 그래픽 프로그램 등의 첨단 미래 기술을 배우고 자신들의 창의적 생각을 영상이나 영화로 표현하는 과정이다. 한 예로, 아래 <표 18>의 공학·예술과정 수업 사례를 살펴보면 문학시간에 e-book 제작을 위한 스토리를 창작하고, 영상미술시간에 스토리를 e-book용 칸만화로 표현하고 그래픽프로그램을 이용해 디지털화하였다. 그리고 공학기술 시간에 칸만화의 주인공을 3D 모델링으로 표현하고 3D 프린터로 출력하는 수업을 진행하였으며, 수업결과물인 e-book은 OO고 영상제와 부천시 만화박물관에 전시되어 공유되었다. 이러한 수업 사례는 문학, 영상미술, 공학기술 교과가 함께 프로젝트 형식으로 진행한 융합교육프로그램이라 볼 수 있다.

표 17 공학 · 예술 중점과정 교육과정 편제

■ **미래 역량을 키우는 문·이과 통합형 교육과정 : 공학·예술과정**

◦ **공학·예술과정 교육과정 편제**

교과(군)	1학년		2학년		3학년		활동 사진
	1학기	2학기	1학기	2학기	1학기	2학기	
예술	음악과생활(1)/미술창작(1)	음악과생활(1)/미술창작(1)	영상미술(2)/미술문화(2)/음악과진로(2)	영상미술(2)/미술문화(2)/음악과진로(2)	영화창작과 표현(2)	영화창작과 표현(2)	
기술가정	기술·가정(2)	기술·가정(2)	공학기술(2)	공학기술(2)	·	·	

출처: 2017학년도 OO고등학교 교육과정 운영 보고서

표 18 공학 · 예술과정 수업사례

➜ 공학·예술 과정 수업 운영 사례 : **e-book 제작(문학+영상미술+공학기술)**

차시	과목	단원 / 성취기준	수업	기록
1~3 〈스토리 창작〉	문학	Ⅰ. 문학의 수용과 생산 / 31052-3. **문학의 장르 지식을 활용** … 창작할 수 있다.	이야기의 주제를 선정한 후, 소설의 구성에 대한 이해를 바탕으로 '갈등'의 해소 과정이 드러나는 **스토리보드 제작**	**e-book 제작을 위한 스토리보드 구상**에서 구성 단계에 따른 갈등의 변화 … .
4~7 〈e-book 표현〉	영상미술	Ⅱ. 표현 / 영미223. **독창적인 북아트**를 구상하여 e-book으로 제작 할 수 있다.	[펜화]스토리를 e-book용 칸 만화로 표현. [e-book] **그래픽프로그램**을 이용하여 표지, 만화를 디지털화	**e-book 제작에서** 조별 작품 'AMAN' 시나리오를 … **포토샵**을 활용하여 … 표현하는 능력이 돋보임.
8~10 〈캐릭터 출력〉	공학기술	2-3. 창의적 문제 해결 능력 / 12공학02-05. …**창의적으로 설계**한다./12공학02-07.정보통신공학의 … 체험한다.	**틴커캐드 프로그램을 활용**하여 e-book 칸 만화의 주인공 캐릭터를 **3D 모델링**으로 표현하고, **3D 프린터**로 출력	**틴커캐드 프로그램을 활용하여 e-book의 캐릭터를** 입체적으로 표현함. 모델링 과정에서 … .

출처: 2017학년도 OO고등학교 교육과정 운영 보고서

한편, A고등학교에서는 미래시대를 대비하여 더욱 중요함이 강조되고 있는 환경과 정보교과를 과학교과와 융합한 융합과학 중점과정을 운영하고 있다. 이 과정은 2학년 생명과학실험 교과에서 관찰, 탐구능력을 심화하고 환경과 녹색성장 교과에서 지속가능한 발전, 적성 기술을 탐구하며 3학년 정보과학 교과에서 정보기술과 컴퓨팅 기술을 활용

하여 창의적 문제해결력을 키우도록 구성되어 있다. 이러한 교과 활동에 더하여 여러 과학 관련 대회와 체험활동, 방과후학교가 운영되며, 자율 동아리와 창체 동아리를 구성하여 많은 활동을 하고 있다.

표 19 융합과학 중점과정 편제 및 활동

■ **미래 역량을 키우는 융합형 교육과정 : 융합과학과정**

◦ **융합과학과정 교육과정 편제**

교과 (군)	1학년		2학년		3학년	
	1학기	2학기	1학기	2학기	1학기	2학기
과학	과학(4)	과학(4)	**생명과학실험(1)** 생명과학 Ⅰ(3) **화학 Ⅰ(3),** 물리 Ⅰ(3)	**생명과학실험(1)** 생명과학 Ⅰ(3) **화학 Ⅰ(3),** 물리 Ⅰ(3)	**정보과학(2)** 지구과학 Ⅰ(3) 생명과학 Ⅱ(3)/ **화학 Ⅱ(3)/** 물리 Ⅱ(3)	**정보과학(2)** 지구과학 Ⅰ(3) 생명과학 Ⅱ(3)/ **화학 Ⅱ(3)/** 물리 Ⅱ(3)
	IP 스쿨 (발명 e러닝 수강)					
기술가정 ·교양	기술·가정 (2)	기술·가정 (2)	**환경과 녹색성장(2)**	**환경과 녹색성장(2)**	·	·
클러스터, 주문형	·	·	과제연구(3)	과제연구(3)	물리실험(3)	·
자율(체험)	과학골든벨, 선행연구탐구, 과제연구, 인포그래픽, 창의성 경진 페인랩 등					
동아리	창체	TOP(물리), EOS(화학, 생명), 야생화(환경), 우공이산(수학)				
	자율	결정권(나노과학)				
봉사	**창의체험교실**(지역 중1 대상 과학 1:1 멘토링), **대한민국 과학창의축전** 부스 운영, **수주과학문화한마당**(지역 주민 대상 과학 체험 부스 운영), **환경 관련 캠페인** 활동(지구를 위한 한 시간, 세계 물의 날 등)					
진로	진로포트폴리오 작성, 개인 탐구 활동과 교내 대회를 연계하여 지속적인 탐구 활동 및 진로 소양 신장이 가능하도록 지도					
방과후학교	로봇기초 교실, 전자과학실험					
특강	과우회 특강, 방사선 안전 교육, 비주얼 씽킹 특강, 체험환경교육					

출처: 2017학년도 OO고등학교 교육과정 운영 보고서

이와 같이 A고등학교는 교육과정 편성에 의한 융합교육인 공학 · 예술 중점과정과 융합과학 중점과정을 운영하고 있다. 융합교과 중점학교를 운영하고 있는 다른 학교들과 마찬가지로 중점학교 지정 규정에 맞추어 융합교과와 관련된 교과를 4과목 이상 개설하여 운영하고 있고, 관련 대회나 동아리 활동, 봉사활동 등 다양한 교육활동을 하고 있다.

교과중점학교 운영 현황에 따르면(교육부 보도자료, 2016, 2017), 일반적으로 융합교과 중점학교는 과학과 인문, 인문과 예술과 같이 서로 다른 교과군을 융합하거나 국제 · 경제융합형이나 로봇공학융합형처럼 특정한 분야에 대한 심화학습을 위해 유사한 교과군을 융합하여 운영되고 있다. 그러나 융합중점과정과 관련된 교과만을 개설한다고 해서 실제로 융합교육이 이루어졌다고 볼 수 있는가에 대해서는 재고할 필요가 있을 것이다. 왜냐하면 다른 시간에 성격이 다른 두 교과를 가르치고 학생들이 각각 다른 교과에서 배운 것을 융합한다면 일반적인 과정에서 서로 다른 교과를 배우고 학생이 융합하도록 하는 것과 별반 차이가 없기 때문이다. 위의 사례에서 볼 수 있는 것처럼, A고등학교의 공학 · 예술 중점과정에서는 공학기술과 영상미술을 다른 시간에 다른 교사가 가르치지만, 두 교과의 교사가 문학교과를 포함하여 함께 프로젝트를 운영함으로써 교과 간의 융합을 시도하고 있다. 그러나 융합과학 중점과정에서는 관련된 많은 행사와 클러스터 강좌로 구성된 과제연구, 과학 교과 내에서 실행하는 팀별 프로젝트 수업 등으로 탐구력을 높이고 있지만, 과학교과 간이나 정보과학, 환경과 녹생성장 교과 간의 프로젝트를 함께 진행한 사례는 없다. 행사나 방과후 활동이 아닌 정규 교과시간에 여러 교과 사이의 실질적인 융합이 이루어진다면 환경과 정보교과를 과학교과와 융합한 융합과학 중점과정의 시너지 효과를 최대한 높일 수 있을 것이다.

이와 같이 볼 때 융합교과 중점학교는 학생들에게 특정 분야에 대한 융합교육을 보다 효과적으로 그리고 보다 중점적으로 하기 위하여 구체적으로 융합교과를 명시해 놓은 것으로, 융합교과 중점학교의 본래 취지를 달성하기 위해서는 A고등학교의 사례처럼 두 교과군 사이에 원활한 융합이 이루어지도록 프로젝트를 구성하고, 교과 담당교사들 간의 보다 긴밀한 협업체제를 구축해서 교과 간 융합교육을 해야 할 것이다.

3. 실행 결과

지금까지 A고등학교에서 학교차원으로 이루어진 융합교육프로그램이 어떤 준비와 계획 단계를 거쳐 어떤 방식으로 실행되었는가를 알아보았다. 이론적 배경에서 살펴본 바에 따르면, 융합교육은 미래사회를 대비하는 역량중심의 교육 방안으로 기존의 교육을 경험위주의 학생맞춤형 교육으로 변화시킬 수 있는 교육과정 개혁의 한 방안이다. 이에 A고등학교에서 학교차원으로 이루어진 융합교육프로그램이 경험위주의 학생맞춤형 교육으로 학생들의 역량을 키워주었는가, 그리고 학교 구성원들은 실행된 융합교육프로그램에 대해 어떤 평가를 하고 있는가에 초점을 맞추어 학생의 성장 측면과 융합교육프로그램 운영에 대한 평가 측면으로 결과를 살펴보고자 한다.

가. 학생의 성장

1) 창의성 검사 결과

A고등학교 학생들에게 시행된 창의성검사(CIS 검사)의 사전검사 결과와 사후검사 결과의 기술통계 값을 비교하면 1학년의 경우 12개 하위영역 가운데 11개 영역(91.7%)에서, 2학년의 경우 12개 하위영역 모두(100%)가 사전검사보다 사후검사에서 높은 결과를 보여 융합교육프로그램이 창의성을 향상시켰음을 알 수 있다. 우선 1학년의 경우, '창의적 성격' 영역의 전체 평균은 1.19점 향상되었으며 그 하위요인 중 '개방성' 1.70점, '사회적 책임감' 1.66점으로 크게 상승되었고, '독립성'은 0.46점으로 가장 작게 상승되었다. 세 영역 중 가장 큰 폭으로 상승을 보인 '창의적 사고' 영역은 전체 평균이 1.34점 향상되었으며 하위요인에 있어서는 '확산적/수렴적 사고'가 1.96점, '창의적 사고 능력'은 1.88점으로 크게 향상되었다. '창의적 동기' 영역 역시 전체 평균이 1.04점

향상되었으며, 하위영역은 '내재적 동기', '호기심', '근면' 영역 모두 크게 향상된 반면 '용기' 영역이 0.02점 감소되었다. '용기'는 자신감이 있고 실패를 두려워하지 않는 성향인데, 2학년의 경우 이 영역의 평균이 감소하지 않은 것을 감안해 볼 때, 1학년 전체로 2차 창의성검사 시기에 이 영역에 영향을 주는 어떤 요인이 있었을 가능성이 있다.

표 20 1학년 사전-사후 검사 평균 및 표준편차(N=50)

영역		사전검사		사후검사		평균차 (사후-사전)
		평균	표준편차	평균	표준편차	
창의적 성격(평균)		49.78	7.043	50.97	8.630	1.19
하위요인	철저함, 최선을 다함	50.90	9.416	51.96	10.675	1.06
	사회적 책임감	50.58	7.554	52.24	8.817	**1.66**
	개방성	49.36	10.667	51.06	11.663	**1.70**
	독립성	48.88	9.308	49.34	11.633	0.46
	독단적, 충동적 성향	49.18	9.077	50.26	10.127	1.08
창의적 사고(평균)		49.71	9.909	51.05	10.303	1.34
하위요인	상상력과 환상	50.52	10.410	50.70	11.647	0.18
	확산적/수렴적 사고	49.08	12.617	51.04	11.861	**1.96**
	창의적 사고 능력	49.52	10.614	51.40	11.250	**1.88**
창의적 동기(평균)		50.35	8.693	51.39	10.226	1.04
하위요인	내재적 동기	49.90	10.227	51.44	11.643	1.54
	호기심, 다양한 관심	49.66	10.661	51.22	11.746	1.56
	근면	51.68	9.682	52.74	10.065	1.06
	용기	50.16	10.616	50.14	11.945	**−0.02**

2학년은 '창의적 성격' 영역의 전체 평균이 1.97점 향상되어 세 영역 중 가장 큰 상승폭을 보이고 있다. 특히 하위요인 중 '철저함, 최선을 다함'의 영역이 4.45점 상승하여 모든 영역에서 가장 크게 향상되었음을 알 수 있다. 다른 하위요인도 '독립성' 1.91점, '개방성' 0.78점, '사회적 책임감' 0.69점으로 모두 상승하였으며 '독단적, 충동적 성향' 또한 2.05점 상승한 것으로 나타났다. 즉, 철저하게 최선을 다하는 성향이 크게 좋아진 반면, 독립성과 독단적이고 충동적 성향 또한 높아진 것으로 보인다. 검사의 내용구성 <표 4>에서 '독단적, 충동적 성향'은 창의적인 사람에게 보이는 자기중심적인 성향이고, '독립성'은 유행에 따르지 않고 자신의 판단에 의해서 의견을 결정하는 성향이라고 설명하고 있다. 이것에 의거해 볼 때, 2학년 학생들은 자기중심적으로 자신의 판단에 의해 의사결정을 내리고 최선을 다해 철저하게 하려는 성향이 향상되었다고 볼 수 있다. 다음으로 '창의적 사고' 영역에서는 전체 평균이 1.69점 향상되었으며, 하위요인인 '창의적 사고 능력'과 '확산적/수렴적 사고'가 2.33점, 2.23점으로 크게 상승되었고 '상상력과 환상'은 0.52점으로 가장 소폭 상승한 것으로 나타났다. '창의적 동기' 영역 또한 전체 평균이 1.92점 상승했으며, 하위요인에서 '근면' 1.55점, '용기' 1.33점으로 크게 상승했지만 특히, '내재적 동기' 2.67점, '호기심' 2.14점으로 더욱 많이 상승한 것으로 나타났다. 이와 같이 볼 때 2학년의 경우 '창의적 성격', '창의적 사고' 그리고 '창의적 동기' 영역이 모두 향상되었으며, 보다 세부적으로 본다면 내재적 동기와 호기심이 커졌고 확산적, 수렴적으로 사고하는 능력과 창의적으로 사고하는 능력이 향상되었다. 또한 자신의 판단에 의해 의사결정을 하고 무엇보다도 최선을 다해 철저하게 하려는 성향이 크게 향상되었다고 볼 수 있다.

표 21 2학년 사전-사후 검사 평균 및 표준편차(N=64)

영역		사전검사 평균	사전검사 표준편차	사후검사 평균	사후검사 표준편차	평균차(사후-사전)
창의적 성격(평균)		47.53	9.080	49.50	8.538	1.97
하위요인	철저함, 최선을 다함	46.97	10.713	51.42	11.223	**4.45**
	사회적 책임감	47.41	10.805	48.09	12.008	0.69
	개방성	47.14	11.340	47.92	9.818	0.78
	독립성	47.75	9.730	49.66	10.476	1.91
	독단적, 충동적 성향	48.38	10.144	50.42	10.317	**2.05**
창의적 사고(평균)		47.92	8.906	49.61	9.113	1.69
하위요인	상상력과 환상	48.56	9.917	49.08	10.643	0.52
	확산적/수렴적 사고	48.19	10.550	50.42	10.383	**2.23**
	창의적 사고 능력	47.00	9.638	49.33	10.197	**2.33**
창의적 동기(평균)		48.87	9.072	50.79	8.912	1.92
하위요인	내재적 동기	49.13	11.598	51.80	10.743	**2.67**
	호기심, 다양한 관심	47.77	10.531	49.91	10.233	**2.14**
	근면	50.44	10.634	51.98	10.697	1.55
	용기	48.16	9.587	49.48	9.973	1.33

각 학년 창의성검사(CIS 검사)의 사전−사후검사 결과에 대한 대응(종속) 표본 t검정 결과를 살펴보면 다음 <표 22>, <표 23>과 같다. 우선 1학년의 경우, 기술통계 값 비교에서 세 영역의 평균이 모두 상승했지만, 각 영역별 사전−사후 평균과 각 영역의 하위요인 사전−사후 평균에 대한 차이는 통계적으로 유의미하지 않은 것으로 나타났다. 2학년의 경우에도 세 영역 모두 사전−사후 평균이 통계적으로 유의미한

차이를 보이지 않았지만, 두 개의 하위요인에서 통계적으로 유의미한 차이가 나타났다. 창의적 성격 영역의 하위요인인 '철저함, 최선을 다함'은 평균이 사전 46.97점에서 사후 51.42점으로 4.45점 향상되었으며, 이 부분에 대한 t검정 결과, t통계값 -2.826, 유의확률 .006으로 유의수준 .01에서 통계적으로 유의미한 차이가 있는 것으로 나타났다. 또한 창의적 사고 영역의 하위요인인 '창의적 사고 능력'은 평균이 사전 47.00에서 사후 49.33으로 2.33점이 향상되었는데, 이는 t통계값 −2.100, 유의확률 .040으로 유의수준 .05에서 통계적으로 유의미한 차이가 있는 것으로 나타났다. 그러므로 2학년에 있어서 기술통계 값 비교에서도 나타났듯이, '철저함, 최선을 다함'과 '창의적 사고 능력'은 통계적으로도 유의미하게 향상되었음을 알 수 있다. 이러한 검사 결과는 심리검사전문연구기관인 한국가이던스에서 제공한 창의성검사 결과에서도 다음 〔그림 5〕, 〔그림 6〕과 같이 제시하고 있다.

표 22 1학년 사전-사후 검사 대응(종속)표본 t검정

영역	평균	표준편차	t	유의확률
창의적 성격	−1.192	9.008	−.936	.354
창의적 사고	−1.340	10.279	−.922	.361
창의적 동기	−1.035	10.125	−.723	.473

표 23 2학년 사전-사후 검사 대응(종속)표본 t검정

<table>
<tr><th>영역</th><th colspan="2">평균</th><th>표준편차</th><th>t</th><th>유의확률</th></tr>
<tr><td rowspan="2">창의적 성격</td><td colspan="2">−1.975</td><td>8.322</td><td>−1.899</td><td>.062</td></tr>
<tr><td>철저함, 최선을 다함</td><td>−4.453</td><td>12.606</td><td>−2.826</td><td>.006</td></tr>
<tr><td rowspan="2">창의적 사고</td><td colspan="2">−1.693</td><td>8.089</td><td>−1.674</td><td>.099</td></tr>
<tr><td>창의적 사고 능력</td><td>−2.328</td><td>8.868</td><td>−2.100</td><td>.040</td></tr>
<tr><td>창의적 동기</td><td colspan="2">−1.922</td><td>8.891</td><td>−1.729</td><td>.089</td></tr>
</table>

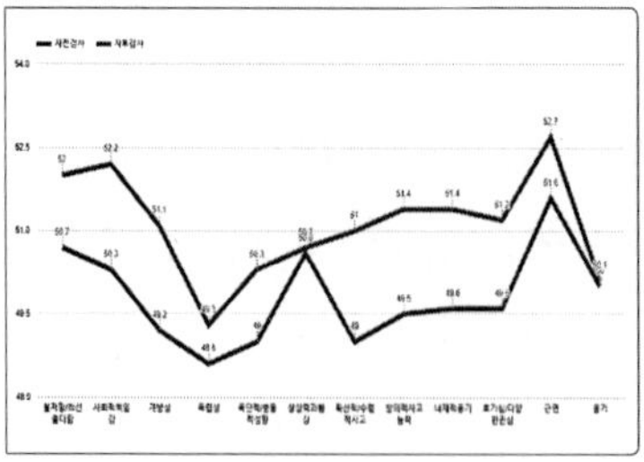

그림 5

1학년 척도별 전체 평균 T점수 비교

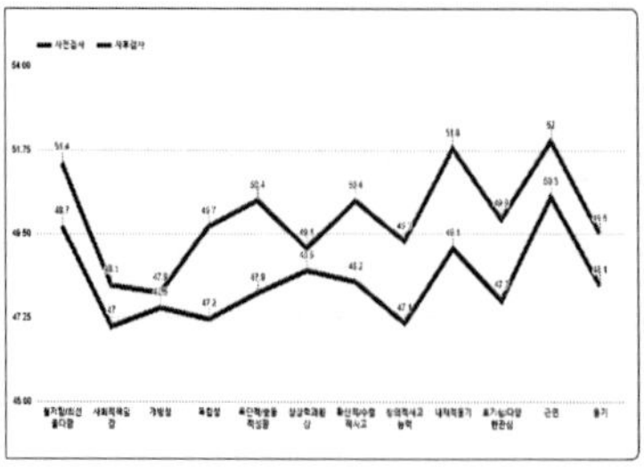

그림 6

2학년 척도별 전체 평균 T점수 비교

지금까지 살펴본 1, 2학년의 창의성검사 결과를 종합해 보면, 두 학년 모두 '창의적사고' 영역이 상승했고 그 하위요인 중 '확산적/수렴적 사고'와 '창의적 사고 능력'이 크게 향상되었지만 '상상력과 환상'은 크게 상승하지 않았다. '창의적 성격' 영역도 모두 상승했고, 특히 1학년은 개방성과 사회적 책임감이, 2학년은 철저함과 독립성이 향상되었고 두 학년 모두 독단성도 증가되었다. 창의적 동기 영역도 1, 2학년은 모두 상승했고 내재적 동기와 호기심이 많이 증가했다.

이와 같이 볼 때 융합교육프로그램이 창의성에 있어서 '창의적 사고 능력'과 '확산적/수렴적 사고'를 향상시키고 '내재적 동기'와 '호기심'을 증가시키며, '철저함, 최선을 다함', '독립성', '사회적 책임감' 등을 향상시킴을 알 수 있다.

2) 학생 수업활동에 대한 기술

A고등학교 융합교육프로그램이 경험위주의 학생맞춤형 교육으로 학생들의 역량을 키워주었는가를 알아보기 위해 각 교과 교사들이 학생 수업활동에 대해 기술(記述)한 학교생활기록부 과목별 세부능력 및 특기사항 내용을 살펴보았다.

아래의 '공존' 융합교육프로그램 관련 자료에 따르면 융합수업에 참여한 학생들은 각 교과에서 목표로 했던 역량을 길렀음을 확인할 수 있다. 확률과 통계교과에서 학생은 앵무조개의 비율에서 피보나치수열을 발견하여 도형을 그렸으며, 도형에 대한 설명을 융합교육프로그램을 함께 했던 다른 교과들 즉, 윤리와 사상, 고전, 지구과학, 한국지리 교과에서 학습한 내용을 융합하여 자신의 글로 표현하였다. 그리고 자신의 생각을 갯벌과 생태계로 확장시켜 자연과의 공존을 위해 어떻게 해야 하는가에 대한 방안을 제시하였으며, 미술작품에 공동체 가치를 표현하고 협동작을 전시하는 과정에서 협업하였음을 알 수 있다. 학생들은 '공존' 융합교육프로그램을 통해 서로 다른 내용을 융합시키는 융합력과 창의적 사고, 문제해결력을 키웠으며 작품을 만들고 함께 전시하면서 심미적 감성과 표현능력, 협업능력이 길렀다고 볼 수 있다.

> 공존 융합수업에서 피보나치 평면도형의 제목을 '받은 만큼 베풀자'로 정하고 앵무조개의 비율이 피보나치수열을 발견하고 앵무조개를 평면도형으로 표현함. ... '우리는 간척을 제한하고 **무위자연**의 자세로 환경을 복구해야 한다. **넓고 깊은 붕처럼** 자연에 대한 깊은 생각을 바탕으로 우리의 **갯벌**, **생태계**를 활성화시켜야 한다.'라고 피보나치 평면도형 작품을 설명함.(확률과 통계)

> 교과 융합 프로젝트 '공존'에서 미술과 다양한 교과목을 융합하여 3학년 **공동체 가치를 표현**함. 협동작으로 전시된 '팝아트 속의 피보나치수열전의 전시 기획단으로 참여함으로써 **서로 도우며 솔선수범**하는 모습이 돋보임.(미술사)

'세계화 시대의 글로벌 직업' 융합교육프로그램에 관한 다음 자료들을 살펴보면, 외교학과를 지망하는 학생은 자신의 진로와 관련된 분야에 대한 구체적인 자료를 조사·분석했으며 그 내용을 스토리보드로 작성하고 포토샵을 활용하여 발표하였다. 그리고 논술문을 작성하여 문제점과 해결방법을 제시하였다. 또한 체육학과를 지망하는 학생은 자신의 진로와 관련된 내용을 정리·분석하였고 목표의식을 가시적으로 표현하는 리플릿을 제작하였다. 이와 같이 융합교육프로그램에 참여한 모든 과목들이 학생 각자의 진로와 밀접하게 연계된 교육활동을 진행하였는데. 이는 학생맞춤형 교육이 이루어졌음을 보여주는 것이다. 또한 진로와 관련된 자료를 조사·정리하여 발표하고 작품을 만드는 과정을 통해 학생들은 분석적 사고력과 문제해결력, 지식정보처리 역량, 조형적 표현능력, 의사소통능력 등을 향상시킬 수 있었으며, 무엇보다도 그러한 과정을 통해 스스로의 목표의식을 갖게 되었음을 볼 수 있다.

> 교과 융합 프로젝트 '세계화 시대의 글로벌 직업'에서 자신의 미래 준거집단으로 외교기관을 선정하고, 관련 직업 중 외교관의 대표적 인물들, 자격조건 및 필요 자질, 글로벌 시대의 직업 전망, 직업관련 사회문제 등에 대한 내용들을 **조사·분석 후 정리함**. 정리한 내용의 **발표 개요**를 **스토리보드로 작성**함. 이를 토대로 **포토샵을 활용**하여 조사 및 정리한 내용을 카드뉴스 형식으로 제작하며 급우들 앞에서 **발표함**. ... 발표 후 **논술문 작성**을 통해 FTA체결 확대 **문제의 원인, 문제점을 제시**하고 FTA확대에 따른 **문제점 해결 방법**으로 FTA체결에 따른 긍정적 효과를 제시하며, **부작용을 최소화하기 위한 방안**을 개인적·사회적·국가적 측면에서 각각 **제시**함.(사회·문화)

> 교과 융합 프로젝트 '세계화 시대의 글로벌 직업'에서 장래 희망 분야, 직업과 관련된 내용으로 '꿈의 대학 이젠 나의 대학'이라는 제목의 **리플릿을 제작**함. 체육교육과의 진로를 목표로 관련된 실기 종목 중 sit-up, 제자리멀리뛰기, 10m달리기의 효율적 **운동방법에 대한 내용을 체계적으로 정리·분석**함. 또한 희망하는 대학의 마크를 시각적으로 나타내어 체육교사라는 **목표의식을 가시적으로 표**

현하는 내용으로 의지를 다짐하는 적극성이 돋보임.(미술사)

나. 융합교육프로그램 운영에 대한 평가

A고등학교에서 실행된 융합교육프로그램에 대한 학생들의 평가는 교육과정에 대한 만족도 조사에서 살펴볼 수 있다. 2017학년도 1학기 교육과정 운영에 대한 만족도 조사 결과, 교실수업에 대한 만족도 93.6%, 교육과정 다양화에 대한 만족도 91.9%, 학년 교육과정에 대한 만족도 91.2%로 전반적으로 교육과정 운영에 대한 학생 만족도가 매우 높은 편이다. 이는 학생 중심의 프로젝트형 융합수업 및 특성화된 교육과정 운영 그리고 교과교실제와 연계한 교수·학습 방법 다양화로 학생들이 흥미를 갖고 수업에 참여하며 자신의 능력을 발휘했기 때문으로 분석된다. 교육과정 운영에 관한 정성 평가에서도 '고살이 프로젝트로 수업에서 배운 것을 전통시장에 적용하는 것이 재미있었다', '한자 외우기가 힘들었는데 문학 시간에 이야기를 만들면서 고사성어를 더 잘 이해할 수 있었다' 등의 응답이 있어(A고 교육과정 운영보고서, 2017: 24) 융합교육프로그램이 학생들의 실생활과 연계된 경험중심의 수업을 가능하게 하여 재미있다는 평가를 받고 있고, 여러 교과들이 함께 참여한 융합수업으로 어려운 학습을 더 쉽게 할 수 있었음을 알 수 있다.

이러한 내용은 각 부서별 자체평가보고서에서도 나타나고 있는데, 2학년과 3학년 교사들은 학년 융합교육프로그램 운영의 우수 사항으로 학생들의 흥미와 창의력을 발휘할 수 있게 하였고 공동체 정신을 갖게 하며, 지식을 통합하는 과정에서 융합적 사고력, 의사소통능력을 증진할 수 있다고 평가하고 있다. 개선사항으로는 다양한 수행평가 방안에 대한 고민이 필요하고 교사의 지속적인 노력과 연구, 긴밀한 협업이 필요하다고 했으며, 이러한 융합교육프로그램 운영 결과 활동 중심의 수업, 주제에 대한 깊이 있는 학습이 가능했으며 입시와 관련하여 이점이 있다고 분석하였다.

표 24 2학년 융합수업에 대한 자체평가 결과

우수 사항	• 교과 간의 특성을 최대한 살린 공동체 융합 수업을 통해 학생들의 흥미와 창의력을 발휘할 수 있는 좋은 기회를 제공하였다. • 공통 주제로 실시된 여러 과목의 수업을 통해 다양한 내용을 배우면서 자연스레 공동체 정신의 의미와 실천 의지를 체득하게 되었다. • 학교 안에서 배우는 지식을 학교 밖의 지식과 연계시킴으로서 사고력을 증진시켰다.
개선 사항	• 공통 주제 하에 실시되는 융합 수업에 대한 다양한 수행평가 방안에 대한 고민이 필요함. • 학생들이 즐겁게 참여할 수 있는 계속적인 동기부여와 여러 과목이 연계된 수업 속에서 분명한 학습의 의미를 찾을 수 있도록 하기 위한 교사의 지속적인 노력과 연구가 필요함.
2018 교육과정 수립 시 유의점	• 교과의 특성을 최대한 살리되 의미있는 주제 탐색과 선택이 우선시 되어야 함. • 조직적이고 짜임새 있는 교과 간의 연계를 위해 과목간의 더욱 긴밀한 협업이 필요함.

출처: 2017 2학년 사업별 자체평가보고서 p.11

표 25 3학년 융합수업에 대한 자체평가 결과

자체 설문 결과 및 결과 분석	• 공통된 주제로 각 교과에서 수업을 진행함으로써 주제에 대한 다양한 접근을 통해 깊이 있는 학습의 기회를 가짐 • 학생 활동 중심 수업을 통해 즐거운 배움이 이루어졌으며, 학교생활기록부 입력 내용이 풍성해져 대입 전형에 실질적인 도움이 됨
우수 사항	• 교과 수업을 통해 습득한 지식을 통합하는 과정에서 융합적 사고력, 의사소통능력 등을 증진할 수 있는 기회를 가짐

출처: 2017 3학년 사업별 자체평가보고서 p.3

다음으로 융합교육에 참여했던 교사들의 서면 인터뷰 자료를 통해 융합교육프로그램에 대한 교사들의 평가가 어떠한지를 살펴보았다. 다음 D교사와 E교사에 따르면, 우선 융합교육프로그램을 처음 시도할 때 어려움이 있었음을 알 수 있다. 교사들은 융합교육의 효과에 대한 의구심과 함께 해보지 않은 것에 대한 두려움을 갖고 있었으며, 기존의 교과지도 방식이 아닌 프로젝트 중심의 그리고 활동 중심의 수업을 진행하는 것에 대해 학생과 학부모가 불만을 하지 않을까 염려하였다. 또한 바쁜 일과 중에 융합교육의 주제를 선정하고 프로그램을 구성하기 위해 함께 모여 협의를 해야 하는 융합교육에 대해 심리적 부담감을 가졌던 것으로 보인다.

> 주제를 선정하고, 교과교육과정을 분석한 후 주제에 맞게 교육과정을 재구성하기 위해 많은 숙고와 협의의 시간을 가졌는데 그것이 쉽지 않았습니다. 그리고 융합수업이 과연 효과가 있을까 하는 의구심이 들기도 했습니다. 그런데 일정 기간 동안 공통의 주제에 대해 교과목의 특성을 살려 다양한 관점에서 접근하는 융합수업을 통해 학생들이 보다 밀도 있는 배움을 경험한다는 것을 느끼게 되었습니다. (E교사)

> 교사의 심리적 부담감이 가장 큰 어려움이었다고 판단됩니다. 융합교육과정의 교육적 효과에 대한 의구심, 해보지 않은 것을 시도하는 데에 대한 두려움이 있었습니다. ... 분주함 속에서 융합교육과정 구성과 실행을 위한 회의에 시간을 할애해야 하는 피로감, 교과목 진도에 주력하지 않는다는 학생 및 학부모의 불만이 제기되지 않을까 하는 염려도 컸습니다. (D교사)

이러한 어려움은 교사들이 함께 모여 배우고 의견을 공유할 수 있는 전문적학습공동체 활동을 통해 극복하고 있는 것으로 나타났다. A

고등학교에서는 전문적학습공동체 연수를 통해 제4차 산업혁명 시대를 대비하기 위해 융합교육이 필요하다는 생각을 나누었고, 일과 외 시간이 아닌 전문적학습공동체 활동 중에 학교차원의 융합교육프로그램 실행에 대한 준비를 했다. 즉, 전문적학습공동체 활동을 통해 융합교육에 대한 생각과 마음이 변화되었으며, 융합교육 실행에 있어 매우 중요한 학교 구성원 간 긴밀한 협력 체제를 구성하였다.

> 학년 융합 교육과정을 준비하기 위해 일과외의 시간을 소비하는 것이 아닌 전문적학습공동체 연수로 계획되어 있는 일과시간을 활용하였기에 보다 원활하게 진행될 수 있었습니다. 마음이 움직여야 행동을 한다고 생각합니다. '4차 산업혁명에 대비한 미래 소양 교육', '공공성 독서교육', '선진학교 탐방' 등으로 계획되어진 전문학습공동체 연수는 생각과 마음이 움직일 수 있기에 충분한 연수였습니다. (C교사)

> 이러한 어려움을 극복하는 단초는 융합교육의 가치에 대한 공유였습니다. 교과의 존재 이유가 인간의 통합적 성장에 있고, 4차 산업혁명이라는 시대적 요구에 교육이 대응할 필요가 있다는 인식을 공유했습니다. (D교사)

> 융합 수업은 구성원 간의 긴밀한 협력체제 구성에 그 성패가 달려있습니다. 선생님들 간의 유대 관계가 긴밀하고 협력의 문화가 마련되어 있다면 어떤 가치든지 효율적으로 학생들에게 전달할 수 있습니다. (B교사)

아래 두 교사의 이야기에서 볼 수 있듯이, 융합교육프로그램에 참여한 교사들은 융합교육이 가져온 변화에 대해 긍정적인 인식을 하고 있다. 교사들은 다른 교과와의 융합수업에서 자신의 교과 시간에는 볼 수 없었던 학생의 우수한 모습을 발견하고 학생에 대한 새로운 시각을 갖게 되었으며, 기존의 수업방식에서 수업에 참여하지 않았던 학생들이 활동중심의 수업을 함으로써 적극적으로 참여하는 것을 보고 놀라고 있다. 융합교육으로 인해 변화하고 성장하는 학생들의 모습을 보는 것은 교사들에게 보람을 느끼게 했으며 자신이 더욱 발전해야겠다는 생각과 함께 더욱 발전된 형태의 융합수업을 해야겠다는 생각을 갖게 하였다.

> 학생들의 변화하고 성장하는 모습은 지필고사 평균80점보다 큰 가치와 깨달음을 주었습니다. 또한 학생들에게 보다 의미있고 도움이 되는 수업을 위해선 제 스스로 발전해야겠다는 생각도 들었습니다.(C교사)

> 이 수업을 함께 진행한 선생님들과 수업에 대한 평가를 했습니다. 좋은 점으로는 자신 만의 교과에서는 발견하기 힘든 학생들의 다양한 분석에 놀랐고, 수업시간에 잠들어 있었던 학생들도 생각하고 활동하는 수업을 통해 그런 학생의 새로운 면을 발견하게 되었다는 의견이었습니다. 앞으로는 공존을 주제로 진로가 비슷한 계열을 구분하여 융합수업을 한다면 학생들의 진학에 보다 도움이 될 것이라는 의견이 있었습니다. (D교사)

A고등학교의 융합교육프로그램은 학교차원에서 교사학습공동체 활동을 통해 준비하고 계획한 것으로 학교 학사일정에 맞추어 계획된 기간 중에 여러 과목이 함께 참여한 것이다. 아래의 C교사는 여러 교과가 참여하여 보다 깊이 있는 융합교육을 할 수 있었던 것은 학교차원의 융합교육과정을 운영했기 때문이라 생각하고 있다. 이와 같이 볼 때 학교차원의 융합교육프로그램은 몇몇 교사들이 진행하기에 다소 어렵고 힘든 융합교육을 학교 일과 중에 교사학습공동체와 함께 연계하여

운영함으로써 여러 교과가 참여할 수 있게 하고, 보다 효율적으로 그리고 지속적으로 진행할 수 있게 하는 것이다.

> 총 7과목의 융합이 가능했던 이유는 학교차원의 학년융합교육과정을 운영했기 때문이에요. 학년별로 융합교육을 하기 위해 교육과정을 재구성하지요. 다양한 교과가 함께 참여할수록 융합의 깊이는 더해가겠지만 그런 학교분위기가 아닐 경우에는 친분이 있는 교과 2~3개의 융합도 의미가 있을 거라고 생각해요. (C교사)

V. 논의 및 결론

본 연구는 학교 현장에서 융합교육을 실행하고 있는 고등학교에 대한 사례 연구를 통해 학교차원의 융합교육 실행 방안을 탐구하는 것을 목적으로 한다. 이를 위해 융·복합시대의 융합교육 개념과 미래핵심역량 교육의 한 방안으로서 융합교육의 중요성을 살펴보고, 융합교육의 실행을 위한 모형과 방법을 파악하였으며, 그 바탕 위에 융합교육 실행에 있어서 두드러진 특색을 보인 A고등학교를 연구대상으로 탐색적 사례연구를 하였다. 분석 자료는 2017년 한 해 동안 이루어진 융합교육 관련 문서정보나 기록정보, 서면 인터뷰 자료 등의 정성적 자료를 수집하였고, 더불어 연구의 구성타당도와 신뢰성을 확보하기 위해 정량적 자료인 학생 창의성검사 결과를 활용하였다. 사례에 대한 분석은 융합교육이 실행되는 단계에 따른 시계열 분석기법을 적용하여 학교차원의 융합교육프로그램이 어떤 과정에 의해 준비·계획되어 실행되고 평가에 이르는지를 분석하였으며, 이를 근거로 논의하면 다음과 같다.

첫째, 학교차원의 융합교육프로그램은 교사학습공동체 활동과 연계하여 준비하고 계획하는 것이 필요하다. A고등학교는 학교 차원에서 전문적학습공동체와 학년공동체 등의 다양한 교사학습공동체 시간을 마련하여 새 학년이 시작되기 전 융합교육과정에 대한 이해를 높이고, 융합교육프로그램 구성을 위해 함께 해야 하는 작업들을 지원하였다. 교사들은 함께 모여 배우고 의견을 공유할 수 있는 교사학습공동체 활동을 통해 처음 융합교육을 시도할 때 느끼는 심리적 부담감을 극복한 것으로 보인다. 이처럼 융합적 교수활동은 여러 교사들이 다양한 방식으로 서로 협력하면서 자신의 교수활동에 대해 지속적으로 반성하고 개별 교사 수준을 넘어서 학교 수준의 교육역량을 키워나가기 위한 협력적 학습공동체를 지향하는 지속적인 노력이 요구되는 것이다(차윤경 외, 2016: 163).

둘째, 융합교육프로그램은 학생들에게 의미있는 맥락을 중심으로 교과내용과 결합하여 다양한 형태로 실행되어야 하고, 학교 차원에서 실행될 수 있도록 시기를 조정하거나 프로젝트 기간으로 지정하여 운영해야 한다. A고등학교의 교사들은 융합교육프로그램을 통해 교과지식이 학생자신의 삶으로 내면화될 수 있도록 학년 주제에 따라 계획하여 교과 연계 융합교육, 지역사회 연계 융합교육, 창의적체험활동 연계 융합교육 그리고 교육과정 편성에 의한 융합교과 중점과정으로 운영하였다. 또한 다른 학사일정과 조화롭게 실시될 수 있도록 계획단계부터 일정을 맞추어 진행했으며, 여러 과목에서 다양한 활동중심의 융합교육을 할 수 있도록 자기개발시기에 학교차원의 융합교육프로젝트 주간을 지정하여 운영하였다. A고등학교의 사례에서처럼 교과와 교과, 교과와 체험활동, 교과와 삶의 터전과의 융합은 교과 지식을 보다 더 실제적으로 습득하게 할 수 있는 방법으로, 이러한 융합교육의 실행에 있어서 가장 중요한 것은 융합 요소간의 형식적인 융합이 아니라 실질적 융합이 이루어지도록 하는 것이다. 그러므로 교과 간에 원활한 융합이 이루어질 수 있도록 프로젝트를 구성하고, 교과 담당교사들 간의 보다 긴밀한 협업체제를 구축해야 할 것이다.

셋째, 수업과 평가 방법의 변화를 가져오는 융합교육프로그램을 실행하여 학생들의 미래핵심역량을 키워야 한다. A고등학교의 사례에 따르면, 활동 중심의 프로젝트로 진행되는 융합교육프로그램은 교수학습방법과 평가방법의 다양화를 가져왔으며, 이로 인해 기존의 강의식 수업이 실생활과 연계된 경험중심의 수업으로, 그리고 학생 특성에 따른 학생맞춤형 교육으로 변화하였다. 예컨대, 교수학습방법으로는 토의·토론, 조사·발표, 쓰기 및 창작, 전시 등의 방법이 주로 사용되었고, 평가방법으로는 수행평가, 관찰평가, 논술평가, 보고서 발표평가, 자기평가, 상호평가, 전시 등 다양한 방식으로 진행되었다. 그리고 대부분의 경우 팀 프로젝트로 진행되는 융합교육프로그램은 모둠학습이나 협동학습으로 운영되어 협동심, 협업능력을 키워주었으며, 프로젝트를 수행하는 과정에서 자료를 조사·정리하고, 과제에 대한 해결방법을 모색하면서 학생의 분석적 사고력, 문제해결력, 자기주도학습력이 향상되었다. 또한 융합교육프로그램의 결과물을 각종 교내 대회나 전시를 통해 공유함으로써 의사소통능력, 지식정보처리 역량, 심미적 감성과 표현능력, 협업 능력 등을 증진시킬 수 있었으며, 무엇보다도 여러 교과에서 학습한 내용을 자신의 지식으로 통합하는 과정에서 창의성과 융합적 사고력을 키울 수 있었다. 이러한 내용은 창의성검사 결과에서도 나타나, 융합교육프로그램이 창의성을 향상시켰고 특히 '창의적 사고 능력'과 '철저함, 최선을 다함' 영역을 크게 향상시켰음을 확인할 수 있다.

지금까지의 논의 결과를 종합해 보면, 학교차원에서 실행된 융합교육프로그램은 교사학습공동체 활동을 통해 교사간의 협업문화를 만들며, 교육과정을 개선하여 교사들의 수업 변화를 가져오게 한다. 그리고 이러한 수업의 변화가 결과적으로 학생들의 미래핵심역량을 길러주는 학교의 변화를 이끌어내기 때문에 융합교육은 융·복합시대의 공교육 혁신을 가능하게 하는 방안이라 할 것이다. 그러므로 학교차원에서 융합교육을 실행하기 위해서는 첫째, 교사학습공동체 활동을 기반으로 융합교육을 준비, 계획해야 하고, 교사 역량을 높이는 방안으로 교사학습공동체 활동을 활성화해야 할 것이다. 둘째, 융합교육 시행단계에 따라, 교과와 교과, 교과와 창체, 교과와 지역사회를 연계하여 학년별 융합프로그램을 구성하고 실질적 융합이 될 수 있도록 해야 하며 셋째, 많은 교과가 참여하여 융합교육이 실행될 수 있도록 학교차원의 지원을 해야 한다는 결론을 얻을 수 있다.

본 연구의 결론을 바탕으로 융·복합시대를 대비하는 학교차원의 융합교육 실행방안에 대한 학술적이고 정책적인 시사점을 제시하면 다음과 같다.

첫째, 본 연구는 경기도 소재 일반계 고등학교를 대상으로 이루어진 단일사례연구로서 정성적 분석을 주로 수행한 연구이다. 융합교육에 두드러진 성과가 있는 학교를 연구대상으로 선정하고 다양한 자료를 수집하여 연구의 타당도와 신뢰도를 높였지만, 단일사례에 대한 정성적 분석의 결과를 일반화하기 어렵다는 한계점이 있다. 그러므로 후속 연구에서 융합교육프로그램을 실행한 학교를 대상으로 양적연구를 진행한다면 보다 객관적인 결과를 얻을 수 있을 것이고 결과를 일반화하는 데 도움이 될 것이다.

둘째, 고등학교 교육과정은 현재 큰 변화에 직면하고 있다. 2018학년도 입학생부터 자유수강제가 도입되고 2022년 고교학점제가 전면 시행될 예정이다. 본 연구에서는 융합교육과 관련하여 교과중점학교에 대한 이야기만을 논했는데, 향후 자유수강제가 실시되면 더욱 다양한 교육과정이 만들어질 것이다. 이러한 교육과정의 변화에 따라 융합교육의 역할이 더욱 커질 것이고 그에 따른 추후 연구가 필요하다.

셋째, 학교차원에서 융합교육을 실행하는 것은 아직 일반화되지 않고 있는 융합교육을 확산시키는 데 필요할 것이다. 중학교의 경우에는 혁신학교나 자유학년제의 시행으로 인해 고등학교에 비해 보다 많은 융합교육이 이루어지고 있음을 볼 수 있다. 그러나 아직 고등학교에서는 융합교육이 학생들에게 주는 이점이 큼에도 불구하고 실행에 많은 어려움이 있다. 이러한 것에 대한 정책적 지원이 필요하고 각 단위학교에서도 학교차원의 융합교육 실행을 위해 노력해야 할 것이다.

참고문헌

강충열 · 정광순(2009). 미래형 초등통합교육과정 개정 방향. 통합교육과정연구, 3(2), 19－41.

강현석(2016). 한국 교육과정의 현실과 미래 과제. 교육과정연구, 34(3), 69－101.

경기도교육청(2017). 2017학년도 교과중점학교 신규 지정 계획.

교육부(2016). 고교 교과중점 학교 지원 계획.

김대현 · 이영만(1995). 열린 교육을 위한 학교중심의 통합교육과정 개발. 서울: 양서원.

김성수 외(2016). 중학교 교육과정 통합운영에서의 난점과 해결과정에 대한 실행연구. 통합교육과정연구. 10(4), 71－99.

김진수(2012). STEAM 교육론. 파주:양서원.

김형숙 외(2015). 미술과 중심 융합교육의 수업목표 개발과 적용: 초등 예술캠프를 위한 미술과 중심 융합교육 프로그램의 디자인 연구. 造形敎育, 56, 131－156.

박영무 외(2006). 통합 교육과정. 서울:원미사.

배화순(2017). 사회과 글쓰기 수업을 통한 융복합 교육 방안. 학습자중심교과교육연구, 17(20), 21－40.

백남진 · 온정덕(2015). 호주 국가 교육과정에서의 역량 제시 방식 탐구. 교육과정연구, 33(2), 99－128.

변수연(2012). 대학입학사정관제 정책 집행 과정의 디커플링 분석. 고려대학교 대학원 박사학위 논문.

소경희(2007). 학교교육의 맥락에서 본 '역량'의 의미와 교육과정적 함의. 교육과정연구, 25(3), 1－21.

소경희 외(2010). 뉴질랜드 교육과정 개혁 동향: 핵심역량 중심 교육과정의 실천 사례. 비교교육연구, 20(2), 27－50.

오찬숙(2015a). 학생, 학부모, 교사가 함께 하는 중등 융합교육 레시피. 서울: 지식과 감성#

오찬숙(2015b). 중등학교에서 융합교육 실행의 쟁점과 과제. 교육학연구, 53(3), 229－264.

오찬숙(2018). 제4차 산업혁명 시대를 대비하는 교육방안으로서 융합교육 프로그램 효과 분석: 중학생 대상 미래핵심역량을 중심으로. 교육연구, 32(2), 23－58.

윤정일 외(2007). 인간능력으로서의 역량에 대한 고찰: 역량의 특성과 차원, 교육학연구, 45(3), 233－260.

정광순(2010). 초등 통합교과 교육과정 개발 방향. 통합교육과정연구, 4(2), 1－20.

정광순(2013). 중학교 자유학기제 수업 대비 역량 중심 교과 통합수업 설계 방안 제안. 통합교육과정연구. 7(3), 1－30.

정광순(2015). 통합수업의 관점에서 본 차기 교과교육과정 개정. 학습자중심교과교육학회 학술대회. 105－123.

주미경 외(2013). 수학교과에서의 융복합교육 실행 방안 탐색. 학습자중심교과교육연구, 13(4), 437－467.

차윤경 외(2014). 융복합교육의 이론과 실제. 학지사:서울.

차윤경 외(2016). 융복합교육의 확장적 재개념화 가능성 탐색. 다문화교육연구, 9(1), 107－136.

최인수, 이종구(2013). CIS 창의성검사. 성남: 한국가이던스(주).

한국교육개발원(2012). 21세기 핵심역량－이 시대가 요구하는 핵심스킬－. 서울: 학지사.

함승환 외(2013). "융복합교육"의 개념화:융(복)합적 교육 관련 담론과 현장 교사 포커스 그룹 면담을 중심으로. 교육과정평가연구, 16(1), 107－136.

홍후조(2013). 고교에서 문이과 융합교육의 구현 방안. 한국교육개발원 이슈페이퍼 제13호.

조선일보(2016. 6. 13). 창의·융합형 인재 육성 'STEAM 교육' 실시 5년, 겉핥기식 융합 수업 실망… 사교육 시장만 키웠다. 기타 F1 면.

데일리안(2017. 8. 16). [수능 개편] 문·이과 벽 못 넘었다 '반쪽 통합'.

http://www.dailian.co.kr/news에서 2017. 8. 16 인출.

Drake, S.M., & Burns, R.C.(2004). Meeting Standards Through Integrated curriculum. VA: ASCD.

Eckstein(1975). Case Study and Theory in Political Science. In F.I. Greenstein & N.W. Polsby (eds.), The Handbook of Political Science. Reading, MA: Addison－Wesley.

Fogarty, R.(1991). Ten ways to integrate curriculum. Educational Leadership, 49(2), 61－65.

Ingram, J.B.(1979). Curriculum integration and lifelong eduction. Paris: Unesco.

Jacobs, H.H.(1989). Interdisciplinary curriculum: design and implementation. Alexandria, VA: ASCD.

OECD(2005). The definition and selection of key competencies: Executive summary.

Schwab, K.(2016). 클라우스 슈밥의 제4차 산업혁명. 서울: 메가스터디, Schwab, K.(2016). The Fourth Industrial Revolution. Geneva: World Economic Forum.

Yin R. K.(2009). Case study research: Design and methods(4th ed.). Los Angeles, CA: Sage.

4주제

융 · 복합 시대의 교수학습과 평가

이인회(제주대학교)

4주제
융·복합 시대의 교수학습과 평가

이인회(제주대학교)

Ⅰ. 서론

21세기 초의 지식정보기반사회가 4차 산업혁명시대의 지능정보사회로 빠르게 전환되고 있다. 이러한 세기적 조류를 지식융합 또는 학문융합의 시대(김광웅, 2008; 이인식, 2008; 박선형, 2010; 최재천, 2014; Drake & Burns, 2004; Wilson, 2005)로 조망하거나 융·복합 시대로 바라보는 거대담론이 형성되어 왔다. 그러나 최근 들어 융·복합이라는 용어가 학문 간의 융합이나 지식융합보다 교육계를 중심으로 더 많이 회자되는 경향이 있다(김시정, 이삼형, 2012; 함승환 외, 2013; 이하준, 2014, 2017).

융합 또는 융·복합의 용어를 학술적으로 정의하는 것은 우리나라에서뿐만 아니라 국제적으로도 용이하지 않은 것으로 알려져 있다. 이돈희(2009)는 2009년 한국교육학회 추계학술대회에서 융합 또는 융·복합의 현상을 지식이 지닌 실용성을 극대화하려는 동기에 의한 경향성, 즉 지식의 가치와 기능에 대한 인식의 시대적 변화에 따른 결과로 해석하였다. 사실 전 세계는 정치, 경제, 사회, 문화, 교육 등 전반적인 사회체제에 걸쳐 급격한 변화를 경험하고 있다. 이러한 급격한 변화와 더불어 기존의 방식으로는 해결하기 어려운 지구적이고 지역적인 문제들이 수시로 발생하고 있다. 21세기는 지구온난화와 환경파괴, 인종갈

등, 희귀질병 등 매우 복잡하고 과거의 방법으로는 해결하기 어려운 문제들로 가득찬 상황이다. 이러한 복잡한 문제들을 해결하기 위해서는 학문 단위의 세분화가 아닌 전통적인 분과의 경계를 넘어 각자의 전문성을 공유하는 방법으로 협력해야 한다. 여러 조각으로 나누어져 있는 지식을 종합하고 연결해서 해답으로 연결해주는 새로운 의미를 도출해야 하기 때문이다. 나아가 이러한 해답을 찾기 위해서는 매우 창의적이고 통찰력 있는 인재를 필요로 한다.

융·복합 시대의 급격한 변화와 이에 대응하기 위한 인재의 필요성은 기존 학교교육의 변화를 요청하고 있다. 이와 같은 학교교육의 변화는 실제적으로 교수학습과 평가를 통해 구체화되어야 한다. 이제 융·복합의 현상이 일상화된 사회에서 학문이란 더 이상 전통적인 차원의 '과목지식(Subject knowledge)'의 학습과 습득만을 의미하지는 않는다. 우리는 구체적인 정보의 습득과 축적을 넘어서, 배우는 방법 자체를 배우고 스스로 새로운 지식을 창조하는 능력을 담보하는 '과정지식(Process knowledge)'을 추구할 필요가 있다(서영식, 2012; Jacobs, 1989; Repko et al., 2014).

교육부(2015)는 '2015 개정교육과정'의 주요 방향의 하나로 인문·사회·과학기술에 관한 기초소양 교육을 강화하기 위한 교육정책을 추진해왔다. 2018년부터 우리나라 고등학교에서는 '통합사회' 및 '통합과학' 과목을 신설하고 문·이과 구분 없이 모든 학생들의 통합적 사고력을 신장시키기 위한 학교교육의 변화를 시작하고 있다. 상기에서 언급한 것처럼 사회 변화에 따라 발생하는 복잡하고 다양한 문제점을 해결하고 새로운 가치를 창출하기 위해서는 기존의 분과적 학문에 기초한 지식으로는 한계가 있기 때문이다.

융·복합 시대에 부응하는 교수학습과 평가는 더 이상 획일적일 수 없다. 예를 들어, 박선하 외(2017)는 새로운 교수학습 방법으로 모바일 탐구학습, 컴퓨터 기반 협력학습, 디지털 스토리텔링, 시뮬레이션 기반

학습 등을 제안하고 있다. 임종헌, 유경훈, 김병찬(2017)은 교육평가가 나가야 할 방향으로 획일화된 평가 지양, 형성평가 강화, 평가방법의 다양화, 학생의 삶에 초점을 맞춘 평가를 제시한다. 그런데 융·복합 시대에 부합하는 교수학습과 평가가 교육현장에 실질적으로 적용되고 있는가 하는 것은 의문이고, 융·복합형 인재를 양성하는 데 필요한 구체적인 로드맵보다는 수사적 변죽만 울리는 것 같은 상황이다. 이러한 현실을 극복하고 융·복합적 교수학습과 평가를 촉진하기 위해서는 학습자 중심의 융·복합 교육환경 조성과 더불어 교사의 융·복합교육을 위한 실천 역량이 뒷받침되어야 한다. 또한 협력적인 교사 문화가 학교 현장에 형성되어야 하고, 이를 위한 교육행정당국과 학교경영자의 관심 및 지원이 필요하다(정미경 외, 2014). 그러나 무엇보다 융·복합 개념과 융·복합교육에 대한 이해가 선행될 필요가 있다.

이러한 맥락에서 이 연구의 목적은 융·복합 시대의 교수학습과 평가를 전망하고 그 시사점을 모색하는 데 있다. 설정한 연구목적을 달성하기 위한 구체적인 연구방법과 내용은 다음과 같다. 첫째, 문헌분석을 중심으로 융·복합과 융·복합교육의 개념을 규정하고 융·복합 시대의 인재상을 탐구한다. 둘째, 융·복합 시대에 요구되는 교수학습과 교육평가의 방향을 탐색한다. 셋째, 해외 사례분석을 바탕으로 융·복합 시대의 교수학습과 평가의 실제를 알아본다.

II. 융·복합 시대의 교육과 인재상

1. 융·복합의 개념

융·복합 시대를 이해하기 위해서는 융·복합이라는 용어와 혼용되어 사용되고 있는 융합, 통합, 통섭 등의 용어를 함께 정리할 필요가 있다.

우리나라에서 '통섭'은 2005년 Edward Wilson의 저서 「Consilience(통섭: 지식의 대융합)」가 번역되면서 사회적 담론을 형성하여 널리 사용되어 왔다. 최재천(2014)은 통합은 둘 이상의 구성요소 간에 이루어지는 물리적인 결합으로, 융합은 다른 종류의 것이 녹아서 구별이 없게 하나로 합하여지는 화학적 결합으로, 그리고 통섭은 생물학적 결합으로 구분한다. 즉 통섭이란 "융합과 달리 합쳐지는 과정에서 원래 구성 성분이 형체를 알아볼 수 없을 정도로 녹아 없어지는 게 아니라 그들의 속성을 잘 섞은 새로운 조합의 실체를 탄생"(최재천, 2014: 128)시키는 생물학적인 합침으로 설명된다. 이러한 최재천의 해석과 주장은 설득력이 있으나, 윌슨(Wilson, E.)식의 자연과학적 환원주의와 통섭의 개념 자체가 가지는 이데올로기적인 정치적 함의로 인해 이 용어 사용에 대한 비판을 유발해 왔다(안상헌, 2009; 고인석, 2010; 이정모, 2010; 최현철, 2015 등). 이하준(2014)에 의하면, 통섭은 과학적 주장의 형식을 가진 이념적 주장이며 진화생물학적 세계관에 입각한다. 따라서 통섭의 개념은 학문의 횡단과 경계 허물기를 통한 개별 학문의 발전을 촉진하는 방식이 아닌 '통섭파시즘'의 형태로 나타날 수 있다고 주장한다.

이러한 맥락에서 통섭에 대한 대안으로 융·복합의 개념이 제시되었다(이하준, 2014: 342). 융·복합의 개념은 통섭의 자연과학적 환원주의의 오류를 피하면서 자연과학과 인문학, 사회과학의 학문적 정체성과 고유성을 존중하면서 새로운 차원의 지식 통합을 가져올 수 있는 중립적 개념이라는 것이다. 한기호(2016)는 융·복합의 개념을 융합과 통섭을 하나로 묶어낸 애매한 개념으로 받아들이면서도 융합과 통섭의 학문 경계 넘나들기라는 공통점을 바탕으로 융·복합의 의미를 정의하고 있다. 김시정, 이삼형(2012)은 융·복합의 개념을 융합(融合)과 복합(複合)의 복합어로 이해한다. 여기서 복합은 융합의 개념보다 일반화된 것으로 통합에 가까운 물리적 결합을 의미한다. 따라서 복합은 융합과 달리 복합되기 이전의 학문의 정체성과 고유성이 융합의 경우보다 더 견고

하게 유지된다.

그러면 융·복합의 구체적인 개념은 무엇인가? 첫째, 융·복합을 연구방법론으로 정의할 수 있다. 이하준(2017: 276-277)은 융·복합을 "융합과 각 학문의 독립성을 전제로 한 학제적 연구(Interdisciplinary studies)를 포함한 개념……두 가지 상이한 연구방식의 조합"이라는 연구방법으로 규정한다. 이러한 정의는 "기술은 융합되지만 학문은 융합되지 않는다"(고인석, 2010: 76)는 학문의 고유성에 따른 수렴적 융합과 기술적 융합의 극단적 구분과 논쟁을 넘어서는 유연한 접근이다. 즉, 융·복합적 방법론은 학문 간의 수렴적 결과에 초점을 맞추기보다 과정적 활동에 무게를 두는 접근방법이라고 할 수 있다. 따라서 융·복합과 융합은 이론적 차원에서는 구분되는 용어이나 연구방법론으로서 두 용어는 거의 동일어에 가깝다. Klein과 Newell(2008)도 개인 또는 집단이 복잡한 문제에 대한 그들의 이해를 진전시키고 그 이해를 현실 세계 문제에 응용하고자 학제적 관점들에 의지하여 상호의 관점과 사고양식을 통합시키는 인지적 방법론으로 파악한다. 이러한 관점에서 보면, 기존의 고립되고 세분화된 방법론은 융·복합적 방법론을 통해서 그 한계를 넘어설 수 있으며, 새로운 접근법은 융합과 복합 사이의 넓은 스펙트럼 안에서 21세기 지능정보사회의 이론적, 실천적인 문제를 해결하는 데 다각도로 기여할 수 있게 된다.

둘째, 융·복합을 역량과 능력의 측면에서 정의하는 것이다. Repko et al.(2014)은 융·복합은 사고(thinking)의 지식모델과 교육경험을 통합하고 교육받은 것을 실제 세계에 활용할 수 있는 역량을 개발하는 것이라고 강조한다. 동일한 맥락에서 이희용(2011)은 융·복합의 개념을 총체적 조망능력, 사유능력, 통찰능력, 지식 생산 능력, 사회적 의사소통 능력, 통전적 이성능력과 관련하여 이해한다. 홍병선(2011)도 융·복합을 지식창출 능력, 통섭능력(Consilience), 총체적 이해능력, 문제해결 능력과 관련시키며, 융·복합을 사회과학, 자연과학, 예술학이 함께 어

우러진 것으로 파악한다. 융·복합 개념을 '능력' 즉 역량의 문제로 바라보는 관점은 융·복합의 하위개념(능력 또는 역량)의 개발을 통하여 어떤 문제든지 해결할 수 있는 폭넓고 깊이 있는 안목과 통찰을 기르고, 복합적인 현실적 사태를 총체적으로 조망할 수 있는 보편적 능력을 갖추는 것이라고 보는 시각이다.

셋째, 융·복합을 새로운 인식론적 규범을 반영한 교육적 술어로 정의하는 것이다. 융·복합을 융합과 복합을 포괄하는 조합어로 볼 때, 기존의 융합 개념이 담지 못하는 복합적인 측면들, "윤리의식과 소양 및 사회적 감성을 발달시키고 공동체적 이슈에 대한 합리적 의사결정과 책임감을 개발하며 나아가 원활한 소통을 바탕으로 타인을 이해하고 배려하는 인성함양"(함승환 외, 2013: 112) 등이 포함될 수 있다. 이러한 관점은 세계시민성과 지역중심성, 즉 넓은 의미의 다문화교육적 측면을 포괄하는 것으로 볼 수 있다(Rennie, Venville, & Wallace, 2012). 나아가 새로운 인식론적 규범이 반영된 융·복합 개념은 기술주의적 엘리트 중심의 융합교육 담론을 모든 학습자를 중심으로 하는 융·복합교육 담론으로의 확장을 가능하게 한다.

요약하면, 융·복합 시대란 21세기 지식정보기반사회가 4차 산업혁명시대의 지능정보사회로 빠르게 전환되면서 우리가 처한 지구적이고 지역적인 문제들을 해결하기 위해 학문 단위의 세분화가 아닌 전통적인 분과의 경계를 넘어 함께 연구하고 작업하는 시대적 조류를 의미한다. 그리고 융·복합의 개념은 통합, 융합, 통섭의 개념을 포괄하는 중립적인 용어로서 연구방법론, 능력과 역량 및 새로운 인식론적 규범의 확장을 포함하는 의미라고 할 수 있다.

2. 융·복합교육과 융·복합 시대의 인재상

융·복합교육이란 무엇인가? 현재 융·복합교육은 융·복합의 개념과 마찬가지로 통합교육, 융합인재교육, 융합교육 등의 용어와 혼용되어 사용되고 있다. 정미경 외(2015)는 통합교육과 융합인재교육, 융·복합교육을 대별하여 <표 1>과 같이 구분한다.

표 1 통합교육, 융합교육, 융·복합교육의 정의

구분	정의
통합교육	여러 교과의 경계가 사라지고 서로 관련된 상태로서 새롭게 구성되어 실생활 맥락 중심으로 이루어지는 교육
융합(인재)교육	다양한 분야의 융합적 내용을 창의적 설계와 감성적 체험으로 경험함으로써 과학기술과 관련된 다양한 분야의 융합적 지식, 과정, 본성에 대한 흥미와 이해를 높여 창의적이고 종합적으로 문제를 해결할 수 있는 융합적 소양을 갖춘 인재를 양성하는 교육
융·복합교육	도구의 상호작용적 활용 역량과 이질적인 집단에서의 상호작용 역량 및 자율적인 행동 역량의 융·복합적 함양을 지향하는 교육

※ 출처: 정미경 외(2015: 18–25)를 연구자가 재구성함.

<표 1>에 나타나듯이, 정미경 외(2015)는 융·복합교육을 협의의 개념으로 파악하고 있다. 이러한 협의의 개념은 상기에서 논의한 융·복합 개념의 3가지 측면을 포함하여 확장될 필요가 있다. 이하준(2014: 343)은 "융·복합교육이란 융합과 복합 혹은 융·복합적 방법론의 교육적 실천"으로 간단히 정의한다. 김시정, 이삼형(2012: 128-129)은 여기에 융·복합 개념의 능력과 역량의 측면을 추가하여 다음과 같이 정의하고 있다: 융·복합교육은 "궁극적으로 학습자의 융·복합적 사고 능력을 교육하기 위하여 교과와 교과, 또는 상이한 배경 학문이 융합에서 복합에 이르는 다양한 방식으로 결합되어 마련된 교육이다."

한편, 김주아 외(2016)는 융합교육과 통합교육의 용어를 구태여 하나

의 용어로 통일시킬 필요가 없는 거의 동일한 용어로 이해한다. 융합인재교육의 용어도 보다 포괄적이고 보편적인 융합교육으로 사용할 것을 추천한다. 나아가 이들은 이러한 융합교육에 대한 정의가 융·복합교육의 정의와 유사하다고 판단한다. 즉 융·복합교육은 "두 개 이상의 교과(학문)의 지식, 테크닉, 도구, 연구방법, 통찰력, 관점을 활용하여, 개인 혹은 집단으로, 현상을 더 깊이 이해하거나 새로운 연관성을 찾아 문제를 해결하거나 창의적인 산출물을 만들어내는 교육"(김주아 외, 2016: 37)이라는 것이다. 이러한 융·복합교육에 대한 종합적 정의를, 앞에서 정리한 융·복합 개념의 새로운 인식론적 규범을 추가하여 다시 정리하면 다음과 같다. 융·복합교육은 두 개 이상의 교과의 지식, 테크닉, 도구, 연구방법, 통찰력, 관점을 활용하여, 개인 혹은 집단으로, 현상을 더 깊이 이해하거나 새로운 연관성을 찾아 문제를 해결하면서 타인을 배려하는 인성을 함양하고 창의적인 산출물을 만들어내는 교육이다.

융·복합교육에 대한 이러한 광의의 정의가 시사하는 바는 다음과 같다. 첫째, 융·복합교육은 고등학교 이하의 교육을 의미한다. 둘째, 교육현장에서 통합교육과 융합교육 그리고 융·복합교육의 의미는 거의 상호보완적으로 사용될 수 있다. 셋째, 융·복합교육에서는 교수자와 학습자, 학습자와 학습자 간의 소통과 협업능력이 중요하다. 넷째, 융·복합교육은 이미 가공된 융·복합적 지식을 습득하도록 하는 것이 아니라, 자기주도적으로 융·복합적 사고의 역량을 키워나가는 데 있다. 다섯째, 융·복합교육의 목적은 복합적인 문제를 해결하면서 그 과정에서 인성의 함양이 이루어지고 창의적인 산출물을 만들어내는 것이다. 이는 곧 융·복합교육을 통해 얻게 되는 결과이기도 하다.

그러면 융·복합 시대에 융·복합교육이 추구하는 인재상은 무엇인가? 융·복합 개념 및 융·복합교육에 대한 주요 논의들을 종합하면 <표 2>와 같다.

표 2 융·복합 시대의 인재상과 주요 구성요인

구분	이희용 (2011)	홍병선 (2011)	이하준 (2014)	김주아 외 (2016)
인재상	이론이성 능력과 실천이성 능력의 통전적 인재	창의적 사유와 문제해결 능력을 갖춘 인재	융·복합적 지성능력을 갖춘 인재	높은 재능과 잠재력을 지닌 인재
인재상의 구성요소 (능력/역량/자질)	• 총체적 조망능력 • 사유능력 • 통찰능력 • 지식 생산 능력 • 사회적 의사소통 능력 • 통전적 이성능력	• 지식창출 능력 • 통섭적 사유능력 • 총체적 이해능력 • 문제해결 능력	• 융·복합적 문제인식 능력 • 융·복합적 접근 능력 • 융·복합적 문제해결 능력	• 지능을 뛰어넘는 지능 • 열정과 끈기를 가진 순수한 아웃사이더 • 혁신적, 기업가적 리더

융·복합 시대에 요구되는 능력(역량 또는 자질)은 전통적으로 중시된 특정 기능의 역량보다는 사유적, 사회적, 그리고 실천적인 역량들이 강조될 것이다. <표 2>에서 보듯이 융·복합 시대의 인재상은 다양하게 표현되고 있지만 가장 핵심적인 것은 '이론이성 능력과 실천이성 능력의 총체적인 인재'라고 요약할 수 있다. 이 연구에서는 이러한 인재상을 육성하는 구성요인을 통찰적 사유능력, 지식창출 능력, 사회적 의사소통 능력, 문제해결 능력으로 정리한다.

III. 융·복합 시대의 교수학습과 평가

융·복합 시대에 부응하는 교수학습과 교육평가는 더 이상 일방적인 모형일 수 없다. 나아가 교수학습과 교육평가는 융·복합 시대의 인재상을 핵심으로 하여 교육과정과도 일관성을 유지할 수 있도록 분절적이지 않아야 하며 초유기적 관계를 형성해야 한다. 융·복합 시대의 교수학습과 교육평가의 방식과 관련한 최근의 주요 논의들을 종합하면 <표 3>과 같다.

표 3 융·복합 시대의 교수학습과 평가의 방식

구분	성태제(2016)	함승환 외(2013)	홍성기 외(2014)
교수학습	• 구성주의 지식관 • 협력중심 교육 • 다양성을 강조하는 교육 • 공간을 초월한 맞춤형 학습체제	• 협력적 교수 • 활동 중심 • 표현 중심 • 체험 중심 • 탐구 기반 • 학습자 다양성 • 학습 동기 • 실생활 맥락 • 협력 학습	• 교수방식: 강의, 세미나, 연습, 실험, 안내된 개인 작업, 투토리얼, 자기주도학습, 인턴십, 현장실습, 프로젝트 • 학습방식: 수업듣기, 특정과제수행, 실험의 기술 적용하기, 보고서 쓰기, 자기주도적 개별학습, 책·논문 읽기, 다른 사람의 작업에 대해서 평가하는 방법 배우기, 토론하기
교육평가	• 능력참조평가 • 성장참조평가 • 과정중심평가 • 수행평가 • 지속적, 다원적 속성 평가 • 개별적, 통합적, 다양화된 평가 • 컴퓨터화(인터넷) 검사 • 소비자 중심 평가	• 탈획일화/다양성 • 탈입시위주 • 수행평가 • 프로그램 평가 • 고등인지능력 • 질적 평가	• 구두시험 • 지필시험 • 발표 • 검사 • 보고서/에세이 작성 • 포트폴리오 • 관찰 • 논문

<표 3>은 융·복합 시대의 교수학습의 방식이 객관주의 지식관에서 구성주의 지식관으로, 경쟁중심 교육에서 협력중심 교육으로, 일제식 수업에서 다양성을 강조하는 교육으로, 그리고 한정된 공간에서의 전달형 교수체제에서 공간을 초월한 맞춤형 학습체제로 그 패러다임이 변화되어야 함을 시사한다(성태제, 2016). 교사의 교수방식은 기존의 관점에서 벗어나서 새로운 관점에서 실행되어야 할 뿐만 아니라 학습자도 자기주도적으로 융·복합 시대의 사유적, 사회적, 실천적인 역량을 갖추어 나가야 한다.

또한 융·복합 시대의 교육평가의 방식도 상대비교뿐만 아니라 절대평가를 넘어 개인을 중심으로 하는 능력참조평가와 성장참조평가를 중시하는 자기평가가 핵심이 되어야 한다. 특히 결과보다는 과정을, 집단보다는 개인을, 하나의 평가보다는 다양한 평가를 통합하는 종합적 평가의 비중이 높아져야 한다. 그리고 수행평가는 지식이나 기능, 혹은 기술의 수행 정도를 측정하는 평가로서 아는 것을 실제 생활에 적용하는 능력을 향상시키는 방향으로 전환될 필요가 있다. 이러한 융·복합 시대의 교수학습과 평가에 대한 정리를 바탕으로 각 분야별 방향성을 제시하면 다음과 같다.

1. 융·복합 시대 교수학습의 방향

<표 3>에 제시된 다양한 교수학습의 유형 가운데 정미경 외(2015)는 융·복합 시대의 가장 대표적인 교수학습 방법으로 프로젝트와 문제해결학습(PBL)을 강조한다. 이러한 교수학습의 과정에 과학기술을 활용하는 모바일, 디지털, 시뮬레이션, 하이브리드 그리고 인공지능(AI) 등이 활용될 필요가 있다(박선하 외, 2017). 그러나 3가지 측면의 융·복합 개념을 고려할 때 탐험학습과 사회정서학습은 융·복합 시대의 교수학습 모형으로 유용하다.

가. 탐험학습(Expeditionary Learning)

탐험학습(Expeditionary learning: EL)은 민간교육기관인 EL Education[1]의 대표적인 브랜드이며, 학업성취와 인성교육 및 총체적인 학교변화(Comprehensive School Reform)를 추구한다(EL Education, 2015). 탐험학습은 인지적 학습과 인성함양을 학교 교육의 가장 우선순위에 두고 학교생활과 교수학습을 탐험형식으로 진행하는 교육의 과정을 의미한다. 탐험학습의 목적은 학생들로 하여금 깊이 생각하게 하고 협동적으로 활동하게 하며 사회를 위해 봉사하도록 하는 것으로, 학생들의 기초적 학습은 물론 학습 결과를 실제 세계에 적용하는 단계까지 도달하도록 유도한다(Abrahams, & Singh, 2013). 또한 탐험학습은 지적인 차원, 봉사적인 차원, 그리고 신체적인 차원을 포괄하는 다면적인 학습 플랫폼이며, 하나의 주제나 토픽에 대하여 심도있게 학습하는 방식이다(강태중, 이명준, 이종태, 1996).

탐험학습으로 새로운 학교상을 모색하는 학교들은 EL Education의 10대 원리[2]를 바탕으로 학교단위 교육과정을 편성·운영하는데 그 특성은 다음과 같다(EL Education, 2015). 첫째, 학교 전반적으로 표준기반 교육과정을 설계하여 모든 기획과 교수학습의 기초로 활용한다. 둘째, 교육과정은 정부와 주정부가 요구하는 표준 및 미래 대학진학의 기술(비판적 사고, 문제해결, 협력과 의사소통 등)과 가능한 일치시키고 학생의 요구와 필요를 수렴하여 반영한다. 셋째, 교육과정은 교육내용과 학습기술 및 개념을 분명하게 연계한다. 넷째, 교수학습은 교사가 탐험학습을 적

1) https://eleducation.org

2) The primacy of self-discovery, The having of wonderful ideas, The responsibility for learning, Empathy and caring, Success and failure, Collaboration and competition, Diversity and inclusion, The natural world, Solitude and reflection, Service and compassion.

용하여 학생의 호기심을 자극하고 질문이 가능하도록 구성되며 학생들 스스로가 지식과 기술을 구성할 수 있는 여유를 제공한다. 다섯째, 교육평가는 프로젝트 수업과 교과 간의 융·복합 수업을 바탕으로 학생들이 최상의 산출물(High quality products)을 생산할 수 있도록 유도한다.

이러한 탐험학습은 마치 교사와 학생들이 함께 협동하여 학습의 산에 오르거나 학습의 바다를 건너, 반대편 항구에 도착하는 것으로 비유되곤 한다. 학습으로 탐험하는 과정에서 교사와 학생은 여행하는 승객(Passengers)이 아니라, 지적 호기심을 가지고 산 정상이나 목적지 항구를 향해 고난을 함께 헤쳐 나가는 승무원(Crew)이다(EL Education, 2015). 승무원은 동고동락하고 생사를 같이 하는 유기적 관계를 의미한다. 따라서 탐험학습에서는 융·복합 시대 교수학습의 특성이 반영된 인지적 학습과 인성함양이 동일한 교육목표를 향하여 종합적으로 기능하게 된다.

나. 사회정서학습(Social and Emotional Learning)

이 연구에서 융·복합의 개념은 인식론적 확장을 통해 기존의 융합 개념이 담지 못하는 복합적인 측면의 윤리의식과 소양 및 사회적 감성 발달, 그리고 원활한 소통을 바탕으로 타인을 이해하고 배려하는 인성 함양을 포괄한다. 이러한 맥락에서 사회정서학습(Social and Emotional Learning, SEL)은 융·복합 시대의 교수학습에 시사하는 바가 적지 않다.

사회정서학습은 골먼(Daniel Goleman)의 정서지능에 대한 새로운 이해와 뇌과학 영역에서의 경험적인 연구 성과를 바탕으로 1994년 미국에서 등장하였다. 골먼은 그로왈드(Growald, R.)와 함께 CASEL(The Collaborative for Academic, Social, and Emotional Learning)[3]을 설립하여 SEL을 증진시키는 활동을 전개하고 있다. 2011년 미국 연방의회는 초·중등교육법(ESEA, 1965)의 일부를 개정하여 '학업적, 사회적, 정서적 능력

3) https://casel.org

함양을 위한 학습법(Academic, Social, and Emotional Learning Act, ASELA)'을 신설하여, 효과성이 검증된 SEL을 초·중등학교의 인성교육프로그램으로 도입하도록 하였다. 현재 SEL은 유치원에서부터 고등학교 단계까지 핵심역량별로 계열성을 가지고 적용하는 것이 가능하다(염철현, 2012).

정창우(2015: 271)는 SEL이 목표로 하는 사회적·감성적 역량을 크게 3가지로 정리한다.

- **자아인식과 자기관리**: 성공적인 학교 및 사회생활에 필요한 자신의 강점, 요구, 정서, 가치 및 효능, 욕구통제 및 스트레스 관리, 자아동기 및 규율, 목표 설정 및 조직기술을 식별하고 인식하는 능력
- **사회적 인식과 대인기술**: 긍정적인 인간관계를 형성하고 유지하기 위해 필요한 균형 잡힌 시각과 타인에 대한 존경, 커뮤니케이션, 협력, 타결, 갈등관리, 도움요청 등의 능력
- **상황분석, 문제해결, 성찰 및 개인적 · 사회적 · 윤리적 책임감**: 개인적, 학업적 커뮤니티의 맥락에서 의사결정 기술과 책임 있는 행동을 하기 위해 필요한 능력

Wang et al.(1997)은 학습과 관련된 30개의 다양한 교육적, 심리학적, 사회적 변인 가운데 사회적·감성적 변인이 학업성취에 가장 큰 영향을 미친다는 것을 밝히고 있다. 또한 SEL과 관련된 선행연구(Blum et al., 2002; Hawkins, 1997; Weissberg & Greenberg, 1998)에 따르면, SEL은 학업성취뿐만 아니라 학생들이 사회활동에 참여하여 성공하는 데 필요한 기술을 제공하고, 반사회적 행동에 도움이 되지 않는 기준과 신념을 확립하고 행동하도록 유인한다. 즉 사회정서학습은 사회적·감성적으로 건강한 학습 분위기를 조성하고 학생과 교사의 사회적·감성적 역량을 함양시킴으로써 융·복합 시대 학생들의 단기적, 장기적인 목표를 이룰

수 있게 도와주고, 교사들로 하여금 좋은 질의 교수학습을 실행하게 하여 직무에 대한 만족감을 높여줄 수 있다(차성현 외, 2012).

2. 융 · 복합 시대 교육평가의 방향

<표 3>에서 보듯이 기존에는 교육평가의 대상, 자료, 모형 등이 제한적이었으나 융·복합 시대에는 교육평가의 관점, 검사매체, 평가모형이 다양하게 시도되어야 하며 특히 평가 방법을 다각도로 확대·변화시킬 필요가 있다. 융·복합 시대에 요구되는 교육평가의 주요 방향을 제시하면 다음과 같다.

가. 역량 평가에서 학습지향적 평가로

교육평가의 세계적인 추세는 기존의 '결과지향적 평가'(Assessment of learning)에서 '학습지향적 평가'(Assessment for learning)와 '학습의 일환으로서의 평가'(Assessment as learning)로 패러다임이 전환되고 있다(Gipps, & Stobart, 1997). 과거와 달리 교사와 학생은 평가를 상벌 또는 서열화를 위한 도구로 인식하지 않고, 학생 자신의 성장을 위한 도구, 수업의 한 형태로 인식하도록 하는 것이 중요하다. 현재 교육평가에서는 학생의 장단점을 정확히 파악하고, 학습을 촉진하고 강화하도록 돕는 역할을 한다는 점이 점차 부각되고 있다(김희경 외, 2013).

융·복합 시대의 교육평가가 학습자의 학습을 지원하기 위한 평가, 수업의 한 형태로서의 평가로 전환되기 위해서는 2가지가 요구된다. 첫째, 새로운 교육평가는 학습자의 학습과 관련한 정보를 구체적으로 파악하고 학습자의 학습 상황을 지속적으로 점검할 수 있는 방식으로 바뀌어야 한다. 둘째, 교육평가가 핵심역량(Core competency) 자체를 평가하기보다 학습지향적 평가의 관점에서 학습성과(Learning outcomes)를 평가하는 방향으로 전환되어야 한다. 홍성기 외(2014)에 따르면 역량은 측정하기에 모호한 개념이며 교과목과의 연결이 용이하지 않다. 교수학습과 관련하여 역량이란 교육프로그램의 목표이지만 모든 교과를 이수했을 때 달성할 수 있는 능력이며, 하나의 역량이 여러 교과나 몇 개의 교과목 단위를 통해서 달성된다. 반면에 학습성과는 학습자가 교과목을 완료한 후 알고, 이해하고, 할 수 있을 것이라고 기대되는 것이다. 따라서 학습성과는 역량보다 각 교과목과 연계하기가 자연스럽고 평가 또한 용이하다(Gonzalez, & Wagenaar, 2008).

나. 수시평가로서의 수행평가 강화

융·복합 시대의 교육평가를 학습지향적 평가로 전환하기 위해서는 방법적 측면에서 수행평가를 증가시키고, 시기적 측면에서 수시평가를 강화해야 한다(김희경 외, 2013). 수행평가는 습득한 지식, 기능, 기술 등을 실제생활이나 인위적 평가 상황에서 얼마나 잘 수행하는지(performing) 혹은 어떻게 수행할 것인지(how to perform)를 다양한 방법을 통하여 종합적으로 판단하는 평가방법이다. 수행평가는 지식이나 기능에 의한 정답여부나 산출물에만 관심이 있는 것이 아니라 수행과정과 그 결과를 총체적으로 평가한다(최연희, 권오남, 성태제, 1999).

이러한 수행평가가 제대로 이루어지기 위해서는 다음 사항을 고려할 필요가 있다. 첫째, 교사는 학생의 학습과정을 수시로, 지속적으로 평가하며 현재의 수준과 달성해야 할 목표와의 차이를 파악하고, 이를 수업개선에 활용해야 한다. 둘째, 평가 결과에 대한 피드백 제공 방식이 학생 개별 맞춤형 피드백으로 수행되어야 한다. 셋째, 교육평가의 모형이 참여자 중심(Participant-oriented, or Student-engaged), 즉 교육활동에 참여하는 학습자가 중심이 되어 평가자료 및 준거 등을 설정하거나 깊게 개입하는 평가 모형으로 바뀌어야 한다(성태제 외, 2013).

다. 협력적 문제해결능력 평가 활성화

OECD(2017: 9)는 협력적 문제해결능력을 둘 또는 그 이상의 동료가 서로 정보를 공유하고 함께 상호작용하는 과정을 통해 효과적인 문제해결을 이루어내는 능력이라고 정의한다. '협력적 문제해결'의 형태는 21세기 실생활 문제해결의 가장 일반적인 방식이며, 다른 사람과 어울려 효과적으로 작업하고 문제를 해결하는 소양이 더욱 필요할 것으로 간주되어 PISA 2015의 평가영역에 포함되었다. 이러한 협력적 문제해결 능력은 융·복합 시대의 핵심적인 능력 가운데 하나이기도 하다.

일반적으로 문제해결능력 평가는 문제해결의 단계를 포함하는 이론적 모형을 우선 정의하고, 각 단계에 해당하는 문항들에 대한 수행능력을 측정함으로써 이루어진다. PISA의 문제해결능력 평가는 '탐색과 이해하기', '표상과 형성하기', '계획과 실행하기', '감시와 반성하기'의 4개 단계로 구분된다(이근호 외, 2013). 성태제 외(2013)에 따르면, 새로운 문제를 창의적으로 풀어나가기 위해서는 많은 경우 개인의 능력뿐만 아니라 타인과의 협업을 통해 집단적으로 문제를 해결할 필요가 있다. 이러한 맥락에서 과거의 경쟁학습은 개별학습을 거쳐 협동학습으로 변화되고 있다. 이 과정에서 타인과의 의사소통능력이 중요한 문제로 대두되며, 타인과의 공동 작업에 필요한 인성과 같은 정의적 특성도 함께 개발 및 평가해야 할 요소가 된다.

라. 컴퓨터 웹 기반 평가 활용

융·복합 시대에서는 최신의 정보통신기술을 활용하여 실제성을 살릴 수 있는 게임이나 시뮬레이션 기반의 수행평가를 실시할 필요가 있다. 특히 문항반응이론과 같은 검사이론을 ICT에 접목하면 맞춤형 평가 방식인 컴퓨터화 적응검사가 가능하고 클라우드 환경에서의 가상현실을 교육평가로 활용할 수 있다(김희경 외, 2013). 이를 위해서 인지진단

모형(Cognitive Diagnosis Model), 문항자동생성(Automatic Item Generation), 컴퓨터적응검사(Computerized Adaptive Test), 인터넷기반검사(Internet Based Test), 자동채점(Automated Essay Scoring) 등 현대화된 평가 방법들을 최대한 활용해야 한다.

성태제 외(2013)에 의하면, 해결하기 어렵거나 창의성이 요구되는 시뮬레이션 과제를 학생들이 컴퓨터로 해결하도록 제시한 다음, 과제에 대한 풀이 과정(풀이에 소요된 시간, 사용된 보조 도구 개수, 참고한 자료의 개수, 도움말 조회 수, 실패 횟수, 전단계로 되돌리기 횟수 등)을 소규모의 빅데이터로 전환하여, 과제 풀이에서의 독창성을 타당도와 신뢰도가 높게 측정할 수 있는 분석모형과의 적합도를 계산하면 창의성을 수량화된 값으로 산출할 수 있다. 이러한 평가방식을 내재평가(Embedded assessment)라고 한다. 내재평가는 컴퓨터로 진행되는 학습 과정에 평가를 내장시켜 학생들의 학습 활동 자체를 평가 자료화하는 평가방법이다. 따라서 내재평가는 학습자의 인지적 특성뿐만 아니라 정의적 특성에 대해서도 신뢰도와 타당도가 높은 정보를 학습 과정 중에 끊임없이 확보할 수 있는 장점이 있다.

이와 같이 현대적인 평가방법들을 다양하게 활용함으로써 수행 중심의 교육평가를 지속적으로 실시할 수 있으며, 평가결과를 학생 개인에게 수시로 피드백할 뿐만 아니라 교육과정 및 교수학습을 연속적으로 개선할 수 있게 된다.

Ⅳ. 융·복합 시대 교수학습과 평가의 실제: GEMS 사례

Graham Expeditionary Middle School(GEMS)[4]은 오하이오주 콜럼

4) https://www.thegrahamfamilyofschools.org/gems_home.aspx

버스에 위치한 성공적인 차터스쿨(Charter school)로 2010년에 개교하였다. 총 35명의 교직원이 5학년에서 8학년까지의 200여 명의 학생을 교육하고 있으며, 1년의 학사일정을 3학기제로 나누어 운영하고 있다.[5)]

GEMS는 교육목표로 미국의 시민양성을 넘어서 '세계 시민(Global citizens)'을 양성하는 데 두고 있다. 이러한 교육목표는 '지식 통달(Mastery of knowledge)'과 '인성함양(Character building)'이라는 2개의 축에 의하여 지지된다. 그러나 지식 통달 측면의 철저한 학업성취는 그 자체가 목적이라기보다 학생들이 세계 시민으로서 보다 나은 세계를 위해 기여하도록 준비시키는 서비스로 간주된다. EL Education의 비전을 전적으로 적용하고 있는 GEMS는 인성(Character)의 개념을 '관계적 인성(Relational character)'과 '수행적 인성(Performance character)'으로 구분한다(EL Education, 2015: 65). 관계적 인성은 친절, 정직, 인격 등의 요인으로 구성되는 학생평가의 중요한 일부 영역이다. 반면에 수행적 인성은 인내, 장인정신, 팀워크 등의 요인으로 이루어지며 교수학습의 과정에서 학업성취와 연계된 인성함양의 또 다른 영역이다.

GEMS는 4개 학년 8개 학급으로 편성되어 있으나 전통적인 학교의 학급 구분을 따르지 않고 있다. 각 학년은 학급의 구분없이 11～13명 단위의 4개 Crew[6)]로 나누어져 Crew teacher(담임교사)와 맺어진다. 담임교사는 25명으로 구성된 학급 전체를 책임지는 것이 아니라 소그룹으로 형성된 11~13명의 학생을 졸업시까지 4년 동안 책임지고 지도한다. 따라서 교수학습이 실행되는 각 학급은 서로 다른 4개의 Crew가 혼합되어 구성되지만 학교생활의 대부분은 Crew를 기반으로 이루어진

5) 연구자는 2017년 8월 말부터 12월 중순까지 2학기 학사일정에 참여하여 수업을 관찰하고 교사들을 면담하였다.

6) Crew는 다중적인 의미는 지닌다. 사전적으로는 승무원을 의미하나, GEMS에서는 소그룹의 각 구성원(Crew member)을 지칭하기도 하고, 11~13명으로 구성된 활동 단위의 팀을 의미하기도 하며, 경우에 따라서는 학교조직의 일부분으로서의 의미를 가진다.

다(이인회, 2018).

한편, GEMS는 학생들의 학업성취와 인성함양의 목표를 달성하기 위해 교육과정, 교수학습 그리고 교육평가를 긴밀히 연계하고 있다. GEMS에서는 학년별로 학기마다 탐험학습의 주제를 선정하여 한 학기 12주 동안 지속하며, 탐험학습은 프로젝트나 실질적인 체험과 경험을 중심으로 구성된다. 이상의 내용을 정리하면 다음의 <그림 1>과 같다.

그림 1 GEMS의 교육체계도

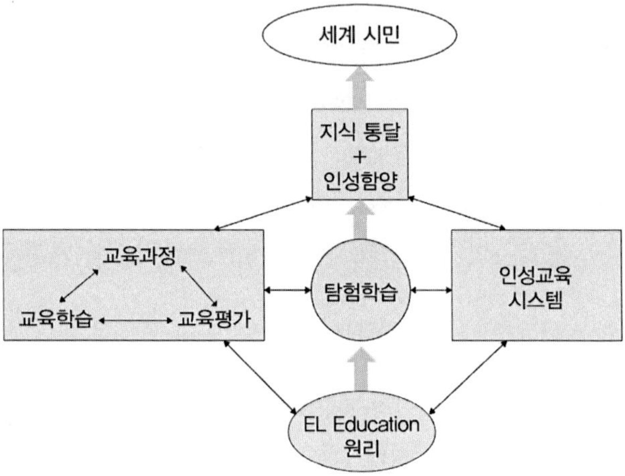

※ 주: 연구자가 구성함.

1. 교수학습 측면

GEMS는 학생의 철저한 학업성취를 목표로 오하이오주의 표준 교육과정을 적극적으로 수용하여 질 높은 학교단위의 교육과정을 구성한다. GEMS는 교과서를 사용하지 않고 있으며 교육과정의 편성 권한은 대부분 학년별 교사팀에 일임하고 있다. 교사들은 EL Education의 10

대 원리를 바탕으로 학교 교육과정을 편성·운영하는 데 초점을 둔다(EL Education, 2015). GEMS의 교사들은 학년별로 편성된 주간 팀모임을 통해 교육과정 운영을 논의하고 필요에 따라 지속적으로 개선한다. 이러한 공식적인 모임 이외에도 교사들은 4~6명으로 편성된 소그룹 팀의 장점을 살려 언제든지 어디서나 비공식적으로 만나거나 다양한 방식으로 소통하면서, 학생의 요구와 필요에 따른 교육과정 운영에 대한 의견을 수렴하고 반영한다. 특히 매주 수요일에 개최되는 전체 교사모임에서 동일 교과 간 및 학년 간의 교육과정 편성과 운영이 계속적으로 논의되고 조율된다.

GEMS의 교수학습의 특징은 다음과 같다. ① 수업 설계는 학교 교육과정에 기반을 둔 학습목표(Learning targets, LT) 설정과 학습자 분석을 통해서 시작된다. ② 수업의 습관목표(Habit targets, HT)[7]를 제시함으로써 모든 학생들의 학습참여와 학업의 성취를 목표로 한다. ③ 통합교육의 철학을 기본으로 개별화 수업(Differentiated instruction)을 추구한다. ④ 탐험학습을 효과적으로 수행하기 위해 다양한 전달방식(직접전달, 워크숍 기반 학습, 발견학습, 토론학습, 게임 학습 등)을 활용하고 지속적인 형성평가로 개별 학생의 학습과정을 모니터한다. ⑤ 학교의 전반적인 조직구조는 교사의 수업을 최우선적으로 지원하기 위한 방향으로 구성될 뿐만 아니라 모든 학생의 학습지원에 초점을 둔다.

이러한 GEMS의 교수학습의 특징을 3가지 측면에서 구체적으로 정리하면 다음과 같다. 첫째, 탐험학습의 측면이다. GEMS의 교사들은 학교 교육과정을 기반으로 학년별 팀모임을 통해 학기별 학습목표(LT)을 설정하고 탐험학습의 주제를 선정하며 최종 산출물을 계획한다. 그리고 최종 산출물을 도착지로 하여 각 교과의 구체적인 수업계획을 거꾸로

7) Habit targets는 학교에 따라 habits of work, habits of mind, habits of learning, 또는 habits of scholarship으로 달리 불린다.

(backward) 설계한다. 따라서 교육과정은 학습 탐험의 맥락에서 가르쳐지고 교과 간의 벽을 넘어 융·복합적 수업으로 구체화되며, 학생들에게는 과정이 열려 있는 구성주의 학습을 가능하게 한다. 탐험학습의 절차는 학기 초 출발의식의 특별수업(Kickoff)으로 지적 호기심을 자극하면서 시작되어, 실습체험(Fieldwork)[8], 전문가 협조(Experts)와 프로젝트 또는 봉사학습(Service learning)을 통한 체험 학습의 과정을 거쳐, 학년별로 최종 산출물을 발표하는 '지적 학예회(Celebration of learning)'[9]로 마무리된다.

둘째, 교사가 수업에서 설정하는 학습목표(LT) 측면이다. 수업에서 학습목표(LT)는 매 시간의 수업을 통해 도달해야 할 학습목표를 의미하기보다는 한 학기 동안에 도달해야 할 교육과정 상의 장기적인 학습목표를 말한다. 물론 수업마다 이를 지원하는 하위 학습목표가 있지만 교사는 다양한 배경을 가진 학생들의 개별화 수업이 가능하도록 장기 학습목표를 지향점으로 세밀한 비계를 설정(Scaffolding)하는 데 중점을 둔다. 특히 수업의 학습목표에 대한 진단평가 또는 학생의 자기평가를 바탕으로 소그룹을 융통성 있게 편성-해체-재편성하면서 수업을 진행하며, 수업 중 부진학생에 대해서는 미니 레슨, 개인지도, 수준에 맞는 자료 또는 추가 자료를 제공하거나, 우수학생에 대해서는 보다 복잡하고 도전적인 과제를 제시하면서 모든 학생의 학업성취를 지원하는 협력학습을 이끌어간다. 따라서 GEMS 수업에서는 매학기 장기적인 3~4개의 학습목표(LT)를 달성하는 것이 중요하기 때문에 교수학습 과정에

8) 탐험학습에서는 학생들의 주도적 역할을 강조하기 위해 Field trip이라는 용어보다는 Fieldwork라고 부른다.

9) Celebration of learning은 우리나라의 학예회와 유사한 개념이나 한 학기 탐험학습의 학술적 성과를 발표하는 데 초점을 두는 것이 다르다. 학생들은 학부모와 전문가 및 지역인사 앞에서 발표하고 피드백을 받지만 참여자의 다양한 활동참여를 이끌어 내면서 진행하는 유쾌한 학술발표회이기에 '지적 학예회'로 표현할 수 있다. 또한 지적 학예회에서 발표되는 최종 산출물은 각 교과목의 성적에 합산된다.

서 개별 학생에 대한 다양한 학습방식의 적용을 중요시 하고 모든 학생의 학습목표 달성을 최상의 목표로 강조한다.

셋째, 학습목표(LT)와 함께 설정되는 습관목표(HT)의 측면이다. 교사는 매 수업에서 습관목표를 학생들과 함께 설정하고 수업을 시작함으로써 인성함양은 수업 안으로 통합된다. 교사가 수업의 목표를 제시할 때 중요한 것은 습관목표와 연계하여 학생에게 기대되는 결과적 행동을 학습목표로 제시하는 것이다. 예를 들어, A 국어 교사가 제시한 수업의 학습목표는 "I can revise my work to achieve high-quality products."였다. 교사는 학생들의 작문숙제에 대한 기대를 습관목표 가운데 하나인 'Quality'를 학습목표와 결합하였다. 수업은 교사가 그 의미를 학생들과 토의하는 방식으로 시작되었다. 특히 교사는 최종 작문에 대한 질적 기준을 학생과 함께 정하였고, 소그룹을 형성하여 학생들이 작문숙제에 대한 학우들의 피드백과 비평을 바탕으로 작문을 수정, 보완하여 높은 수준(High quality)으로 완성하도록 지도하였다. 후술하는 바와 같이 수업의 습관목표는 수행적 인성 요인과 동일하기 때문에 교수학습 과정에서 습관목표는 교사에 의하여 의도적으로 교육되기도 한다. 수행적 인성에 대한 평가는 성적표에 기재되지 않으나 별도로 평가 보상체제가 마련되어 있다. 나아가 GEMS는 가정통신문 등 학교의 모든 문건에 일반학교와 다른 습관목표의 존재와 중요성을 명시하고 홍보할 뿐만 아니라, 전체 학교 구성원이 참여하는 금요일 하교 직전의 공동체모임(Community meeting)에서 우수학생을 공개적으로 시상함으로써 학교 문화적인 차원에서 수행적 인성의 함양을 유도한다.

2. 교육평가 측면

GEMS의 교육평가 방식은 기존의 관점과 차이가 있으며, 이러한 평가방식을 표준기반평가체제(Standard-based assessment system)라고 부르고 있다. GEMS의 교육평가는 철저한 학업성취를 목표로 하지만 기존의 경쟁과 서열 중심의 계량적 상대평가가 아니라 학생 스스로가 지식 통달의 표준(설정된 학습목표)에 도전하고 숙달하는 성취중심의 절대평가이다. 학생의 성적은 표준을 기준으로 4등급—EE(Exceeds expectations), ME(Meets expectations), AE(Approaches expectations), JB(Just beginning)—으로 구분되어 매학기의 중간 및 학기 말에 부여된다.

학기 중간에 부여되는 성적(Progress report)은 우리나라와 달리 학기 말 성적에 크게 영향을 주지 않는 학습과정을 점검하는 차원의 평가이다. 그러나 학기 말에 부여되는 성적은 공식적인 학교의 성적이 되며, 학기말 성적이 EE, ME일 경우에만 해당 학기의 학점으로 인정받는다. 성적이 AE일 경우에는 해당 학기의 학점으로만 인정되지 않으며, 만일 성적이 JB일 경우에는 일 년 동안 학점으로 인정되지 않기 때문에 졸업이 늦어진다.

GEMS의 교육평가는 '학생 참여(Student-engaged)'를 바탕으로 이루어지며 구체적인 특징은 다음과 같다. ① GEMS는 교육평가를 학습전략의 일환으로 간주하여 학생을 자신의 학습에 적극적으로 참여하고, 반성하고, 책임지는 주체로 기른다. ② 교사는 학기 초에 학습목표(LT)에 근거하여 학생을 어떻게 평가할 것인지 틀을 제시하지만 학생들은 자신들이 어떻게 평가될 것인지 그 기준(Criteria for success)을 결정한다. ③ 교사는 학기 초와 학습 과정에서 학생들의 이해와 학습기술을 촉진하기 위해 자기평가와 형성평가를 전략적으로 활용한다. ④ 교사는 형성평가의 결과를 즉시 분석하고 학생에게 피드백하며, 수업에 반영할 뿐만 아니라 학생의 학습을 신중히 개별화하는 데 활용한다.

GEMS의 성적표는 크게 2가지 영역으로 구성되어 있다. 첫 번째는 학업성취 영역으로, 교과별 성적이 학습목표(LT)의 수에 따라 4등급으로 산정된 이후 최종적인 교과 성적이 부여된다. 즉 성적표에는 교과별 학점뿐만 아니라 교과의 학습목표별로 산정된 성적이 함께 기재된다.

두 번째는 '관계적 인성' 영역으로, Crew의 활동을 기반으로 하는 인성 교육과정의 성적이 학업성취 영역과 구분되어 별도의 4등급으로 성적이 부여된다. 즉 인성교육을 통한 인성함양의 중요성을 정규교육과정의 학업성취와 그 무게를 동일시하는 관점이다. 성적표에 Crew 성적으로 표기되는 관계적 인성에 대한 성적은 담임교사가 제시하는 평가의 영역에 대하여 학생들 스스로가 설정한 4개 등급의 기준을 바탕으로 산정된다. 예를 들어, B 수학교사가 담당하는 5학년 Crew의 인성교육 성적산정의 영역은 8가지(Contributions, Time management, Problem-solving, Attitude, Focus on the task, Preparedness, Pride, Working with others)로 구성되어 있었다. 교사는 학기말에 학생들이 결정한 각 영역에 대한 기준의 도달 정도를 바탕으로 영역의 성적을 계산한 이후, 8가지 전체 영역에 대한 성적을 준거기준방식의 절대평가로 산정한다.

한편, GEMS는 학업성취와 인성함양을 연계하는 학생들의 '수행적 인성'을 지속적으로 함양시키기 위한 교육평가를 별도로 실시하고 있다. 이러한 교육평가는 각 교과교사가 설정한 수업의 습관목표(HT)에 대하여 학생들의 수업중 활동과 행위가 긍정적인가 또는 부정적인가를 간단히 평가하여 학내 '수행적 인성 추적시스템(Kickboard)'에 탑재하는 것으로 시작된다. 일반적으로 교사들은 주당 3차례 정도의 수업에 대한 수행적 인성을 평가하는 데 한 학생에 대한 전체 교과교사의 평가 수는 주당 약 12~15회 정도이다. 교과교사들은 수행적 인성을 평가할 때마다 긍·부정의 정도에 따라 내적 보상(가상용돈, 가족에게 전화걸기 쿠폰 등)이나 인센티브를 결정하고 이를 담임교사가 금요일 하교시에 수여한다. 이러한 교육평가는 학생들의 인성함양을 지원하면서 궁극적으로 학업성취를 유도하는 기능으로 작동하고 있다.

V. 결론

이 연구의 목적은 융·복합 시대의 교수학습과 평가를 전망하고 그 시사점을 모색하는 데 있었다. 이러한 연구목적을 달성하기 위해 융·복합과 융·복합교육의 개념을 규정하고 융·복합 시대의 인재상을 도출하여 교수학습과 교육평가의 방향을 제안하고 실제의 한 단면을 분석하였다. 이를 요약하고 결론을 제시하면 다음과 같다.

첫째, 교수학습의 측면이다. 융·복합 시대의 인재상으로 이론이성 능력과 실천이성 능력을 갖춘 총체적인 인재를 규정한다면, 기존의 다양한 교수학습 방식 이외에 탐험학습과 사회정서학습 등의 활용을 통하여 교수자와 학습자의 인지적 성취와 인성적 함양의 양 측면이 교실 수업 과정 안에서 통합되어야 한다. 이를 위해서 융·복합 시대의 교수학습은 객관주의 지식관에서 구성주의 지식관으로, 경쟁중심 교육에서 협력중심 교육으로, 일제식 수업에서 다양성을 강조하는 교육으로, 그리고 한정된 공간에서의 전달형 교수체제에서 공간을 초월한 맞춤형 학습체제로 패러다임이 변화될 필요가 있다.

GEMS 교수학습의 사례가 시사하듯이, 교수학습의 방식은 수업계획과 실행에 있어서 체계성이, 그리고 수업과정에 있어서는 유연성과 민감성이 전제되어야 한다. 따라서 한 차시의 수업 예시안일지라도 교사가 유용가능한 범위의 교육과정 재구성 예시를 포함하여야 하며, 이를 통하여 구현할 주제, 수행적 인성 요인, 협력 방법 등을 세부적인 운영 방안과 연계하여 구성해야 한다. 이근호 외(2013)는 이를 실천하는 방안의 하나로 교사공동체의 활성화를 강조한다. 즉 교사는 교육과정의 운영 주체로서 학습공동체를 형성하여 자신의 교수방법을 공유하고 발전시킬 필요가 있다. 이러한 과정에서 교사는 융·복합 시대의 교수학습이 요구하는 수업계획의 체계성과 더불어 수업의 운영에서 나타날 수 있는 비구조적이고 즉흥적인 유연성을 습득할 수 있기 때문이다. 교사의 학습공동체가 활성화되면 우수한 수업 예시안은 교사 주도적으로 확산될 가능성이 높으며 교수학습 변화의 촉매제로 작용할 수 있다. 한편, 교사는 기존의 관점에서 벗어나 새로운 관점에서 수업을 계획, 실행, 평가해 나가야 하지만, 학생도 자기주도적으로 융·복합 시대의 사유적, 사회적, 실천적인 역량을 갖추어 나가는 주체가 되어야 한다.

둘째, 교육평가의 측면이다. 융·복합 시대의 교육평가는 최신 정보통신기반의 평가방법을 다양하게 활용하고 실제적 맥락을 반영함으로써 학생 개인의 수행과 학습성과를 핵심적으로 평가하는 능력참조평가와 성장참조평가 중심의 자기평가를 중시해야 한다. 이를 위한 교육평가의 방향으로는 역량 평가보다 학습지향적 평가, 수시평가로서의 수행평가 강화, 협력적 문제해결능력 평가의 활성화, 그리고 컴퓨터 웹 기반 평가의 활용으로 요약할 수 있다.

GEMS의 사례가 시사하듯이, 융·복합 시대 교육평가의 방식은 교과 사이의 융·복합 방식에 따라 평가 기준과 방법이 유연하게 변화해야 하고, 학생들의 다양성, 창의성, 상호협력성 등을 수용할 수 있는 방식으로 이루어져야 한다. 나아가 교육평가에 대한 계획, 실행, 평가의 과정에 학생을 참여시켜 자신 스스로의 학습에 대하여 반성하고 책임지는 주체로 기를 수 있어야 한다. 이러한 시사점은 <표 3>에 제시된 함승환 외(2013)가 강조하는 교육평가의 하위 항목인 탈획일화와 다양성, 탈입시위주, 수행평가, 프로그램 평가, 고등인지능력, 질적 평가와도 일맥상통한다. 즉 융·복합 시대의 교육평가는 학생들의 다양성을 존중하고 그 계발을 촉진할 수 있도록 교과의 단편적 지식과 기능을 파편화된 수준에서 평가하는 것이 아니라, 학생의 고등인지능력과 종합적인 수행 능력을 전체적 수준에서 평가할 수 있는 질적평가의 방법을 통해서 이루어져야 한다. 우리나라 학교교육은 교과를 기반으로 교수학습이 수행되기 때문에 아직 학생의 융·복합적 능력을 평가하기 용이한 상황은 아니다. 그러나 교수학습의 효과를 극대화하기 위해서는 교수학습의 효과를 점검하거나 문제점을 개선하기 위한 정보를 도출할 수 있는 교육평가의 체제를 갖추어 나가야 한다. 특히 교사는 교육평가의 결과를 학생 개개인에게 수시로 피드백하고 학습을 개별화하는 데 이를 적용해야 하며, 협력학습의 과정에서 학생의 인성과 같은 정의적 특성도 함께 평가할 수 있는 평가방법을 개발, 활용할 수 있어야 한다.

이상의 결론을 바탕으로 몇 가지 제언하면 다음과 같다. 첫째, 융·복합 시대에 부응하는 교수학습과 교육평가가 이루어지기 위해서는 학교단위의 총체적 접근이 요구된다. 왜냐하면 교수학습과 교육평가는 교사 개인적 성취로 이루어질 수도 있지만 실제적으로는 교사들의 협동적 성취로 가능하며, 동료교사들과 함께 이를 분석하고 평가하고 실험하고 개선해 나갈 때 효과적으로 이루어지기 때문이다. 특히 학생의 인성과 같은 정의적 특성과 수행적, 관계적 인성을 교수학습과 평가에 포함할 경우는 더욱 그러하다. 따라서 학교 전체의 조직과 문화는 교수학습과 교육평가를 핵심 축으로 재구조화되어야 한다. 둘째, 교육청 단위에서는 학교와 교사에게 교수학습과 교육평가의 혁신을 위한 자율성과 책무성을 더욱 강화해 나가야 한다. 무엇보다 교육청은 지역의 교육을 책임지는 행정기관으로서 일부 학교를 중심한 부분적인 개선이나 성공이 아니라, 행·재정적인 큰 그림을 제시하고 지역의 단위학교들을 상호 간에 긴밀히 연결하여 지역의 전체적인 개선을 유도해야 한다. 마지막으로, 융·복합 시대의 교수학습과 평가를 전망하고 이를 혁신하기 위한 실천적 방안을 모색하기 위해서는 교육학 분과학문의 분절적 접근과 노력뿐만 아니라 교육학 분과 학문 간의 실질적인 융·복합적 접근이 요구된다. 이러한 실천이 오늘 이 자리에서부터 시작되기를 기대한다.

참고문헌

강태중, 이명준, 이종태(1996). '새 학교' 구상: 좋은 학교의 조건과 그 구현 방안 탐색. 서울: 한국교육개발원.

고인석(2010). 기술의 융합, 학문의 통합. 철학과 현실, 68-80.

교육부(2015). 2015년 개정교육과정 발표. 2015.9.23.일자 보도자료.

김광웅(2008). 국가의 미래. 서울: 매일경제신문사.

김시정, 이삼형(2012). 융복합 교육의 양상에 대한 국어교육적 접근. 국어교육학연구, 43, 125-153.

김주아, 이희연, 이미경, 서의수(2016). 융합교육을 통한 영재교육의 질제고 방안. 서울: 한국교육개발원.

김희경, 박종임, 박은아, 서민희, 한경택(2013). 창의인성교육의 실현을 위한 평가방법 개선 종합방안. 서울: 한국교육과정평가원.

박선하, 전효선, 이문복, 장근주, 김영은, 이재진, 임철일, 문무경, 장은희, 김선영(2017). 미래사회 대비 교육과정, 교수학습, 교육평가 비전 연구(Ⅱ): 유치원 및 초·중등학교의 교수학습 방향을 중심으로. 서울: 한국교육과정평가원.

박선형(2010). 지식융합: 지식경영적 접근과 이해. 교육학연구, 48(1), 83-101.

서영식(2012). 융복합 교육을 위한 철학적 고찰. 철학논총, 67(1), 145-163.

성태제(2016). 제4차 산업혁명시대의 인간상과 교육의 방향 및 제언. 교육학연구, 55(2), 2-21.

성태제, 이근호, 박태준, 노원경, 박찬호, 박도영, 정은주(2013). 행복교육, 창의인재 양성을 위한 교육과정, 교수·학습, 교육평가 패러다임 전환. 서울: 한국교육과정평가원.

염철현(2012). 미국 초·중등학생의 '학업적, 사회적, 감성적 능력 함양을 위한 학습법' 소개 및 한국교육에 주는 시사점. 서울: 한국교육개발원.

이근호, 김기철, 김사훈, 김현미, 이명진, 이상하, 이인제(2013). 미래 핵심

역량 계발을 위한 교과 교육과정 탐색: 교육과정, 교수·학습 및 교육평가 연계를 중심으로. 서울: 한국교육과정평가원.
이돈희(2009). 지식융합시대의 교육학의 과제. 한국교육학회 추계학술대회 자료집, 1-3.
이인식(2008). 지식의 대융합. 서울: 고즈윈.
이인회(2018). 미국에서 본 또 다른 교사의 역할. 교원교육소식, 87, 10-14.
이하준(2014). 융복합 시대의 철학의 역할과 과제. 철학논총, 77(3), 339-359.
이하준(2017). 철학과 융복합: 가깝고도 먼 당신 혹은 새로운 신화와 계몽. 철학논총, 89(3), 273-292.
이희용(2011). 지식융합 교육을 위한 교과목 개발. 교양교육연구, 5(2), 11-37.
임종헌, 유경훈, 김병찬(2017). 4차 산업혁명사회에서 교육의 방향과 교원의 역량에 관한 탐색적 연구. 한국교육, 44(2), 5-32.
정미경, 이재덕, 강구섭, 박상완(2015). 융합형 교육을 위한 교사교육 개선 방안 연구. 서울: 한국교육개발원.
정창우(2015). 인성교육의 이해와 실천. 경기: 교육과학사.
차성현, 곽윤정, 박종효, 최지영(2012). 사회성 및 감성 교육 활성화 방안 연구. 서울: 한국교육개발원.
최연희, 권오남, 성태제(1999). 중학교 영어 수학 교과에서의 열린교육을 위한 수행평가 적용 및 효과분석 연구. 서울: 교육부.
최재천(2014). 통합, 융합, 그리고 통섭. 철학과 현실, 100, 126-129.
한기호(2016). 융합, 통섭, 또는 융복합, 그 의미와 환원가능성. 인문논총, 41, 173-193.
함승환 외(2013). 융복합교육의 개념화: 융(복)합적 교육 관련 담론과 현장교사 포커스 그룹 면담을 중심으로. 교육과정평가연구, 16(1), 107-136.
홍병선(2011). 융합교육을 통한 기초교양교육 활성화 방안 연구. 교양논총, 4, 140-161.

홍성기, 송하석, 홍성연, 권순정, 이진희, 정재영, 김진희(2014). 대학구조조정과 연계한 창의적 인문학 교육모형 개발과 융복합 생태계 형성. 서울: 경제·인문사회연구회.

Abrahams, A. S., & Singh, T. (2013). Expeditionary learning in information systems: Definition, implementation, and assessment. *Decision Sciences Journal of Innovative Education, 11*(1), 47–75.

Blum, R. W., McNeely, C. A., & Rinehart, P. M. (2002). *Improving the odds: The untapped power of schools to improve the health of teens.* Minneapolis: University of Minnesota, Center for Adolescent Health and Development.

Drake, S. M., & Burns, R. C. (2004). *Meeting standard through integrated curriculum.* Alexandria, VA: ASCD.

EL Education (2015). *EL education core practices: A vision for improving schools.* New York: EL Education.

Gipps, C. V., & Stobart, G. (1997). *Assessment: A teacher's guide to the issues (3rd ed.).* London, UK: Hodder and Stoughto.

Gonzalez, J., & Wagenaar R. (2008) (Eds). *Universities' contribution to the Bologna Process: An introduction (2nd ed.).* Bukbao, Spain: Publicaciones de la Universidad de Deusto.

Hawkins, J. D. (1997). Academic performance and school success: Sources and consequences. In R. P. Weissberg, T. P. Gullotta, R. L. Hampton, B. A. Ryan, & G. R. Adams (Eds.). *Enhancing children's wellness* (pp. 278–305). Thousand Oaks, CA: Sage.

Jacobs, H. H. (1989). *Interdisciplinary curriculum: Design and implementation.* Alexandria, VA: ASCD.

Klein, J., & Newell, W. (2008). Advancing interdisciplinary studies. In J. Gaff, & J. Ratcliff. (Eds.). *Handbook of the undergraduate curriculum: A comprehensive guide to purposes, structures, practices and change* (pp. 393–415). San Francisco, CA:

Jassey－Bass.

OECD(2017). PISA 2015 collaborative problem solving framework. http://www.oecd.org/pisa/pisaproducts/Draft%20PISA%202015%20Collaborative%20Problem%20Solving%20Framework%20.pdf.

Rennie, L., Venville, G., & Wallace, J. (2012). *Knowledge that counts in a global community*. New York: Routledge.

Repko, A. F., Szostak, R., & Buchberger, M. P. (2014). *Introduction to interdisciplinary studies*. London: Sage Publications.

Wang, M. C., Haertel, G. D., & Wallberg, H. J. (1997). Learning influences. In H. J. Wallberg & G. D. Haertel (Eds.). *Psychology and educational practice* (pp. 199－211). Berkeley, CA: McCutchan.

Weissberg, R. P., Shriver, T. P., Bose, S., & DeFalco, K.(1997). Creating a district－wide social development project. *Educational Leadership*, *54*, 37－39.

Wilson, E. O. (2005). *Consilience: The unity of knowledge*. 최재천, 장대익 역, 통섭: 지식의 대통합, 서울: 사이언스북스. (원저 1999년 출간, Nova York: Vintage.)

5주제

융합교육으로서의 자기설계학기 참여경험에 관한 사례연구

허지숙(아주대학교)

5주제

융합교육으로서의 자기설계학기 참여경험에 관한 사례연구

허지숙(아주대학교)

Ⅰ. 서 론

21세기에 직면한 경제위기와 환경문제는 세계를 무한 경쟁 시대로 몰아가며, 고등교육기관인 대학의 위기를 경고하고 있다. 미래의 변화는 4차 산업혁명이 논의되기 이미 오래전부터 대학의 혁신과 개혁을 촉구해 왔다. 이러한 변화에 따른 대학의 위기는 크게 4가지로 볼 수 있다. 첫째, 저출산·고령화에 따른 인구구조의 변화로 인해 발생하는 대학의 재정적 존립의 위기이다. 저출산으로 인한 학령인구의 급감은 입학정원의 축소로 이어져 입학자원은 물론, 대학의 재정에 큰 영향을 줄 것으로 예상된다. 2030년경에는 전 세계 대학의 절반이 소멸될 것이며, 우리나라의 경우 2035년 즈음에는 대학의 절반이 통폐합되거나 소멸된다고 예측하고 있다(박영숙, 숀 함슨, 2014). 둘째, 사회구조의 변화로 인한 고등교육의 역할 강조이다. 현재 우리나라는 심각한 사회적 이동성(social Mobility) 저하 문제를 가지고 있다. 사회적 이동성은 사회통합을 구성하는 요소(OECD, 2011)로 사회적 이동성 저하는 소득불평등 수준, 사회계층의 격차를 의미한다. 특히 소득불균형과 그로 인한 양극화의 심화는 고등교육에 있어서 교육격차와 고등교육 기회의 제한이라는 결과로 이어져 결국, 고등교육 자체가 양극화를 재생산하는 요소로 전락할 수 있기 때문에(김태준 외, 2015) 사회적 이동성의 회복을 위해 고등교육은 그 역할이 크게 강조되고 있다(홍영란 외, 2016).

셋째, 고등교육의 세계화와 시장화(Marketization)로 인해 대학 간 경쟁이 심화되면서 대학의 존립위기이다. 무엇보다도 MOOC(Massive Open Online Course)의 등장은 고등교육의 접근성을 높이고 교육의 격차를 줄이며, 교육의 세계화 진행을 활발하게 했다. 하지만 이러한 고등교육시장의 세계화는 국내 대학의 경쟁을 넘어 국제적인 경쟁으로 이어지게 되면서 대학의 존립을 위협하고 있다(김태준 외 2015). 마지막으로, 기술 발달에 따른 산업구조의 변화로 대학의 새로운 교육시스템의 요구이다. ICT로 대표되는 미래의 기술 변화는 이전과는 전혀 다른 산업구조와 그에 따른 직업군의 변화를 가져올 것이라 예측하고 있다. 이러한 고용의 변화는 창의적 사고능력, 복잡한 문제해결 능력, 융복합 능력 등 새로운 직무역량에 대한 요구를 증가시키고 고급인재를 양성하는 고등교육은 이러한 고용변화에 민첩하게 대응해야 할 필요가 있다(홍영란 외, 2016). 특히 우리나라는 그동안 인력수요와 공급의 미스매칭, 기업과 대학졸업생간의 역량 불일치 등으로 고학력자들의 실업률이 지속적으로 증가하면서 사회로부터 거센 시대적 요구사항에 직면하고 있다(민철구 외, 2010).

하지만 학령인구의 감소나 대학의 재정 악재 등은 이미 예견되었던 것들이다. 다만 오늘의 대학들이 그 위기를 몸소 체험하고 있을 뿐이다(박남기, 2016). 무엇보다도 작금의 대학의 위기는 사회적 책무성 강화로 인해 심각한 정부의 규제로부터 자유롭지 못하다는 것이다. 대학기본역량평가(대학구조개혁평가)로 인해 대학은 평가를 위한 교육을 하고 있으며 정원조정을 위한 정부 재정지원사업으로 인해 대학은 정부의 입맛에 맞는 교육시스템으로 무리한 변화를 시도하고 있다. 또한 정권에 따라 재정지원사업을 정책수단으로 활용함에 따라 대학의 특성화는 일관되지 못한 방향으로 진행하고 있다(고윤미, 서준경, 2015).

한편, 최근 교육부에서는 4차 산업혁명을 계기로 창의·융합형 인재상이 필요하다는 것을 인식하고 창의·융합 인재 강국으로 도약하기 위한 향후 10년의 교육비전에 대해 발표하였다. 교육부는 창의·융합형 인재를 '인문학적 상상력과 과학기술 창조력을 갖추고 바른 인성을 겸비해 새로운 지식을 창조하고 다양한 지식을 융합해 새로운 가치를 창출할 수 있는 사람'(교육부, 2015)이라 정의하며 미래의 인재 육성을 위한 변화와 혁신을 제시하였다. 이와 더불어 교육부는 학습자 중심의 교육과 융복합 교육과정, 통합형 교육과정, 자유학기제의 도입과 확산 등을 통해 학습자의 융복합적 태도와 역량을 신장하기 위한 국가적 차원의 제도적 노력을 진행하였다(차윤경, 안성호, 주미경, 함승환, 2016). 또한 PRIME과 CORE 사업 등 융합 인재 양성을 위한 대규모 정부 재정지원사업을 시행하였으며 4차 산업혁명에 대응하여 대학이 유연하게 학사제도를 운영할 수 있도록 "융합전공제 도입, 다학기제·집중수업·전공선택제 허용" 등 「고등교육법 시행령」 일부개정령안을 국무회의에서 통과시켰다.

하지만 대학은 4차 산업혁명이 이슈화되기 훨씬 이전인 2000년대부터 융합교육에 대한 논의와 실천이 있었다. 미래 사회에서는 단일 학문체계만으로는 새로운 인재를 길러 내지 못한다는 전제하에 학문 간의 새로운 결합을 통해 새로운 관점을 갖게 하는 다학문적, 학제적 융복합 교육으로의 전환을 시도하였다(김혜영, 2013; 손동현, 2009; 안동현, 2016). 그 대표적 사례가 융합전공, 연계전공, 자유전공, 자기설계전공 등이다.

많은 대학들은 융합교육에 대한 실현과(손동현, 2009) 학과 간의 융합과 교류를 기대하며(안동현, 2016; 최미리, 2013) 앞 다퉈 자유전공학부를 만들어 냈지만 도입 4년 만에 줄줄이 폐지되거나 타 학부로 통합되어 본래의 취지에 맞지 않게 운영되고 있는 실정이다(안동현, 2016). 이와 더불어 현재 대학의 융합교육은 교육으로서 본질보다는 단지 시대적 교육 트렌드를 표방하는 명목적 차원에서 시행되고 있다는 비판을 받고 있다(박일우, 2016; 이희용, 서민규, 김재득, 2016; 정성호, 2015; 홍병선, 2016). 즉 융합교육에 대한 시스템과 교과 운영에 대한 투자나 교육 제도적 변화 없이 융합교과목을 제공하거나 융합된 교과 트랙을 이수하는 단순한 형태의 교육과정을 제공하는 것으로 융합교육을 표방하고 있다는 것이다. 또한 실제 많은 대학이 융합교육을 정부사업의 평가를 위한 실적으로 운영하고 있으며 대학의 특성을 고려하기보다는 타 대학의 사례를 따라 하기 급급하다. 이러한 현상을 두고 박일우(2016)는 오늘날 대학의 위기는 시대적 변화를 제대로 대응하지 못한 고등교육의 주체가 빌미를 제공하기도 했지만 그 해결책을 주로 정권에 의지하여 해결하려고 한 결과라고 비판한다.

이런 상황 가운데 정부 재정지원사업과는 상관없이 국내 최초로 자기설계학기가 A대에서 '파란학기제'라는 이름으로 시행되었다. 자기설계학기는 학생들의 자기주도형 학점인정제도로 학생들 스스로 과제를 선정하여 이를 수행하면 3~18학점의 정규학점으로 인정해주는 제도이다. 이 제도는 학습자가 주체가 되어 스스로 주도적으로 학습한다는 면에서는 이전의 자유전공 또는 학생설계의 특성을 보여주고 있지만 전공의 설계가 아닌 학점의 설계와 팀프로젝트로 진행된다는 면에서는 학생연구의 특성을 가지고 있다. 또한 A대학이 자기설계학기의 목적으로 제시하고 있는 "학생들 스스로 하고 싶은 일에 도전함으로써 인생과 진로에 대해 깨달음과 자신감을 얻는다"는 측면에서 중고등학교의 자유학기와 그 맥을 한다고 생각할 수 있다. 이러한 A대의 자기설계학기는 타 대학에서 플러스학기제, 도전학기제등 유사한 학사제도로 나타나고 있으나 아직 도입 초기이며, 효과성과 학습경험에 대한 연구는 진행된 바 없다.

따라서 본 논고는 두 가지 방향으로 대학의 융합교육에 대해 논의하고자 한다. 먼저 현재 국내 고등교육에서 시행하는 융합교육의 현황과 문제점에 대하여 논하고 융합교육으로서 대두된 자기설계학기에 대한 특성과 사례에 대해 살펴보고자 한다. 그 다음으로 국내 A대의 자기설계학기 참여 학생들의 동기와 경험을 현상학적으로 탐색함으로 융합교육으로서의 본질을 이해한다.

특별히 융합교육은 결과보다는 과정으로서의 지식을 지향해야 하며 학습자의 내면적 성장에 얼마나 기여하느냐에 주목해야 한다(허영주, 2013). 그렇다면 융합교육의 실제적인 성과를 다루기 위해서는 참여자의 경험에 대한 본질적 이해가 필요하다. 이러한 경험의 본질에 대해서 온전히 접근할 때 자기설계학기를 통해 나타난 융합교육의 특성과 고등교육에 있어 융합교육의 실천적 방안을 제시할 수 있을 것이다. 이를 통해 대학에서 진정한 융합교육의 가치와 방향성을 모색함으로 향후 자기설계학기를 운영하는 대학의 정책적 방향을 수립하는 데 기초자료로 활용되기를 기대한다.

II. 대학 융합교육의 유형과 한계점

1. 융합교육의 유형

융합교육은 갑자기 대두된 개념이 아니라 미래 사회의 변화에 따른 새로운 인재상에 대한 논의로 비롯되었다. 현대의 복잡하고 다양한 문제들을 해결하기 위한 창의적 문제 해결능력은 하나의 전문적인 시각이 아닌 다양한 접근성을 통해 산출될 수 있으며(김재득, 이희용, 윤아영, 2015) 이러한 통합적인 관점을 배양하기 위한 융합교육은 이제 모든 교육기관의 관심의 대상이자 시대의 화두로 보인다(박일우, 2016). 특히 국가 경쟁력 확보에 중요한 인재를 양성하는 대학은 융합교육이 교육과정 속에서 실현될 수 있도록 다양한 방안들을 제시하고 있다(김대영, 2016).

현재 국내 대학에서 현재 시행하는 융합교육의 유형은 융합의 대상, 융합의 주체, 융합의 범위 등으로 범주화할 수 있다. <표 1 참조>

표 1 국내 대학의 융합교육의 유형과 내용

유형	제도명	융합 대상	융합 주체	융합범위	융합내용
Ⅰ형	융합교과목	교과목	대학	규정된 범위내	2가지 이상의 학문의 내용을 통합하여 하나의 교과목을 제공
Ⅱ형	부전공/ 복수전공	전공	대학	규정된 범위내	소속학과 이외의 타전공의 일정이상의 학점 또는 전공학점을 이수
	연계전공/ 협동과정	전공	대학	규정된 범위내	2개 이상의 전공(학과) 또는 학부가 연계해 교과과정을 제공
	융합전공 (학부)	전공	대학	규정된 범위내	2개 이상의 학과 또는 학부를 융합해 새로운 학과로 운영
Ⅲ형	자유전공 (학부)	학과명	학생	단과 또는 전체 대학 내	학습자가 스스로 전공을 선택하거나 새로운 전공을 설계 지정된 학부로 입학해야 가능
	학생(자기) 설계전공	새로운 전공명	학생	전체 대학 내	학습자가 스스로 직접 전공을 설계 주 전공 외에 신청이 가능하며 다양한 형태로 제공
	학부생연구/ 자율연구	교과목	학생	–	학습자가 스스로 연구 주제를 선택하여 학점 인정
	자기설계학기	교과목	학생	–	학습자가 스스로 교과목 내용을 구성하여 학점으로 인정

먼저 Ⅰ형은 현재 대학에서 가장 많이 실시하고 있는 융합교육의 형태로 2개 이상의 학분 분야를 통합하여 하나의 교과목으로 학생에게 제공하는 융합교과목이다. 이것은 융합교육을 처음 시도하는 경우 쉽게 실시할 수 있다는 장점이 있으나 무분별한 개설을 통제하는 것이 중요

하며(김혜영, 2013), 전체 융합교과들의 유기적인 연계와 효율적인 운영 및 관리가 중요하다. 하지만 많은 연구에서 지적하다시피, 융합교과목의 형태는 기존의 두 교과목을 단지 물리적으로 통합된 형태로 이루어지는 경우가 많아 진정한 의미에서 융합교육이라 볼 수 없다(김대영, 2016).

두 번째 유형인 Ⅱ형은 대학 중심의 융합교육으로 부전공/복수전공, 연계전공, 융합전공과 같이 2개 이상의 전공에서 제공하는 교과목을 이수함으로 2개의 전공을 부여하거나 새로운 학과(학부)로 인정해주는 형태이다. 이러한 형태는 기존의 전공교과목을 그대로 제공하고 학생들이 전공의 개별 교과들을 다양하게 또는 제공되는 트랙형태로 이수함으로써 융합적 지식과 시각을 갖추도록 하는 형태이다. 하지만 이러한 교육과정을 면밀히 살펴보면 기존의 주 전공을 이수하고 있는 상태에서 추가적으로 타전공을 이수하는 형태로 기존의 복수전공이나 부전공과는 다를 바 없다는 비판을 받고 있다(허영주, 2013).

마지막으로 Ⅲ형은 학생 중심의 융합교육으로 자유전공(학부), 학생설계전공, 자율연구 등이다. 보통 자기설계전공으로 부르기도 하는데 학생이 기존에 주어진 학과의 단일전공이나 프로그램을 그대로 수용하는 것이 아니라 스스로 전공을 만들어낸다는(안동현, 2016) 점에서 가장 이상적인 융합교육의 형태이다(김대영, 2016). 이러한 자기설계전공은 학교마다 나라마다 또 학교의 상황에 따라 다양한 형태와 의미로 나타나기도 한다[1]. 자기설계전공은 1960년대 말 미국의 자유언론, 시민권리 등 사회적으로 활발한 민권운동과 함께 학생들의 학문적 자유를 향상

---

1) 해외의 경우 코넬대학교(Cornell University)의 경우 독립전공(Independent Major) 및 자유전공(Collage Scholar Program), 위싱턴주립대학(University of Washington)의 경우 개별연구 전공(Individualized Studies Major), 매사추세스 주립대학교(University of Massachusetts)는 개별연구 학사학위전공(Bachelors Degree with Individual Concentration Major)등의 명칭으로 운영하며 우리나라 대학의 경우 자유전공학부, 학생설계전공, 자기설계전공 등으로 운영되고 있다.

시키기고 선택권에 초점을 둔 혁신적인 제도이다(Shoenfeld, 1972). 우리나라에서는 1998년 서강대에서 최초로 자기설계전공이 실시된 이후 많은 대학들이 자유전공학부 또는 학생설계전공 제도를 도입하였다. 하지만 미국의 경우와 다르게 우리나라의 자기설계전공은 대학의 전공별 인원조정의 필요 및 법학전문, 의학전문 등의 진학을 위한 입문과정으로 만들어낸 면이 강하다(서민규 외, 2014; 안동현, 2016). 그로 인해 미국에 보다 소극적이고 복수 전공 형태로 나타나고 있으며(이두휴, 2017) 현재까지 매우 적은 수의 학생들이 이수하거나 학부 폐지 또는 명칭을 변경한 것으로 나타났다.

학부생연구 또는 자기설계학기는 학생이 스스로 연구주제나 교과목 내용을 선정하여 학점으로 인정받는 형태로 전공 외에 다양한 분야의 주제를 선정한다면 좋은 융합교육의 형태이다(허영주, 2013). 하지만 학생 중심의 융학교육은 일관된 교육목적을 확보하기가 어렵고 이 과정을 운영하기 위한 상당한 노력과 교수자의 질 확보, 그리고 대학 전체 차원에서의 다양한 노력들이 필요하기에(허영주, 2013) 아직까지 활성화되고 있지 않다.

또한 여기 유형화에 속해있지 않지만 일부대학에서는 기존전공+학생설계전공 또는 융합전공+학생설계전공 같은 형태로도 나타나고 있으며 경희대의 후마니타스칼리지나 이화여대의 호크마교양대학등과 같이 교양교육과정의 융합의 형태도 운영되고 있다.

흥미로운 것은 과거 자유전공제도가 기초교육과정이나 경상대 분야를 중심으로 나타났다면 4차 산업혁명으로 인해 다시금 자유전공제도와 같은 비슷한 제도가 공학분야를 중심으로 생겨나고 있다는 것이다. 최근 국내 KAIST, GIST, DGIST, UNIST, POSTECH 등과 같은 국내 공과대학을 중심으로 무학과, 초학제 전공 제도를 실시할 계획을 발표했다(대학뉴스, 2018. 5. 17.). 다양한 전공 경험을 위해 무전공, 무학과로 입학을 하고 융합모듈을 선택하여 기술계의 핵심인재를 키운다는 것이다. 또한 공학 분야에는 대부분 캡스톤디자인 교과목을 운영하는데 다학년, 다학제 팀프로젝트 형태로 운영하는 경우가 많아 단순한 교과목 융합보다는 과제중심, 학생중심의 융합교육이 실시되고 있다.

2. 융합교육의 한계점

이렇게 다양한 대학의 융합교육에도 불구하고 선행연구에서 나타난 융합교육의 한계점을 정리하면 크게 3가지로 볼 수 있다.

첫째, 고등교육에서의 융합교육은 소위 정부로부터 '하향식(top-down)' 방식으로 만들어지기 때문에(김재득, 이희용, 윤아영, 2015; 박일우, 2016; 홍병선, 2016) 융합교육의 개념 및 패러다임이 정확하게 정립되어 있지 못하다는 것이다(김대영, 2016). 대부분 대학의 융합교육은 연구자들의 필요나 자생적으로 이루어지지 않고 대학기관의 정책적 결정이나 정부 정책에 의한 외적인 요인에 의해 이루어졌다는 것이다(홍병선, 2016). 정성호(2015)는 정부가 제도(정책)을 통해 융합교육을 규제하다보니 교육의 본질이 흐려진다고 지적하고 있으며 박일우(2016)는 오늘날 대학의 융합교육은 정부정책으로 진행될 때 원래 의미는 퇴색해버리고 단지 '건수'로서 평가되고 있다고 비판하고 있다. 이렇게 명확한 개념의 정립 없이 정책으로서 시행되는 융합교육은 그 동기나 목적이 불분명하고 교육트렌드에 따른 일시적인 현상이거나 대학의 특성화를 뒷받침하기 위한 홍보 전략의 일환으로 볼 수 있다는 비판을 받고 있다(홍병선, 2016).

둘째, 융합지식의 전달측면을 강조하면서 역량 측면에서의 융합교육이 미흡하다. 현재 국내 대학에서 현재 시행되어오고 있는 융합교육은 대부분 교과목 중심의 융합방식이며 병렬적 방식을 채택해왔다. 복수전공, 부전공, 연계전공, 협동과정 등의 방식들도 실제 학생들이 다양한 분야를 수강하고 학생 내부에서 융합되기를 기대하는 융합교육방식이다(허영주, 2013).

중요한 것은 융합교육을 통해 최종 이루고자하는 인재의 방향성이다. 융합교육의 궁극적인 목적은 융합된 지식을 익히는 것이 아니라 융합을 하는 능력, 즉 지식 중심이 아닌 역량 중심의 교육이 되어야 한다(김혜영, 2013). 박구용(2012)은 학생들이 융합교육을 통해 최근 새롭게 등장한 융복합학문을 배우는 것이 아니라 다양한 학문을 자유롭게 횡단하며 스스로 새로운 가능성을 찾아갈 수 있는 능력을 길러야 한다고 하였다. 이런 융합역량 측면에서 현재의 융합교육이 학생들에게 어떤 학습적 효과를 주는지 알아야 한다는 것이다. 한국의 융합교육은 그것을 통해 실제 실효성을 확보할 수 있는지(홍병선, 2016) 우리가 만족할 만한 문제해결역량을 키워내고 있는지에 대한 깊이 있는 성찰이 부족하다(박일우, 2016).

셋째, 융합교육의 주체로서 학생과 교수 그리고 대학이 융합교육을 운영할 수 있는 기반이 마련되어 있지 못하다. 먼저 융합교육의 결과이자 융합교육의 대상으로서 학생은 중고등학교 때까지 지식위주의 교육을 받으며 스스로 자기주도적인 학습역량이 체계적으로 훈련되어지지 않았다. 이렇게 주입식 교육을 받은 학생들이 스스로 융합교과를 설계하거나 융합교과를 받아들일 수 있는 학습역량을 가지고 있는지 문제를 제기할 필요가 있다(홍병선, 2016). 융합지식의 전달자로서 교수 역시 실제 융합될 분야의 전문가들이 교류할 기회가 많지 않고, 서로의 관심과 연구방법이 너무 상이하기 때문에 서로 합의점을 찾는 일이 선행되어야 한다(서덕희, 윤아영, 이희용, 2017). 마지막으로 융합교육을 운영하는 대학도 충분한 재정과 제도적인 뒷받침이 미흡하다. 허영주(2013)는 한국의 융복합교육에 대한 문제점을 인재상 및 교육목표의 부재, 단편적, 백화점식 교과개발, 유사전공, 유사학과의 단순융합, 병렬적 팀티칭 교수, 교육평가를 위한 체계부재, 융합교육활성화를 위한 인적, 재정적 학사지원체계의 미확립으로 지적하며 융합교육을 한계점을 지적하였다.

III. 융합교육으로서의 자기설계학기

본 연구의 핵심주제어인 자기설계학기는 아직까지 뚜렷한 제도로서 구축되어 있는 상태는 아니다. 하지만 학생들의 주도적으로 설계한다는 면에서 융합교육의 한 형태인 자유전공 학생설계 제도와 맥락을 같이 한다. 또한 개인의 전공단위가 아니라 학점 또는 학기·학점 단위로 수강하며, 팀프로젝트로 진행한다는 면에서는 자유연구, 학생연구와 비슷한 제도이기도 하지만 자기설계학기의 본래의 목적과 취지로 볼 때는 중고등학교의 자유학기와 그 맥을 한다고 생각할 수 있다. 본 장에서는 융합교육으로서의 자기설계학기의 특징과 A대학의 운영사례를 살펴보도록 한다.

1. 자기설계학기의 현황과 특징

자기설계학기는 수요자 중심 학기제, 자기주도형 학습프로그램, 자기설계학기 등 다양한 명칭으로 지칭되고 있다. 한편 자기설계학기는 학생 스스로 도전과제를 정하고 이를 한 학기 동안 수행함으로 자기 진로에 대한 깨달음을 얻고 꿈과 끼를 살린 자유로운 활동을 한다는 면에서 대학판 '자유학기제'로 불리기도 한다.

자기설계학기는 현재 도입초기로 몇몇 대학이 운영되고 있으며 다양한 목적과 형태로 나타나고 있다.(<표 2> 참고)

표 2 국내의 자기설계학기 현황

대학명	프로그램명	비고
아주대학교 (2016)	파란학기제	8학기 중 최대 18학점인정/학점 당 10만원 내외 지원 발명, 취업·창업, 인문·예술, 사회봉사 등 도전과제
건국대 (2017)	드림학기제 (7+1자기설계학기제)	8학기 중 한 학기동안 다양한 과제를 실시 창업, 문화예술, 사회문제해결, 지식탐구, 자율형 PRIME 사업
이화여대 (2016)	도전학기제	최대 18학점이수/학기당 활동비 400만원 지원 3학기이상 재학생만 지원가능 ACE+ 사업
한양대 (2016)	프로젝트학기	최대 15학점 인정/학기당 약 100만원 지원 비즈니스 랩 소속의 교수제안 프로젝트 및 자율 과제로 참여 가능 CK 사업

외국의 경우에는 미국의 버지니아 공대(University of Virginia)의 School of Engineering and Applied Science와 올린공대(Olin College of Engineering)의 학생중심설계 프로그램과 비슷하다고 할 수 있다. 버지니아 공대의 경우 3, 4학년대상으로 capstone engineering프로젝트를 3학기에 걸쳐 운영되고 모든 전공학생들이 팀을 이루어 복합학제적으로 수행한다(조성구 외, 2008). 설계 목적에 따라 학생에게 100% 자율에 맡겨 운영되기도 하며 교수나 멘토는 관리와 기술적 문제에 대한 자문의 역할만 한다. 또한 미국의 올린공대의 학생중심설계(Student-oriented Course Design) 프로그램이나 학생주도 연구는 학생이 구체적인 연구 활동을 직접 계획하고 진행하며 교수가 멘토링을 해주는 방식이다(조봉수,

2017). 이 프로그램의 특징은 자기설계학기와 마찬가지로 연구수업의 학점까지도 직접 학생들이 스스로 정하며 어떤 결과물을 만들어 낼지 주도적으로 정한다.

이러한 형태로 운영되는 자기설계학기는 학습자가 자유롭게 다양한 관심분야를 선택하고 배운다는 면에서 학생설계전공(자유전공)과 맥락을 같이 한다. 학생설계전공의 정의가 기존의 학과의 제한 속에 달성될 수 없는 고유하고 독특한 학문적 관심과 적성, 미래계획을 가진 학생들이 학교와 교수들의 지도와 지원 속에 스스로 전공 프로그램을 설계하고 이수하는 학사과정의 전공형태라 한다면(김지현, 2009) 자기설계학기는 학생들이 학교와 교수들의 지도와 지원 속에서 스스로 교과내용을 설계하고 이수하는 교과목의 한 형태라고 할 수 있다. 이런 점에서 학생설계전공과 자기설계학기의 큰 차이점은 학생설계전공의 경우 학생 스스로 기존의 교과목을 선택하여 전공교육과정을 설계하는 것이고, 자기설계학기의 경우는 학생이 주도적으로 새로운 교과목을 설계한다는 것이라 할 수 있다. 학생설계전공에서 수업의 주체는 교수자이며, 자유롭게 블록화된 교과과정 설계라면 자기설계학기의 수업의 주체는 학습자이고, 1주차부터 15주차까지의 수업을 본인 스스로 설계한다는 면에서 진정한 의미의 주체적 학습이 일어난다고 할 수 있다. 학생설계전공에서는 학생이 교과내용과 구성을 학생스스로 만들어 낼 수 있는 것이 아니라 기존의 학문체계 내에서 인정되어 교과로 확립된 것을 선택하는 점에서(이두휴, 2017) 자기설계학기와는 접근과 맥락이 다르다고 할 수 있다. 또한 학생설계전공은 큰 틀에서 자신의 전공을 선택한다는 것이지만 자기설계학기는 학습자가 스스로 목표를 세우고 자신을 평가함으로 학습자의 주체가 되는 일련의 과정으로 좀 더 큰 의미의 자율성과 주체성을 부여해준다. 이러한 점에서 자기설계학기는 자기설계전공보다는 좀 더 주체적인 학습자로서의 학습자의 학습경험을 재조명할 필요가 있다.

2. A대의 자기설계학기의 운영현황

특별히 A대학의 자기설계학기는 현재 타 대학과 다른 차별점이 있다. 대부분 대학의 자기설계학기는 정부 재정지원사업의 일환으로 실시하고 있다(ACE+, PRIME 사업등). 하지만 A대학의 자기설계학기는 재정지원사업과 무관하게 대학 내에서 주도적으로 만들어진 제도라는 것이다. 또한 자기설계학기를 운영하기 위한 재정도 학교 내에서 충당하고 있으며 크라우드 펀딩(crowd funding)을 실시하기도 한다. 또한 다른 자기설계학기보다 참여인원이 월등히 많은 편이다. 타 대학의 참여 인원은 한 학기당 50명 미만이지만 A대학의 자기설계학기는 매학기 100여 명의 학생이 참여한다. 그만큼 학생들의 만족도는 높다고 할 수 있다.

2016년에 처음 시도된 A대의 자기설계학기는 '자신만의 도전과제를 직접 설계하고 실천하므로 정규학점으로 인정받는 교육과정이다. 이를 통해 자신이 진정으로 도전해보고 싶은 과제를 체험하면서 인생의 방향과 진로를 깨달아 자신감을 배양한다는 목적으로 실시되고 있다. 초창기에는 단순히 학기제로 실시했지만 현재 『도전과목』, 『파란학기』, 『도전 트랙』 등으로 다양화하여 학생들에게 제공하고 있다. 『도전과목』은 도전과제를 수행하여 학점을 취득하는 과목, 『파란학기』는 9학점 이상의 도전과목을 이수하는 학기, 『도전 트랙』은 여러 학기에 걸쳐 동일한 주제로 12학점 이상 도전과목을 이수시 도전 트랙으로 인정하는 형태로 운영되고 있다. 하지만 실제 운영은 『도전과목』과 『파란학기』구분 없이 운영되고 있으며, 『도전과목』이 한 학기에 몇 학점이상 이수하느냐에 따라 달라진다. 신청과목명은 아주도전 1-6(각 3학점)으로 구성되어 있으며, 정규수강과목과 병행가능하고 한 학기 전체를 아주도전과목으로 선정해도 무관하다. 아주도전 교과목은 교양교과목으로 분류되어 있으나 학생이 설계한 도전과제 내용이 전공 선택과 맞을 경우에는 승인 하에 전공으로 인정이 가능하다. 또한 아주도전은 재학 기간 내 최대 18학점까지 가능하며 재수강은 불가능하나 학점 포기는 가능하다.

현재 『파란학기』의 유형은 초기와 다르게 2가지 유형으로 진행되고 있다. 먼저는 학생이 스스로 내용과 과목까지 설계하는 학생설계 프로그램, 교수나 학교가 제안하는 프로그램을 선택하여 이를 수정하거나 변경하여 프로그램을 만드는 학교(교수)제안 프로그램 유형으로 나뉜다. 신청대상은 전체 재학생의 개인 또는 팀으로 가능하며, 도전과제 역시 자유롭게 선정할 수 있다. 인정 학점은 기본 3학점당 주당 8~10시간 투입을 기본으로 하여 학생 스스로 정할 수 있다. 지도교수 역시 학생이 직접 희망하는 교수에게 지도를 요청할 수도 있고, 외부전문가의 도움을 받을 수도 있다.

자기설계학기 학점 인정 절차는 일정 기간 동안 파란학기의 신청기간(약 3개월)을 두면서 대학 내 컨설팅을 지원한다. 자기설계학기 설명회, 면담, 컨설팅 등을 통해 학생들은 도전과제에 대해 구체적인 계획을 지도 받는다. 지원 학생이 자기설계학기 신청서와 계획서를 제출하면 대학교육혁신원에서 파란학기 운영위원회 심사를 통해 선정한다. 이와 같은 절차에 따라 선정된 팀은 주차별, 중간, 최종 보고서를 홈페이지에 제출하여야 한다. 또한 과목 1학점당 최대 10만원을 기준으로 지원하며 이에 따른 지원금 사용내역을 제출해야 한다. 지원범위는 과제를 수행하기 위한 제작비 외에도 팀활동비, 자문비 등 다양한 항목에서 지원해 주고 있다. 자기설계학기 평가는 학생들이 매주 제출하는 활동증빙자료, 보고서, 결과물을 토대로 지도교수가 절대평가(A/B/F)로 성적을 부여해준다.

이외에도 대학 측에서는 자기설계학기 중간발표회, 최종발표회 등을 매 학기 개최하여 정보를 공유하고 우수한 학생 선발 및 시상 등을 통해 학생들의 참여 동기를 지속적으로 독려한다. 또한 이들의 성적증명서에는 파란학기에 대한 내용이 '노란'색으로 박스 안에 파란학기의 목적, 내용, 수행결과 등이 기술된다.

2017년 2학기까지 A대의 자기설계학기를 신청한 학생은 129팀, 총 469명이 참여하였다.

표 3 A대 자기설계학기 참여 현황

	2016. 1학기	2016. 2학기	2017. 1학기	2017. 2학기
총 참여 학생수	118명	89명	148명	114명
공대학생참여수(%)	61(51.6%)	50(56.1%)	82(55.4%)	77(67.5%)
총 참여팀	39	32	35	23
교수제안/학생설계	−/39	2/30	7/28	3/20

*학기 초 자기설계학기 선정자 현황으로 최종이수자와는 차이가 있음

그동안 참여팀의 도전과제는 『주름진 고분자 패턴 위 세포 성장 형태 연구』, 『자율주행 자동차 개발』, 『대학생 단편영화제 개최』, 『제로에너지 하우스 설계 및 시공』, 『스마트 자전거 잠금 디바이스 제작』 등으로 다양한 범위의 과제들이 선정되었다. 자기설계학기를 통한 결과물들은 학기이후에 해외국제 학생 대회에 출전하거나 대학 밴드 공연 등 다양한 활동들로 이어지기도 하고 창업, 특허출원 등으로 이어지기도 한다.

Ⅳ. 자기설계학기의 참여경험[2)]

특별히 자기설계학기에서 대부분의 학생들은 팀을 이루어 복잡한

2) 본 장은 자기설계학기 참여자를 대상으로 경험의 의미를 분석한 본 연구자의 논문 내용을 정리한 것으로 지면관계상 축소하여 제시하였음.

과제를 수행하고 문제를 해결하는 과정을 통해 융합적 사고와 협력을 경험하게 된다. 그렇다면 융합교육으로서의 자기설계학기를 참여한 학생들의 동기는 무엇인가? 또한 그들의 경험에 대한 본질적 의미는 무엇인가? 본 장에서는 자기설계학기에 참여한 학생들의 경험의 의미를 심층적으로 살펴보고자 다음과 같은 질적 연구를 실시하였다.

1. 연구방법

자기설계학기라는 특정한 경험에 초점을 두기에 질적 연구이며, 그 중 본질적 사례연구(intrinsic case study)에 속한다. 특별히 경험은 학습자가 주관적으로 인식하고 능동적으로 의미를 부여한 것이기에 경험의 본질에 대해서는 질적으로 분석되어야 온전히 해석될 수 있다(신종호 외, 2016; 113). 본질적 사례연구는 연구자가 구체적인 사례를 갖는 특성과 현상에 대해 더 많은 이해를 얻기 위해 시행하는 연구이다(Stake, 1995). 여기서 사례란 제한된 맥락에서 일어나는 현상(Miles & Huberman, 1994)으로 본 연구에서는 A대학의 자기설계학기를 경험했던 이공계 대학생이라는 제한성을 가지고 있다.

가. 연구 참여자 선정

본 연구는 이러한 특징을 가지고 있는 A 대학의 자기설계학기 참여자를 대상으로 선정하였다. 2016년 1학기~2017년 1학기 사이에 파란학기를 통해 적게는 3학점 최대 10학점까지를 이수한 학생을 눈덩이 표집방법을 활용하여 의도적 표집을 하였다. 연구에 참여한 학생들은 파란학기 특성상 통일된 시사점을 도출하기 위해 공대 및 정보통신대학 재학생으로 학과로 한정하였다. 또한 자신들의 경험에 대한 성찰 반추할 수 있는 참여자로 선정하기 위해 파란학기 경험이 일정 기간 지난 학생들로 선정하였다. 모든 참여자는 연구자와 직접 만나 연구에 대한 목적과 내용을 설명 듣고 연구 참여 동의서를 한 적극적인 참여자로 선정되었다. 학생들이 편안한 마음으로 면담에 참여할 수 있도록 연구자와 라포형성이 어느 정도 되어있었으며 1:1로 독립된 공간에서 면담을 진행하였다. 연구 참여자들의 이름은 개인정보 보호를 위해 모두 가명으로 처리하였으며 이들의 경험을 해석하는데 유의미하게 적용될 수 있는 사항들은 미리 질문 및 기술하여 맥락적 의미를 통해 분석의 정확도를 높이려 노력하였다.

표 4 연구 참여자 정보

이름	성별 (나이)	학과 (학년)	참여 학기 (이수학점)	출신고
김형영(A)	남(24세)	기계공학과 (3학년)	2017. 1학기(7학점)	일반계 고등학교
양승모(B)	남(25세)	소프트웨어, e－business 복수전공(4학년)	2016. 2학기, 2017 1학기, 2학기(9학점)	특성화고
배진호(C)	남(24세)	기계공학과 (4학년)	2017.1학기(10학점)	일반계 고등학교
곽승찬(D)	남(24세)	기계공학과 (4학년)	2017.1학기(10학점)	일반계 고등학교
김도현(E)	남(26세)	소프트웨어전공 (졸업예정)	2016.2학기(3학점)	특성화고
손창식(F)	남(27세)	미디어 소프트웨어복수 전공(졸업예정)	2016.2학기(3학점)	일반계 고등학교

나. 자료 수집 및 분석

본 연구의 심층면접은 2017년 12월부터 2018년 2월까지 진행되었다. 참여자 인터뷰는 총 1~2회 실시되었으며 회당 90분에서 120분정도 소요되었다. 심층면접을 실시하기에 앞서 연구자는 연구의 윤리적 측면을 고려하여 참여자들의 자발적인 서면 동의를 받고 진행하였다. 또한 녹음에 대한 동의를 받고 연구 종료 후에는 참여자들의 녹음내용은 폐기하며, 모든 자료는 익명으로 처리함으로 참여자들의 윤리적 측면에서 보호되도록 하였다.

심층 면접은 참여자들의 이전 경험(자기설계학기 이전의 경험), 참여자의 자기설계학기 과정, 참여자의 자기설계학기 이수 후의 결과라는 큰 주제 안에서 반구조화된 문항을 활용하였다. 또한 맥락에 따라 "추후 졸업 후 진로나 계획은 무엇인가요?"와 같은 개방형 질문을 통해 연구 참여자가 자신의 경험을 자유롭게 생각하며 표현할 수 있도록 하였다.

수집된 자료와 녹음 자료는 질적 자료를 분석할 때 일반적으로 사용되는 반복적 비교 분석법(constant comparison method)을 활용하였다. 반복적 비교 분석법은 텍스트를 반복적으로 읽고, 자료를 다시 배열하고 압축하고 이를 다시 읽고 의미를 확장시키는 과정을 반복하는 분석법이다(Miles & Huberman, 1994). 반복적 비교 분석법의 절차는 개방코팅, 범주화, 범주 확인의 과정으로 진행된다(유기웅 외, 2012). 이러한 코딩화와 범주화작업은 어느 정도 시차를 두고 반복하면서 비교하고 수정하였다. 이러한 범주화를 거친 후 범주가 잘 구성되었는지 원자료와 비교하면서 다시 확인하는 수정과정을 거쳤다.

본 연구의 타당성을 확보하기 위해 연구 자료 및 결과에 대해 연구 참여자들에게 다시 확인하는 참여자 확인법(member check)를 실시하였다. 이러한 과정을 통해 경험의 의미가 정확하게 추출되었는지 검토하였다. 분석의 신뢰성 확보를 위해서 질적 연구 경험이 있는 박사과정생과 고등교육 전문가 박사 1인으로부터 평가와 조언을 받아 수정, 보완 후 다시 전문가와 함께 재검토 하였다.

2. 자기설계학기의 참여경험

연구 참여자들의 면담을 분석한 결과 자기설계학기에 참여자들의 경험은 크게 3가지 범주로 나타났다. 범주 1은 자기설계학기를 참여하게 된 동기와 관련이 있는 것으로 일반적인 수강신청과는 다른 권유와 가능성, 그리고 목표달성을 위한 도구로서 자기설계학기를 참여하는 것으로 나타났다. 범주 2는 자기설계학기 참여 과정 중에 일어난 경험으로 참여자 스스로 배우고 설계하면서 주체적인 학습자로의 훈련과 팀원들 간의 갈등과 해결속에서 진정한 협업을 배우고, 보고서라는 압박을 통해 스스로를 평가하는 경험들이 나타났다. 마지막으로 범주 3은 참여이후 참여자들의 경험에 대한 성찰로 습득하게 된 지식과 변화 그리고 삶의 방향과 관련되어 배웠다, 변했다, 해보자라는 특성을 나타냈다. 이와 관련된 과정특성은 <표 5>에 제시하였다.

표 5 자기설계학기 참여자들의 경험의 범주화

범주	하위범주
참여 동기의 특성	'해보자'권유로부터 시작된 참여 '가능성'을 타진하며 참여결심 '목표달성'과 '규제'의 도구로 선택
참여과정의 특성	주체적이고 능동적인 '학습자'로 훈련 갈등으로부터 배우는 진정한 '협업' 보고서의 '압박'속에서 스스로를 평가
참여경험의 의미	융합적이고 맥락적인 '살아있는 지식'의 학습경험: 배웠다 '성찰'로부터 오는 삶의 방향: 변했다 경험으로부터 오는 '자신감'과 도전: 해보자

가. 자기설계학기 참여 동기의 특성

연구 참여자들은 공통적으로 자기설계학기를 선택한 분명한 동기가 있었다. 특히 참여자들은 학교에서 대대적으로 홍보하여 자기설계학기가 진행되는 것을 알고 있었지만 대부분 본인 스스로 결정하고 신청하기보다는 누군가의 권유와 함께 자신이 취할 수 있는 이득과 이해관계를 살펴보고 결정했다.

(1) '해보자' 권유로부터 시작된 참여

참여자들이 자기설계학기에 관심을 가지게 된 계기는 동료 또는 다른 학습자에 의한 '해보자'란 권유였다. 그들은 이미 자기설계학기가 있다는 것을 알고 있었지만 그동안 참여의 필요성을 느끼지 못하고 있었다.

> 동기는 처음에는 그냥 OO가 그냥 '이거 해보자'해서, (시작한 것 같아요) 여름 방학 때부터 근로 장학을 해서 학교도 오고, 남는 시간에 같이 해보자 해서 그렇게 시작했던 것 같아요.(참여자 E)

> 동아리 내에서 이걸(대회)을 나갈 건데 혹시 관심 있는 사람이 있느냐 했을 때 '좀 재미있겠다'생각을 해서 팀이 꾸려졌죠. (중략) 그러다가 자기설계학기를 하게 되면 좋을 것 같다 얘기가 나와서 다 같이 자기설계학기 신청한 거죠.(참여자 A)

참여자들은 모두 자기설계학기 참여 이전에 동아리나 스터디모임을 통해 활동을 하고 있었지만 그러한 활동과 자기설계학기와의 관련성을 찾지 못하고 있었다. 그러나 팀원 중 누군가가 '해보자'라고 권유를 했을 때 자기설계학기에 관심을 가지게 되었다.

(2) '가능성'을 타진하며 결심

권유, 또는 제안을 받은 참여자들은 참여를 선택하기 전에 자신의 졸업학점과 투자 시간 그리고 자기설계학기를 통해 참여자들 스스로 얻을 수 있는 이득 등을 스스로 타진하며 참여 가능성을 탐색했다. 특히 참여자들의 대학의 경우 공학교육인증제를 운영하고 있어 졸업을 위한 이수체계가 정해져 있었다. 참여자들은 자기설계학기를 수강하기에 앞서 졸업규정과 학점, 그리고 참여자들이 속한 팀의 활동들을 지속하기 위한 재정적 지원들을 탐색했다.

> 그래서 시작하기 전에 많이 알아봤어요. 초과 학기를 해야 하나 알아보니 나머지 수업들을 재수강 안한다는 가정에 해볼 만하겠다 생각이 들어서 시작했어요. 일단 졸업에는 문제는 없겠다는 전제가 성립되어서 했죠.(참여자 D)

> 저희는 공부하려고 프로젝트를 계속 진행했었어요. 일단 프로젝트를 진행하면 학기 중이라 힘들잖아요. 그런데 학점인정까지 되고 돈까지 주고 교수님연계까지 되어서 도움이 많이 되는 거예요.(참여자 F)

참여자들은 때로 자신이 듣고 싶은 교과목이 없는 상황에서 학점을 채울 수 있다는 점과 특별한 경우가 아닌 이상 A/B/F을 받을 수 있다는 평가 체계, 그리고 학점당 주어지는 지원금에 상당한 매력을 느꼈고, 참여자들이 학기 중에 진행하는 프로젝트와 성격이 맞는다면 자기설계학기로부터 많은 도움을 받을 수 있을 것이라 생각했다. 또한 참여자들내에서는 낯선 경험에 대한 호기심도 있었다.

> 학점도 3학점 정도는 부담스럽지도 않고 재수강도 없어서 안 해 본 것 해보자 그런 생각으로 해봤어요.(참여자 E)

> 그리고 안 해 본 걸 해 볼 수 있고, 현실적으로도 학점도 채울 수 있고.(참여자 C)

(3) '목표달성'과 '규제'의 도구로 선택

특별히 참여자들 중에는 자기설계학기를 주도하고 권유했던 참여자들은 프로젝트의 목표달성을 위한 규제로서 자기설계학기가 유용한 수단으로 활용될 수 있다고 생각했다. 대부분 대회나 어떤 구체적인 목적을 이루어야 하는 프로젝트에서는 지속적으로 활동을 지속해줄 수 있는 강제적이면서도 좀 더 강력한 규제가 필요했다. 더구나 자발적으로 구성된 팀 구성원이지만 서로 신뢰할 수 없는 상황에서 중도탈락을 막고 좀 더 책임감을 부여하기 위한 수단으로 선택하기도 했다. 이를 통해 팀원들은 서로에 대한 의존성을 높이고 신뢰를 구축할 수 있는 수단으로 자기설계학기를 선택하기도 했다. 이렇듯 참여자들의 자기설계학기의 참여 동기는 어떠한 자발적인 목표달성을 위한 좀 더 강력한 동기부여와 제도적 연결성을 구축하고자 참여하였다.

> 프로젝트를 하는데 좀 더 의존성을 강화하고 싶었어요. 빠져나갈 수 없게, 왜냐하면 처음 맞춰가다 보니까. 처음 프로젝트를 하는 사람도 있었고, 그 전에 알긴 알았지만, 중간에 빠져나갈 수도 있고, 사람들을 믿을 수가 없으니까 그걸 서로 믿기 위해서 자기설계학기를 했죠.(참여자 B)

> 학기 중에 대회를 준비하려면 책임감 있게 준비를 해야 하는데 학교 다니면서 준비하기 힘들겠다 그러고 있는데 딱 공지사항을 보니까 자기설계학기가 일주일 남았다고 하더라고요. 누군가

> 할 거라면 자기설계학기를 하면서 대회를 준비하면 좋겠다. (중략) “나는 (자기설계학기 신청을) 무조건할 테니까 하고 싶은 사람 모여라”해서 하게 된 거죠.(참여자 D)

A대학의 자기설계학기 참여자들은 주변의 ‘권유’에 의해서 스스로 참여 가능성을 생각해보고 선택하게 된다. 이효진, 윤가영, 박인우(2017)의 연구에 의하면 일반적으로 대학생들이 수강신청 요인으로 학습편의성, 교수자특성, 강의실용성, 학습기대 및 관심, 강의 외적 요소 등으로 나타났으며, 교양교과목을 선택할 때 주로 학습편의성을 고려한다고 하였다. 여기서 학습편의성이란 학습자가 강의를 수강하는 데 요구되는 시간이나 노력 등을 의미한다. 반면, 본 연구에서 확인한 자기설계학기 참여자들은 신청한 학점보다 더 많은 시간과 노력이 요구됨에도 불구하고 신청함으로 일반적인 학생들과 전혀 다른 기준과 동기를 가지고 수강신청을 하고 있다고 볼 수 있다. 연구 참여자들의 경우 그들은 대부분 권유로부터 시작했지만 자기설계학기가 주는 도전에 상당한 의미를 부여하고 있다. 비록 대부분의 팀이 생각만큼의 결과(대회 입상 또는 창업 등)를 얻지 못했지만 그들은 새로운 경험을 얻은 것에 상당한 자부심과 만족감을 가지고 있다. 또한 자기설계학기 참여 이후 다른 동료들에게도 신청할 수 있도록 권유하고 있다고 하였다.

나. 자기설계학기 참여 과정의 특징

연구 참여자들이 자기설계학기를 참여하기 전 새로운 경험과 목표달성이라는 기대를 갖고 시작했다. 하지만 참여자들이 처음에 직면했던 경험은 이전까지는 경험할 수 없었던 자기주도적인 학습에 대한 좌절이었다. 또한 의존성이 강하고 서로를 잘 이해한다고 생각한 팀원들과의 갈등, 생각지도 못한 보고서의 압박이 있었다.

(1) 주체적이고 능동적인 학습자로 훈련

참여자들이 그동안 수동적으로 교수자가 전달해주는 지식을 습득하고 단순히 필요에 의한 전공지식을 습득하고 있었다. 하지만 자기설계학기를 수강하면서 참여자들은 스스로 지식을 습득하는 데 어려움을 겪었고, 목표달성을 위한 큰 그림을 스스로 그리고, 낯선 교수자의 역할에 적잖이 당황한다.

참여자들이 자기설계학기를 시작함에 있어 제일 먼저 봉착한 좌절은 자신이 그 분야의 지식이 절대적으로 부족하다는 것이다. 그동안 전공지식을 습득했지만 그것이 종합적이고, 통합적인 결과물을 제시해야 하는 목표 앞에서는 더 깊이 있고 넓은 지식을 요구했다.

> 웹서핑하고 카페 가입해서 물어보고 직접 해보는 것도 있고. 전공도 더 열심히 했지만, 전공이 도움이 안 됐다는 건 아닌 것 같고요. 적어도 공부를 해서 얻은 최소한의 도움은 받았던 것 같아요.(참여자 A)

> 어쩔 수 없던 게 저희가 아무것도 모른 상태니까 (중략) 우리는 다 알아서 하다보니까 너무 인터넷 자료가 많이 없는 거예요. 그래서 계속 물어보고...(참여자 C)

참여자들은 일단 전공서적 또는 웹서치 등을 통해 지식을 습득하거나 교수 및 선배에게 도움을 요청하는 등 스스로 학습을 하면서 학습하는 법을 배웠다. 이들은 필요에 따라 독학도 하고, 번역도 하면서 스스로 주도적으로 학습하는 훈련들을 지속했다. 또한 그들이 습득한 지식을 팀원끼리 공유하며 지식을 확장해 나갔다.

따로 공부를 했죠. 리딩도 하고 찾아도 보고 독학을 했죠.(참여자 E)

OO은 프로그램도 넣어야 하고 값도 넣어야 하고, 계속 조정을 하는 게 어려워서 시간이 많이 걸리더라고요. 원래는 판매하는 제품은 나와 있는데 이게 영어로 나와 있어서 그걸 번역하느라 시간이 걸리더라고요.(참여자 D)

저희 팀 내에서는 저의 지식을 나눠지고 상대방의 지식을 나눠주고, 그 부분이 좋았던 것 같아요.(참여자 B)

또한 참여자들은 자기설계학기를 신청하면서 주차별 계획과 최종목표, 평가 방법 등 일종이 한 학기동안의 계획과 목표를 세우고 시작한다. 이러한 작성이 어려울 경우 학교 자체 내에서 컨설팅을 지원해주면서 학생들 스스로 자신만의 학기를 구성하여 실행할 수 있도록 행정적인 지원을 한다. 그럼에도 불구하고 참여자들은 시작하면서 전체 그림을 그리고 실행하는 데 어려움을 겪는다.

저희가 그것보다 더 큰 대회에서 하려고 보니까 뭔가 할 일이 훨씬 많아지고 저희끼리 생각했을 때 중구난방? 저희가 생각할 때 이렇게 하면 되겠다고 했는데 실제로 해보니까 안 되는 거예요.(참여자 A)

업무분담이라던가 뭐든지 그 기간에 할 것들도 그렇고 생각하고 해야 했는데 주먹구구식으로 급하면 이때 필요한 거 막 하고 나중에 가면 코딩 같은 게 정리가 잘 안 되어 아쉽죠.(참여자 E)

이렇게 목표를 달성하기 위한 계획적인 설계가 중요함을 절감하고 있었다. 참여자들은 시간이 지나면서 단지 머릿속으로 그려진 계획보다 큰 목표를 세우고 세부적인 실천 계획들을 세우는 것에 대해 새롭고 중요하게 느꼈다. 특히 자기설계학기의 경우 학습자 스스로 주차별 계획을 세우고 실천함에 있어 이것을 새로운 경험이라 말하였다. 이는 그동안의 학습은 교수가 일방적으로 정해진 수업커리큘럼대로 수업을 받았고 팀프로젝트의 경우에도 지정된 기간에 정해진 과제를 제출하는 등, 수동적인 입장에서 학습 과정을 설계했다면 이제 스스로 모든 과정을 설계함에 있어 많은 어려움을 겪었다.

어떤 식으로 해야 하는지 좀 많이 배웠던 것 같아요. 자기설계학기 할 때는 저희가 뭔가 달성도를 높이면서 동시에 기술 수준을 높이며 결과적으로 큰 목표를 향해 갈 계획을 세우는 거여서 그게, 처음이었던 같아요. 그런 경험이(참여자 D)

일단 계획을 제대로 하고, 계획대로 해야겠더라고요. 어렵긴 한데 굉장히 중요하다고 느꼈어요.(참여자 A)

또한 자기설계학기에 있어 참여자들이 주체적이고 능동적인 학습자의 위치에 있을 때 교수자는 수업에서 보여주었던 지식전달자의 모습은 없었다. 자기설계학기에서는 학생 스스로 본인들의 프로젝트에 적합하다고 생각한 교수에게 찾아가 지도교수 요청을 하고, 학기를 진행하는 동안에도 지도교수와의 자유롭게 미팅을 한다. 자기설계학기에 있어 교수자는 조언자, 멘토, 그리고 안내자의 역할을 담당하였다.

그렇게 같이 밥을 먹다보면 교수님의 사적인 이야기도 나오게 되고, (중략) 이렇게까지 이야기하면 교수님도 저희를 친근하게 느껴지고, 저희 진로 이야기하고 뭐 은사 같은 느낌이랄까? 솔직히 교수님을 은사라고 이야기하기 그렇잖아요.(참여자 B)

그럼 교수님이 이런 재료를 써보는 게 어떠냐 이렇게 현실적인 조언을, 수치적인 조언보다는 현실적인 조언을 많이 받았던 것 같아요.(참여자 D)

크게 터치 안 하고 조언해 줄 것만 해주고 그래서 정말 저희가 끌고 가고 교수님은 서포터즈 느낌이었거든요. 터치 안 하는 대신 크게 저희에게 문제점을 해결해주는 부분은 없었죠.(참여자 F)

참여자들이 습득해야 할 지식은 깊이 있는 전공보다는 실제 대회를 참가하기 위한 결과물이 필요했으며 이를 위해서는 다양한 지식들의 융합이 필요했다. 이를 위해서 한 분야의 지도교수 역시 지식을 전달하기에는 한계가 있었고, 오히려 다른 멘토를 소개시켜주거나, 설계를 좀 더 넓게 보는 안목을 제시하고, 참여자들의 친교를 통해 목표가 달성될 수 있도록 격려하는 조력자의 역할들을 자연스럽게 주어졌다.

(2) 갈등으로부터 배우는 진정한 협업

참여자들은 시간이 흐를수록 서로에 대한 이해가 높다고 생각했던 팀원끼리 갈등을 겪었다. 이러한 갈등은 서로를 신뢰하고 소속으로 묶었던 자기설계학기만으로는 부족함이 있었다. 이러한 갈등을 해결하기 위해 참여자들은 목표의식 재정비와 소통능력 익히기, 그리고 과거와는 다른 진짜 협업에 대해 배우기 시작했다.

참여자들은 모두 팀 내 갈등을 겪었다. 서로 의존성이 높은 팀원들로 구성이 되었지만, 막상 자기설계학기를 진행하면서 팀 내의 업무 분장에 대한 경험미숙이나 목표달성을 위한 접근방식, 서로에 대한 이해

부족 등으로 갈등은 유발되었다. 또한 자율적으로 학습하고 계획을 진행하다보니 개인마다의 차이가 나타나 갈등으로 나타났다.

> 일단 팀프로젝트에서 기본적인 원인은 그것 같아요. “나는 하는데 남은 안하는 것 같다” 그런 마인드가 깔려있기 때문에 항상 싸우는 것 같은데, 저희도 비슷하게 했던 것 같아요.(참여자 C)

> 많이 맞는다고 생각하더라도 어쩔 수 없이 갈등이 있더라고요. 자기가 하고 싶은 게 있다 보니까 절충을 하기가 힘들었던 것 같아요. 좀 맞춰가야 하는데 서로 고집이 있어서 힘들더라고요.(참여자 E)

참여자들은 이러한 갈등을 해결하기 위해 수동적인 입장을 취하기보다는 좀 더 적극적인 입장이었다. 참여자들은 서로 감정을 표현하기도 했고, 솔직히 터놓고 대화를 하면서 이러한 갈등을 해결해 나갔다. 대부분의 갈등은 학기가 마무리되면서 자연스럽게 해결되기도 했지만 다른 참여자들의 갈등은 골이 깊어지기도 했다. 무엇보다도 팀 내의 갈등을 회복하기 위해서는 팀의 목표의식을 다시 재정비하는 것이었다. 팀원들끼리 초기의 목표를 상기함으로 팀 내의 갈등을 해결하고자 하였다. 이러한 구체적인 목표의식은 팀원들의 의존감을 강하게 유지하게 하였다.

> 그래서 한번 모아놓고 미안하다고 다시 한 번 다잡는 시간을 가졌었고...(참여자 D)

> 팀원들에게 그걸 설명해야 따라오는 거지 제가 돈을 주는 것도 아니고 오로지 신뢰하나만으로 움직이는 거잖아요. 그게 분명하지 않으면 안 되더라고요. 목표의식. (참여자 B)

팀 내 갈등보다도 참여자들을 혼란스럽게 했던 것은 팀 내의 소통 문제였다. 이것은 개인의 개념의 차이와 표현의 정도에서 비롯된 것이었다. 팀원들은 같은 목표아래 협업하는 과정에서 서로가 가진 생각을 나누는데 어려움을 겪었다. 자신이 가진 지식을 설명하거나, 자신이 생각하는 팀장과 팀원의 역할 등 같은 언어를 사용하더라도 상대방과 소통하는데 어려움을 느끼고 있었다.

> 팀원 간에 힘들었던 것은 제가 봤을 때는 이렇게 해서 팀장에게 보여주고 팀장이 오케이 하면 끝나는 건데 팀장이 생각하기에는 그냥 같이 가는 거다 (그렇게 생각하는 거예요) 그래서 그것 때문에 제가 개인적으로 스트레스를 좀 받았어요.(참여자 A)

> 같이 개발을 하다보니까요. 제가 이해하는 부분이 있고 친구가 이해하는 부분이 있잖아요. 그런 것을 설명을 하는 게 좀 어려운 거 같아요.(참여자 D)

특히 자기설계학기를 진행하면서 역할이 분장되어 진행하고 있을 때 결과물을 통합하는 과정에서 소통의 차이를 많이 느끼고 있었다. 전공이 같지만 이해의 깊이가 다르거나 서로 하는 업무에 대한 입장 차이 등 참여자들은 팀원을 이해시키거나 요구하기 위한 세밀한 소통능력들을 익히게 되었다.

> 같이 있으면서 배운 건 요구할 때도 자세하게 상세하게 요구해야한다는 것, 그런 것을 배운 거 같아요.(참여자 E)

> 그러니까 디자이너하고 프로그래머하고 기획자가 있잖아요. 사회에 가면 이게 더 세분되어 있을 텐데 서로 대화가 안 되는 거예요. 그걸 잘 배운 거죠. 중재 역할.(참여자 F)

참여자들은 대부분 고등학교 때부터 팀활동 경험이 있으며 공과대학 특성상 팀으로 진행되는 과제나 소학회 활동 등으로 다수의 팀프로젝트 경험이 있는 학생들이였다. 하지만 참여자들은 자기설계학기를 통한 협업이 그전의 경험과는 다르다고 말한다.

> 그래서 뭔가 팀프로젝트를 해야 하는 수업이 있으면 해당 수업에 임의로 교수님이 짜주는대로 하고 다른 수업에서는 새로운 팀으로 하고 그랬는데 아예 처음부터 팀으로 해서 하는 경우는 처음이었죠. 그래서 느낌이 다르기도 하더라고요.(참여자 E)

참여자들은 교과목내에서 이루어지는 대부분의 협업은 팀 자체를 교수가 짜주거나 혹은 친한 사람들끼리 팀이 되어 과제를 수행한다. 그리고 팀원끼리 학점에 관련되어 명확한 업무분장을 하고 맡은 부분을 다하면 취합하여 완료가 되는 형태가 주를 이루었다. 때론 팀프로젝트에서 팀원의 고립이 이루어지더라도 맡은 업무를 완성한다면 크게 개의치 않았다. 하지만 자기설계학기에서 이루어지는 협업은 맡은 업무를 완성하는 그 이상을 담고 있었다.

> 그니까 팀에 대한 뭔지 좀 알게 되었죠. 지식은 솔직히 공부해도 느는 거고 개인 프로젝트를 해도 느는 건데 협업은, 학교에서 협업하는 방법은 이 자기설계학기만한 것이 없는 것 같아요.(참여자 B)

> 이제 제 머리로는 다 되는데 저 혼자서는 할 수 없잖아요. 그래서 일을 분담해야하고 분담을 하게 되면 다른 사람이 제가 생각한 일을 해야 되니까 그런 (의사소통) 스킬들이 부족한 것 같아 그걸 많이 배운 거 같아요.(참여자 D)

그동안 참여자들의 대부분의 팀협력은 명확한 업무의 분담이 가능하고 같은 전공 내에서 단편적인 지식을 종합하는 데 중점을 두고 있었다. 하지만 자기설계학기에서는 결과물을 만들기 위해 자신의 전공과 무관한 일들을 누군가 맡아야 했고 단편적인 지식들의 조합으로는 만들 수 없는 과정들을 포함하고 있기에 의사소통스킬과 협업능력, 타전공의 이해가 필연적으로 필요했다. 참여자 D가 속한 팀은 자동차로 변하는 드론을 제작중이였는데 이를 위해서는 기계공학전공임에도 불구하고 아두이노 등 소프트웨어를 다루는 기술이 필요했고, 기체 제작을 위한 3D 프린트 기술, 재료선정과 디자인적인 요소등 타 분야 전공을 누군가가 맡아서 공부하고 전달하면서 결과물을 완성해야 했다. 또한 참여자 B의 경우에도 소프트웨어쪽으로는 능숙한 학생들이였지만 웹제작을 위한 디자인과 창업을 위한 경영지식이 필요했기에 이런 부분에서 필연적으로 과거 학교수업과는 다른 진짜 협업이 필요했다.

(3) 보고서의 '압박' 속에서 스스로를 평가

참여자들의 대부분은 자기설계학기를 참여하면서 어려웠던 점으로 보고서 제출을 꼽았다. A대학의 자기설계학기에는 신청당시 계획서를 제출하고 선정 후에도 매주 주차별보고서, 중간보고서, 최종보고서를 제출해야하며 중간교류회/성과발표회에 참석해야 한다. 수행 계획서에는 도전과제의 목표와 내용 외에도 주차별 추진일정을 팀과 개인목표별로 기술해야 하며 개인별로 학점 산정기준을 결과물과 성과에 빗대어 산정해야 한다. 이렇게 매주 작성해야 하는 보고서는 참여자들에게 상당한 시간적, 정신적 압박으로 다가왔다.

> 뭔가 내용이 없는데 일단 교수님께 뭔가 보여줘야 한다는 압박감 때문에 뭐라도 한 것처럼 쓸려고 하니까, 내용을 만들려고 고민하고, 그렇다고 고민했다고 쓰기에는 그렇고, 그걸 쓰느라

급급하기도 했고(참여자 D)

자기설계학기 자체가 어려운건 문서죠. (중략) 실제 저희들이 문서능력이 떨어지잖아요. 근데 그런 항목을 자동으로 채울 수 있게 문서양식을 만들어주는 것도 아니고 그리고 프로젝트마다 필요한 항목이 다를 텐데 일괄적으로 주차별로 뭐 했는지 사진을 넣으라 하니까…(참여자 B)

참여자들은 실제 결과물을 만들어내느라 시간이 없었고, 결과물에 집중을 하고 싶은데 익숙하지 않은 보고서 작성에 시간을 투자하는 것만으로도 많은 압박감을 주었다. 또한 이러한 보고서는 개인적으로 제출해야 해서 본인이 일주일동안 어떠한 성과를 내야한다는 압박감도 있었다. 참여자들에게 이러한 압박감을 주는 보고서는 자기설계학기에서 2가지의 역할을 담당하였다. 첫 번째는 평가의 근거로 활용된다는 것이다. 자기설계학기를 학점으로 인정받기 위해서는 평가가 필요한데, 팀마다 목표와 결과물이 다르기 때문에 명확한 평가기준이 없다. 또한 지도교수와의 정기적인 만남이나 주차별 진도는 전적으로 학생의 주도하에 이루어진다. 그렇기 때문에 주차별 보고서는 자기설계학기가 학점으로 인정받기 위한 유일한 평가 도구로 활용되고 있다. 참여자들도 이 점을 잘 알고 있었다. 그래서 보고서의 작업이 많은 시간과 압박감을 주지만 최종 평가자인 교수님께 보여주기 위해 잘 작성을 해야 했고 이를 메꾸기 위한 별도의 시간과 학습이 필요로 했다.

그냥 이것만 하고 싶은데 보고서를 해야 하고... 정해진 분량은 없는데 그래도 약간 압박이 있었던 게 저는 7학점이고 다른 학생들은 10학점인데 이걸 안 해버리면 10학점에서 빵구가 나버리면 너무나 타격이 크잖아요. 그래서 안할 수는 절대 없고(참여자 A)

보고서 특히 파란학기의 보고서는 유일한 규제거든요. 뭘 했는지.. 정규학점으로 인정받기 위해서는 그 부분이 상당히 힘들거든요. 그런 가이드라인을 저희가 처음 접했으니까 그런 걸 아예 안올려 버리면 학점을 줄 수 있는 근거가 없으니까요. 유일한 근거니까(참가자 B)

두 번째 보고서의 역할은 자기설계학기의 '꼼수'로부터 벗어나 책임감 있게 자신을 평가하는 도구로 활용되었다. 참가자들은 모두 자기설계학기가 맘만 먹으면 소위 '꿀'빠는 학기가 될 수 있다고 고백했다.

그래서 저희가 한마디로 꿀 빨고 있었던 거죠. 수업도 없고 하긴 하는데 보고서는 어떻게 해서든 내기만 하면 되니까(참여자 C)

공모전 낸다고 생각하는 아이들에게는 꿀일 수 있죠. 공모전 어떻게 보면 그냥 준비해야하는데 다른 학교는 일과 외에 해야 하는데 저희는 학점도 주고 그러니까 꿀일 수 있죠. 학점도 받고 (참여자 E)

분명히 보고서 작성을 위해 더 많은 시간을 투자되고, 문서 작업을 위한 별도의 작업들이 필요했지만 이것이 자율 속 규제임을 기억하고 있었다. 참여자들은 모두 보고서 작업이 귀찮고 또 하나의 일이였지만 자기설계학기의 평가도구가 불분명하다는 것을 알았고 그 때문에 오히려 자신들도 스스로 통제하고 평가하는 계기로 삼았다.

저희 팀도 귀찮긴 했지만 사실 파란학기가 자율적이잖아요. 그리고 교수님도 감독을 해야 하는데 감독을 하는 도구도 마땅치 않은 상황이고 우리 팀은 그나마 이거 없으면 우리도 논다고, 저희도 저희를 체크하고 교수님한테도 체크 받는 개념으로 저희는 보고서를 열심히 썼고요.(참가자 D)

> 대부분 팀들은 이걸 그냥 주먹구구식으로 적는 팀들이 많아서 가끔 보면 학점문제로 교수님과 싸우는 팀도 있더라고요. (중략) 보고서 특히 파란학기의 보고서는 유일한 규제거든요. 뭘 했는지.(참가자 B)

자기설계학기에 참여한 학습자들은 스스로 주체적이고 능동적인 학습자로서 스스로를 평가하는 경험하게 된다. 먼저 자기설계학기를 참여한 학습자들은 자기가 선택한 학점이기에 책임감 있게 자기주도적인 모습을 보였다. 안지연(2017)은 자유전공에 참여한 학습자는 자기 스스로 결정한 교과목이기에 분명한 목적의식과 열정적으로 수업에 임하며 능동적이고 자기주도적인 모습을 보여준다고 하였다. 자기설계학기의 참여자 역시 주체적이고 능동적인 학습자의 모습을 보여주었다. 이들은 먼저 스스로 학습하는 법을 경험했다. 교과서가 아닌 다양한 방법들을 활용하여 필요한 지식을 습득했으며 여기서 습득한 지식은 대부분 전공과는 무관하거나 응용에 가까운 지식이었다. 또한 참여자들은 자기 스스로 주도권을 가지고 학습을 설계해나갔다. 한국의 대학생들은 중고등 학교때부터 정해진 시간에 정해진 교과내용을 습득한다. 대학에 와서도 기초교육강화로 대부분의 대학에서 1학년 때 수강신청을 제한한다. 이러한 가운데 스스로의 교육과정을 설계하는 경험은 낯설고 벅찬 일이였다. 또한 참여자들은 자기설계학기를 진행하면서 평가기준의 불명확성을 인정하면서 그에 타당한 평가근거로서의 보고서작업을 책임감 있게 감당한다. 즉 이러한 보고서 작업을 통해 자신이 이루고자하는 목표에 대한 동기부여를 하며 스스로를 평가할 수 있는 것이다.

이러한 학생중심의 학습에서 나타나는 또 하나의 특징은 교수자들의 역할이다. 이두휴(2017)는 융합교육에서 교수자의 통제 약화는 반대로 학습자의 권한과 자율성을 강화하는 것을 의미한다고 하였다. 즉, 자기설계학기에서 교수자는 다양한 정보를 제공해주고 가능한 명확하고 냉철한 판단을 하도록 도와주는 촉진자, 안내자로서의 역할을 하였다(안지연, 2017; 한경구 외, 2009).

또한 자기설계학기에서 참여자들은 팀원들과 갈등을 통해 진정한 협업을 배운다. 참여자들은 필연적으로 팀 내 갈등이 존재한다고 하였다. 이는 의사소통의 문제에서 비롯되었다. 실제로 대부분의 기업은 복합학제적인 팀에서 활동하게 된다. 이런 현장에서 비일비재하게 발생하는 일은 동일한 문제를 놓고 타 전공간의 인식부족과 이해력 부족에서 오는 의사소통의 문제이다(조성구 외, 2008). 이러한 의사소통과 협업은 융합교육에 있어 매우 중요한 요소이다. 연계전공을 구성하든, 융합교과목을 만들던 내부 구성원들의 소통을 통한 협업은 전제되어야 한다. 그런 의미에서 융합인재를 양성하기 위해서 소통을 통한 협업 능력은 팀기반 프로젝트와 같은 협동적 교육방식에서 길러질 수 있다.

마지막으로 팀 프로젝트 시에 발생하는 갈등의 해결점으로 참여자들은 목표의식을 재점검하는 것이라고 하였다. 이러한 점은 미국의 혁신적인 학교로 불리는 올린공대의 수업모습에서도 나타났다. 조봉수는(2017) 올린 공대 사례를 통해 수업에서 학생들 사이의 의견충돌이 있을 때 가장 중요한 것이 공통이 팀 목표를 명확하게 하는 것이라 하였다.

3. 자기설계학기 참여경험의 의미

참여자들은 모두 자기설계학기를 참여한 후 6개월 정도 지난 시점에서 연구자와 면담을 진행하였다. 참여자들 중에 2명은 졸업을 앞두고 몇 번의 면접을 경험하기도 했었고, 나머지 학생들은 4학년 마지막 학년을 앞두고 있었다. 참여자들은 모두 파란학기의 경험에 대해 '배웠다', '변했다', '해볼까'로 답했다.

(1) 융합적이고 맥락적인 살아있는 지식의 학습경험: 배웠다

참여자들은 자기설계학기를 마치고 난 후 자신들의 학습경험에 대하여 다양한 관점에서 배움을 나타냈다. 이러한 배움은 전공에 대해 깊게 알아가는 배움이었고, 자기설계를 통해 습득된 지식은 결과로서 융합적이고 맥락적인 살아있는 지식이었다.

이러한 융합적이고 맥락적 학습 경험은 두 가지 방향에서 일어났다. 하나는 전공에 관한 깊이 있는 학습이다. 그동안 배웠던 전공을 팀 프로젝트의 결과물에 활용하기에는 많은 것이 부족했다. 참여자들은 실제 결과물을 만들어내기까지 활용되는 많은 지식들을 거의 대부분 혼자 습득하고 메꾸었다.

먼저 참여자들은 전공 3, 4학년임에도 불구하고 자신들의 전공이 무엇인지 이해하게 되었다고 말한다. 그동안 많은 전공지식을 쌓았지만 학점을 위한 지식 습득은 시험범위와 같이 한계가 있었다. 하지만 자기설계학기를 이수하기 위한 결과물은 지식을 습득하기 위한 범위와 한계가 정해져 있지 않았다. 필요하다면 더 배워야 했고, 교과서가 아닌 인터넷과 학술지를 뒤져야 했으며 안 되면 현업 전문가나 멘토를 구해야했다. 이러한 배움은 참가자들로 하여금 전공에 대한 깊이 있는 배움의 장을 열어주었다.

소프트웨어공학이 뭔지에 대해서 좀 확실히 이해하게 됐고, 프로젝트 실패를 계속 겪으면서 알게 되더라고요.(참여자 B)

코딩실력과 전공지식에도 도움이 많이 되었죠. 그때 혼자 찾아보면서 모르는 거 찾아보고 막히는 거 찾아보고 그런 면에서 어떻게 하면 좀 더 효율적으로 찾아서 배울 수 있을까를 배운 것 같아요.(참여자 C)

또한 참여자들은 이론으로만 접하던 전공지식을 실제로 적용시켜봄으로 전공에 대해 또 다른 흥미를 느끼고 재미를 느끼게 되었다. 즉 참여자들이 가진 지식들을 어떻게 활용하느냐란 맥락적 학습경험이 일어난 것이다.

> 사실 학교에서 배운 지식들은 거의 역학이잖아요 근데 드론을 만들면서 그런 역학을 공부한 건 아니잖아요. 사실 잡다한 지식이 늘은 거죠. 제가 배운 지식을 어디에 써야하는지 지식의 응용이 좀 많이 들어갔던 것 같아요. 사실 지식의 응용은 기계공학과 들어와서 되게 초반부분이란 말이죠. 배울 땐 이걸 어디에 써야할 찌 몰랐는데 파란학기를 하면서 이제 조금 알게 된 거죠.(참여자 D)

두 번째, 이들은 삶과 깊이 연관되어 융합된 학습 경험을 하였다. 그들은 맥락적으로 어떻게 융합된 지식이 활용될 수 있는지를 실제 체험하고 배웠다. 참가자들은 자기설계학기를 참여한 결과로서 타분야에 대한 배움에 대해 언급했다. 참여자들은 자기설계학기를 참여하는 동안에는 크게 느끼지 못했지만 지나고 나서 생각했을 때 타분야에 대한 지식이 삶 가운데 유용하게 적용된다고 말한다.

> 살면서 그것이 도움이 되지 않을 것 같진 않아요. 거기서 많이 배운 게 드론을 하다 보니까 기계적인 것 이외에 전자적인 거 있잖아요. GPS는 데이터를 어떻게 들어오고 뭐 이런 것을 알게 되니까 그런 지식들이 삶에 도움이 되지 않을까(참여자 A)

> 일단 코딩은 프로그램을 저는 다 건드려 봐가지고 전 제너럴리스트였어요. 다 했거든요. PM이니까. (중략) 기획하고 PM하고 경영 쪽까지 하니까, 사업계획서도 쓰고 그런 문서 쪽이 거의 기

계가 된 거죠.(참여자 F)

참여자 F가 소속된 팀은 프로그래머들로만 구성되어 단순히 프로그램개발 외에도 기획과 디자인에 많은 부족함이 있었다. 그들은 자신의 전공과는 상관없지만 목표달성을 위해 스스로 기획을 배우거나 디자인을 배우고, 때론 경영론을 배우면서 융합적인 지식을 만들어갔다. 이러한 경험들은 자신들의 삶과 깊이 연관되어 나타났다.

예전에는 그냥 부품을 쓰면 이건 이런 거야 했으면 이제는 개조하는데 뭐가 필요한지 알게 된 거죠. 덕분에 컴퓨터 조립할 때도 안 태워먹은 것 같아요.(참여자 A)

일단은 만들어본 거잖아요. 파란학기를 하는 동안 뭔가 만드는 거에 대한 어떤 식으로 만드는 것에 대해 배운 거 같고요. 그렇게 제품을 만드는 기술이 생기고 나서 제품에 대한 계획이나 창업에도 도움이 된 거 같아요.(참여자 D)

(2) 성찰로부터 오는 삶의 방향: 변했다

참여자들 대부분 자기설계학기를 경험하면서 자신의 모습에 대해 반성하는 시간들이 있었다. 이것은 팀원들 간의 갈등 속에서, 때론 결과물이 잘 나오지 못했을 때 자신의 모습을 성찰하는 계기를 주었다.

혼자서 늦게까지 코딩을 하고 있으면 내가 왜 이러고 있나 싶었죠. 하지만 오히려 그런 면에서 좋은 경험을 한 것 같아요.(참여자 E)

그래서 반성도 많이 하고 또 깨달은 것도 많기도 한데. 제가 선택을 했던 것이기 때문에 선택에 대한 책임 같은 것도 배운 것

같아요. 그리고 파란학기를 하고 나서 제가 선택을 저 혼자서 많이 한 것 같아요.(참여자 D)

이러한 성찰의 결과는 먼저 자신들의 삶의 태도에 변화를 주었다. 이러한 삶의 태도 변화는 참여자들 스스로 느끼는 변화이기도 했지만 참여자들의 주변 사람들도 동의하며 참여자들은 자신들이 자기설계학기를 참여하고 난 후 변화에 대해서 직접적으로 말한다.

교수님들이 저의 존재자체도 모르시다가 그렇게 찾아뵙고 청강도 하게 되니까 절 무척 성실한 학생으로 보시는 거예요. 그러니까 학생생활이 달라지고요. 프로그래밍도 직접해보니까 재미있고, 계속 공부하다보니까. 이 파란학기를 하면서 스스로 태도가 바뀌었죠.(참여자 F)

후천적으로 교육이 안 되어 있으니까. 하지만 하고나면 사람이 변하니까. 제 주변에 있던 사람들은 변했던 것 같아요.(참여자 B)

참여자들의 이러한 태도의 변화는 이후 진로에도 영향을 미쳤다. 특히 연구 참여자 중에 졸업예정자가 2명 있었는데 이들 모두 자기설계학기가 면접에 도움이 되었다고 언급하였다. 먼저는 이들이 자기설계학기에서 경험한 도전, 협업, 열정은 주요 대기업 자기소개서의 단골 주제로 다양한 에피소드가 있어 쉽게 작성이 가능했다는 것이다. 또한 자기설계학기를 이수하게 되면 성적표에 노란박스로 표기되어 면접관에게 굳이 자신의 도전과 열정을 말하지 않더라도 증명할 수 있는 하나의 근거가 되었다고 설명한다.

대학원진학을 생각하다가 한자리에 오래 앉아 있는 것 보다는 파란학기나 프로젝트 등 뭔가 할 때 집중을 잘하고 더 열심히 하

는 것 같아서 취업을 생각하고 있어요.(참여자 A)

성적표 뽑아보면 파란학기하면 노란색으로 눈에 확 띄어서 그런 걸 꼭 한번 물어보시더라고요. 1학기 때 인턴으로 면접을 두 군데 봤었는데 이거(노란박스) 뭐냐고 물어보더라고요. 그리고 자기소개서 쓸 때 그런 항목이 많아요. 도전했던 경험, 그때 (파란학기 경험을) 쓰면 무척 편하더라고요.(참여자 E)

(3) 경험으로부터 오는 자신감과 도전: 해보자

마지막으로 참여자들 자기설계학기를 참여하고 난후 그들은 남들이 하지 못했던 경험이라는 것 자체만으로 자신감을 가지고 있었다. 이러한 자신감은 경험으로부터 오는 자신감으로 단순히 1회성의 경험을 의미하는 것은 아니다. 참여자들은 자기설계학기를 통해 단순히 지식만 습득한 것이 아니라 팀 내 갈등을 해결하는 방법, 모르는 것을 학습하는 방법, 자신의 전공과 관계없는 다양한 경험들을 통해 얻어진 경험이 그들의 삶에 자신감을 부여해주었다.

저희가 어떤 부분을 평가받아야하고 어떤 부분을 보여줘야 하는지 배웠잖아요. 엄청 도움을 받았잖아요. 그래서 안 해 본 사람보다는 더 자신이 있지 않을까요. 프로젝트 같은 것을 진행할 때 (참여자 C)

캡스톤디자인을 하면서 두려움이 없어진 게 파란학기를 하면서죠. 아니까.(참여자 D)

그리고 이번 면접에 가서 제일 깨달았던 게 사실 발표를 워낙 많이 했잖아요. 쫄지 않는 거예요. 확실히 그쪽으로 많이 도움이 됐던 거 같아요.(참여자 F)

이러한 경험은 또 다른 경험을 도전하게 만들기도 하였다. 실제 참여자 중에는 자신의 전공 외에 타전공에 관심을 갖게 되어 타전공을 수강하거나 청강하기도 했으며, 막연하게만 느꼈던 창업에 도전해보고자 교내에서 진행하는 창업프로그램에 참가하고 있었다. 이러한 경험으로부터 얻은 자신감은 참여자들로 하여금 또 다른 도전을 해보자 하는 마음을 갖게 하였다.

> 비행기 말고 다른 쪽으로는 기회가 있으면 할 것 같아요. 예를 들어 좀 더 아예 자동차로 확 바꾼다던가, 전자 쪽으로 해본다던가 제가 안 해본 쪽으로 해보면 제가 해보지 않을까?(참여자 A)

> 과목을 들을 때도 제가 좋아하는 과목을 혼자 들어본다던지, 아니면 캠프같은 거를 참가한다던지 하는 것에 뭔가 두려움이 없어진 것 같고 (중략) 창업이 되게 어렵지 않구나 생각이 들고 취업이나 창업도 다들 그런 식으로 하게 되는구나 생각이 들어서 창업과 취업을 다르게 안보고 있는 상황이에요.(참여자 D)

결론적으로 자기설계학기의 참여자 경험은 융합적이고 맥락적인 경험으로 삶의 변화에 영향을 준다. 참여자들은 자기설계학기를 통해 자기전공에 대한 깊은 이해와 재미도 느꼈지만 타전공외에도 경영, 인문, 글쓰기 등 다양한 학문을 접하게 된다. 또한 이론만이 아닌 설계를 통해 실체를 만듦으로 실생활과 가까운 맥락적 경험을 하게 된다. 실제 융합교육에서 길러지는 능력은 지식을 스스로 창출하고 응용하고 실행하며, 대인간 사회적 의사소통을 길러주며, 현실적 사태를 충분히 다루는 총체적, 종합적 사유능력(권성호, 강경희, 2008)이다. 때문에 융합 교육적 실천은 학생의 관점에서 학생의 경험과 관심을 바탕으로 그 범위를 확대하는 데 관심을 둔다. 융합교육은 교과 간의 경계를 허무는 것보다 학생들이 주체적으로 교과 간의 경계를 자유로이 넘나들 수 있도록 촉진하는데 있다(차윤경 안성호, 주미경, 함승환, 2016). 즉 융합교육에 있어 실제 학습자가 배워야하는 것은 융합 학문을 단지 지식으로 배우는 것이 아니라 다양한 학문을 자유롭게 횡단하며 스스로 새로운 가능성을 찾아갈 수 있는 능력(박구용, 2012)이며, 다양한 지식을 내재화하여 필요한 역량을 스스로 기르게 되는 것을 의미한다(박일우, 2016).

V. 결론

본 연구는 융합교육의 현황과 문제점을 파악하고 융합교육의 실천적 사례로서 A대학의 자기설계학기의 특성과 참여자 경험을 탐색하였다. 특별히 현재 고등교육에서 새롭게 나타나는 융합교육으로서의 자기설계학기를 참여자 관점에서 바라보는 시도에 큰 의의를 갖는다. A대학의 자기설계학기는 대학 내 필요성에 의해 시행되고 정부 지원자금이 아닌 대학 내 자원을 통해 자발적으로 만들어진 제도로서 융합교육이 지향해야 할 방향성과 일치한다고 할 수 있다. 또한 자기설계학기를 참여한 학생들의 경험의 의미를 탐색한 결과 협업능력과 소통능력, 자기주도적인 학습 경험이 나타남으로 총체적인 융합 역량을 함양할 수 있다는 가능성을 보여주고 있다. 이상의 결과를 토대로 위기의 대학에게 주는 기회의 메시지는 무엇일까? 대학의 융합교육에 대한 제도적, 실천적 제언은 다음과 같다.

첫째, 융합교육에 학생들의 능동적인 참여가 이루어질 수 있도록 다양한 경험의 기회제공이 필요하다. 자기설계학기를 한 번이라도 경험한 참여자들은 새로운 도전을 두려워하지 않았으며 주변 친구들에게도 자기설계학기를 권유하고 있었다. 비록 자기설계학기를 통해 달성하고자하는 목표를 이루지 못했지만 이를 통해 얻는 경험이 컸기 때문이다.

이렇게 동료 학습자의 경험에 의한 권유는 융합교육을 참여하게 하는 큰 동기가 된다.

현재 많은 대학에서 시행하는 융합교육은 학생참여율이 현저하게 적으며, 학생들의 자발적인 선택이기보다는 졸업이수요건에 따른 강제조항들이었다. 또한 많은 대학에서 단일 학과를 졸업하기 위해서는 기본 전공 교과목을 50~60학점까지 이수해야하며 기초교양, MSC과 같은 이수 요건이 정해져 있어 교과 선택의 폭이 좁다. 또한 성적중심의 평가로 인해 학생들은 좋은 학점을 따기 위해 스펙을 위한 활동은 있어도 경험을 위한 활동은 드물게 이루어진다. 따라서 대학에서는 학생들에게 다양한 형태의 경험을 할 수 있는 교과, 비교과프로그램 개발과 제공이 필요하며 이와 더불어 학생들에게 학습에 대한 선택의 자율권을 좀 더 부여해야한다.

특별히 이러한 경험의 기회는 학생들의 실패경험까지 포함한 것이어야 한다. 학생들은 학습과정에서 많은 실패를 경험하고 그 실패를 통해 가치 있는 경험을 갖게 된다. 따라서 '실패에 대한 너그러운 환경'이 대학에서 강조되어야 한다(김태은, 이재진, 우연경, 2017).

대학에서의 융합교육은 학생이라는 삶의 주체를 대학안의 교과과정 안에서 융합적인 삶을 살아갈 능력을 형성하도록 하고, 이후 대학 밖의 삶, 졸업 이후의 삶과 연계시켜 유용성이 발휘되도록 하는데 있다(홍병선, 2016). 이러한 능력은 융합지식을 주입한다고 형성되는 것이 아니라 학생 스스로 능동적이고 자발적인 학습을 통해서 이루어질 수 있다. 또한 융합교육의 성공과 실패 여부는 결국 학생들에게 어떤 이익이 있느냐는 것이다(박일우, 2016). 그들이 경험한 융합교육이 그들의 졸업 이후의 삶, 즉 진로와 취업에 무관하다면 실패한 교육이다. 그런 의미에서 본다면 자기설계학기에서의 경험은 기업이 원하는 도전과 열정, 그리고 협업이라는 중요한 키워드를 가지고 있었기에 취업에도 상당한 도움이 되었다.

또한 중고등학교때부터 꾸준히 다양한 협력 경험과 자기주도 학습 역량의 강화가 필요하다. 중고등학교때부터 팀프로젝트 등을 통한 소통 스킬과 자기주도적인 학습이 가능하도록 훈련할 때 대학의 융합교육 실효성은 극대화될 것으로 본다. 그런 의미에서 현재 중고등학교의 자유학기나 고교학점제의 시행은 향후 고등교육의 융합교육에도 긍정적인 영향을 끼칠 것으로 사료된다.

둘째, 무엇보다도 교수자들의 융합교육에 대한 명확한 개념과 역할이 공유되어야 한다(김태은, 이재진, 우연경, 2017). 실제 융합교과목이든 융합트랙이든 어떤 교육과정을 시도하든 가장 큰 장벽은 교수들의 굳게 닫힌 전공이다. 전공 기득권을 쉽게 내주지 않을뿐더러 융합교육의 의미와 필요성에 대해 절실함을 느끼지도 않는다. 따라서 무엇보다도 교수들의 융합적 마인드 구축이 시급하다고 할 수 있다.

실제 교수들이 융합교과목의 개발 또는 자기설계학기를 지도함에 있어 이러한 융합의 개념이 명확하게 설 때 교수-학습 측면에서도 영향을 준다(서덕희, 윤아영, 이희용, 2017). 학생들에게 무엇을 도와줄 수 있는지, 어떤 융합의 기회를 제공할 수 있는지 적극적인 상호작용이 일어날 수 있다는 것이다. 이러한 교수자의 융합에 대한 개념 공유는 교수자가 수동적인 멘토, 안내자, 조언자의 역할을 뛰어 넘게 한다. 즉, 융합교육에서 교수자의 역할이 학습자와 동등한 입장에서 역동적인 협업이 일어나야 한다는 것이다. 융합교육에서 협업은 단순히 학생들 간에 일어나는 협업이 아니라 교수라는 주체와 학습자라는 주체가 서로 적극적으로 상호작용하는 과정이 일어나야 한다는 것이다(노상우, 안동순, 2012).

따라서 대학에서는 지속적으로 융합교육에 대한 필요성과 당위성을 교수들에게 알리고, 교수평가에서도 다양한 융합경험과 학생들과의 능동적인 소통능력으로 평가할 수 있도록 해야 한다. 융합교육에 맞는 역량있는 교수자와 융합교육에 걸맞은 교수학습방식을 확보하지 못한다면 융합교육은 여러 학문을 그저 겉핥기식으로 연계하는 것뿐이다(이희용, 서민규, 김재득, 2016).

셋째, 대학 내 진정한 융합교육의 필요성과 자성적 성찰에 의한 혁신이 필요하다. 여전히 대학은 정부 재정지원사업 평가를 위해 하는 척 시늉을 할뿐 대학의 위기를 제대로 인식하지 못하고 혁신을 머뭇거리고 있다. 현재 전 세계적으로 대학의 모습과 형태는 과거와 다르게 혁신적으로 변하고 있다. MOOC를 기반으로 미네르바 대학, 공유대학, 그리고 무전공, 입학제 등 발 빠르게 현 시대에 발맞춰 변화와 혁신을 한다. 물론 우리나라도 다양한 혁신방안을 제시하며 학사구조 혁신과 교육방법, 재정구조 등의 변화를 꾀하고 있다.

하지만 문제는 혁신의 주체가 누구냐는 것이다. 앞서 고찰한 대로 대부분 고등교육에 있어 융합교육은 그 교육으로서 본질보다는 단지 시대 트렌드로서 반영되고 있다고 많은 연구자들이 지적하고 있다. 우리나라의 융합과 관련된 교육제도들은 수요자중심의 요구도 아니었고, 대학들의 어떤 새로운 교육에 대한 확고한 신념에 의해 만들어진 것이 아니었다. 박수정, 송명현, Chen－Peng(2017)은 학생설계전공에 대한 학내 구성원의 인식전환과 적극적인 지원이 필요하다고 언급하였다. 어떤 하나의 정책과 제도를 정착하기 위해서는 학생보다도 그것은 운영하는 대학 운영진과 교수들에게 더 많은 노력을 요구한다. 특히 융합교육을 도입하기 위해서는 많은 인력과 학사행정의 혼란, 복잡성이 가중되는 어려움이 수반된다(이두휴, 2017). 이러한 어려움을 극복하기 위해서는 국가 재정지원사업이나 대학 이미지차원에서 급진적인 방식으로 진행되는 것이 아니라 대학 내 구성원들의 참여를 점진적으로 유도하는 방식으로 구상되고 진행될 필요가 있다(정성호, 2015). 융합교육은 단순한 교육과정 전략으로 축소되기보다는 지속가능한 학교 개선 노력의 종합적 맥락 속에서 이해될 때 교육적 의미와 실천가능성을 학교 내부에서 확보할 수 있다(차윤경, 안성호, 주미경, 함승환, 2016).

또한 융합교육의 실천을 위해서는 대학을 구성하는 구성원뿐만 아니라 대학과 연계된 지역, 산업체 등의 관심과 공감이 선행되어야 한다. 더 이상 대학의 융합교육은 국가 차원의 규제로 실행되는 것이 아니라 지역사회의 거버넌스를 통해 이루어져야 한다. 특히 무한 경쟁 속에서 대학이 살아남기 위해서는 지역의 지속가능한 발전을 위한 교육적 전략이 필요하며, 민간과 지역의 자원의 협력을 기반으로 자립할 수 있는 기회를 마련할 필요가 있다.

이제 고등교육에서 융합교육은 선택이 아니라 필수이다. 이러한 시점에 융합교육에 대한 새로운 시각과 적용이 필요하다. 중요한 것은 융합교육의 실행이 아니라 미래의 인재를 길러내는 것이고, 그러한 인재가 융합역량을 가지고 있느냐란 관점에서 융합교육을 실천해야 한다.

지금은 대학의 위기라고 말하지만 오히려 중국과 동남아시아의 신흥경제국의 부상, 그리고 세계화로 인한 학습자들의 이동성이 커지면서 오히려 IT강국, 한류 문화의 중심으로서 한국의 대학은 기회가 될 수도 있다. 이러한 위기를 기회로 바꾸기 위해서는 대학 내의 자성적 체질개선이 필요하다. 정권과 정책에 휘둘리는 것이 아니라 진정한 혁신적 리더십이 필요한 시기이며 거시적 안목으로 지역과의 협력과 조정을 이루어낼 때 대학의 위기를 극복할 수 있을 것이다.

참고문헌

고윤미, 서준경(2015). *과학기술인력 정책을 중심으로 한 대학 재정지원사업 현황분석*. issue paper 2015-04.

교육부(2015.9.23.). *2015 개정 교육과정 총론 및 각론 확정·발표 보도자료* (http://www.moe.go.kr/boardCnts/view.do?boardID=294&boardSeq=60753&lev=0&searchType=null&statusYN=W&page=88&s=moe&m=0503&opType=N)

권성호, 강경희(2008). 교양교육에서의 융합적 교육과정으로의 접근: 한양대 사례를 중심으로. *교양교육연구, 2*(2). 7-24.

김대영(2016). 대학 융합교육의 허와 실. *대학교육, 193*, 64-69

김재득, 이희용, 윤아영(2015). 국내 대학의 인문예술 융합교육 실태연구. *한국문화융합학회 전국학술대회 자료집*, 83-99.

김지현(2009). *학생설계전공의 교육목적과 운영방향: '전공설계' 교과목개발 연구 보고서*. 서울대학교 자유전공학부.

김태은, 이재진, 우연경(2017). 창의융합형 인재양성에 대한 교육계 내외부의 견해비교. *한국교육학연구, 23*(2), 157-190.

김태준 외 (2015). *21세기 글로벌 교육개혁 동향분석 연구(Ⅲ): 글로벌 시대에 대응하기 위한 고등교육 혁신*. 연구보고 RR 2015-11.

김혜영(2013). 융합교육의 체계화를 위한 융합교육의 방향과 기초융합교과 설계에 대한 제언. *교양교육연구, 7*(2), 11-38.

노상우, 안동순(2012). 학문융합 관점에서 본 현대교육의 이론적-실천적 변화 모색. *교육종합연구, 19*(1), 67-88.

대학뉴스(2018.5.17.). *4대 과학기술원·POSTECH, '무학과 무전공 제도'로 융합형 인재 양성한다* (http://www.dhnews.co.kr/news/articleView.html?.idxno=81243)

민철구, 박기범, 정승일, 정기철(2010). *이공계대학 구조변화 추세분석과 대학 경쟁력 확보 방안*. 과학기술정책연구원.

박구용(2012). 학문횡단형 문제찾기 교양교육의 이념. *인문학연구, 43*, 479-481.

박남기(2016). 대학교육의 현실과 교육학의 과제: '실력주의사회에 대한 신화' 해체, *2016 한국교육학회 연차학술대회*, 277-328.

박수정, 송명현, Chen-Peng(2017). 대학의 '학생설계전공'으로서 교육컨설팅 전공 개발 사례연구. *학습자중심교과교육연구, 17*(16), 57-83.

박영숙, 숀 함슨(2014). *미래는 어떻게 변해가는가.* 서울: 교보문고.

박일우(2016). 한국대학에서 융·복합 교육의 실상과 그 해법. *교양교육연구, 10*(1), 349-378.

서덕희, 윤아영, 이희용(2017). 국내 대학의 사회과학과 예술 융합교육의 실태. *문화와 융합, 39*(4), 101-136.

서민규, 서덕희, 이희용(2014). 국내 대학의 인문학 및 사회과학 융합교육 실태 연구. *교육학연구, 52*(2), 81-115.

손동현(2009). 융복합교육의 기초와 학부대학의 역할. *교양교육연구, 3*(1), 21-32.

신종호, 조은별, 부은주, 백아롱, 조수연, 강미라(2016). 융합교육 프로그램에서 학습자 경험의 특성: 대학 수업 사례를 중심으로. *교육심리연구, 30*(1), 111-135.

안동현(2016). 자기설계전공의 가능성: 미국의 경우를 중심으로. *문화와 융합, 38*(3), 275-300.

안지연(2017). 문화·예술 분야 학생설계전공(Student-Designed Major)이 문화·예술 교육과정에 주는 함의. *조형교육, 63*, 99-113.

유기웅, 정종원, 김영석, 김한별(2012). *질적연구방법의 이해.* 서울: 박영사

이두휴(2017). 자기설계전공제도의 한계와 가능성 탐색. *교육정치학연구, 24*(3), 197-226.

이효진, 윤가영, 박인우(2017). 교양과목과 전공과목에 따른 대학생의 수강신청기준에 관한 연구. *한국교육학연구, 23*(4), 79-99

이희용, 서민규, 김재득(2016). 국내대학의 인문, 사회 및 예술 간 융합교육의 활성화 방안 연구, *문화와 융합, 38*(4), 51-88.

정성호(2015). 융합교육의 방향성 탐색: 거버넌스를 중심으로. *융합교육연구, 1*, 75-94.

조봉수(2017). *미래의 교육, 올린.* 서울: 스리체어스

조성구, 이의수, 이명천, 이용한, 염세경(2008). 해외사례 분석을 통한 복합학제 설계교육의 활성화 방안. *공학교육연구, 11*(1), 114-122.

차윤경, 안성호, 주미경, 함승환(2016). 융복합교육의 확장적 재개념화 가능성 탐색. *다문화교육연구, 9*(1), 153-183.

최미리(2013). 한·미 주요 대학의 학사제도 및 교육과정 변천 연구: 1996년도부터 2013년도까지의 변천 과정을 중심으로. *학습자중심교과교육연구, 13*(4), 275-303.

한경구, 전미란, 마정화, 신윤주(2009). 설계전공과 자율연구의 적용 가능성 탐색, *교양교육연구, 3*(2), 101-121.

허영주(2013). 대학 융합교육의 문제점과 개선방안 탐색. *교육종합연구, 11*(1), 45-79.

홍병선(2016). 현행 융합교육에 대한 진단과 융합역량 제고방안, *교양교육연구, 10*(4), 13-35.

홍영란 외 (2016). *교육개혁의 전망과 과제(Ⅰ): 고등·평생교육 영역.* 한국교육개발원 연구보고 RR2016-29.

Miles, M. B., & Huberman, A. M. (1994). Qualitative Data Analysis: An Expanded Sourcebook. Thousand Oaks, CA: Sage Publications.

OECD(2011b). Perspectives on Global Development 2012: social cohesion in a shifting world. Paris: OECD Publishing.

Shoenfeld, Janet D. (1972). Student-Initiated Changes in the Academic Curriculum. Eric, 1-34.

Stake, R. E. (1995). The art of case study research. Thousand Oaks, CA: Sage.

6주제

고등교육의 공공성과 경쟁력

신현석 (고려대학교)

6주제
고등교육의 공공성과 경쟁력

신현석(고려대학교)

I. 서론

문재인 정부는 교육공약에 대한 검토를 바탕으로 확정한 국정과제에서 '국가가 책임지는 교육'을 표제어로 내걸고 교육의 공공성을 배경이념으로 강조하면서, 이러한 공공성 제고의 관점을 고등교육 정책에도 적용할 것임을 천명하였다(국정기획자문위원회, 2017.7). 이와 함께 거점국립대학과 지역강소대학을 집중 육성하여 대학의 경쟁력도 함께 제고하겠다고 하였다. 물론, 여기서 지방대학들을 집중 육성하여 고등교육의 전체 경쟁력을 높이겠다는 의도는 경쟁력 그 자체보다 형평성 제고와 균형발전으로 읽혀지기는 한다. 어쨌든 이렇게 하여 궁극적으로 고등교육의 질 제고를 이룩하겠다는 것이다. 이러한 문재인 정부의 고등교육의 정책 기조는 이전 보수 정권에서 고등교육의 경쟁력 강화를 위해 전방위적으로 대학구조개혁과 특성화를 평가에 기반을 둔 재정지원사업과 연계해 추진했던 고등교육의 발전전략과 극명하게 대비된다.

고등교육의 공공성과 경쟁력 강화는 문재인 정부 이전까지 대조적인 개념으로서 방향성을 달리하는 상치되는 함의를 갖는 용어로 인식되어 왔다. 서로가 지향하는 논리의 차이와 그것을 이루기 위한 실천의 내용과 방법이 달랐기 때문이다. 그동안 고등교육의 경쟁력 강화는 문민정부에서 발원된 5·31 교육개혁의 향도에 따라 국민의 정부, 참여정부를 거쳐 이명박·박근혜 정부에 이르기까지 축소지향적 대학구조개혁과 같은 효율성 중심의 논리와 특성화와 같은 '선택과 집중'의 논리를 통해 고등교육정책의 전략적인 목표로 일관성 있게 추구되어 왔다. 그러나 고등교육의 공공성은 의무·보통교육단계를 넘어선 대학교육의 특성상 대학 장면에서는 낯익은 용어가 아니었다. 기껏해야 교수단체들 일각에서 정부의 고등교육정책을 비판하는 목소리에 담겨 있는 소신 있는 견해 혹은 이러한 견해를 수용하는 일부 학자들의 지속적인 연구 논문과 평론들을 통해 주장되는 수준이었다. 기본적으로 고등교육의 공공성은 국가가 국민의 교육받을 권리를 보장해야 하는 공적 책임과 관련이 있고, 이러한 책임은 모든 교육기관에 적용되는 것이 마땅하다는 주장과 맞닿아 있다(임재홍, 2003; 임은희, 2016: 9).

우리나라와 같이 고등교육의 보편화 단계에 들어선 국가들에 있어서 대학교육은 더 이상 소수의 고급 엘리트 양성을 위한 특별한 교육기관이 아니기 때문에 국민에 대한 접근성 개방에 따라 고등교육이 일반화되어 있어 공공의 이익과 사회적 책무에 부응해야 한다는 논리가 비등하고 있다(Kennedy, 1997; Bok, 2003; Kezar et al., 2005). 그러나 또 한 견에서는 기업가적 대학(entrepreneurial university) 혹은 대학의 기업화를 통해 대학들의 사익 추구 행위를 학문 자본주의(academic capitalism) 시대로 표현하는 흐름이 자리 잡고 있다(Slaughter & Leslie, 1997; Slaughter & Rhoades, 2003). 이 극단적으로 대비되는 행태 사이에는 1980년대 들어 미국과 영국을 중심으로 경제 운용의 중심 사조로 자리 매김한 신자유주의가 존재한다. 신자유주의는 시장과 자본의 흐름을 제한하는 국가의 개입을 최소화하여 자유로운 시장의 조건을 형성하고 자본의 유연성과 축적을 영토 구분 없이 극대화하려는 경제 운동 사조이다. 따라서 고등교육의 공공선을 추구하고 공익적 가치를 중시해야 한다는 주장은 신자유주의의 정책적 흐름에 대한 역풍이며, 반면 대학의 기업화 경향은 신자유주의의 정책적 흐름에 편승한 순풍에 해당된다. 이러한 역풍은 고등교육정책 장면에서 고등교육의 공공성을 옹호하는 논리로, 순풍은 대학의 자본력 강화를 통한 경쟁력 제고를 위한 주요 수단으로 기능해왔다. 이러한 순풍과 역풍이 동시대 같은 공간에서 방향을 달리해서 공존하고 있다.

우리의 고등교육정책 장면에서 그동안 고등교육의 공공성은 책임 있는 국가 기관이 모든 이들에게 두루 관계되는 일들을 주도적으로 이행하고, 대학이 교육기관으로서 공공의 복리에 대한 기여를 강조하며, 인간적 존엄과 가치를 갖고 가능하면 많은 이들이 교육받을 권리를 강조하기 때문에 국가의 공적 관리, 평등한 대학교육 기회의 제공, 대학의 사회적 책무, 재정배분의 형평성 등을 강조한다. 한편, 고등교육의 경쟁력 강화는 국가의 산업경제 발전을 위해 요구되는 인력을 개발·공급하기 위한 대학의 역할을 강조하기 때문에 대학교육을 통한 인적자원의 개발과 양성, 대학간·대학내 경쟁, 대학구조개혁과 특성화를 통한 발전전략, 한정된 자원의 집중 투입을 정책의 기조로 삼는다. 이처럼 외견상 고등교육의 공공성과 경쟁력은 정책적으로 대비되는 가치와 추진 전략 그리고 방안을 갖는 것으로 보인다. 그러나 개념적으로 공공성과 경쟁력은 서로 다른 가치와 의미를 내포하고 있더라도 현재 표면상으로는 서로 공존하는 공생관계로 문재인 정부의 고등교육정책 방향에 포섭되어 있다. 즉, 고등교육의 질을 높여 미래 변화를 선도하기 위해 "대학별 특성에 맞게 공공성과 경쟁력을 제고하겠다"는 것이다(교육부, 2018.1).

이처럼 현재 문재인 정부의 고등교육정책은 고등교육의 공공성과 경쟁력을 동시에 추구할 것이며, 이를 위해 대학 특성에 맞게 역할과 기능을 조정하는 대학체제개편을 공언하였고 이에 부합되는 재정지원사업의 개편과 공정한 고등교육 기회의 보장을 약속하였다(교육부 대학정책실, 2017.11). 대학교육의 질을 업그레이드하기 위해 이제 고등교육의 공공성과 경쟁력 강화는 더 이상 구두선적인 수사 혹은 의례적인 슬로건으로 그칠 것이 아니라 어떻게든 정책을 통해 구현되어야 할 실천적 과제들을 제시해야 할 시점과 상황에 직면해 있다. 이러한 정책적 현실에 직면하여 본 연구는 그동안 분리된 상태에서 각각의 중요성과 필요성이 강조되어 왔던 고등교육의 공공성과 경쟁력을 우선 개념적으로 이해하고 배경 논리들을 고찰하여 둘 간의 관계를 제시한 후, 궁극적으로 두 개념간의 결합과 공유를 통한 고등교육의 발전가능성을 실천적 과제 탐색을 통해 제시하는 데 목적을 두고 있다.

II. 고등교육의 공공성

역사적으로 공공성의 개념은 시대와 공간의 변화에 따라 다양한 의미로 표출되어 왔다. 이에 따라 학문적으로도 다양한 관심 속에 탐구되어 왔다. 공공성(publicness)의 어원은 공화국(republic)의 어원이기도한 라틴어 res publica이고, publica는 인민을 뜻하는 populus와 어원이 같은 것으로 볼 때, 공공성이란 인민이 모여 공적인 일, 공동체의 일을 함께 결정해나가는 과정을 뜻하는 것으로 보인다(하승우, 2014: 25). 공공성은 정치의 근원으로 여겨지는 고대 그리스와 로마의 고전적 공화주의에서 이루어진 폴리스에의 직접 참여가 갖는 의미들인 공공 이익, 공적인 것의 우선, 공동선을 추구하기 위한 시민적 합의의 도출 등의 의미를 기점으로 하고 있다(윤수재 외, 2008: 7). 이런 점에서 공공성은 오늘날 정치와 정부의 활동을 이해하는 데 있어 중요한 지표로 작동하고 있다. 이후 봉건주의 시대와 절대국가 시기의 공공성은 지배자의 독점적인 지배적 전유물로 전락하였다. 이러한 공공성의 암흑기를 거쳐 근대 자유주의 국가의 등장으로 공공성의 개념은 시민의 탄생을 알린 부르조아 공론장의 출현, 계몽주의의 비판적 합리주의와 만민평등의식,

공리주의적 공익관, 사회주의의 등장으로 촉발된 노동계급의 주체성 자각과 생산의 공론장화, 복지국가와 대의민주주의의 위기로 촉발된 시민사회의 각성과 협력적 거버넌스의 등장, 신자유주의로 대표되는 시장의 존적 자본의 세계화에 대항하는 공공성의 부활을 거쳐 오늘에 이르고 있다(하승우, 2014).

공공성은 한자로 公共性으로 표기되는 것만 보아도 공식적인(official) 경우와 일반 대중(public)에 대해 공통적으로(common)으로 적용되는 의미의 결합임을 알 수 있다. 보다 구체적으로 소영진(2003)은 사전적 의미를 기초로 공공성의 의미는 ① 행위의 주체라는 관점에서 국가 혹은 정부 및 공공기관에 의해 이루어지는 행위 일체, ② 다수의 사람들에게 보편적으로 적용되는 경우에 해당되는 공중(the public)의 의미, ③ 행위 주체가 국가를 넘어 사회활동 전반으로 확대되어 공식적(official)인 경우, ④ 행위의 목적과 관련해 공익(public interest)을 추구하는 경우, ⑤ 접근가능성(accessibility)의 관점에서 공공재(public goods)와의 관련, ⑥ 개방성(openness)의 측면에서 사람들에게 알려지는 것을 포괄하고 있다고 하였다. 나병현(2002: 551-552)은 다양하고 복합적인 공공성의 의미를 ① 국가와 관계된 공적인 것(official), ② 모든 사람에게 관계된 공통의 것(common), ③ 누구에 대해서도 개방되어 있다(open)는 것으로 압축·정의하였다. 한편, 신차균(2006: 70)은 나병현의 개념화가 공공성의 다양한 의미를 설명하고는 있지만 개념의 핵심적 의미를 드러내지 못한다고 지적하면서, 공공성 개념의 핵심은 "특정한 개인에 관한 것이 아니라 모든 사람에 관계된 공통의 것"이며 "누구에게나 개방되어 있다"는 의미는 공공성이 확보된 결과이거나 그것이 확보되기 위한 사실적 조건을 의미한다고 하였다.

공공성에 대한 개념을 단지 사전적 정의를 통해 우리가 이해의 통로를 마련하는 것은 필요한 최소한의 노력이지 개념의 추상성을 넘어 실제에서 구체적인 모습으로 실현되는 것을 보기 원하는 우리의 갈급

함을 채우는 데 충분하지 않다. 특히, 행정이나 정책의 장면에서 공공성은 실천되고 달성되어야 할 이념, 가치, 기준임에도 불구하고 구두선적으로 추상적이고 모호하게 쓰이거나 단지 정치적 수사로 이용되는 현실(Mathew, 1984)은 바람직하지 못하다. 물론, 이렇게 공공성 개념이 오용되고 남용되는 현실도 있지만 한편으로는 애써 회피하거나 미진한 현실도 간과할 수 없다. 실제의 측면에서 다원주의 사회에서 나타나는 개인주의 정서나 집단 간 갈등의 보편화 그리고 경쟁과 효율을 강조하는 경제 중심주의, 연구의 측면에서 행동과학적 연구경향과 신공공관리의 강조점 등이 공공성의 위기를 초래하는 또 다른 현실이다. 그럼에도 불구하고 오늘날 다양한 분야에서 다학문적 접근으로 공공성을 조망하고 해석하여 실체화하려는 노력이 계속되고 있다(이윤미, 2006; 윤수재 외, 2008). 특별히 행정 및 정책 장면에서 공공성은 정치적 행위와 정부의 공식적인 활동을 이해하고, 국민과의 소통과 협력이라는 합리적 절차를 통해 공익이라는 합목적성을 실현하는 과정에서 단지 이념적 표상을 넘어 실천적 논의를 통해 실체화가 절실한 핵심적인 키워드임을 부인하기 힘들다.

고등교육의 공공성은 한마디로 고등교육에서 공공성의 조건들을 '실현'하는 것이다. 여기서 '실현'은 사실적으로 달성하고 있는지를 기준에 의거 분석하여 도달 정도를 판별한다는 의미와 규범적으로 달성해야 할 가치전재적 지향점(value-laden orientation)을 설정해 놓고 당위적 실천을 통해 목표에 이르렀는지를 판단한다는 뜻이 담겨 있다. 따라서 "고등교육에서 공공성을 실현하고 있는가?"의 판별과 "고등교육에서 공공성을 실현해야 한다"의 판단은 구별된다. 혹은 이 두 가지를 혼용하여 쓰는 경우가 있는데 논의의 수준을 분별하고 사실과 당위를 구분하여 논지를 이끌어간다면 개념의 내포와 외연을 분명하게 정의할 수 있지만, 그렇지 않을 경우 의미의 혼란을 가져와 논의의 접점을 찾는데 실패하여 주장만 난무하는 미궁에 빠지곤 한다. 이러한 미궁에 빠지지 않기 위해서는 고등교육의 공공성 실현에 대한 논의에 앞서 제기되는 세 가지 개념적 쟁점을 먼저 논구하는 것이 필요하다.

첫째, "고등교육은 공공성 실현의 대상인가?"에 대한 쟁점이다. 이는 교육 공공성이 고등교육기관인 대학에도 적용될 수 있는지에 대한 논란이다. 당연히 대학도 공공성이 적용될 수 있다는 주장들은 우선 우리의 법체계가 고등교육을 학교교육과 구분하지 않고 국민의 교육받을 권리를 강조하고(헌법 제31조), 교육목적에 대한 규정(교육기본법 제1조), 학교의 공공성에 대해 규정(동법 제9조)하고 있다는 점을 들고 있다(임재홍, 2003: 193). 이러한 주장이 사실적인 것이라면 초·중등교육의 공공성이 확보되기 위해서는 대학의 공공성이 전제되어야 하며, 대학이 시장으로부터 벗어나 공적인 역할을 수행할 수 있을 때 학교일반의 공공성이 확보된다는 당위적인 주장도 있다(이철호, 2003: 121). 반면에, 고등교육의 공공성에 대해 부정적인 주장들은 대학교육이 전공교육중심의 전문교육을 지향하고 대학 졸업이 개인의 취업과 직결된다는 점(임재홍, 2012: 140), 대학교육을 공교육의 범주에 넣기 어렵다는 점(나병현, 2002: 560), 의무교육 이상의 교육에 대해서는 국가 재정형편을 고려하여 교육받을 권리를 법률 위임으로 유보함에 따라 '고등교육을 받을 권리와 국가에 대한 교육 여건 개선 및 정비를 요구할 권리'는 제한적이라는 점(헌재 1992.11.12. 89헌마88) 등을 들어 난색을 표하고 있다.

"고등교육의 공공성이 가능한 논제인가?"라는 첫 번째 쟁점은 오늘날 고등교육의 역할, 고등교육을 받을 권리의 보장, 고등교육의 공적 편익을 고려해볼 때 고등교육에서 공공성 확립의 필요성과 중요성으로 귀결되고 있다(임은희, 2016: 17-24). 오늘날 대학교육이 개인의 직업적 지위 달성을 위한 수단을 넘어 국가사회 발전에 중요한 역할을 수행하고 있고, 고등교육의 공공성을 국가의 공적 책임으로 규정한 블로냐 프로세스 사례와 고등교육을 통한 민주주의 발전과 사회문제의 해결 등 공공적·공익적 가치 실현에 기여하고 있는 것은 고등교육의 공공성 측면을 여실히 보여주고 있는 것이다(Kezar et al., 2005). 또한 보통단계의 기초교육을 기반으로 인격을 도야하고 전문적인 학술이론을 연마하며, 국가 사회에 기여하는 것을 대학교육의 목적으로 설정하고 있는 현행 교육법체계는 고등교육도 공공성 실현의 큰 틀 중 한 축을 차지하고 있다는 것을 말해준다. 특히, 대학교육 진학률이 70%를 넘는 보편화된 현실은 우리의 고등교육이 대학을 포함하여 '교육받을 권리'의 헌법적 가치를 실현하기 위한 공공지향적 방향으로 정책이 전환되어야 할 시점에 이르렀다는 징조이기도 하다.

둘째, "공교육으로서의 고등교육과 고등교육의 공공성을 어떻게 구별할 것인가?"에 대한 쟁점이다. 교육의 공공성이 교육활동을 통해 나타나는 교육의 공적, 공통적, 공익적, 공개적 특성의 보편적 적용을 통한 바람직한 가치 혹은 당위적인 상태의 실현이라고 한다면, 공교육은 이러한 공공성이 있는 교육 그 자체 혹은 이를 제도화한 것이다. 공교육은 적용 범위에 따라 ① 국가와 공공단체가 설립·경영하는 국·공립학교 교육(협의), ② 국가수준에서 제도적으로 확립되고 법률의 통제를 받는 교육(중의), ③ 공적 성질을 지닌 교육(광의) 등 세 수준에서 운위될 수 있다(나병현, 2002: 556-557). 따라서 어떤 수준에서도 고등교육은 공교육의 범주에 포함되며, 공적인 의미와 공익적인 의미가 내재해 있다. 그러나 고등교육의 공공성을 실현하기 위한 현실적인 표현인 공교육으로서의 고등교육제도는 그 운영과정에서 공공성이라는 폭넓은 기준과 가치를 실현하는 데 개념 요소 간에 충돌을 일으키거나 사실적 언명과 당위적 주장 간에 모순이 발생하곤 한다(하승우, 2014; 나병현, 2002). 특히, 공교육으로서 고등교육을 좁게 볼 경우 공적인 것이 국가중심주의 혹은 관료화에 의한 왜곡으로, 공통적인 것은 대표성의 선정 독점으로, 공익을 위한다는 것은 公의 共에 대한 통제와 압력으로, 공개적이라는 것은 권력 주체의 정치적 이용으로 변질될 수 있다. 따라서 '고등교육의 공공성'은 제한적인 제도 운영적 의미의 '공교육으로서의 고등교육'

과 분별될 수 있어야 할 것이다.

셋째, "고등교육 공공성의 조건은 무엇인가?"에 대한 쟁점이다. 이러한 공공성의 조건을 논구와 합의를 통해 제시할 수 있다면 우리는 고등교육 공공성의 실현 여부를 사실적으로 판별할 수 있을 것이다. 그러나 이것은 고등교육 공공성의 실현을 위한 당위적인 조건과 방안들이 난무하고 있는 현실에서 쉬운 일이 아니다. 우선적으로 고등교육의 공적 역할 확대에 따른 제도적 장치 마련, 교육받을 권리의 확대, 세계인권선언 제26조[1]와 '경제적 · 사회적 및 문화적 권리에 관한 국제규약' 제13조[2]의 준수, 유럽과 같은 무상교육의 실현 등의 조건을 충족시킨다면 공공성 실현이 가능할지 모른다. 임재홍(2003: 195-203)은 대학의 공공성을 강화하기 위한 방안으로 ①사립대학의 국 · 공유화, ② 대학서열의 폐지를 위한 평준화, ③ 대학교육의 무상교육화를 제안한다. 이러한 고등교육 공공성의 실현을 위한 조건과 방안들은 지나치게 추상적이고 구두선적인 주장이거나 비현실적이고 탈맥락적이어서 현재의 상황과 인식의 간극이 크다. 이런 점에서 임은희(2016: 70-83)가 제시하는 고등교육의 공공성 확대 방안들인 ① 정부의 재정지원 확대(재정지원의 법적 근거 마련, 공적 지원 규모 확대, 정부 책임형 사립대학 도입), ② 사립대학에 대한 공적 관리 · 감독 강화(사립학교 법인 책임성 강화, 교육부 관리 · 감독 강화), ③ 대학 내적 관리 · 감독 강화(대학 구성원 자치기구 법제화, 대학운영 관련 참여기구 강화)는 현재의 여건으로 보아 정책적 실현가능성이 크다고 할 수 있다. 그러나 고등교육 공공성의 실현을 위한 기본 전제로서 조건과 확대를 위한 방안은 사실과 당위, 투입과 여건, 판별과 판단의 의미상의 차이를 안고 있다.

---

1) 고등교육도 능력에 따라 모든 사람에게 평등하게 개방되어야 한다.

2) 고등교육은 모든 적당한 수단에 의하여, 특히 무상교육의 점진적 도입에 의하여, 능력에 기초하여 모든 사람에게 동등하게 개방된다.

고등교육의 공공성은 고등교육이 공교육의 한 축임을 인정할 때 공교육의 요소로부터 그 조건을 유추해낼 수 있다. 그러나 보통교육으로서 학교교육에 적용될 수 있는 요소로부터 고등교육의 공공성에 적용될 수 있는 조건을 분별해낸다는 것은 간단하지 않다. 이것은 고등교육과 보통교육이 공적, 공통적, 공개적이라는 교육 공공성의 개념적 요소가 내포하는 교육의 최대공약수와 그것의 외연적 함의는 공유하더라도 고등교육의 세부적 특성은 보통교육과 다르기 때문이다.[3] 공교육의 이념적 요소로서 제기되는 보편성, 평등성, 의무성, 무상성, 전문성 측면에서 논의해도(나병현, 2004), 이러한 이념들을 '학생의 이익 고려'라는 원칙에 비추어 보아도(신차균, 2006: 78-89), 공교육의 형식적인 요건인 무상교육, 보통교육, 공통교육, 의무교육의 관점에서 조망해도(김기석, 1989: 173-174), 고등교육의 공공성 실현을 위한 공통적인 조건을 추출해내기란 쉬운 일이 아니다. 이러한 어려움에도 불구하고 임재홍(2012: 140-142)은 대학교육 공공성의 조건으로 고등교육의 보통교육화, 법체계에 근거한 고등교육의 공적 관리, 고등교육 비용의 공적 부담을 들고 있다. 지금까지의 논의를 종합해 볼 때, 고등교육의 공공성의 조건은 ① 고등교육을 받을 기회와 권리의 보장, ② 고등교육의 공익과 공동선의 추구, ③ 법체계에 근거한 국가의 공공적 관리와 책무, ④ 고등교육 비용의 공적 부담 확대를 위한 재원 확보 등으로 제시될 수 있을 것이다. 이러한 조건들은 실질적 정의로서 실현되어야 할 가치(기본적 내용으로서 평등 및 정의)와 형식적 정의로서 실현을 위한 절차적 규범(제도적 과정으로서 민

---

3) 예를 들어, 공교육에서 공공성의 의미에 대해 나병현(2002: 558－563)은 교육의 제공자(국가가 제공하는 교육), 비용의 부담(국가가 국민의 세금으로 조성한 공비로 제공하는 교육), 대상(공중을 대상으로 하는 교육), 내용(공통의 지식과 규범을 전달하여 국민의 통합을 이루고자 하는 교육), 목표(공동체의 공동선을 이루기 위한 교육) 등의 구성 요소로 발현된다고 했지만, 그렇다고 이러한 요소들이 고등교육에 그대로 적용될 수 있는 것은 아니다.

주주의)을 통해 공공성의 개념을 파악하고자 한 소영진(2008a: 59-62)의 논거에 대한 구체적인 표현에 해당된다.

Ⅲ. 고등교육의 경쟁력

우리의 고등교육정책에서 고등교육의 경쟁력이 명시적으로 강조되기 시작한 것은 노무현 정부에서 '대학 경쟁력 강화 방안'이 발표된 이후이다. 그 연원을 거슬러 올라가면 세계화·정보화의 시대사적 흐름에 부응하기 위한 신교육체제의 수립으로 대변되는 5·31 교육개혁이 있다. 문민정부의 고등교육정책은 교육에 수요와 공급의 시장원리를 차용하고, 교육활동에서 경제적 효율성이 중시되는 신자유주의적 교육정책 원리의 채택에 따라 대학의 다양화 및 특성화, 대학교육의 국제화를 위한 자율을 통한 경쟁 그리고 그에 따른 책무가 강조하였다. 이후 헌정사상 처음으로 여야간 정권교체로 출범한 국민의 정부는 대통령의 민주주의와 평등사상에 대한 소신에도 불구하고 국가 부도사태에 따라 IMF 구제금융기를 맞아 사회 전반의 구조조정이 촉발되는 과정에서 전 정부의 고등교육정책 기조를 계승하고 한층 더 심화되었다. 국민의 정부에서 실질적으로 평가에 의한 정부의 대학재정지원사업이 시작되었고, 대학들은 경쟁을 통해 구조조정을 기획하는 단계에 접어들었다(신현석, 2005).

2003년 출범한 참여정부는 지식기반경제의 흐름에 따라 고등교육의 발전은 인적자원개발과 그 궤를 같이 하였다. 이전 정부 말기에 교육부의 명칭도 교육인적자원개발부로 바뀌고, 장관은 인적자원개발 관련부처를 통괄하는 부총리로 격상되었다. 대학의 경쟁력이란 용어가 공식적으로 등장하였고, 고등교육의 역할은 지식기반사회에서 경쟁력 있는 유능한 인적자원을 길러내는 것이었다. 이러한 고등교육정책의 급진적인 기조 전환은 대학도 기업이라는 인식과 경제발전을 위한 고등인적자원의 양성이라는 경제적·기업가적 교육관을 영향력 있는 정책 엘리트들이 공유한 데서 기인한다. 2004년부터 대학구조개혁이 공식화되어 재정지원과 연계된 정원감축과 대학통폐합이 본격화되었고, 대학 변화의 긍정적 기제로서 특성화는 대학 내에서 선택과 집중을 통한 경쟁력 강화로 이어지는 참여정부 중심적인 고등교육정책으로 자리 잡게 되었다. 궁극적으로 참여정부에서 고등교육정책은 대학구조개혁 → 특성화 → 대학 경쟁력 제고 → 국가경쟁력 강화의 인과적 흐름으로 연결되는 국가 인적자원개발 정책(national human resource development policy)의 일환으로 이루어졌다(신현석, 2009).

2008년에 출범한 이명박 정부의 고등교육정책은 이전 정부의 정책을 계승하면서 고등교육분야에 시장논리를 적극 도입하고, 수요자 중심의 교육경쟁력 강화를 통해 인재대국으로의 발돋움을 국정방향으로 설정하였다(신현석·김보엽, 2008). 이러한 친시장적 국정기조는 교육공급자의 경쟁력 강화를 위한 성과관리를 강조하는 신공공관리의 채택으로 나타났다. 구체적으로 평가에 의한 대학별 차등적 재정지원지원 방식의 강화, 대학정보공시제를 통한 교육수요자의 권리 강화, 경제자유구역에 외국대학 유치의 본격화, 대학에 대한 평가·인증·퇴출 시스템의 구축을 통한 대학구조개혁, 연구비 공개경쟁체제 구축, 국립대 법인화 확대 등의 정책은 문민정부의 고등교육정책 방향인 자율화와 책무성 제고를 보다 정교하게 경쟁시스템을 통해 실천에 옮긴 것들이었다. 임재홍(2003: 175-181)은 이러한 경쟁체제를 고등교육 개방을 통한 대학의 국제적인 경쟁, 재정지원사업 평가를 통한 국공립대학과 사립대학 간의 경쟁, 단과대학 책임경영제 및 학사단위별 평가체제도입을 통한 대학 내 경쟁, 업적평가제도의 교수계약제와 연봉제 연계를 통한 교수 간의 경쟁으로 나누어 보고 있다. 그는 이러한 경쟁 메커니즘의 설계와 실행이 전적으로 신자유주의적 대학정책의 일환이며 지극히 반공공적이라 평가한다. 아울러 향후에는 이러한 경쟁을 촉발시키기 위한 조건으로 산학협력단의 활성화와 대학기업 활동의 촉발을 통해 영리창출을 허용하고 자본의 축적과 활용이 용이하도록 경쟁을 한층 권장할 것이라고 우려를 표한다. 물론, 이명박 정부의 고등교육정책이 시장 논리와 경쟁을 유도하는 입장을 취하긴 했지만 여전히 강력한 국가중심적 정책의 틀에서 광범위한 규제와 지원의 틀을 유지하고 있었다는 점에서 신자유주의라고 부르기에는 미흡한 면이 있으며, 효율성 구현을 위한 정책의 결과도 한계는 있지만 공공성의 일부 의미인 공익에 기여할 수 있다는 점을 들어 반공공적이라는 평가는 과장된 것이라는 반론도 제기되고 있다(소영진, 2008b: 685-689).

2013년에 출범한 박근혜 정부의 고등교육정책은 이명박 정부의 틀을 거의 그대로 이어 받으며 큰 특징 없이 추진되었다. 학령인구 급감에 따라 평가를 통한 대학구조개혁을 모든 대학에 적용하여 축소지향적 정원감축을 통해 대대적으로 추진한 것은 가장 두드러진 정책이었다. 대학의 교육역량에 대한 평가를 통해 정원감축과 대학교육의 질 제고를 꾀하고자 한 대학구조개혁은 소기의 정원감축 효과는 거두었지만, 대학의 기본적인 특성인 설립별, 규모별, 지역별 차이를 고려하지 않은 무차별적 절대평가는 지탄의 대상이 되었다. 결과적으로 지역대학들이 대부분 재정지원제한대학인 하위 등급에 포진되어 무차별적 평가를 통해 차별적 결과를 야기한 불편부당한 평가(김태년 의원, 2015.9; 유은혜 의원, 2016. 9), 법적·제도적 기반이 취약한 평가(반상진, 2016), 평가의 절차와 방법이 합리적이지 못한 편향적 평가(강창동, 2015; 이기종, 2015)라는 비판이 제기되었다. 이로 인해 박근혜 정부의 대학구조개혁은 대학의 졸속 특성화 계획이 구조개혁의 지표 경쟁과 결합되어 대학구조의 왜곡과 편중된 분야로의 인력 충원이 초래되어 오히려 대학의 경쟁력을 약화시키는 결과를 초래했다는 득보다 실이 많은 정책이었다(한국대학학회, 2015.5).

개념적으로 경쟁(competition)은 사전적으로 '같은 목적에 관하여 서로 겨누어 다투는 행위나 활동'을 뜻하는 말로 ① 경쟁하는 대상들이 공통의 목적을 취하는 경향, ② 서로 겨루고 다투는 행위나 활동이 대상 주체들에게 공통으로 적용되는 틀의 범위 내에서 이루어짐, ③ 준거에 입각한 경쟁 상대들의 상호 비교를 통해 서열화가 가능하고 서열화된 순위는 차별적인 위신과 혜택을 제공하는 근거로 작용한다는 의미를 내포하고 있다(신현석, 2003: 102). 경쟁이 '다투는 행위 그 자체'를 의미하는데 비해 경쟁력(competitiveness)은 '겨루고 다툴 수 있는 기운이나 힘'을 뜻한다. 여기서 힘은 과거로부터 누적된 축적치로 표출되며, 어느 정도 미래의 '경쟁가능성'까지도 예측할 수 있다는 점에서 현재를 중심으로 과거와 미래를 들여다 볼 수 있는 총합적·예언적 지표(aggregated and predictable index)라고 할 수 있다(신현석, 2005: 327). 이러한 경쟁과 경쟁력의 의미적 요소들을 종합하여 고등교육의 경쟁력을 국가 단위로 범위를 설정할 때 '한 국가의 고등교육기관들이 공통의 목적과 기준을 달성하고자 노력하는 과정에서 경쟁 대상국가의 대학들과 서로 겨룰 수 있는 총체적인 힘'으로 정의할 수 있다.

고등교육의 경쟁력은 종합적인 지표의 구성으로 표현되어 측정하고 평가되는 경향을 보여주고 있다. 예를 들어, IMD는 국가를 단위로 교육 경쟁력을 13개 정량지표와 5개 정성적 지표 등 총 18개의 세부지표값의 총합으로 산출하고 있다. 이중 고등교육 관련 지표는 ① 25－34세 인구의 고등교육 이수율, ② 고등교육 여성졸업자 비율, ③ 인구 천 명 당 고등교육 외국인 학생 수, ④ 인구 천 명당 고등교육 유학생 수, ⑤ 대학교육(경쟁 사회의 요구에 부합정도) 등 5개 세부지표로 구성되어 있다. 신현석(2005)은 고등교육의 국제경쟁력을 체제분석 모형에 의거 투입요소(재정 여건 및 인적 규모)[4], 과정요소(대학교육 및 연구)[5], 산출요소(고등

4) 투입요소의 하위 지표는 고등교육재정 투자(고등교육재정 규모, 대학에 대한 정부 보

교육의 성과)[6]로 나누고 각 요소의 하위 요인들을 지표로 설정하여, 지표별 국제비교를 하였다. 이외에도 정확하게 국가단위의 전체 고등교육 경쟁력을 의미하는 것은 아니지만 대학평가를 위한 선별적 지표를 구성하고 지표별로 부여된 가중치 결과 값의 총합을 통해 전 세계 개별 대학들을 대상으로 순위를 사정하는 세계대학 랭킹평가가 있다. 예를 들어, 현재 가장 많이 인용되고 권위적인 평가로 인정받고 있는 QS 세계대학평가는 ① 연구능력 60%(연구자 평판도 40% + 교원당 피인용 수 20%), ② 교육수준 20%(교원당 학생 비율 20%), ③ 졸업생 평가 10%(졸업생 평판도 10%), ④ 국제화 10%(외국인 교원 비율 5% + 외국인 학생 비율 5%)로 구성되어 있다. 이 밖에 THE 평가, US NEWS 평가, 상해 교통대학평가 등이 있는데 공통점은 모두 대학의 연구능력에 대한 평가에 비중이 많이 주어지고 있다는 것이다.[7]

문민정부 이래 고등교육정책 장면에서 고등교육 경쟁력 제고는 줄곧 정책의 목표이자 지향점이었다. 그러나 경쟁력 제고를 위한 고등교육정책은 세부 추진방안이나 방법들이 주로 신자유주의 교육정책이 표방하는 (타자에 의해 주어진) 자율과 유사 시장 경쟁 전략의 방식으로 정부에 의해 대학에 부과되는 방식이었다. 그나마 정부의 정책 문건이나 방안 발표 시 거론되는 경쟁력 제고는 일종의 구두선적인 슬로건 혹은 상징적 수준의 의례적인 수사로 치장되는 경우가 많았다. 대학구조개혁이나 특성화 정책을 통해 개별 대학의 경쟁력 혹은 우리나라 전체 고등교육의 경쟁력이 어느 수준에 도달했는지 정량적인 지표 값으로 측정되어 결과를 본 적도 없고, 보여준 적도 없었다. 또한 고등교육의 경

조금, 학생 1인당 공교육비), 고등교육 진입 인구(고등교육 입학률).

5) 과정요소의 하위 지표는 교수인력 확보, 연구실적, 대학연구지원, 국제화 교육, 교양교육.

6) 산출요소의 하위 지표는 고등교육 이수율, 고등교육 효율성(대학교육의 경제 수요 만족도, 기업과 대학간 지식연계 정도), 지식기반 경쟁력.

7) 연구능력의 비중은 THE 평가 62.5%, US NEWS 평가 65%, 상해 교통대학평가 100%임.

쟁력이 얼마나 국가경쟁력 제고에 기여했는지 정확하게 알 도리가 없었다. 이런 점에서 IMD의 경쟁력 지표의 설정과 측정방법은 지표의 편포적인 구성과 측정의 편파성 때문에 일정한 한계를 노정하고 있지만 우리가 처하고 있는 고등교육정책 현실에 시사하는 바가 크다. 이제 슬로건으로 의례적 수사로서 그치는 고등교육의 경쟁력이 아니라 그 달성 경로와 방법이 구체적으로 제시되고 그 결과를 보여줄 수 있는 과제를 더 이상 미루지 말아야 할 것이다.[8)]

Ⅳ. 고등교육의 공공성과 경쟁력의 관계

공공성은 이념, 본질, 가치, 기준으로서 추상적이고, 내포된 의미가 다양하며, 외연적 의미가 넓어서 개념적으로 획정하기가 어렵다(윤수재 외, 2008). 그럼에도 불구하고 고등교육 공공성의 용법에 대해 적어도 행정 및 정책 분야에서 합의가 가능한 것은 주로 비전과 이념 그리고 목표와 같은 투입 요건으로 볼 수 있다는 것과 그 요건을 정당화하기 위한 합리적인 실천적 절차로서의 과정 그리고 결과적으로 공공성이 확보·실현되었는지에 대한 판단으로서의 산출로 두루 관찰 혹은 성찰이 가능하다는 것이다. 이러한 체제적 관점에서 바라 본 고등교육의 공공성 개념은 분절적 요소로서 절차에 대한 형식적인 정의와 가치에 대한 실질적인 정의가 가능하도록 구체화될 때 행정 및 정책 실제에서 실천적으로 논의될 수 있다(소영진, 2008a).

한편, 고등교육의 경쟁력은 고등교육의 총량적인 힘이나 역량을 일

---

8) 왜 이렇게 고등교육정책을 포함한 우리의 교육정책 장면에서 유난히 정치적인 수사와 가식적인 구호가 난무하는지에 대한 질문에 대해 한 경제학자의 '돈이 없어서'라는 답변은 일면 수긍이 가면서도 왠지 허전하게 느껴진다.

컫는 추상적인 개념으로서 정량적·정성적 하위 요인들에 대한 측정을 바탕으로 요인들의 측정된 값의 총합에 의미 혹은 가치를 부여하는 조작적 정의를 통해 구체화된다. 따라서 경쟁력은 공공성과 마찬가지로 추상적이면서도 수사적인 용도로 활용되기도 하지만 현실을 재현하는 데 행동과학적 개념 구성과 측정가능성에 근거하고 있다는 점에서 차별화될 수 있다. 또한 고등교육의 경쟁력은 체제적 관점에서 투입, 과정, 산출을 구성하는 하위 요소들로 나타낼 수 있다는 점(신현석, 2003)에서 공공성과 유사한 용법을 보이지만 각 단계에서 단순한 관찰 혹은 성찰을 넘어 측정에 의한 물화가 가능하다는 점에서 차이를 보인다. 결국, 고등교육의 경쟁력은 조작적인 용어로서 구성요소 측정을 통해 현실화되지만 고등교육의 공공성이 의미하는 이념, 가치의 수준의 논의를 맞추기 위해서는 맥락의 변경과 차원의 전환이 필요하다는 것을 알 수 있다. 이에 따라 고등교육의 경쟁력은 그것이 지향하는 가치 혹은 기준으로서 효율성 혹은 수월성으로 환원되곤 한다(소영진, 2008b: 693; 이정미, 2004: 160).

고등교육의 공공성과 경쟁력은 고등교육정책 장면에서 흔하게 논의되는 개념이지만 각각의 개념이 운위되는 맥락과 차원이 다르다는 것을 알 수 있다. 그럼에도 불구하고 두 개념은 역사적으로 발원된 시대적 배경과 강조점의 차이 때문에 공공성과 경쟁은 곧잘 대비되는 개념으로 맥락과 차원에 관계없이 논의하는 경향이 있다(임재홍, 2003, 2012; 이정미, 2004; 임은희, 2016; 소영진, 2008b; 박가분, 2015; 박종배 외, 2014). 이러한 선행 논의에 나타난 고등교육의 공공성과 경쟁력 간의 관계를 고찰해 보면 다음의 네 가지 관점으로 제시할 수 있다.

첫째, 고등교육의 공공성과 경쟁력을 서로 상충되는 관계로 보는 관점이다. 많은 경우에 교육 공공성은 경쟁력을 강화하기 위하여 의존할 수밖에 없는 효율성과 수월성의 논리와 대척점에 있다고 본다. 이정미(2004: 160)는 고등교육 시장 개방을 둘러싼 대표적인 논리의 대립으로

'교육의 공공성 논리와 수월성 논리의 갈등'을 들면서, 교육의 공공성을 강조하는 입장에서 "교육의 공공성과 국가경쟁력 강화는 서로 어울릴 수 없는 것이며, 소수 엘리트를 양성함으로써 경쟁력을 강화하는 것은 대학교육의 목적이 될 수 없다"고 주장한다. 이러한 입장은 고등교육 공공성의 당위적 필요를 주장하면서 이를 잠식하는, 경쟁과 효율을 강조하는 신자유주의 고등교육정책을 이질적인 것으로 한 영역에서 공존할 수 없다고 비판하는 경향과 동일시된다(임재홍, 2003: 175). 따라서 교육의 공공성이 평등과 공익 추구, 보편적 접근의 보장과 국가의 책무 등을 의미하는 것이라면 신자유주의 교육정책은 이와 합치되기보다는 상충되는 면이 강하다고 할 수 있다(임재홍, 2003: 190; 소영진, 2008b: 687). 공공성과 경쟁의 상충된 시각은 때로 이념적 정쟁화를 통해 극단적인 주장으로 치닫곤 한다. 예를 들어, 공공성 주창자들은 신자유주의 교육정책이 평등보다는 경쟁과 차등화를 통한 효율을 우선시 한다는 점에서 반공공적이거나 공공성의 위기를 초래했다고 비판한다(임재홍, 2003, 2012; 박가분, 2015). 또한 교육의 공공성은 사회에서의 경쟁 이전에 적어도 학교교육과정에서는 경쟁 원리를 배제시킴으로써 모든 인간이 동등하고 평등한 교육 기회를 확보하는 데 목적을 두고 있다(임재홍, 2012: 139)는 이상론을 펼치기도 한다.

둘째, 고등교육의 공공성과 경쟁력을 병행 관계로 보는 관점이다. 양자 간의 병행 관계는 대척점의 반대급부적 관계는 아니지만 공존을 인정하는 상호 병립적인 관계를 말한다. 오늘날 고등교육에서 공공성은 세계적인 흐름을 보아도 지역적 한계를 넘어 보편화되고 있다. 자국 내에서 고등교육의 교육받을 기회 보장과 국가사회 발전에 대한 대학의 역할에서 공익성이 강조되고, 국가의 공적 관리와 지원에 대한 책무가 강조되는 경향을 보이는가 하면, 국경을 넘어 사회경제적 양극화와 환경오염 등 지구촌의 문제를 우리의 문제로 공감하고 이에 대한 이해와 경험 그리고 조직화를 통한 행동적 실천과정에서 세계시민교육의 주체로서 대학의 역할이 중요하게 되었다. 고등교육의 경쟁력 또한 국가발전을 위한 원동력으로서 대학 교육과 연구의 수월성과 효율성이 중시되고 있는 현실에서 단위 국가에서 포기할 수 없는 사안이다. 어느 것 하나 포기할 수 없는 우리의 정책 현실은 이 두 노선을 동시에 추구하는 방향으로 이끌고 있다. 문재인 정부의 고등교육정책은 공공성과 경쟁력을 동시에 쫓아야하는 패러독스적 현실에 대한 고민의 단면을 교육공약, 국정과제, 교육부 추진 업무보고에서 일관성 있게 그대로 보여주고 있다(더불어민주당, 2017.4; 국정자문기획위원회, 2017.7; 교육부 대학정책실, 2017.11; 교육부, 2018.1). 그러나 고등교육의 공공성과 경쟁력은 포기할 수 없는 우리의 현실이기에 공존을 통한 병행이 이론상 혹은 구두선적으로 가능하지만 이를 뒷받침할 수 있는 실행력이 확보되지 않으면 한갓 슬로건으로 그칠 우려가 있다는 점에 유의해야 할 것이다.

셋째, 고등교육의 공공성과 경쟁력을 보완 관계로 보는 관점이다. 공공성과 경쟁력은 고등교육에 모두 중요한 방향이자 목표이지만 자원과 시간의 제약 때문에 행정과 정책 장면에서 흔히 발생하는 전략적 우선순위, 선택과 집중이 불가피한 상황에 대처할 조정과 보완이 불가피하다. 고등교육 공공성의 유지·확대가 고등교육정책의 단일한 기조와 방안의 모든 것이 될 수 없듯이, 고등교육 경쟁력 제고가 정책의 독점적인 목표가 된다면 대학들은 적자생존의 경쟁과 효율성 지상주의 하에서 경쟁력 있는 소수의 대학들을 제외하곤 황폐한 상황에 놓이게 될 것이다. 따라서 단위 대학이든 국가단위의 고등교육정책 장면이든 공공성과 경쟁력은 쫓아야 할 두 마리의 토끼라면 주어진 인적·물적 자원과 시간의 주어진 범위 한계 내에서 절충적 보완이 필요하다. 예를 들어, 대학 경쟁력 제고를 중심적인 발전 기조로 삼는다면 공공성이 최소한 이상으로 보장되는 여건 개선이나 지원 그리고 제도적 보장이 후속되어야 할 것이다. 마찬가지로 대학 교육 및 운영에 있어서 공공성 확립이 우선적인 방향이라면 이와 함께 대학들이 평등한 여건과 기회에 안주하지 않도록 노력해서 성과를 보인 개인이나 조직에 인정과 혜택이 주어져야 할 것이다. 국가 간 관계를 통해 고등교육의 공공성과 경쟁력을 협력적으로 보완한 대표적인 사례로 블로냐 프로세스에 의한 유럽대학의 연계·통합을 들 수 있다. 블로냐 프로세스는 표면적으로 유럽의 단일한 고등교육체제를 만드는 것이 목표지만, 궁극적으로는 고등교육 차원을 넘어 유럽 국가의 경쟁력을 높이고 지역과 사회통합을 추구하는데 있다(신옥주, 2008: 26).

넷째, 고등교육의 공공성과 경쟁력을 인과 관계로 보는 관점이다. 공공성과 경쟁력을 인과 관계로 본다는 것은 서로 상충 관계로 보는 입장과 극단에 위치한 서로 필요한 불가분의 관계에 있다는 것이다. 행동과학에서 밝혀낼 수 있는 최고 수준의 관계인 인과 관계는 어느 한 요인이 다른 요인의 원인이 되고 결과가 된다는 의미이다. 환원하면 고등교육의 공공성은 고등교육 경쟁력의 원인이 되고 고등교육의 경쟁력은 공공성의 결과라는 것이다. 구체적으로 고등교육을 통해 교육받을 기회와 권리를 보장하고, 공동선을 위한 노력을 하며, 정부가 고등교육에 대한 공적 관리와 지원을 충실하게 하면 전체 고등교육의 경쟁력이 제고된다는 것이다. 예를 들어, 우리나라 현실에서 높은 진학률을 비판하기보다는 오히려 대학교육의 보편화를 통해서 원하는 누구나 대학교육을 받을 수 있고, 이는 헌법에서 명시한 교육받을 권리를 보장하는 것이며, 고등교육을 이수한 우수 인력을 많이 양성해 국가 경쟁력을 높일 수 있는 등 긍정적 효과를 중심으로 보는 것이 합당하다(임은희, 2016: 21). 이러한 논리는 신자유주의 고등교육정책을 극단적으로 비판하는 대학 공공성 옹호론자들이 제기하는 문제의식과 다소 과장된 주장 그리고 현실성이 부족한 혁신적인 대안을 통해 무조건적으로 경쟁을 배격하는 입장과 구별된다. 이들은 대학의 공공성을 제고하는 것이 왜 필요한지에 대한 이유를 합리적으로 설명하는 데 미흡하고, 공공성 제고의 결과를 통해 궁극적으로 무엇을 보기를 원하는지에 대해서 정치하게 그려내지 못한다. 그들은 단지 신자유주의 고등교육정책이 대학을 황폐화하는 현상을 지적하고 어떻게 공공성을 해치는지에 대한 과정만 기술하고 있을 뿐이다.

V. 결론: 고등교육의 공공성과 경쟁력의 화용가능성 탐색

본 연구는 고등교육의 공공성과 경쟁력을 개념적으로 이해하고 배경 논리들을 고찰하여 둘 간의 관계를 살펴본 후, 궁극적으로 두 개념 간의 결합과 공유를 통한 고등교육의 발전가능성을 실천적 과제 탐색을 통해 알아볼 목적으로 진행되었다. 이러한 목적의 직접적인 계기는 문재인 정부의 고등교육정책 기조가 '고등교육의 공공성과 경쟁력 강화를 통한 대학교육의 질 제고'로 확정되면서, 과거 서로 다른 공간에서 화해 불가능한 개념으로 존립해왔던 두 개념이 이제 한 정부의 정책지향점으로 공존이 요구되는 상황에서 화용을 통해 공영에 이르는 실천적 논의가 불가피해졌기 때문이다. 이러한 상황에서 우리가 취해야할 정책적 지향점은 앞서 살펴본 고등교육의 공공성과 경쟁력의 네 가지 관계 중 그동안 우리의 고등교육 정체성을 두고 이념적 대립과 정치적 갈등을 빚어온 상충 관계를 소모적인 논쟁 혹은 발전적 통합을 저해하는 요인으로 보고 우선적으로 청산하는 것이다. 아울러 그동안 우리의 역대 정부 고등교육정책 기획에서 습관화되어 있는 서로 모순적인 이념과 가치를 슬로건 혹은 정치적인 수사로 내걸고 아무런 실천적인 대안과 전략 없이 구두선적으로 병치·병행시키는 것을 극복해야 한다. 이러한 연유로 문재인 정부의 고등교육정책 기조는 이제 적어도 단순한 병행적 관계를 넘어 보완적 관계[9] 이상의 실천적 대안을 필요로 한

9) 여기서 양자 간의 보완 관계는 병행적 보완과 선택적 보완의 두 가지 의미를 담고 있

다. 고등교육의 공공성과 경쟁력의 가장 이상적인 관계는 인과 관계이다. 인과 관계는 그 전 단계로서 영향 관계가 확인된 후에 가능한데 즉, 고등교육의 공공성 여건과 상황을 갖추는 것이 궁극적으로 대학 경쟁력 제고에 긍정적인 영향을 미친다는 것을 실증적으로 확인하는 것이다. 이와 같이 고등교육의 공공성과 경쟁력이 보완적 관계 이상의 실질적인 관계가 되기 위해서는 고등교육정책 장면에서 어떠한 실천적 과제들이 제언될 수 있는지 살펴보면 다음과 같다.

첫째, 고등교육 공공성의 탈이념화를 통한 실천적 개념화의 시도가 요구된다. 공공성은 전가의 보도처럼 중요하다고 주장되지만 개념을 구성하는 내포적 요소의 다양성과 외연의 연계 확장성 때문에 여전히 추상적이고 모호하다. 오히려 공공성 개념은 특정의 구성 요소를 강조하면서 그것이 마치 공공성의 전부인양 과장되고 호도되는 경향이 있어왔다. 예를 들어, 공공성이 규범적으로 모든 사람에게 이익이 되며 공정하게 공개적으로 적용되는 과정에서 절차적으로 국가와 관련된 공적인 의미(公)를 지나치게 강조할 경우 대중들에서 적용되는 공통의 것들(共)이 무시되기 쉽다(하승우, 2014). 또한 공공성은 시기와 장소, 그리고 그것을 이해하고자 하는 분야에 따라 그 강조점이 달라지기 때문에 일률적으로 적용될 수 있는 단일 개념이 아니다. 예를 들어, 고등교육정책에서는 고등교육을 받을 기회와 권리의 보장, 고등교육의 공익과 공동선의 추구, 법체계에 근거한 국가의 공공적 관리와 책무, 고등교육 비용의 공적 부담 확대를 위한 재원 확보 등이 중요한 공통의 사안이

다. 병행적 보완은 고등교육의 공공성과 경쟁력이 동시적인 정책목표로 설정되고 추진 방안별 특성에 따라 각각 추구하는 이념과 가치를 별도로 적용하여 추진하는 것으로, 이러한 분별없이 단순 나열식의 병행 관계와 구별된다. 선택적 보완은 고등교육정책에서 공공성과 경쟁력 간에 선택적 전략에 의해 우선순위가 발생할 경우 우선하는 가치의 실천에 대한 또 다른 가치의 실천적 보완을 의미한다. 이러한 경우 고등교육의 공공성과 경쟁력은 서로 대체재 관계가 아니라 보완재 관계로서 기능한다.

지만 학교교육과 같은 공교육 제도에서는 무상교육, 보통교육, 공통교육, 의무교육이 강조된다.

더욱 더 공공성의 개념을 이해하기 힘들게 하는 것은 공공성은 현장에서 구현되어야 할 실제적인 가치라기보다는 다른 이념 혹은 정책 노선을 반대하고 공격하기 위한 연대의 구심적 이념 혹은 진지 구축의 배경 논리로 활용하는 것이다. 예를 들어, 공공성 논리와 충돌을 빚곤 하는 자율성, 경쟁, 선택과 집중 등의 가치를 옹호하는 신자유주의에 대한 적대적 불신을 들 수 있다. 이러한 소모적인 논쟁과 담론 분쟁은 고등교육정책 장면에서 공공성의 실천적 재현에 도움이 안 된다. 정책은 발생된 문제에 대한 정부의 공적 해소를 위한 노력으로 그 자체가 공공적이니만큼 이제부터 공공성의 개념을 보다 진취적이고 적극적인 개념으로 발전시킬 필요가 있다(소영진, 2008b: 692).

둘째, 고등교육의 경쟁력 강화를 가능하게 하는 다양한 경로의 확보가 필요하다. 오늘날 고등교육의 경쟁력이 강한 국가들은 IMD 국가 경쟁력 순위, 세계대학평가 결과를 통한 상위 순위 대학들의 확인을 통해 알 수 있다. 예를 들어, IMD의 고등교육 경쟁력 지표들 가운데 어느 정도 한계는 있지만 '대학교육'[10]과 '25~34세 인구의 고등교육 이수율'[11]은 현재 가장 많이 인용되는 지표이다. 특히, 고등교육 이수율은 대학교육 기회에 대한 접근성 아울러 학생교육의 충실성과 관련되

10) 물론, 이 지표는 대학교육의 총체적인 지표라기보다는 기업으로부터 '경쟁사회의 요구에 부합하는 정도'에 대한 설문 응답을 분석한 결과이기 때문에 일정한 한계가 있는 것은 사실이다. 2017년 현재 조사 대상 전체 63개 국가 중에서 스위스(1위), 핀란드(3위), 캐나다(4위), 독일(9위), 미국(10위), 우리나라는 53위에 머물러 있다.

11) G7 국가 중 고등교육 이수율 순위가 가장 높은 나라는 일본으로 5위(59.6%)를 차지하였고, 다음으로 캐나다가 6위(59.2%)로 10위권 안에 있으며, 영국 13위 (49.2%), 미국 17위(46.5%), 프랑스 21위(44.7%), 독일44위(29.6%)를 기록하고 있다. 고등교육 이수율 순위가 가장 높은 국가는 싱가포르가 1위(76.6%), 한국이 2위(69.0%), 대만이 3위(67.0%)를 차지하여 일본까지 포함한다면 아시아 대학들이 고등교육 이수율이 높았다.

기 때문에 간접적으로 공공성을 확인할 수 있는 지표이기도 하다. 세계 대학 랭킹평가는 평가마다 지표 구성이 다르긴 하지만 대체로 연구력에 강조점을 두고 있고, 상위 100대 대학에 미국과 영국 대학들이 많이 포진되어 있다. 고등교육의 경쟁력은 이러한 세부적인 지표들 이외에 얼마든지 다른 방식으로 개념화되고 정의될 수 있다. 우리가 이미 명성으로 들어 알고 있는 것처럼 G7국가들은 고등교육 강국이고, 특히 독일과 프랑스는 나라의 규모에 비해 역사적으로 고등교육의 공공성이 안정적으로 작동하면서도 경쟁력이 있는 국가들이다(박종배 외, 2014:71; 임은희, 2016). 이외에도 스위스와 네덜란드, 벨기에 등 유럽 강소국가들의 고등교육은 그들 국가의 역사적·사회적 특성에 맞게 고등교육제도를 운영하여 세계적으로 경쟁력이 있는 것으로 정평이 나있다.

이처럼 고등교육의 경쟁력은 국가의 역사적·문화적 전통에 터하면서 시대사회적인 변화를 수용하고 적응해오면서 확립되었다.[12] 우리의 경우도 고등교육의 경쟁력을 제고하는 길이 정부가 제시하는 공적 관리 지향의 구조개혁과 특성화만 있는 것이 아니라 대학의 자율적 경쟁과 다양성을 존중하는 방식과의 병행적 보완을 통해서 혹은 국가의 고등교육 관여는 공공재원의 확대와 지원으로 최소화하되 사회적 불평등을 심화시키는 부분에 있어서는 적극적으로 개입하는 선택적 보완 등을 통해(소영진, 2008b: 692-693) 고등교육의 경쟁력을 현실적으로 제고할 수 있을 것이다. 그러나 가능하다고 한다면 고등교육의 공공성을 확보하고 지켜나가는 것이 경쟁력 제고로 나타날 것이라는 확신을 갖고 이

---

12) 예를 들어, 미국의 개국 초창기 사립대학 중심의 고등교육 발전 양태는 19세기 후반부 주립대학 설립을 위한 연방 재정지원을 제공하기 위한 1862년과 1890년 모릴법(Morrill Act)에 의해 소위 랜드 그랜트 대학(Land Grant Colleges and Universities)이 설립되면서 양적·질적으로 팽창되었다. 모릴법은 고등교육의 공교육체계를 발전시키는 기초가 되었지만(신의항, 2006), 미국은 사립대학의 경우 수요와 필요에 대학 설립과 폐쇄가 자유롭기 때문에 대학들의 생존과 발전이 시장적 경쟁을 통해 결정되는 경우에 해당된다.

에 따른 실천적 로드맵을 그려나가는 것이 궁극적인 이상이기는 할 것이다.

셋째, 정부와 대학 그리고 시민사회의 균형적 거버넌스 확립이 필요하다. 일반적으로 공공성의 위기는 공공성의 조건들이 경쟁과 효율을 중시하는 정부의 정책 때문에 경시되거나 악화되는 상황에서 발생한다. 신자유주의가 비판을 받는 이유는 경쟁과 효율을 통한 성과 중심의 관리가 시장에서만 이루어지는 것이 아니라 국가의 공적 관리과정에서 부여받은 책무로 보고 이를 조장하거나 방조하기 때문이다. 실제로 우리나라의 공공성 확립과정을 보면 국가의 역할이 얼마나 중요한지 알 수 있다. 관주도의 독점적 공공성이 민관협력의 공공성으로 전환될 기회가 문민정부의 출범으로 기회를 맞았지만 신자유주의와 세계화의 등장으로 사회적 연대보다는 경쟁과 효율이 중시되었고, 정부가 경제발전 논리를 앞세워 생태계를 파괴하고 공정 자산을 훼손하였으며, 민주화 이후에도 정부는 시민사회를 파트너로 삼기보다는 지배력을 유지하려고 했기 때문에 지금까지 지연되고 있다(하승우, 2014: 88-96).

국가의 공적 관리를 중심으로 강조하는 공공성의 폐해와 이에 따른 공공성의 왜곡을 우리는 지금까지 경험하고 있다. 나병현(2002: 551-552)이 정의한 것처럼 고등교육의 공공성이 국가와 관계된 공적인 것(official), 모든 사람에게 관계된 공통의 것(common), 누구에 대해서도 개방되어 있는(open) 특징이 있다고 할 때, 국가 혹은 정부가 강조하는 공익을 앞세워 공적 관리만 강조하고 공통성과 개방성을 희생한 공공성은 국가주의가 만든 또 다른 共에 대한 억압이며 합리적 독재에 다름 아니다. 우리는 이제 정부가 만드는 공의 영역과 시민이 만드는 공의 영역이 힘의 균형을 이루게 하고 동시에 이 두 영역이 만드는 가치가 선순환 관계를 통해 확대 재생산될 수 있는 사회를 지향해야 한다(요코타 가쓰미, 2004: 140).[13] 공적 영역에서의 힘의 균형은 마찬가지로 정부와 대학 간에도 적용될 수 있다. 고등교육에서 국가 책임지는 교육의 공적 관리를 통해 대학을 발전시키려는 책무 혹은 경쟁 메커니즘의 도입을 통해 효율적으로 성과를 올리려는 전략도 중요하지만, 바람직한 의식 형성을 통해 인류의 문화가치를 계승·발전시켰던 대학의 인류 및 국가 사회에 대한 기여와 대학의 본질이 자치의 공간에서 자율적으로 도모될 수 있는 입지가 권리로서 보장되어야 한다. 이렇게 정부와 시민사회 그리고 대학이 고등교육의 공공성을 지켜나가는 삼각 틀로서 서로 협력하고 견제를 통해 균형을 이뤄나가고, 그것이 논의되는 장으로서 공론장의 개설과 유지가 공유되어야 하며, 협치의 실천을 통해 협력적이면서도 균형 잡힌 거버넌스로 진전되는 모습을 보여주어야 할 때이다.

넷째, 고등교육재정의 획기적인 증가와 안정적인 확보가 요구된다. 기본적으로 공공성은 관계되는 모두에게 공통적으로 적용되고 그것도 공동의 이익 창출에 주안점을 두기 때문에 공적 관리를 담당하는 국가의 입장에서 떠맡게 되는 재정적 부담은 엄청나다. 더구나 공공선이라는 무형의 자산이나 사회적 자본의 확충을 요하는 경우 상당 부분은 투입된 자본에 대한 검증과 확인 불가능하기 때문에 정부는 공공적 필요와 재원 확보 사이에 딜레마에 빠지기 십상이다. 오죽하면 취약계층 보호를 위한 사회안전망 구축이나 불평등을 해소하기 위한 양극화 정책에 소요되는 비용에 대한 국가 부담은 정부예산 운용의 블랙홀 혹은 '밑 빠진 독에 물 붓기'라는 표현이 나왔을까 싶다. 국가의 유형·무형의 공공적 가치와 자산을 든든하게 하고 키워나가는 것이 지속적인 국

---

13) 궁극적으로 가쓰미(2004)는 국가가 만드는 공공성을 후퇴시키고 시민이 만드는 공공성을 확장시키는 것을 목표로 하는 시민자치형 정치가 필요하다고 주장한다. 시민자치형 정치는 "나와 다른 타자를 수평적으로 연대하고 공생하는 것을 가능하게 만드는 共 영역을 형성하는 과정 속에서 公을 만든다. 그러한 共영역을 활성화하기 위해 公(공공제도, 공공정책, 공권력 등)을 사용하는 공화주의 정치이다(하승우, 2014: 140에서 재인용).

가 발전의 토대를 강건하게 하는 가장 확실한 투자임을 알면서도 대부분의 국가들은 자산 증식을 통한 재원의 확충과 확보에 어려움을 겪고 있다. 이러한 상황은 압축적 근대화를 통해 공공적 토대의 구축보다는 경제발전을 통한 산업화에 치중하다가 민주화를 통해 성장한 시민의식이 요구하는 공공성과 자기 권리에 대한 다원적 분출로 홍역을 치르고 있는 우리나라의 경우 특별히 심각하다.

그럼에도 불구하고 국가는 공공성을 지켜나가는 최후의 보루이자 희망이기 때문에 공공성 제고를 위한 재원의 확충과 안정적인 재원의 확보는 당연히 필요하다. 우리나라의 고등교육단계 연간 학생 1인당 공교육비와 국민 1인당 GDP대비 학생 1인당 공교육비 비율은 OECD 국가 가운데 거의 최하위 수준이다(한국교육개발원, 2017). 고등교육 재원에 대한 민간부담 비율은 민간부담이 정부부담보다 많은 미국과 영국에 이어 세 번째이다. 그만큼 이들 국가들을 제외하곤 대부분의 국가들에서는 고등교육 재원에서 정부의 공교육비 부담률이 높다는 것이고, 이는 정부가 고등교육의 공공성을 강조하는 만큼 재원 확보에 있어서 정부의 역할과 책임을 강조하고 있다는 증거이기도 하다. 지금 고등교육의 공공성 확장을 위해 국공립대학의 신설 혹은 확대, 사립대학의 국공립화 혹은 준국공립화 방안이 거론되고 있다(임재홍, 2012: 154-156). 문재인 정부의 고등교육 공공성 실천을 위한 방안에 대해 얼마만큼의 재원이 필요한지 부족한 재원을 충당하기 위한 안정적인 재원 확보 대책은 있는 것인지에 대한 우려가 제기되고 있다(신현석, 2017; 반상진, 2017). 재원 폭의 큰 확충이 없는 상태에 대학 재정지원사업을 개편하는 것의 한계를 인식하고, 대학재정지원에 대한 국가책임제 실현이라는 공의가 실현될 수 있는 국가 차원의 아이디어와 결단이 필요할 때이다.

참고문헌

강창동(2015). 정부의 대학구조개혁 정책에 관한 비판적 연구. 한국교육학연구 21(4), 275-306.

교육부 대학정책실(2017.11). 새 정부의 고등교육정책 추진방향.

교육부(2018.1). 교육이 희망이 되는 사회. 2018년 업무보고.

국정자문기획위원회(2017.7). 문재인 정부 국정운영 5개년 계획.

김기석(2004). 유상 중등교육의 팽창. 황원철, 김성열, 고창규 편(2004). 공교육: 이념·제도·개혁. 서울: 원미사,

나병현(2002). 공교육의 의미와 교육의 공공성 문제. 한국교육, 29(2), 549-571.

나병현(2004). 학교교육의 위기와 공교육 이념의 재검토. 고창규 편(2004). 공교육: 이념·제도·개혁. 서울: 원미사,

더불어민주당(2017.4). 더불어민주당 제19대 대선 공약.

박가분(2015). 대학 기업화 시대의 종언과 대학교육의 공공성. 문화과학, 82, 39-64.

박근영(2018.1). IMD 교육경쟁력 순위. 교육정책포럼 제295호, 37-39.

박종배, 조상식, 임광국(2014). 교육 공공성 측면에서 본 독일의 교육정책. 교육의 이론과 실천, 19(2), 53-74.

반상진(2016). 대학구조개혁 평가의 정치학. 교육정치학연구, 23(1), 59-89.

반상진(2017). 고등교육재정의 쟁점과 과제. 교육재정경제연구, 26(2), 97-122.

소영진(2003). 행정학의 위기와 공공성 문제. 정부학연구, 9(1), 5-22.

소영진(2008a). 공공성의 개념적 접근. 윤수재, 이민호, 채종헌(편저)(2008). 새로운 시대의 공공성 연구. 서울: 법문사, 32-63.

소영진(2008b). 공공성과 교육정책: 공교육제도를 중심으로. 윤수재, 이민호, 채종헌(편저) (2008). 새로운 시대의 공공성 연구. 서울: 법문사, 667-695.

신옥주(2008). EU의 대학교육 통합과정인 블로냐 프로세스 연구. 유럽헌법학회연구논집 3호, 25-60.

신의항(2006). 미국 주립대학과 사립대학의 운영체제 비교. 사회과학연구, 17, 113-138.

신현석(2005). 한국의 고등교육 개혁정책. 서울: 학지사.

신현석(2003). 한국 고등교육의 국제경쟁력 분석: 체제적 접근. 인력개발연구 5(1), 100-129.

신현석(2009). 대학경쟁력 제고를 위한 대학특성화의 방향. 고등교육정책연구, 2(1), 47-73.

신현석(2017). 정책 환경에 비추러 본 문재인 정부 고등교육정책의 혁신방향 분석 및 과제의 탐색. 교육문제연구, 31(1), 27-272.

신현석, 김보엽(2008). 이명박 정부 고등교육 개혁정책의 전망과 과제. 고등교육정책 연구 1(1), 73-108.

신차균(2006). 학교교육의 공공성, 공교육 그리고 학생의 이익 고려. 교육논총, 26(2), 67-93.

요코타 가쓰미(2004). 어리석은 나라의 부드러우면서도 강한 시민. 나일경 옮김. 서울: 논형.

윤수재, 이민호, 채종헌(편저) (2008). 새로운 시대의 공공성 연구. 서울: 법문사.

이윤미(2006). 교육정책의 공공성과 자율성: 공공성 강화의 관점에서. 교육정책의 자율성과 공공성(상), 춘계학술대회 자료집, 한국교육학회, 61-72.

이기종(2015). 대학구조개혁 평가의 배경, 쟁점 및 대안. 교육평가연구, 28(3), 933-954.

이정미(2004). 고등교육시장 개방 논리의 구조적 특성과 한계. 교육행정학연구, 13(1), 145-172.

임은희(2016). 공공성 관점에서 본 고등교육 현황과 개선방안. 석사학위 청구논문, 한국방송통신대학교 대학원.

임재홍(2003). 신자유주의정책과 교육공공성. 민주법학, 24호, 171-204.

임재홍(2012). 고등교육과 교육공공성의 확장. 법학연구, 20(1), 137－161.

임재홍(2015). 위기에 처한 국립대와 국립고등교육기관의 공공성 확립. 인권법연구, 창간호, 3－19.

하승우(2014). 공공성. 서울: 책세상.

한국교육개발원(2017). OECD 교육지표 2015~2017, 한국교육개발원 교육통계서비스.

한국대학학회(2015.5). 대학구조조정 국면에 대응하는 한국 대학개혁 대안정책.

Bok, D.(2003). Universities in the Marketplace. Princeton, NJ: Princeton University Press.

Kennedy, D.(1997). Academic Duty. Cambridge, MA: Harvard University Press.

Kezar, Adrianna J., Chambers, Tony C., Burkhardt, John C, and Associates(2005). Higher Education for the Public Good: Emerging Voices from National Movement. San Fracisco, CA: Jossey－Bass.

Mathew, David.(1984). The Public in Practice and Thoery. Public Administration Review 44, 120－125.

Slaughter, Sheila & Leslie, Larry L.(1997). Academic Capitalism: Politics, Policies, and the Entrepreneurial University. Baltimore, MD: The Johns Hopkins University Press.

Slaughter, Sheila & Rhoades, Gary. (2004). Academic Capitalism and the New Economy. Baltimore, MD: The Johns Hopkins University Press.

7주제

융 · 복합 시대의 교원 전문성 신장을 위한 교원양성기관의 질 관리

남수경(강원대학교)

7주제
융·복합 시대의 교원 전문성 신장을 위한 교원양성기관의 질 관리

남수경(강원대학교)

Ⅰ. 서 론

이 글은 융·복합 시대 교원의 전문성 신장을 위한 첫 단계로서 예비교사들에게 미래사회가 요구하는 역량을 키워줄 수 있는 교원양성기관의 질 관리 방안을 논의하는 데 목적이 있다. 교육기관의 질 관리를 위한 가장 대표적인 정책기제는 '평가'이다. 이해당사자들에게 평가 결과에 대한 정보를 제공함으로써 교육기관의 선택 경쟁력 강화 노력을 유도할 수 있기 때문이다. 따라서 교원양성기관의 질을 어떻게 관리할 것인가는 곧 교원양성기관을 어떻게 평가할 것인가의 맥락에서 이해하는 경향이 있다. 2018년 하반기부터 5주기 교원양성기관평가가[1] 본격 시작된다는 점을 고려할 때, 이 글의 목적은 교원양성기관 평가가 정책기제로서 교육의 질 제고라는 본연의 기능을 잘 수행할 수 있도록 시사점을 제공하는 것이다.

---

1) 5주기 교원양성기관평가는 '18년부터 '21년까지 2018년 교육대학교, 한국교원대학교, 2019년 사범대학 설치 대학교, 2020년 사범대학 미설치 대학교, 2021년 전문대학, 한국방송통신대학교, 실기교사 양성과정(일반대 포함) 순으로 4년간 연차 진행될 예정이다.

그렇다면 5주기 교원양성기관 평가가 본연의 목적을 효과적으로 달성하기 위해서 무엇을 평가할 것인가? 더 나아가 장차 교원양성기관의 질 관리를 위한 보다 효과적인 방안은 무엇인가? 두 개 문제에 답하기 위하여 이 글에서는 '교원양성기관에 대한 재정지원 사업 기반 사례 연구' 방법을 토대로 논의를 전개하고자 한다. 저자는 '2017년 창의교육선도 교원양성대학 사업(이하 창의사업)'의[2] 연구책임자로서 지난 1년간 그리고 2018년 현재까지 사범대학 교수들과 협력하여 교육과정과 수업의 혁신을 위한 노력을 진행하였고, 내부적으로 긍정적인 변화가 시작되었고, 사범대학 학과간 협력 문화가 조성되고 있다. 강원대 사범대학 교육과정 혁신 사례를 소개하고 이를 토대로 5주기 평가의 방향과 내용에 주는 내용에 주는 시사점을 분석함으로써 첫 번째 질문, 즉 교원양성기관평가가 무엇을 평가할지에 대한 질문에 대답하고자 한다.

한편 두 번째 질문인 장차 교원양성기관의 질 관리를 위한 보다 효과적인 방안은 무엇인가에 답하기 위하여, '교원양성기관 역량 강화를 위한 재정지원사업'의 확대를 제안할 것이다. 이는 무엇보다 변화의 촉매제가 바로 교원양성기관 대상 지원사업인 '창의사업'이었기 때문이다. 우리나라의 교원양성기관 평가는 평가 단계에서야 평가지표가 최종 확정 발표되고 교원양성기관들은 평가 시점에서 과거 몇 년간의 활동을 정리하여 평가받는 사후점검평가 형식으로 진행된다. '평가 기반' 질 관리 방식은 '최소 공통기준 확인형' 질 관리 방안이라고 볼 수 있다. 반면 '재정지원사업 기반' 질 관리 방식은 일종의 '대학 자율 기반 미래 준비형' 질 관리 방식이라고 볼 수 있다. 따라서 사례 연구를 기반으로 융·복합 시대 미래 역량을 갖춘 예비교사를 키우기 위한 보다 적극적인 교원양성기관의 질 관리 방안으로서 재정지원사업의 확대가 얼마나

2) '창의사업'은 교육부와 한국과학창의재단이 매년 2~3개교의 교원양성기관을 대상으로 교육과정 혁신을 지원하는 사업이다.

중요하고 필요한가를 제시할 것이다.

이하에서는 먼저 교원양성과 교원양성기관 평가의 변천과 현황을 살펴보고, 창의사업을 통한 교원양성기관의 교육과정 혁신 사례를 제시한 후, 이를 토대로 5주기 교원양성기관평가에 주는 시사점과 향후 보다 적극적인 교원양성기관 질 관리 방안을 제시하고자 한다.

II. 교원양성과 교원양성기관 평가의 변천과 현황

1. 교원양성의 변천과 현황

가. 교원양성 정원의 변천과 현황

교원양성기관의 총 정원 추이를 살펴보면 2010년 67,216명에서, 2015년 50,672명, 2018년 45,212명으로 지속적으로 감소하였는데, 2018년 정원 규모는 2010년과 비교하여 32.7% 감소한 것으로 나타났다. 학교급별 또는 비교과 유형별로는 특수교사의 경우 2010년 대비 2018년 감소율이 0.2%로 거의 변동이 없는 반면, 중등 교원양성기관의 정원은 2010년 43,227명에서 2018년 24,395명으로 약 43.6% 큰 폭으로 감소하였다(<표 1> 참고). 이는 3, 4주기 교원양성기관 평가가 평가결과에 따라 정원 감축과 같은 행정적 처분을 내리는 데 무게 중심을 두고 진행되었기 때문이다.

보다 세부적으로 교원양성 정원의 변화 관련 주요 특징을 정리하면 다음과 같다.

첫째, 학교급 또는 유형별로는 상대적으로 특수, 유치원, 보건, 초등 교원의 정원은 감소폭이 작았다. 그런데 이 가운데 유치원, 보건, 실기교사 등은 주로 전문대학을 통하여 양성되고 있다(<표 2> 참고). 이들은 전문대학의 유아교육과, 간호학과 등의 인기학과로서 학생충원율 등에서 문제가 없는 상황이다. 결과적으로 대학 자체의 교육의 질 제고를 위한 노력을 할 수 있는 유인가가 상대적으로 약한 상황에 있다고 볼 수 있다.

표 1 교원양성기관의 정원 추이

구분		연도별 교원양성정원 (명)			증감율 (%)
		'10년 (A)	'15년	'18년 (B)	(B-A)/A×100
유치원		15,478	14,194	13,666	−11.7
초 등		4,795	3,847	3,847	−19.8
중 등		43,227	29,127	24,395	−43.6
특 수		1,786	1,820	1,783	−0.2
비교과	보건	1,254	1,129	1,029	−17.9
	사서	147	126	112	−23.8
	전문상담	203	167	151	−25.6
	영양	326	262	229	−29.8
합계		67,216	50,672	45,212	−32.7

주: 1) 평가 결과에 따른 정원 감축 이외에도 대학의 자구 감축분도 포함
2) 평가에 의한 감축: 3주기('10년~'14년) 3,929명 감축 → 4주기('15년~'17년) 6,499명 감축
3) 실기교사 양성과정 정원은 제외: ('10년) 79,558명 → ('15년) 29,295명 → ('18년) 4,711명

자료: 교육부 교원양성연수과(2018. 4.).

표 2 교원양성과정별 학년도별 정원

구분 / 과정별		설립별	기관수	학과수	학년도별 정원 (명)				비고
					'18	'17	'16	'15	
유치원 교사	대학교	국립	12	12	305	305	320	326	유치원교사 입학정원은 유아교육과 외 아동복지학과 및 보육학과 등
		공립	1	1	20	20	20	20	
		방송통신대	1	1	2,700	2,700	2,700	2,700	
		사립	72	79	3,049	3,212	3,239	3,206	
		사립 산업대	1	2	90	90	90	90	

과정별 \ 구분		설립별	기관수	학과수	학년도별 정원 (명) '18	'17	'16	'15	비고
		소계	87	95	6,164	6,327	6,369	6,342	유치원교사 양성학과의 총 입학정원을 합한 것임.
	전문대학	공립	2	2	100	100	100	100	
		사립	97	103	7,402	7,402	7,421	7,752	
		소계	99	105	7,502	7,502	7,521	7,852	
	총계	국립	13	13	3,005	3,005	3,020	3,026	
		공립	3	3	120	120	120	120	
		사립	170	184	10,541	10,704	10,750	11,048	
		합계	186	200	13,666	13,829	13,890	14,194	
보건교사	대학교	국공립	14	14	79	79	87	89	
		사립	50	64	329	390	413	413	
		소계	64	78	408	469	500	502	
	전문대학	공립	–	–	–	–	4	4	
		사립	49	49	621	621	623	623	
		소계	49	49	621	621	627	627	
	총계	국공립	14	14	79	79	91	93	
		사립	99	113	950	1,011	1,036	1,036	
		합계	113	127	1,029	1,090	1,127	1,129	
실기교사	대학교	사립	4	7	250	250	280	283	
	전문대학	공립	2	5	183	183	183	185	
		사립	34	109	5,734	6,099	6,539	8,651	
		사립 기타대	4	8	1,859	1,859	1,859	1,859	
		소계	40	122	7,776	8,141	8,581	10,695	
	총계	국립	–	–	–	–	–	–	
		공립	2	5	183	183	183	185	
		사립	42	124	7,843	8,208	8,678	10,793	
		합계	44	129	8,026	8,391	8,861	10,978	

자료: 교육부 내부자료.

둘째, 초등 교원양성기관의 입학 정원은 2010년 4,795명에서 2011년 4,337명으로, 그리고 2012년 3,848명으로 감소한 후, 현재까지 비슷한 수준을 유지해 오고 있다. 초등교사 신규채용 인원은 증감을 거듭하고 있는데, 최근 4년간(2014년~2017년) 신규채용 규모는 초등교사 양성기관의 입학정원보다 많은 것으로 나타났다. 초등교원 임용 경쟁률(당해년도 모집인원 대비 지원인원)의 경우 2010년 3.28대 1로 상당히 높았으나 2013년 2.30대 1, 그리고 2016년 1.49대 1, 2017년 1.30대 1, 2018년 1.62대 1로 감소추세를 보이고 있다(<그림 1> 참고).

그림 1 초등교원 양성 대비 신규채용 규모와 임용 경쟁률 (2010년~2018년)

(단위: 명, 경쟁률 00 대 1)

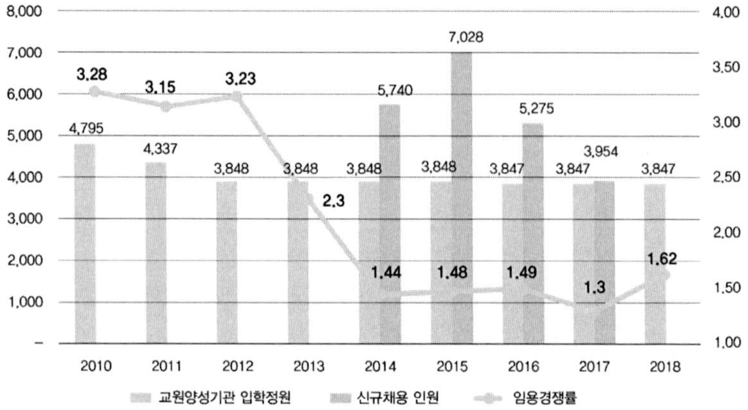

초등교사의 양성 및 채용과 관련하여 가장 큰 문제점은 시·도간에 편차가 매우 크다는 데 있다. 2014년부터 2018년까지 최근 5년간 시·도별 초등교원 임용 경쟁률을 살펴보면, 8개 시지역의 경우 1.5~3.0 수준을 유지하고 있다. 반면 9개 도지역의 경우 경기도, 경상남도, 제주도 3개 지역을 제외한 나머지 도의 경우 1.0 대 1이 되지 않는 지역

이 발생하고 있다. 특히 2015년에서 2017년까지 3개년도의 경우 매년 그 편차가 커진 것으로 나타났다(<표 3> 참고).

표 3 시 · 도별 연도별 초등교원 임용 경쟁률 (일반 기준)

구분	시/도	2014	2015	2016	2017	2018
8개시지역	서울	2.27	2.72	2.27	2.09	2.78
	부산	1.74	1.90	1.94	2.17	2.30
	대구	1.62	1.58	1.84	2.22	2.58
	인천	1.44	1.35	1.35	1.26	2.04
	광주	2.35	2.60	6.00	4.90	8.60
	대전	2.01	2.21	2.29	1.91	3.08
	울산	1.82	1.89	2.61	1.87	1.90
	세종	1.70	2.66	3.03	2.30	3.40
9개도지역	경기	1.63	1.50	1.38	1.43	1.87
	강원	1.24	0.90	0.70	0.54	1.02
	충북	1.26	0.93	0.87	0.58	1.09
	충남	1.32	0.88	0.83	0.51	1.07
	전북	1.20	1.31	1.21	1.25	1.78
	전남	1.26	1.04	0.86	0.72	1.05
	경북	1.33	0.97	0.92	0.76	1.09
	경남	1.42	1.15	1.20	1.06	1.29
	제주	1.21	1.20	1.54	1.21	2.23

셋째, 중등교원양성기관은 크게 사범계와 비사범계로 구분되는데, 사범계에는 사범대학 및 일반대학 교육과가 있고, 비사범계에는 일반대학 교직과정과 교육대학원이 포함된다. 양성 규모를 보면, 사범계와 비사범계 입학정원을 모두 합산하여 2010년 46,542명에서 2018년 28,504명으로 18,288명이나 감축되었다. 중등교원 신규채용 규모는 교원양성기관 입학정원에 대비하여 볼 때 상대적으로 매우 작은 수준이

다. 중등교원 임용 경쟁률 또한 2010년 22.52대 1, 2011년 25.12대 1로 매우 높았으나 점차 감소하여 2016년 9.50대 1, 2017년 10.7대 1, 2018년 9.47대 1을 기록하였다. 그러나 초등과 비교할 때 여전히 매우 높은 수준이다(<그림 2> 참고).

그림 2 중등교원 양성 대비 신규채용 규모와 임용 경쟁률 (2010년~2018년)

(단위: 명, 경쟁률 00 대 1)

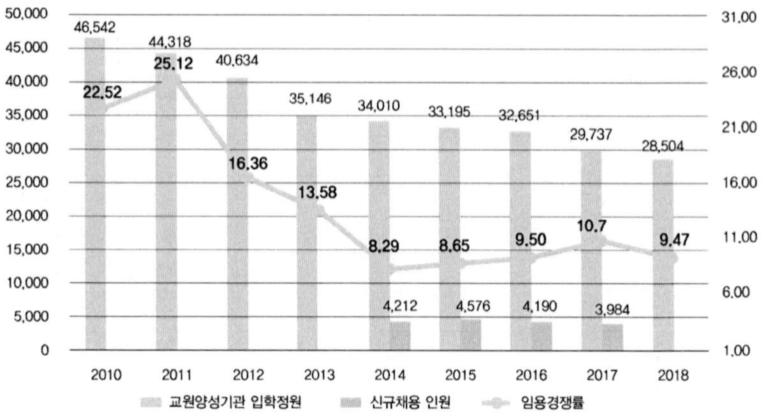

이상의 세 가지 특징을 종합해 볼 때, 교원양성 전공 분야에 따라서 교원양성기관의 질 관리 역시 접근 방법이 달라야 함을 알 수 있다. 먼저 전문대학 중심으로 교원자격증이 배출되는 전공 분야의 경우 상대적으로 정원 대비 신규채용 수요가 높은 인기학과들로서 대학자체 질 관리 유인가가 매우 낮다는 점을 고려할 때, 보다 적극적인 외부평가 기반 질 관리 방안을 적용할 필요가 있다. 다음으로 초등교원양성기관의 경우 대부분 교육대학교로서 입학정원규모가 안정기에 접어 들었고 신규 채용 대비 정원 비율이 유지되고 있다는 점을 고려할 때, 평가결과를 정원 감축과 연계하는 현재의 교원양성기관 평가는 한계가 있

다. 특히 대학 운영에서 규모의 경제 원리 등을 고려하여 재정지원과 자율 성과관리 평가를 연계 운영하고, 지역별 임용경쟁률 불균형 등의 문제를 고려하여 지역별 자율이나 특색지표의 비중을 높일 필요가 있다. 끝으로 중등교원양성기관에 대해서는 대학별 특성이 매우 다양하다는 점과 여전히 정원 대비 신규 수요간의 불균형 문제가 심각하다는 점을 고려할 때, 재정지원과 적극적 평가 기반 질 관리를 병행 운영할 필요가 있다.

나. 교원양성 교육과정 기본 구조의 변천과 현황

교원양성기관의 교육과정은 크게 교양, 전공, 교직의 세 영역으로 구분된다. 교양과목은 대학별로 자율적으로 운영되기 때문에, 예비교사들이 취득하는 교양과목의 내용과 이수 학점 수는 대학에 따라 차이가 있다. 전공과목과 교직과목의 구성과 이수 학점 수는 교육부의 교원자격검정 실무편람에서 가이드라인을 정하고 있다. 이에 따르면, 전공과목은 교과내용과목과 교과교육과목으로 구성되며, 교직과목은 교직이론, 교직소양, 교육실습으로 구성된다.

주전공 무시험 자격증 취득을 위한 교원양성 교육과정을 보면, 전공과목에서 총 50학점 이상을 이수해야 한다. 여기에는 교과교육(8학점 이상)과 기본이수(교과내용) 과목(21학점 이상)이 포함된다. 또한 교직과목 영역에서는 총 22학점 이상을 이수해야 하는데, 이는 교직이론 12학점 이상, 교직소양 6학점 이상, 교육실습 4학점 이상으로 구성된다. 2008년 이전과 비교하면 전공과목과 교직과목의 이수 기준이 각각 8학점과 2학점, 교직적성 및 인성 검사가 1회에서 2회로 상향된 정도의 변화가 있었다. 교직과목의 경우 전통적으로 적용된 교직이론 이외에 사회적 고려에 따른 교직소양(학교폭력과 예방, 응급치료, 양성평등 등)이 추가된 정도의 변화가 있었으며, 실제 교육과정의 기본구조는 거의 변화가 없었다고 보아도 무방하다.

표 4 주전공 기준 교원 무시험검정 합격 기준의 변화

입학년도	이수학점		성적기준	기타
	전공과목	교직과목		
2008 학년도 이전	- 42학점 이상 (기본이수과목 5과목, 14학점 이상 포함)	- 20학점 이상 - 보건 · 사서 · 전문상담 · 영양 16학점 이상	- 교직과정 이수자: 전공과 교직 과목 평균 성적 각각 80점 이상	- 교직적성 및 인성검사 1회 이상 - 응급처치 및 심폐소생술 2회 이상
2009~2012 학년도	- 50학점 이상 (기본이수과목 7과목, 21학점 이상 포함)	- 22학점 이상 교직이론(14) 교직소양(4) 교육실습(4)	- 졸업전체 평균성적 75/100점 이상	
2013 학년도 이후	- 50학점 이상 (기본이수과목 7과목, 21학점 이상 포함)	- 22학점 이상 교직이론(12) 교직소양(6) 교육실습(4)	- 전공: 평균 75점 이상 - 교직: 평균 80점 이상	- 교직적성 및 인성검사 2회 이상 - 응급처치 및 심폐소생술 2회 이상

자료: 교육부(2018: 52–53).

박영숙 등(2017)은 교원 양성대학의 교육과정에 대한 현장 수요 조사를 토대로 주요 문제점을, 1) 교육과정의 교직 적합성 부족, 2) 교육과정의 사회변화 대응력 부족, 3) 교육과정의 전문성 부족으로 진단한 바 있다. 교육과정의 교직 적합성 부족과 관련해서는 교과교육학 과목 간, 또는 교과교육 과목과 교직이론 과목 간 내용 중복이 지적되었다. 교육과정의 사회 변화 대응력 부족과 관련해서는 단일 과목 명칭이 부각되는 현재의 표시과목 제도는 통합·융합을 강조하는 새로운 교직환경 변화에 대한 적합성이 낮다는 점이 지적되었다. 이와 더불어 통합교과

등 새로운 과목의 담당 교사를 양성할 학과 지정하는 방식에 변화가 필요하다는 점이 지적되었다. 교육과정 전문성 부족과 관련해서는 일반대학과 교원양성과정의 차별성이 미흡하다는 점과 교육과정 구성의 통합성이 부족하다는 점이 지적되었다.

그리고 박영숙 등(2017)은 이러한 교원양성 교육과정 문제를 해결하기 위한 혁신 요구로서, 1) 필수이수 기준 조정을 통한 교육과정 재구성, 2) 교육과정의 현장 적합성 제고, 3) 초등과 중등 교육과정의 연계성 제고, 4) 높은 질 관리, 5) 교사자격 표시과목 제도의 재구성, 6) 일반대학 졸업자의 입직 기회 확대 등을 제시하였다. 이들 혁신 요구 가운데 특히 2), 3), 4)는 융·복합 시대 미래 교사의 역량을 길러주기 위한 교원양성기관의 질 관리 방안에서 반드시 반영되어야 할 부분들이라고 할 수 있다.

2. 교원양성기관 평가의 변천과 현황

가. 교원양성기관 평가의 변천

우리나라의 교원양성기관 평가는 크게 교원교육의 질을 향상시키고, 교원양성 규모를 적절하게 조정하기 위한 두 가지 목적을 가진다.[3] '교원교육의 질 향상'은 교원양성기관의 본질적 목적으로서 평가가 시작된 1998년부터 제시되어 왔다. 이에 비해, '교원양성 규모의 조정'은 교원양성기관이 직접 추구하는 목적이라기보다 교원양성기관을 관리하는 정부의 정책 과제이며 수단적 목적이라고 할 수 있다. 교원양성 규모의 조정이라는 목적은 3주기 평가가 시작되기 직전 해인 2009년부터 명시되었다(홍창남 외, 2017: 22).

---

3) '가. 교원양성기관평가의 변천'은 홍창남 등(2017)의 연구인 「5주기 교원양성기관평가 개선 방안 연구」의 내용을 토대로 정리하였다.

'교원교육의 질 향상' 측면에서 교원양성기관 평가의 성과를 살펴보면 먼저 국가 차원에서 교원양성기관의 질을 체계적으로 점검하는 제도적 장치로서 각 기관들의 개선 노력을 자극하였다는 점을 들 수 있다. 교원양성기관들의 교육과정을 개선하고, 학교 현장과의 연계를 강화하며, 전임교원을 확보하고, 예비교사들의 전문적 역량을 신장시키고, 대학의 교육 여건을 개선시키는 데 기여하였다고 볼 수 있다. 평가의 시행과 함께 각 대학은 기관의 개선에 많은 관심을 기울이고 투자를 증대시켰다. 개별 평가지표에서 요구하는 기준을 충족시키기 위해 전략적으로 인적, 물적, 재정적 투자가 증대된 것이다. 전임교원을 추가로 임용하고, 교육과정을 개선하였으며, 학생들을 위한 직접 교육비와 장학금을 확대하는 노력 등이 그것이다. 한편 '교원양성 규모의 조정' 측면에서는 일부 부실하게 운영되던 교직과정의 학과들과 교육대학원의 전공을 폐지하거나 축소하여 교원양성 교육의 내실을 기하였다는 점도 긍정적인 부분이다(홍창남 외, 2017: 22-23). 그러나 최근으로 올수록 평가가 전자보다는 후자에 강조점이 두어지면서 현재의 교원양성기관 평가는 '질적 향상'보다는 '양적 통제'에 기반하고 있다는 인식이 일반적이다.

그간의 교원양성기관 평가는 시행주기에 따라 1주기(1998년~2002년), 2주기(2003년~2009년), 3주기(2010년~2014년), 4주기(2015년~2017년)로 구분할 수 있는데, 평가의 목적, 내용, 방법과 활용 등에서 변화가 있었다. 초기의 평가, 즉 1, 2주기 평가는 정부가 교원양성기관의 운영 현황과 문제점, 개선 과제 등을 파악하여 관련 정책을 수립하기 위한 자료를 확보하는 한편, 개별 교원양성기관들이 자체적인 점검을 통해 개선 노력을 기울이도록 유도하려는 것이 주요 목적이었다. 반면 최근의 평가들, 즉 3, 4주기의 평가는 교원양성기관의 책무성을 점검하는 성격이 강하다. 평가지표의 수가 줄어들고, 양적인 평가가 주를 이루며, 법적 요건을 갖추었는지 점검하는 지표가 다수 포함되었다. 평가 결과에 따라서 우수한 선도 사범대학의 교원양성 교육과정 개편을 지원하고, 교원양성기관들의 자구노력을 유도하고, 전국적으로 교원양성 정원을 감축하는 데 활용되었다(홍창남 외, 2017: 8).

홍창남 등(2017)은 3, 4주기 교원양성기관 평가가 평가결과에 따라 정원감축과 같은 행정적 처분을 내리는 데 무게 중심을 둠으로써, 교원양성기관으로 하여금 정부가 제시한 평가지표에 맞추어 높은 점수를 얻는 데 급급하게 만들었다는 문제를 강하게 지적하였다. 교사양성기관의 질 개선의 주요 고객은 정부가 아니라 교육수요자인 예비교사와 졸업생인 현장교사와 학교이어야 한다는 점에서, 교원양성기관의 질 관리는 교육현장에 도움이 되도록 자발적이고 지속적으로 이루어져야 한다. 또한 최소의 평가기준보다는 최고의 프로그램을 추구하는 방향으로 나아가도록 개선될 필요가 있다. 최고의 프로그램을 추구하는 방향의 개선은 단순히 사후점검형 평가만으로는 한계가 있으며, 대학의 자율적 노력을 유도하는 다양한 유형의 선 재정지원 사업의 개발 및 운영이 병행될 필요가 있다.

나. 교육부의 5주기 교원양성기관 역량 진단 계획

2018년 4월 교육부는 5주기 교원양성기관 '평가'를 교원양성기관 '역량 진단'이라는 용어로 변경하여 기본 계획을 발표하였다. 역량 진단에서는 "국가 수준 진단과 기관 자율 개선 간의 선순환교육"을 강조하고, 먼저 '국가 수준 진단과 점검'에서는 '교·사대 교육과정 개편' (국정과제 50-5)과 연계하여 교육과정 영역의 배점을 확대하고(4주기 320점 → 5주기 500점 내외) 지표를 추가하겠다고 발표하였다. 한편 '교원양성기관의 자율 개선'과 관련해서는 '자율 기술 지표(특색사업, 특화전략 등을 자율 기술)'의 도입을 검토하겠다고 발표하였다(교육부, 2018). 5주기 역량 진단의 평가영역, 지표 등은 아직 확정되어 발표되지 않았으며, 기본적으로 4주기 평가와 유사하게 구성할 것이라고 하였다.

4주기 교원양성기관 평가는 크게 4개 영역(교육여건 영역, 교육과정 영역, 성과 영역, 특성화 영역)으로 구성되며, 각 영역의 하위 요소로서 평가항목, 평가준거, 평가지표가 위계적으로 존재한다. 평가영역의 큰 틀은 동일하지만, 각 교원양성 과정의 특징에 따라 하위 요소에는 차이가 있었다. 총 배점은 1,000점이다. 영역별 평가 배점은 중등 교원양성 과정의 경우 교육여건 영역 390점, 교육과정 영역 300점, 성과 영역 240점, 특성화 영역 70점이 배정되었으며, 교육대학교의 경우에는 교육여건 영역 340점, 교육과정 영역 320점, 성과영역 270점, 특성화 영역 70점으로 배분되었다. 대표적으로 사범대학과 일반대학 교육과에 적용된 평가영역, 항목, 준거, 지표의 세부 내용을 제시하면 <표 5>와 같다.

표 5 사범대학 및 일반대학 교육과의 평가 영역 · 항목 · 준거 · 지표 현황 (4주기 평가기준)

영역	평가항목	평가준거	평가지표	배점
교육여건영역(390)	발전계획(30)	발전계획의 적합성(30)	발전계획 및 추진실적	30
	교원(300)	전임교원 확보의 적절성(210)	전공과목 전임교원 확보율	70
			교과교육과목 전임교원 확보율	50
			교직이론과목 전임교원 확보율	60
			시간강사의 강사료 수준	30
		전임교원 활동의 적절성(90)	전임교원의 연구실적 최소기준 충족률	60
			강의 만족도	30
	행·재정(60)	행정지원의 충실성(30)	교직담당직원의 확보율 및 활동의 적절성	30
		재정운영의 적절성(30)	교육비(장학금 등) 환원율	30
교육과정영역	교육과정(100)	교육과정 편성·운영의 적절성(100)	교원자격 취득자의 검정기준 충족	60
			현장역량중심 교육과정 운영	40

영역	평가항목	평가준거	평가지표	배점
			계획 및 실적	
(300)	수업 (150)	수업의 충실성(150)	교과교육과목 교수자 전공일치 수업 학점 비율	30
			교직이론과목 교수자 전공일치 수업 학점 비율	30
			강좌당 학생수	30
			수업의 질 관리	60
	교육실습 (50)	학교현장 실습의 충실도(50)	학교현장실습 지도 활동 실적	50
성과 영역 (240)	경영성과 (60)	학생유지 성과(60)	중도탈락 학생 비율	30
			신입생 충원율	30
	교육성과 (180)	교사 자질 성취(50)	예비교사 수업수행능력	50
		교원임용 성과(80)	교원임용률	80
		교육 만족도(50)	재학생 만족도	50
특성화 영역 (70)	교육기관별 특성화(70)	특성화 지표(70)	학생상담 및 진로지도 활동 실적	70

융·복합 시대 교원양성기관의 질 관리를 위한 정책기제로서 평가(역량진단) 제도가 제 기능을 다하기 위해서는 앞서 교육부의 기본계획에 제시된 바와 같이 교육과정 영역의 혁신이 보다 비중있게 다루어져야 할 것이다. 그리고 지역별 교육현장과의 연계를 토대로 대학별 자체 노력이나 특색사업 역시 중요하게 다루어져야 할 것이다. 궁극적으로는 평가 대상기간 시작 단계에서 사전예고제 형식의 평가지표 안정화체제를 갖추어야 할 것이다.

Ⅲ. 융 · 복합시대 교원양성기관의 교육과정 혁신 사례

2015 개정 교육과정은 문 · 이과 통합형 교육과정으로서, 미래사회가 요구하는 핵심역량 함양을 기반으로 바른 인성을 갖춘 창의·융합형 인재 양성을 목표로 한다. 그리고 학생의 의미 있는 학습 경험을 지원하기 위해서 학생 참여형 수업과 학생의 성장과 수업개선을 위해서 학습의 과정을 중시하는 평가를 강조한다(교육부, 2015). 2015 개정 교육과정이 지향하는 개혁이 성공을 거두기 위해서는 무엇보다 이를 뒷받침할 수 있는 수업 혁신과 교사의 역량 강화가 요구된다. 장차 학생의 자기 주도적 역량을 키울 수 있도록 창의적 수업 설계, 토론 발표 등의 활동을 위주로 한 학생참여 중심 수업의 활성화, 자유학기(학년)제, 교과교실제 등을 활용한 토론 협력 수업, 프로젝트 수업, 플립드 러닝(거꾸로 학습) 등 다양한 수업 모델이 발굴, 확산될 전망이다(교육부, 2016). 새로운 수업 모델을 현장에 성공적으로 정착시키는 힘은 결국 이를 실행할 교사의 역량에 있다. 이 장에서는 2017년과 2018년 강원대학교의 '창의교육 선도 교원양성대학 사업'을 토대로 예비교사의 역량을 키우기 위해서 어떻게 교육과정 혁신을 진행하였는지에 대한 구체적인 사례를 제시하였다.

1. 교육과정과 수업의 혁신 모형

가. 21세기 융합형 창의교육 전문가 양성을 위한 교원양성 모형

강원대학교 사범대학은 교육과정의 혁신을 통해서 '21세기 융합형 창의교육 전문가 양성'을 목표로 설정하였다. 사범대학의 학생(예비교사)을 '창의교육 전문가'로 양성한다는 것은, 장차 중등교사로서 학교현장에 나가서 중등학생의 창의성을 키워주는 교사가 될 수 있도록 사범대학의 교육과정에서 창의교수·학습의 경험을 제공한다는 것을 의미한다. 융합형 창의교육 전문가는 달리 표현하면 '협력형 혁신가'이며, 사범대학에서 제공하는 창의교수·학습의 경험을 구성하는 핵심 키워드는 '연계, 융합, 혁신, 현장' 등이다. 강원대학교 사범대학의 교육과정 혁신모형을 종합정리하면 <그림 3>과 같다.

그림 3 강원대 사범대학의 창의·융합형 교원양성 모형

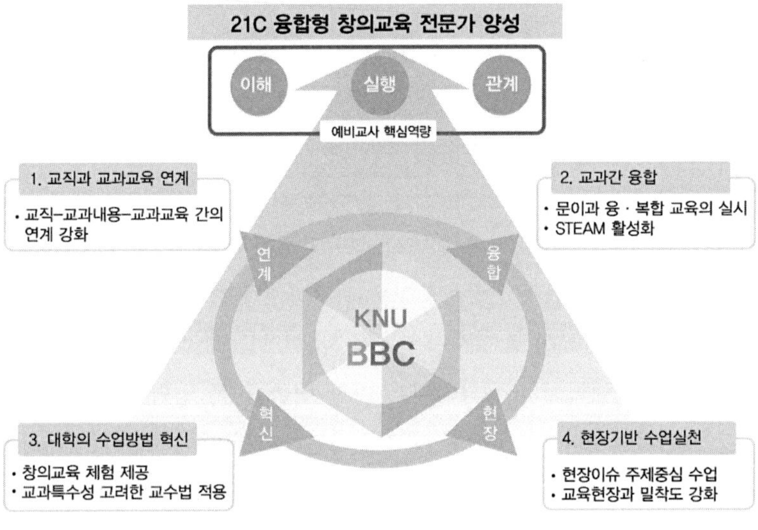

교육과정 혁신의 방향은 교직과 교과교육의 연계, 전공 수업간의 융·복합교육의 적용, 중등학교 창의교육을 위한 대학 수업의 혁신, 예비교사들이 학교 현장에서 활용 가능한 실천적 역량을 함양하도록 현장기반 수업의 실천 등으로 정리할 수 있다. 그리고 2015 개정 교육과정이 과정 평가를 지향하고 다양한 매체가 결합된 학습을 강조한다는 점 등을 반영하여 예비교사들의 창의교수 역량을 강화하기 위한 수업

혁신 전략으로서 BBC 모형(Backward Design + Blended Learning + Creativity-facilitating teaching and learning methods)을 구성하였다. 이는 백워드 설계를 기반으로 블렌디드 러닝을 수업 운영의 틀로 사용하고, 교과 특성이나 주차별 강의내용을 고려한 다양한 창의적 교수·학습 방법을 강의내용에 반영하였다.

첫째, 예비교사들은 교직과목을 통해서 수업의 설계, 교수법의 적용, 평가방법 등에 대한 이론을 배우고, 교과내용학 관련 세부 전공과목을 수강하며, 졸업 마지막 관문인 교육실습을 나가기 직전에 교과교육학 수업을 통해서 교직이론과 전공내용을 중등교육과 연계하는 실습경험을 하게 된다. 일련의 과정이 학습자의 경험을 중심으로 상호 '연계성'을 갖도록 교육과정을 재구성, 적용하였다.

둘째, 창의성의 발생 기제 중 하나가 서로 다른 분야들의 협력, 결합, 통합에 있다는 점에서 '융합'은 창의성 교육의 중요한 설계 지침이 될 수 있다. 예비교사들은 사범대학 교육과정에서 문·이과 학과(전공)간에 교수와 학생이 협력하여 중등교육의 교과서나 학습 자료를 창의적으로 활용하여 융·복합 수업시연을 실습하는 경험을 하도록 진행하였다.

셋째, 사범대학의 교육과정에서 가장 비중이 큰 영역은 교과내용학 관련 교과목들이다. 사범대학 학과들이 인문대학이나 사회과학대학과 다른 정체성을 갖기 위해서는 교과내용학 과목이 '사범대학다운 교과내용학'이 되는 것에 있다. 사범대학다운 교과내용학이 되기 위한 방법의 하나는 교과내용학 교수들이 '학생=예비교사'라는 점을 고려하여 보다 본인의 수업에서 내용에 따라서 다양하고 창의적인 교수법을 적용하는 것을 들 수 있다. 이를 통해서 예비교사들은 교과내용학 수업 중에 다양한 교수법을 실질적으로 경험함으로써 이후 교육실습을 준비하고 궁극적으로 학교현장에 나가서 본인의 수업을 설계, 운영함에 있어서 새로운 교수법의 시도를 두려워하지 않도록 지도하였다.

넷째, 사범대학의 교직과 교과교육학 수업에서는 핵심 개념이나 이론 수업뿐만 아니라 '교육현장의 요구나 변화'를 적극 활용해야 한다. 거시적인 차원에서 국가 교육정책 뿐만 아니라 시·도교육청별 교육현안이나 특색사업에 대해서 즉시 대응할 수 있는 기본 소양을 키우고자 하였다.

나. 예비교사의 창의교수 역량 증진을 위한 BBC 수업모형의 적용

강원대학교 창의사업이 추구하는 사범대학 수업혁신 모형은 BBC모형이다(<그림 4> 참고).

첫째, 과목 설계의 기본은 학습자(예비교사)의 이해를 기반으로 이에 대한 평가를 먼저 고려한 뒤 교수학습 활동을 설계하는 백워드 설계 방법을 적용하였다. 즉, 기대하는 학습의 결과를 선정하고, 학생들이 이해에 도달했다는 증거를 수행 과제로 개발하고, 그에 따라 교수·학습 활동을 계획하여 과목을 설계하고자 하였다.

둘째, 개정된 교과목은 창의성의 본질과 창의적인 교수모델에 대한 전문적인 식견(이해 역량)과 창의적 수업설계 및 실행(실행 역량), 실행과정에서의 학습관계자와의 협력, 갈등 해결, 의사소통(관계 역량)을 핵심역량으로 설정하였다. 이를 기반으로 수업계획을 세우고 효율적인 학습이 가능하도록 블렌디드 러닝을 채택함으로써 예비교사들이 좀 더 적극적으로 창의적 교수학습 방법을 실습하고 상호작용을 극대화할 수 있도록 하였다. 또한 강원대학교는 'e-루리'라는 스마트캠퍼스 학습운영시스템(Learning Management System)을 가지고 있으며, 교육혁신원에서 동영상 녹화 등에 대한 지원체제가 잘 구축되어 있다. 따라서 이를 바탕으로 온라인에서 동영상 시청, 조별 토론, 게시판 활용 등이 유용하여 전체 수업에서 온라인과 오프라인을 결합한 블렌디드 러닝을 실시하였다. 끝으로 강의 내용에서는 학교 현장에서 많이 활용되면서 교과특성에 적합한 다양한 창의적 교수·학습 방법을 예비교사들이 경험하고 실습할 수 있도록 하였다.

그림 4 수업의 설계 및 운영 모형으로서 *BBC* 모형의 적용

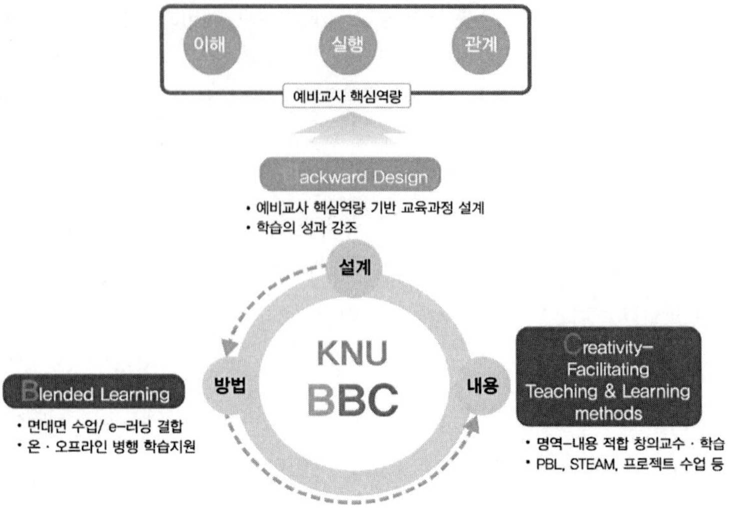

2. 교육과정 혁신을 위한 기반 조성

가. 구성원의 참여도 제고를 위한 제도적 개선 노력

첫째, 사범대학 주관 다양한 교수법 포럼에 교수와 학생의 참여도 제고를 위하여 보다 적극적인 인센티브 제공 방안을 마련하였다. 먼저 교육혁신원 및 교무처와 협의하여 자체 창의교육 교수법 포럼에 참여한 사범대학 교수들에 대해서는 대학의 교수업적평가에서 교수법 시수로 인정받았다. 1차~11차 교수법 포럼에 모두 참여한 교수의 경우 총 24시간의 교수법 참여 시수를 인정받도록 하였다. 다음으로 학생처 취업지원과 및 사범대학 학과(부)장 회의와 협의하여 자체 창의교육 교수법 포럼에 참여한 학생에 대해서는 커리어 DB 경력마일리지[4] 점수에 반영하도록 참여 학생 명단을 학과에 송부하였다.

둘째, BBC 모형을 적용하는 강좌들에 대해서 시행 1차년도의 시행착오와 새로운 학습환경에 따른 교수자와 학습자의 부담을 완화하기 위해 본부 차원의 제도적 지원을 협의하였다. 먼저 교수자의 강의부담을 완화하기 위하여 교무처와 협의하여 강의평가 면제 대상 강의로 지정 합의하였다. 새로운 수업방법의 적용이나 학과(전공)간 융·복합 수업 준비 등에 따른 강의 부담의 가중과, 참여 학생의 경우 과제 수행 부담 문제 발생 등으로 인하여 강의평가 점수가 전년도 대비 낮아지는 문제가 발생할 수 있다. 다음으로 학습자의 수업 준비 및 과제 부담을 완화하고 협력적인 수업환경을 조성하기 위하여 상대평가 과목에서 절대평가 과목으로 지정 합의하였다. 강원대학교의 경우 절대평가 과목 기준이 20명 미만의 전공과목과 교직과목이다. 따라서 사업 참여 강좌 가운데 20명 이상이 참여하는 전공과목들에 대해서 절대평가 과목으로 지정해 주도록 추진하였다. 이를 통해서 새로운 창의·융합 교수방법을 적용하는 강좌에 참여하는 수강생에 대해서도 상대평가에 따른 개인간 경쟁 부담을 완화하였다.

셋째, 임용고사 시험 준비와 창의·융합 교수방법의 적용을 병행하기 위한 유사 강좌간의 사전 수업내용 조정을 추진하였다. 창의교육 선도 교원양성대학 사업은 궁극적으로 중등학교 학생들의 창의성을 증진시킬 수 있는 교사를 양성 배출하는 데 목적이 있다. 그러나 현행 신규 교원 임용시험 중심의 제도 하에서는 창의·융합 교수방법을 적용하는 과목에 참여하는 수강생이 관련 과목의 임용고사 시험 준비에 불이익을 받을 수 있다. 따라서 임용고사 시험 준비와 창의·융합 교수방법의 적용이 병행 가능하고, 나아가 창의·융합 교수방법을 연습한 사범대학

---

4) 경력마일리지는 학점, 취업강의 및 인턴, 꿈설계상담, 교내·외 봉사활동 등의 참여 실적을 점수로 환산하여 마일리지 형태로 적립하는 것으로, 학과(부)별로 학기당 경력마일리지 상위점수 취득자에 대해서는 장학금을 지급하고 있다.

학생들이 수업시연이 포함된 2차 또는 3차 임용시험 단계에서 유리한 상황이 되도록 유사 강좌간에 수업 내용의 재조정이 필요하였다.

나. 교육과정 혁신과 융·복합 수업 진행을 위한 사범대학 교수 간의 협력문화 조성

사범대학 내에서 융·복합 수업을 진행하기 위해서는 무엇보다 사범대학의 인문사회계열 교수와 자연계열 교수 간에 상호 협력하는 문화를 조성해야 한다. 이를 위해서 교육연구소와 연합하여 '창의·융합 교수 콜로키엄'을 주기적으로 운영하였다. 또한 교양, 교직, 교과내용, 교과교육 팀별로 주기적으로 자체 창의교육 교수법 포럼을 개최하여 운영 성과를 공유하였다.

콜로키엄은 월 1회~2회 화요일 점심시간을 이용하여 브라운 백 형식으로 진행하였으며, 발표자는 주로 강원대 사범대학 교수로 하였다. 발표자는 재능기부 형태로 각자 현재 자신의 관심 연구 분야를 공유하는 시간으로 하였다. 사범대학 교수들은 타전공을 서로 이해하는 장(場)으로 활용하되, 점차 교수학습공동체로 발전함으로써 사범대학 교수 간의 협력의 장으로 발전하였다.

또한 창의사업 하위 분과별, 즉 교양팀, 교직팀, 교과내용팀, 교과교육팀별로 주기적인 교수협의회와 포럼 발표를 개최하여 운영 성과를 공유하였다. 특히 교과교육팀은 2018년 7월 유럽 교육학회에서 2017년 융·복합 교과교육 수업 운영 성과를 발표하였다.

3. 사범대학 교육과정 혁신의 주요 활동 내용

가. 연합수업 및 융·복합 수업을 위한 교과 영역별 시간표 편성

교과 간 수업은 크게 '연합수업'과 '융·복합 수업'의 두 가지 형태로 진행하였다. 먼저 '연합수업'은 최근 교육현안(자유학기제, 고교학점제 등), 강원교육의 이해, 새로운 교수방법의 적용 사례 등의 공통 관심사를 주제로 대형강의실에서 다함께 듣는 방식으로 진행하였다. 다음으로 '융·복합 수업'은 교과교육학 수업에서 진행되었는데 융·복합 수업 시연을 위한 서로 다른 전공 교과 간 교수－학생 팀티칭 활동으로 진행되었다.

이 두 가지 형태의 수업을 원활히 진행하기 위하여 교과목 영역별로 동일한 시간대에 시간표를 편성하였다. 교과내용학의 3개 교과목은 월요일과 목요일 오전시간대에, 교과교육학의 4개 교과목은 월요일과 목요일 오후시간대에 편성하였으며, 교직은 화, 수, 금 오전 시간대에 편성하였다.

표 6 연합수업과 융·복합 수업을 위한 교과 영역별 시간표 편성

교과 영역	시간표	
교과교육학 (4개교과)	월요일 1시30분－3시	목요일 1시30분－3시
교과내용학 (3개교과)	월요일 10시30분－12시	목요일 10시30분－12시
교직 과목 (3개교과)	화, 수, 금 오전	

나. 교양-교직-교과내용학-교과교육학 간의 연계성 강화 활동

그동안 교수자중심으로 분절되어 있었던 '사범대 교양', '교직', '교과내용학', '교과교육학' 과목을 학습자 중심으로 재구성하였다. 그동안 학과 단위로 운영하던 사범대 교양과목을 미래 사회에 대비한 교육의 이해를 위한 융·복합형 저학년 교양(학과간 전임교원 팀티칭 과목), 강원도 초·중등교육의 실제를 이해하는 고학년 교양(사대 교수와 강원도 교원 팀티

칭 과목)으로 재구성하였다.

한편 예비교사들은 교직이론 중 '교육과정'에서 백워드 설계의 실습을 포함한 최근 동향을 공부하고, '교육방법 및 교육공학'에서 블렌디드 러닝을 활용하고 창의성 증진을 위한 일반적인 수업전략을 모색하며, '교육평가'에서 창의성 증진을 위한 새로운 평가방안 소개 및 적용방법을 획득하게 된다. 다음으로 교과내용학 수업에서는 교수자가 다양한 교수방법을 적용하여 교육활동을 연계성을 유지함과 동시에, 현장교사와 협력하여 교과내용학이 중등교과 또는 비교과 활동에서 어떻게 활용되는지에 대해서 이해하게 된다. 교재연구 및 지도법에서는 교직이론과 교과내용학에서 배운 내용을 종합하여 창의적인 수업실천 역량으로 전환하게 된다. 그리고 교과 간의 융·복합수업 시연을 실습하고 교육현장에서 '교육실습' 과정을 통하여 최종적으로 사대에서의 교육과정 경험을 적용하게 된다.

그림 5 학습자 중심 교육과정 재구성: 교양-교직-교과내용-교과교육의 연계

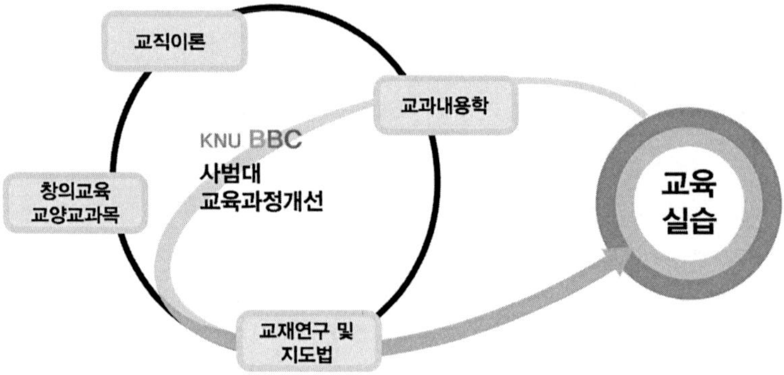

다. 문·이과 전공 교과 간 팀티칭 융·복합 수업의 실시

4개 전공의 교재연구 및 지도법 수업에서 문·이과 전공 교과 간

팀티칭 융·복합 수업을 실시함으로써, 창의·융합형 교육전문가 양성의 목표를 달성하고자 하였다. 이를 위하여 먼저 국어, 수학, 물리, 화학 4개의 교재연구 및 지도법 수업(3학점 주당 3시간)을 주 2회 월, 목 1시 30분–3시로 동일 시간대에 수업을 편성하고 일정 시간 팀티칭 연합수업을 실시하였다.

4개 전공의 교재연구 및 지도법 수업은 크게 세 부분, 즉 ① 전공별로 진행하는 교과별 교재연구 및 지도법 전공수업, ② 전공 간 공동연합수업(최근 중등교육정책의 주요 내용과 변화 동향, 강원도 교육현안과 개선 방향 등), ③ 전공 간 교수–학생 개별 팀티칭 융·복합 실습수업 등으로 구성하였다. 무엇보다 특징적으로 시도된 수업은 서로 다른 4개 전공 학생들이 한 팀을 이루어 융·복합 수업시연을 준비하는 것이었다. 5명 내외의 4개 교과목 학생들이 한 팀을 이루어 융·복합 수업시연을 준비하고, 결과물로서 15분짜리 동영상을 제출하게 된다. 학기말에 우수 융·복합 수업시연팀(우수 4팀, 장려 4팀 등 총 8팀 선정 시상)을 선정하여 사범대학 학장 명의의 상장과 팀별로 소정의 상품 지급하는 연합수업을 실시하였다.

2017학년도 2학기에 교과교육에서 실시한 문·이과 전공 간 융·복합 수업의 추진 일정과 주요 내용은 <표 7>과 같다.

표 7 교과교육에서 문·이과 전공 간 융·복합수업의 추진 일정과 주요 내용

주차	내용	월	목
2주차	수업	• 융·복합수업의 이론과 실제 • 조 편성 및 융·복합수업 아이디어 짜기(물리, 화학, 수학, 국어 교과 교수의 피드백)	<정책현안 기반 학과간 연합수업1> 자유학기제 융합수업의 적용 방법 (교원대 융합교육연구소 소장)
	과제	조별 진행 상황 보고	
	장소	교육4호관 118호	
	날짜	9월 11일	9월 14일

주차	내용	월	목
5주차	수업	• 조별 수업지도안 작성	• 수업 지도안에 대한 피드백(교수+동료 피드백)
	과제	1차시 분량 수업지도안 e－루리 올리기 (2차시 이상도 가능)	수업시연 동영상 15분 촬영하여 e－루리 올리기 (10월 23일까지)
	장소	주제 중심의 교과 교실	주제 중심의 교과 교실
	날짜	9월 28일(목)	10월 12일(목)
8주차	수업	• 주제 중심별로 각 1개씩 총 3개조 수업 발표	＜정책현안 기반 학과간 연합수업2＞ 강원도 중등교육 현안과 교사의 역량(강원도교육청 기획총괄담당관)
	과제	자기 평가 + 동료 평가	
	장소	교육4호관 118호	
	날짜	10월 30일	11월 2일

라. 중등학교 교원과 협력형 수업의 운영

사업에 참여하는 교과목에 대해서는 교과별 특성에 따라서 자율적으로 중등학교 교원과 협력하여 수업을 운영하도록 교과목당 80만원씩 재정지원을 하였다. 총 10개 교과목 가운데 7개 교과목에서 현장교원 활용 수업이 진행되었다.

'교육방법 및 공학'의 경우 중등학교 현장에서 활용되는 창의적 교수법(연극 활용 수업, 거꾸로 수업 등)의 적용 사례를 교원이 수업 중에 직접 시연하는 방식으로 진행되었다. 국어, 수학, 화학, 물리 교과교육학의 '교재연구 및 지도법' 수업에서는 오프라인으로 수업시연 강의를 하거나, 대부분 수강생들이 작성한 교수학습 지도안과 수업시연 동영상 등을 온라인 상에서 지도하는 방식으로 진행되었다.

교과내용학 수업의 경우에도 현장교원의 자문활동이 진행되었는데, '위상수학2'에서는 고등교육단계의 수학 심화교과가 중등교육과 어떻게 관련되는지에 대해서 현장교사 특강이 진행되었다. '한국문학사2'에서는 창의적 수업 설계의 타당성과 실제 수업에 대한 실행 적절성 및 실현 가능성 제고 방안 등에 대하여 현장 교사의 자문활동이 있었다. '기기분석'에서도 이 교과목이 중등교육현장에서 왜 필요하고, 어떻게 활용되고 있는지, 현장의 필요에 더욱 부합하기 위한 개선점 등에 대한 자문활동이 진행되었다.

마. 문 · 이과 전공 교수자간 협력형 사범대학 교양과목의 개설

2018학년도 1학기부터 사대 교수 간의 협력적 교육 및 연구문화를 확산하기 위하여 창의·융합형 사범대학 교양과목을 개설 운영하였다. 1학기에 '4차 산업혁명과 창의교육', '미래 학교와 인성교육', 2학기에 '강원 초·중등교육의 실제' 등 3개 교과목이 사대 교양과목으로 개설되었다. 서로 다른 학과의 전임교원 간 팀티칭 교양교과목은 점차 확대 개설될 예정이다. 2018년 개설된 3개 강좌는 각각 사범대학 3~4개 학과의 전임교원들이 팀티칭 형태로 참여함으로써, 사범대학 12개 학과(부) 전체에서 각각 1인 이상의 전임교원이 사대 교양과목에 참여하는 것으로 계획하고 있다.

바. 사대-교대 전임교원 간 교차강의의 운영

2018학년도부터 강원지역 내에 있는 국립대학들은 전임교원 강의 교류 활동을 진행하고 있다. 이는 각 대학의 강의를 타 학교 학생이 수강 신청하는 것보다 적극적인 교류 방식으로, 강원대학교 춘천캠퍼스의 사범대학 교수 2인과 춘천교대 교수 2인이, 강원대학교 삼척캠퍼스의 교수 2인과 강릉원주대 교수 2인이 각각 유사한 전공과목에 대해서 교차강의를 진행하고 있다. 저자 역시 2018년 1학기에 춘천교대에 출강하여 '교육행정학' 과목 1개 분반 수업을 담당하였다. 중등 예비교원에게 가르치던 내용을 초등 예비교원과 공유하면서 '같은 것은 같게 다른 것은 다르게' 가르치기 위한 색다른 경험을 공유하고 있다. 장차 서로 다른 학교급 간의 통합학교에 대비하기 위해서는 교차강의를 비롯한 다양한 방식의 교류가 확대될 필요가 있다.

Ⅳ. 융 · 복합 시대 교원양성기관의 질 관리 개선 방안

이 장에서는 사례 연구 결과를 토대로 5주기 교원양성기관 평가에 주는 시사점과 보다 적극적인 교원양성기관 질 관리 개선방안을 제안하고자 한다.

1. 5주기 교원양성기관 역량 진단의 평가지표 개선

홍창남 등(2017)의 연구에서 진행된 현장의 요구조사 결과에서 나타나듯이 4주기 평가지표 가운데 '발전계획 및 추진실적', '현장역량중심 교육과정 운영 계획 및 추진실적', '수업의 질 관리', '학교현장실습 지도 활동 실적' 등의 지표는 예비교원의 현장역량을 강화하기 위한 대학의 노력을 평가한다는 점에서 공통되기 때문에 통합해야 한다는 주장이 많다. 사실 이들 지표는 내용상 중복되는 부분이 많아 평가보고서를 작성하는 대학이나 평가를 수행하는 평가위원들도 실제 평가에서 구분의 어려움을 호소하는 경우가 많았다는 것이 중론이다. 문제는 평가를 통해 교원양성교육의 질적 수준을 실질적으로 높이기 위해서는 정성평가를 강화해야 하는데 이들 지표를 통합하게 되면 오히려 정성평가의 비중이 축소될 수 있다는 사실이다. 따라서 정성평가지표의 개선은 평가내용을 차별화하고 평가기준을 구체화하는 동시에 그 비중을 강화하는 방향으로 나아갈 필요가 있다(홍창남 외, 2017: 109-110).

이 문제를 해결하기 위하여 먼저 5주기 역량 진단에서는 '교육과정 영역' 평가지표를 보다 세분화하는 방안을 검토해 볼 수 있다. 4주기 교원양성기관 평가에서 '2. 교육과정 영역(300점)'은 크게 2.1 교육과정(100점), 2.2 수업(150점), 2.3 교육실습(50점)으로 구성되어 있다(<표 8> 참고).

표 8 4주기 교원양성기관 평가에서 '교육과정 영역' 평가지표와 배점

영역	항목	준거	지표	배점
2. 교육과정 영역 (300)	2.1 교육과정 (100)	2.1.1 교육과정 편성·운영의 적절성 (100)	2.1.1.1 교원자격 취득자의 검정기준 충족	60
			2.1.1.2 현장역량중심 교육과정 운영 계획 및 실적	40
	2.2 수업(150)	2.2.1 수업의 충실성 (150)	2.2.1.1 교과교육과목 교수자 전공일치 수업 학점 비율	30
			2.2.1.2 교직이론과목 교수자 전공일치 수업 학점 비율	30
			2.2.1.4 강좌당 학생수	30
			2.2.1.5 수업의 질 관리	60
	2.3 교육실습 (50)	2.3.1 학교현장 실습의 충실도(50)	2.3.1.1 학교현장실습 지도 활동 실적	50

자료: 교육부 · 한국교육개발원(2015).

이 가운데 '2.1.1 교육과정 편성 · 운영의 적절성(100점)'의 '2.1.1.2 현장역량중심 교육과정 운영 계획 및 실적'을 보다 세분화함으로써 교육과정의 적극적 개선을 도모할 수 있다. 즉, '2.1.1.2 현장역량중심 교육과정 운영 계획 및 실적' 평가지표의 비중을 대폭 확대하되, 평가지표를 '학교현장연계 교육과정 혁신'과 '창의 · 융합형 교육과정 혁신'으로

세분화할 수 있다. 다음으로 '2.2 수업'의 경우 현재는 전공과목 일치도, 강의계획의 충실한 운영 등만을 평가하고 있으나, 향후에는 '교양', '교직과목', '교과내용학', '교과교육학' 등 4개 분야에서 각각 '수업의 혁신 계획 및 실적'을 평가지표로서 추가하여 평가하는 방안을 적용해 볼 수 있다.

다음으로 5주기 교원양성기관 역량 진단에서 비중이 강화될 교육과정의 혁신 부분을 다음과 같이 세분화하여 평가 내용을 구성하는 방안을 검토해 볼 수 있다. 여기에는 1) 서로 다른 학과(전공) 교원 간의 융·복합교과목의 개설이나 운영, 2) 융·복합 시대 정신을 반영한 개별 수업의 혁신, 3) 교양－교직－교과내용학－교과교육학 간의 연계성 강화 노력, 4) 교과내용학 강좌의 교원양성기관 정체성 확보 노력, 5) 서로 다른 학교급의 교원양성기관 간의 적극적 교류 등이 포함될 수 있다. 이러한 내용들은 사후점검형 평가에서 당장 적용하기는 어려울 수 있다. 따라서 5주기 평가에서는 실적(30%)과 계획(70%)을 동시에 평가하는 방안을 적용할 수 있으며, 계획에 대해서는 컨설팅 형식으로 중간점검을 시행하고, 6주기 평가에서는 계획 대비 실적을 비중있게 점검하는 방식으로 역량 진단을 진행할 수 있을 것이다.

2. 교육현장 밀착형 질 관리 방안의 제안

첫째, 사범대학의 교육과정과 중등학교 교육현장과 연계성을 강화하고, 예비교사의 현장중심 역량을 강화하기 위해서는 무엇보다 현장교원 협력형 수업을 확대 운영할 필요가 있다. 현장교원 협력형 수업은 일종의 'In－bound형 교육실습'이라고 볼 수 있다. 즉, 교육실습의 확대 필요성에도 불구하고 현실적으로 확대 운영이 어려운 상황에서 '교육실습의 효과'를 유발한다는 점에서도 그 의의가 매우 크다. 이를 위해서는 무엇보다 현장 교사의 안정적인 대학 출강 방법의 개선이 필요하다. 즉, 학기 단위로 매주 또는 일정 횟수만큼 안정적으로 출강할 수 있도록 제도적 장치를 강구할 필요가 있다. 예컨대 강원대학교 사범대학의 경우 강원도교육청과 협력하여 수석교사, 학습안식년 특별연수 중인 교사, 사대부설 교사 등에게 '(가칭)협력교수'의 자격을 부여하고 강의 지원 활동을 할 수 있다. 이와 더불어 현장 교사의 참여 확대 및 참여교사에 대한 내적·외적 보상 방안을 개선할 필요가 있다. 실현가능한 선에서 심리적 보상부터 향후 사업의 확대를 통한 경제적 보상까지 다양한 지원 방안을 강구할 필요가 있다.

둘째, 초·중등교육간 교원양성정책의 유연화에 대비한 사대-교대 교류 확대 방안을 제도적으로 지원할 필요가 있다. 학교급간 통합학교 등 새로운 학교 유형의 점진적 증가에 대비하고 시·도교육청별로 다양한 교사 수요에 효과적으로 대응할 수 있도록 중앙집권적이고 획일적인 교원양성정책을 중·장기적으로 보다 유연화할 필요가 있다. 학교급간 통합학교 문제는 필연적으로 교원양성 프로그램의 개선 논의로 이어질 수밖에 없다. 따라서 향후 중등교원 양성기능을 담당하는 사범대학과 초등교원 양성기능을 담당하는 교육대학 간에 교원양성 연계 프로그램을 운영하는 등의 정책적 개선이 요구된다. 또한 우리나라 학생의 발달 특성의 변화에 효과적으로 대응하기 위해서도 사범대학과 교육대학의 교육과정에서 협력적 관계 변화가 필요하다. 예컨대 초등학교 고학년 학생들의 수준이 높아짐에 따라서 수학, 영어, 과학 등의 교과에서는 보다 전문적인 전공심화교육을 받은 전담교사가 초등학생에 대한 이해를 기반으로 교육을 담당할 수 있는 제도적 유연성이 필요하다. 이러한 교사양성정책의 유연화는 학제 개편 등 교육제도 전반적 개혁의 선행 과제이기도 하다.

3. 재정지원 연계 교원양성기관 질 관리 방안의 개선

그동안 정부의 각종 교육재정 지원사업을 설계하거나 평가하는 연구자로 지내다가 창의사업 연구책임자를 하면서 가장 상심한 것은 교원양성기관 지원사업의 초라함에 관한 것이다. 스마트 교육환경에서 디지털 교과서를 활용해야 하는 교사를 기르는 사범대학은 종합대학교 내에서 가장 낙후된 시설 속에서 교육을 하고 있다. 그러나 교원양성기관을 위한 정부의 적극적인 재정지원사업은 없고, 교원양성기관 평가는 정원감축이라는 패널티로만 활용될 뿐이다.

교원양성기관의 교육과정과 수업을 혁신하는 창의사업은 2012년 시작 매년 2개교씩 1.5억 원에서 시작하여 매년 지원액이 줄어들어, 2017년에는 2개교에 8천만 원씩 단년도 지원이 되었을 뿐이다.[5] 반면 교육부의 공과대학 기반 '4차 산업혁명 인재양성 혁신선도대학 사업'은 '산학협력선도대학(LINC+) 사업'에 참여하는 대학을 대상으로 실시되는데, 2018년 신규사업은 연간 10억 원씩 5년 간 지원되며, 사업비는 시설환경개선에도 사용할 수 있다. 2016년 도입된 인문대학 지원사업인 '대학 인문역량 강화(CORE)사업'의 경우에도 19개교에 교당 12억~37억 원씩 3년 간 지원한 바 있다.

따라서 교원양성기관의 질 관리를 위해서는 무엇보다 교원양성기관 역량 강화를 위한 지원사업을 획기적으로 개선, 확대 운영할 필요가 있다. 교육부와 한국과학창의재단에서 지원하는 창의사업은 예비교원의 창의교육에 대한 전문성과 자질함양 제고를 위해 교·사대의 교육과정 개선을 지원하는 것으로, 2012년부터 매년 2개교씩 선정 지원해 오고

---

5) 2018년부터는 3개교 3년 간 총 2.4억 원(1.2억 원+6천만 원+6천만 원)으로 개선되었다.

있다. 강원대학교 교육과정 혁신은 바로 창의교육 선도 교원양성대학 사업에 선정되어 사범대학의 다양한 학과 또는 전공의 교수들이 교육과정의 혁신을 고민하면서부터 시작되었다. 교과내용학 교수들이 사범대학다운 전공수업의 운영에 대해서 고민하고 개선 노력을 시작했으며, 교과교육학 교수들이 문·이과 전공 간의 융·복합 교육을 위한 연합수업을 마련하기도 하였다. 사범대학 전체 교수가 팀티칭 형태로 참여하는 사대 교양과목들을 개설하는 계기도 되었다.

창의사업은 교육현장의 변화 환경, 예컨대 2015 개정 교육과정이나 자유학기(학년)제의 확대 등에 유연하게 대처하고, 사범대학의 문화 또는 패러다임을 혁신하는 중요한 정책수단이 될 수 있다. 그러나 2012년 지원 초기 2개교에 대해서 교당 1억 5천만 원이던 지원 금액은 점차 감소하여 2017년에는 2개교에 교당 8천만 원씩 지원하는 데 그치고 있다.[6] 이 사업이 우리나라 초·중등학생들의 창의성을 증진시키는 기반이 되는 교사를 제대로 기르기 위한 사업임을 고려할 때, 사업에 대한 지원을 획기적으로 확대할 필요가 있다. 장차 창의교육시대에 부응하는 교사양성의 혁신을 위해서는 지원대상(2개교 → 최소 6개교이상), 교당 지원금액(8천만 원씩 → 2억 원이상), 지원기간(다년도사업 → 3년 이상의 다년도 지원사업) 등을 대폭적으로 확대 개선 운영할 필요가 있다.

다음으로 창의사업과는 별도로 교원양성기관 교수 간의 융합연구와 융합수업을 활성화시키기 위한 신규 재정지원사업을 개발 운영할 필요가 있다. 창의사업이 추구하는 교육과정이나 수업의 혁신, 융·복합 수업의 확대 등은 무엇보다 서로 다른 전공 교수들 간의 교류와 연계, 소통의 문화가 조성되어야 실효성 있게 운영될 수 있기 때문이다. 따라서 장차 '(가칭)교원양성대학의 창의·융합 문화조성사업'을 신설 운영함으

---

6) 2018년부터는 3개교 3년 간 총 2.4억 원(1.2억 원+6천만 원+6천만 원)으로 개선되었다.

로써, 서로 다른 전공의 교과내용학 교수 간의 교류, 교과내용학과 교과교육학 교수 간의 교류, 교직과 교과교육학 교수 간의 교류, 교대와 사대 교수 간의 교류 등을 통하여 교원양성기관 전반에 창의·융합 혁신 문화를 조성할 필요가 있다.

Ⅴ. 결론

이 글은 융·복합 시대 교원의 전문성 신장을 위한 첫 단계로서 예비교사들에게 미래사회가 요구하는 역량을 키워줄 수 있는 교원양성기관의 질 관리 방안을 논의하는 데 목적이 있다. 이를 위해서 먼저 교원양성과 교원양성기관 평가의 변천과 현황을 살펴보고, 창의사업을 통한 교원양성기관의 교육과정 혁신 사례를 제시한 후, 이를 토대로 5주기 교원양성기관평가에 주는 시사점과 향후 보다 적극적인 교원양성기관 질 관리 방안을 제안하였다.

먼저 2018년 하반기부터 시작되는 5주기 교원양성기관 역량진단과 관련해서는 '교육과정' 영역의 하위 평가영역이나 지표를 어떻게 개선할 것인지에 대하여 구체적인 의견을 제시하였다. 즉, 대학 자율적으로 융·복합 시대에 맞게 교육현장과 연계를 적극적으로 모색하는 방향으로 교원양성기관 평가의 교육과정 관련 평가지표를 더 세분화하고 비중을 확대하는 방안을 제시하였다. 그리고 '대학 자율 기반 미래 준비형' 질 관리 방식으로 교원양성기관에 대한 재정지원사업을 확대하는 방안과 교육현장 밀착형 질 관리 방안을 제시하였다. 즉, 최소공통기준을 확인하고 정원 감축과 같은 양적인 통제 위주의 성과 관리방식의 평가에서 벗어나서, 보다 양질의 교육프로그램을 산출하려는 미래 준비 노력에 재정지원과 자율성을 부과하는 적극적인 방식으로 질 관리 방식을 운영할 것을 제안하였다.

끝으로 우리 교원양성기관의 현주소(종합대학교 내에서의 위상 악화)와 협력적인 대응의 필요성을 강조하면서 글을 마무리하고자 한다.

저자는 3주기와 4주기 교원양성기관 평가위원으로 활동한 바 있다. 그 과정에서 느낀 종합대학교 내에서 사범대학이나 사범계 학과가 처한 상황에 대한 소회는 교원양성기관에 근무하는 우리 모두가 공감하는 부분이라고 생각된다. 2015년 1주기 대학구조개혁평가가 마무리되고, 2016년 전례 없이 막대한 금액이 지원되는 '산업연계 교육활성화 선도대학(PRIME) 사업'(21개교에 교당 50억~300억 원씩 3년 지원)이 예고되면서 대학은 이공계 중심의 대대적인 구조개혁을 준비하고 있었다. 특히 2015년 시작된 4주기 교원양성기관 평가는 대학 본부의 지원 하에 준비되기보다는 사범대학 스스로 살아남아서 대학 내에서 최소한의 정원 조정을 당해야 하는 생존의 기로에 있었다. 5주기 교원양성기관 역량진단 역시 2주기 대학구조개혁평가(대학기본역량진단)와 맞물리면서 이와 유사한 상황에 처해 있다고 볼 수 있다.

교원양성기관의 변화와 혁신을 유도하는 동력은 대학 간의 경쟁보다는 협력을 기반으로 교육과정의 혁신을 능동적으로 준비하는 데서 발생할 수 있다. 교원양성기관의 교육과정은 기본적으로 '교원 무시험 검정 합격 기준'과 연계되어 있다. 따라서 한국교육학회 차원에서 이러한 제도적 기준이 융·복합 시대정신에 부합하는지 이를 어떻게 개선하는 것이 미래 교육발전을 이끌어갈 수 있는지 보다 협력하여 능동적으로 준비할 필요가 있다.

참고문헌

교육부(2013, 2016, 2017). 교원양성기관 현황.

교육부(2015). 초·중등학교 교육과정 총론, 교육부 고시 제2015-74호 [별책 1].

교육부(2016). 지능정보사회에 대응한 중장기 교육정책의 방향과 전략, 2016.12.

교육부(2018).「2018년도 교원자격검정 실무편람」.

교육부 · 한국교육개발원(2015). 2015년 4주기 교원양성기관 평가편람.

교육부 교원양성연수과(2018. 4.). 5주기 (18~'21) 교원양성기관 역량진단 기본계획.

남수경, 길양숙, 김선희, 김성훈, 김영란, 김희경, 박주병, 서승현, 신혜숙, 윤희숙, 정진석, 하민수(2018).「2017년 창의교육 선도 교원양성대학 운영 사업에 관한 연구」. 한국과학창의재단.

박영숙, 양승실, 황은희, 허은정, 김갑성, 김이경, 전제상, 정바울(2017).「교직환경 변화에 따른 교원 정책 혁신 과제(Ⅰ): 교원 양성 및 채용 정책의 혁신 과제」. 한국교육개발원.

홍창남, 김민희, 김왕준, 김현진, 이동엽, 이해선(2017).「5주기 교원양성기관평가 개선 방안 연구」. 한국교육개발원.

8주제

밀레니얼 세대 초등교사 연구: 직업 동기, 직무 인식, 그리고 경력 전망을 중심으로

정바울(서울교육대학교) & 김재원(서울교육대학교 석사과정)

8주제
밀레니얼 세대 초등교사 연구: 직업 동기, 직무 인식, 그리고 경력 전망을 중심으로*

정바울(서울교육대학교) & 김재원 (서울교육대학교 석사과정)

Ⅰ. 서론

최근 한국 사회에서, 세대 논의가 지속적으로 소환되고, 또 소비되고 있다. 특히, 2000년대 후반 88만원 세대 담론의 등장을 필두로 정치, 언론, 사회 일상적인 대화 전반에 걸쳐서 세대라는 키워드를 통해 우리 사회의 여러 현상들을 진단하고 처방하려는 다양한 시도가 모색되고 있다. 이러한 세대 담론의 홍수 속에서 국내 교직 사회의 세대 관련 연구가 많지 않다는 것이 흥미로운 퍼즐이었다. 이와는 대조적으로 미국의 경우에는 2000년대 초반부터 하버드대학의 Susan Moore Johnson교수를 주축으로 다음 세대의 교사(Next generation of teachers)라는 대규모 연구 프로젝트를 10년간 수행하였다. 이 프로젝트는 베이비부머 세대 교사들의 대거 은퇴로 인한 교직사회의 급격한 세대 교체를

* 본 논문을 요약, 보완한 동 제목의 원고가 교육행정학연구, 36(3), 231–249에 출판되었음. 원고의 서적 출판을 허락해주신 한국교육행정학회에 감사드립니다.

둘러싼 다양한 양상, 예를 들어 학교와 교직사회에서의 세대 갈등, 밀레니얼 세대 교사들과의 세대 차이에 분석 등을 광범위하고 제공하였다. Stone-Johnson(2016)은 일련의 연구를 통해 교직 사회의 세대 문제에 주목하였고, 특히 베이비 부머 교사 세대와 X세대의 세대적 특징을 분석하고 이것이 교직사회에 주는 시사점에 주목해왔다. Stone-Johnson(2016)은 세대마다 각 세대를 대표하는 '또래 특징(peer personality)' 이 있으며, 교직에서 새로운 세대의 삶과 교직에 대한 관점을 파악할 수 있고, 또래 특성의 차이가 명백하게 드러나는 부분은 일에 대한 가치와 태도라고 하였다.

그러나 국내에서는 이와 같은 교직 사회의 세대 문제를 실증적으로 조명한 연구는 많지 않았다는 것에 착안하여 본 연구를 추진하게 되었다(예외: 이장익 & 이명신, 2011). 흥미롭게도 최근 초등교사들의 대표적인 온라인 포털 사이트인 인디스쿨에서 온라인 플랫폼을 동원하여 밀레니얼 세대 초등교사들에 대한 연구 프로젝트를 수행하고 이를 발표한 것은 연구 결과 못지 않게 그 시도 자체로도 밀레니얼 세대 교사들의 특징을 반영하는 것이며 세대가 교체되고 있다는 것을 보여주는 징후적인(symptomatic)인 현상이라고 할 수 있을 것이다.

특히 국내에서 2021년부터 베이비부머 세대 교사들이 대거 은퇴하기 시작하게 됨에 따라 학교 현장의 세대 교체는 가속화될 것이고, 이를 밀레니얼 세대 교사들이 채우게 될 예정이며, 교사 세대에 대한 연구는 시의 적절할 뿐만 아니라 시급하다고 할 수 있을 것이다. 따라서 본 연구에서는 밀레니얼 세대에 대한 연구에 주목하여 살펴보았다. 베이비부머 세대 교사들에 대한 연구(Hargreaves & Goodson, 2006)와 X세대 교사들에 대한 연구(Stone-Johnson, 2016)는 수행되었지만, 이 세대들과 현저한 차이를 보인다고 여겨지는 밀레니얼 세대 교사에 대해서는 이 세대 자체가 최근 새롭게 출현하다 보니 아직 시기적으로 실증적 연구가 되어있지 않은 상황이다(Stone-Johnson, 2016). 이러한 측면에서 밀레니얼 세대 교사에 학문적 차원에서 최초로 조명해 보려는 본 연구는 더욱 더 의미가 있다고 여겨진다.

본 연구의 이론적 분석틀은 교직 사회에서의 세대 문제에 주목한 대표적인 학자인 Stone-Johnson(2016)의 세대 해석적 분석틀(generational interpretive framework)을 차용하였다. Stone-Johnson(2016)은 세대마다 각 세대를 대표하는 '또래 특징(peer personality)'이 있고, 교직에서 새로운 세대의 삶과 교직에 대한 관점을 파악할 수 있다고 하였다. 특히, 또래 특성의 차이가 명백하게 드러나는 부분은 일에 대한 가치와 태도라고 하였다. 따라서 본 연구에서는 Stone-Johnson(2016)이 말한 각 세대를 대표하는 또래 특징의 차이가 명백하게 드러나는 부분인 일에 대한 가치와 태도를 알아보기 위해 신세대 교사들의 직업 동기와 업무 인식, 그리고 그들이 앞으로 기대하는 교직전망을 분석하였으며, 분석 과정에서 나타난 밀레니얼 세대 교사의 특징을 밝히는 데 그 목적이 있다. 본 연구의 주된 방법론은 질적 연구 방법론 중 면담이었고, 이를 보완하는 차원에서 저널 분석을 병행하였다. 주된 연구 대상은 밀레니얼 세대 교사 12명과 예비교사 졸업반 학생 12명이었다. 이러한 연구 목적을 달성하기 위해 본 연구에서는 다음과 같은 세 가지 연구 문제를 설정하였다.

첫째, 밀레니얼 세대 교사들의 직업 동기는 어떠한가?
둘째, 밀레니얼 세대 교사들의 업무 인식은 어떠한가?
셋째, 밀레니얼 세대 교사들의 교직 경력 전망은 어떠한가?

다음 장에서는 본 연구의 이론적 분석틀을 소개할 것이고, 이어서 연구 결과를 제시하며, 마지막으로 이러한 밀레니얼 세대 교사 연구가 주는 교직과 교사 그리고 교육행정 차원의 이론적, 실천적 시사점을 제시할 것이다.

II. 이론적 배경

1. 교사 세대 연구

세대라는 개념을 사회학적 분석 차원에서 처음 사용한 학자는 독일의 사회학자 칼 만하임(Karl Mannheim)이라고 여겨진다. 만하임은 세대는 공유하는 사회적, 역사적 사건에 의해 형성되고, 연결되며, 궁극적으로 세계관을 공유하게 된다고 주장하였다. 현대 세대이론가 Twenge(2006)는 "당신이 젊을 때 당신을 주조한 사회는 당신의 남은 여생 내내 함께 하게 될 것(p. 2)"이라며 세대 현상을 설명하기도 하였다. 현대의 대표적인 세대이론가 Strauss와 Howe(1991)는 그들이 저술한 책 '세대들: 미국 미래의 역사(Generations: The history of America's future)'라는 책에서 출생 연령을 중심으로 한 코호트 개념을 적용하여 세대를 "삶의 주기 측면에서 대체적으로 기본적인 생애 주기 국면과 일치하는 특별한 동일 연령 그룹(p. 32)"이라고 정의하였다. 본 연구에서는 Strauss와 Howe의 위 세대 개념을 활용하여 분석을 시도하였다. Strauss와 Howe는 이런 정의에 입각하여 동시대에는 여섯 가지의 세대 그룹이 공존한다고 주장하였다(G.I, Silent, Boom, Generation X, Millennial, 그리고 Z세대: 이에 대한 자세한 논의는 Strauss & Howe(1991)참조). 본 연구에서는 이 가운데 목하 관심사인 대부분의 신세대 교사들이 해당되는 밀레니얼 세대에 주목하였다. 밀레니얼 세대는 대체로 1980년에서 2000년에 출생한 이들로, 급속한 정보통신 기술의 발달의 세례를 직접적으로 받은 경험으로 인해 디지털 언어를 자유자재로 사용할 수 있다는 점에서 디지털 네이티브 세대라고 불리기도 한다. 또한 어느 세대보다 대학 진학률이 높고 최고의 스펙을 갖춘 세대로 평가되기도 하지만 동시에 국내외 경제 위기, 금융 위기 등을 겪으며 취업, 결혼, 육아 등에 있어서 다각적인 취약성에 노출된 세대로 여겨지기도 하여 'N포 세대'라고 불리기도 한다. 이들은 베이비부머 세대의 대거 은퇴와 함께 가장 강력한 세대로 부상하는 것으로 간주된다. 그러나 밀레니얼 세대 교사들이 어떻게 교직을 바라보고 교직에서 교육활동을 실천하는 지에 대해 우리는 잘 모르고 있다고 할 수 있다.

교사 역시 한 개인의 구성원이면서 동시에 세대 코호트(cohorts)의 구성원이다. 세대의 구성원으로서 교사들은 그들이 공유하는 역사적, 사회적, 문화적 사건들에 의해 세대 의식을 형성하게 된다. 세대라는 관점은 이러한 사건들이 교사들의 경험과 인식에 어떠한 영향을 미쳤는지 살펴보는 것에 주목하는 것이다. 특히, 이러한 세대 관점은 교사들의 직업(선택) 동기, 업무 인식, 그리고 경력과 미래 전망에 현저한 영향을 미친다(Stone-Johnson, 2016). 또한 세대 관점에 대한 이해는 교사들이 자신들의 일과 실천에 부여하는 의미에 대한 보다 섬세한(nuanced) 해석을 가능하게 해준다(Stone-Johnson, 2016). 예를 들어, Stone－Johnson(2016)에 따르면 X세대 교사들은 대체로 일과 삶의 균형, 자유, 융통성, 팀을 통한 업무 처리, 멀티태스킹 등에 강한 면모를 보인다고 하였다. 한편, 기성세대인 베이비부머 세대 교사들은 권위에 대한 존경을 보이는 태도와, 규정대로 업무를 처리하는 경향, 그리고 덜 유연한 경향이 있다고 하였다. 그런데 이와 같은 교사 세대, 특히 밀레니얼 세대 교사에 대한 관심과 실증적 연구의 부재 속에 교직 문화와 교직을 둘러싼 많은 연구들은 기성세대 교사들을 대상으로 연구한 그대로 머물러 있어 지식체계가 갱신되지 않은 채로 남아있게 된 측면이 있다(Stone-Johnson, 2016, p. 6). 다른 분야, 의학, 법학, 그리고 간호학 등과 같은 직업군과 비교해 볼 때, 교직은 세대에 대한 관심과 연구가 상대적으로 부진한 직군이다. 동시에 교직(또는 학교 조직)은 어떤 시점에서든, 적어도 셋 또는 네 개의 세대 그룹이 공존하고 함께 일하게 되는 다중 세대로 구성된 일터이자 조직이기도 하다(Stone-Johnson, 2016). 따라서 교사 세대,

특히 밀레니얼 세대 교사에 대한 이해와 실증적 연구들은 교사와 교직에 대한 이해의 틀을 재편 또는 재생(regeneration)해 줄 수 있다. 또 교직을 둘러싼 복잡한 현상을 이해하는 새로운 이론적 도구상자를 제공해 줄 수도 있을 것이다. 더 나아가 교사와 교직에 대한 새로운 이해는 보다 의미 있는 교육 실천과 교육 변화를 도모하는 데 기여할 수도 있을 것이다.

2. 교사 세대 연구의 분석틀

본 연구에서는 Stone-Johnson(2016)의 연구에 착안하여 교사의 세대 정체성과 관련하여 일 차원에서 가장 중요하다고 여겨지는 교직 입문 동기(직업 동기), 업무 인식, 그리고 미래 전망(경력 계획)을 이론적 분석틀로 삼아 밀레니얼 교사의 특성 분석을 시도하였다. 이 세 가지는 상호 긴밀하게 연결되어 있다고 할 수 있다.

가. 직업 동기

교사들의 직업 동기에 대해 Kelchtermans(2009)는 교직을 선택하고, 교직에 머물거나 이직하여 다른 직업을 선택하려는 관련되는 동기나 충동을 의미하는 것이라고 정의하였으며,(p. 262) 이 중 직업 동기는 교사들의 자아 이미지와 긴밀하게 연동된다고 하였다(Stone-Johnson, 2017). Kelchtermans(2009, p. 261)은 자아 이미지는 자신을 교사로 유형화하는 방식으로 규정하였고, 이는 다른 사람들에게 자신이 어떻게 인식되는가에 강하게 영향을 받는다고 주장하였다. 그런데 Strauss와 Howe(1991)에 따르면 이러한 자아 이미지는 세대적 양상을 띤다고 하였다. 즉 각 세대는 공통의 연령 위치, 공동의 신념과 행태, 그리고 세대 내의 소속감으로 형상화되는 집합적 차원의 '또래 특성'을 갖는 경향이 있다고 하였다. 따라서 각각의 세대는 그들만의 '세대 자아 이미지'를 공유한다

(Strauss & Howe, 1991). 그리고 이러한 특성은 직장에서의 직무를 대하는 행태 속에 반영되며 그들이 직업을 선택하게 된 직업 선택의 이유에서 잘 드러날 수 있다고 하였다(Stone-Johnson, 2016).

Hargreaves와 Goodson(2006)의 연구에 의하면 베이비부머로 대표되는 기성세대교사들은 교직을 선택한 동기에 대해서 주로 공공의 이익과 사회 정의를 위한 사명감, 소명(calling), 목적의식에 이끌렸다고 분석된다. 한편, X세대 교사들을 연구한 Stone-Johnson(2016)의 연구에서는 이와 같은 공적 목적이나 사회 정의의 실천이 자신들의 직업 동기라고 여기는 경우가 현저히 낮았다고 분석하였다. 오히려 많은 경우 자신이 교직을 선택한 동기에 대해서 불확실하게 느끼는 경향이 있었고, 특히 보다 현실적(안정적 수업, 안정적 직업, 삶과 직업의 균형)이고 개인적인 이유(자신의 성향, 흥미, 역량)에서 이해하는 양상이 두드러진다고 주장하였다. 이러한 측면에서 Stone-Johnson(2016)은 밀레니얼 세대 교사들은 사회변혁을 위한 열정보다는 실용적이고 개인적인 측면에서 직업을 선택하는 양상이 두드러졌고, 세대 관점으로 볼 때도 동일 세대 내에서 일관성을 띤다고 주장하였다. 직업 동기와 관련하여 Stone-Johnson(2016)의 연구에 따르면 미국의 X세대 교사들은 그들은 자신들의 직무에 헌신적이지만, 그럼에도 불구하고 현재 학교에서 다른 학교로 이직하거나, 심지어 교직 자체를 완전히 떠날 의향도 있는 것으로 분석되었다. X세대 교사들은 일반적으로 자유, 균형, 유연성, 독립성 등을 선호하고, 베이비부머 세대 교사들은 장시간 근무와 권위에의 존경을 강조하는 경향이 있다는 것이다. 하지만 밀레니얼 세대 교사들의 직업 동기에 대한 연구들은 거의 없는 실정이다. 따라서 본 연구에서는 밀레니얼 세대 교사들의 직업 선택 동기에 대해 조명해 보고 이러한 양상이 기성세대와 어떻게 구별되며 어떤 교육적, 교육행정학적 시사점이 있는지 탐색해 볼 것이다.

나. 업무 인식

세계적인 교육변화이론가인 Fullan(2003)은 신세대 교사들은 비록 그들이 도덕적 소명과 학생들의 삶을 개선해 보겠다는 이타적 동기에 의해 교직을 선택했다고 하더라도 그들이 자신들의 직무를 어떻게 인식하는가는 기성세대 교사와 현저하게 다를 수 있다고 지적하였다.

Stone−Johnson(2016)의 연구와 Hargreaves와 Goodson(2006)의 미국 교사 대상 연구에 따르면, 대체로 베이비부머 세대들은 자율성을 매우 중시한다고 하였다. 자율성을 상실하게 된다고 할 때 베이비부머 세대들은 교직을 그만 두는 것을 감행할 정도로 자율성은 그들에게 중요한 우선순위의 가치라고 할 수 있다(Hargreaves & Goodson, 2006). 한편, 미국 X세대 교사들은 여전히 자율성을 강조하지만 (더 제한된 범위의 자율성을 추구하는 경향이 있었고, 왜냐하면 고부담 표준화 정책이 전면 시행되면서) 그들이 강조하는 자율성은 그들이 어떻게 시간을 보내느냐에 대한 자율성이며, 교실에서 그들이 어떤 의사결정을 내릴 것인가에 비해 더 강조하는 경향이 있다고 하였다. 즉, 자율성 관련하여 그 가치가 상이하다고 할 수 있었다. 그들은 수업 시간이나 업무 시간과 관련하여 자신들의 근무 시간을 보다 유연하게 관리, 경영할 수 있기를 원하는 경향이 있다고 하였다. 한편 X 세대교사들은 교육과정의 표준화에 대해서도 베이비부머세대들과 다르게 자신의 전문적 정체성을 위협하는 정책이라고 생각하기보다는 오히려 긍정적이고 실용적인 것으로 인식하는 경향이 있다는 것을 발견하였다. 이와 관련하여, 베이비부머 세대 교사들은 하향식/상향식 교육개혁의 시도들에 대해 많은 경우 적대적이거나 고통스럽게 여기는 경향이 있는 반면(Hargreaves & Goodson, 2006) X세대 교사들은 흥미롭게도 하향식/상향식 교육개혁 시도들에 대해 수용적인 태도를 보이면서 동시에 자신들의 자율성을 모색하는 것을 모순적으로 인식하지 않는 경향이 있었다. 특히 책무성 기반, 표준화, 책무성 정책에 대해서도 보다 개방적인 태도를 보이는 경향이 있었다고 하였다 (Stone-Johnson, 2016).

다음으로, 베이비부머세대 교사들은 권위에 더 순응하고 삶과 일의 균형에 있어 일에 좀 더 치중하는 경향성이 있으며, 장시간 근무에도 비교적 더 유연하고 수용적인 태도를 보인다고 여겨진다. X세대로 대표되는 신세대 교사들에 대한 연구에서는 X세대가 일보다 레저나 삶을 중요시하는 경향이 있다고 분석되었다. 그들은 단순히 일 자체를 위한 일을 하는 것을 싫어한다고 하였다. 이러한 특징으로 인해, 신세대 교사들은 흔히 슬래커스(slackers), 대체로 부정적인 뉘앙스의, 게으름을 부리지만, 멋지게 목표를 달성하는 특성으로 비유되기도 한다. 즉, 그들의 우선순위는 기성세대와는 매우 구별되는 특징이 있다는 것이다 (Stone-Johnson, 2016). X세대 교사들의 흥미로운 점은 그들은 과거 기성세대 교사만큼 시간과 노력을 투자하지는 않지만, 대신 삶과 일의 균형을 모색하면서 그들이 매우 헌신적이라고 인식한다고 하였다 (Stone-Johnson, 2016). 이것은 기성세대와 구별되는 신세대 교사들의 전문성주의의 특징이라고 할 수 있다는 것이다. 이러한 업무 인식은 다음에서 살펴볼 교직 경력 전망과도 긴밀하게 관련이 되어 있다고 할 수 있었다.

다. 경력 전망

경력 전망이란 교직과 관련된 자신들의 미래에 대한 기대 또는 전망을 뜻하는 것이다(Kelchtermans, 2009, p. 263). 이러한 경력 전망은 자신의 직업 동기, 업무 인식에 대한 지속적인 성찰과 자신의 직업 정체성이 결합되면서 형성된다고 할 수 있다(Stone-Johnson, 2016). 경력에 대한 전망은 실제로는 가시적인 현실 현상에 대한 설명과 인식을 구성하는 중요한 차원으로, 현상, 인식을 이해하는 데 매우 중요한 과제로 접근될 수 있다. 부르디외는 이러한 미래 전망에 대한 접근이 사회적 행위,

현상의 이해와 밀접하게 관련되어 있다고 주장하였다(Bourdieu, 1998). 앞에서 살펴본 다른 영역과 마찬가지로 밀레니얼 세대 교사들의 경력 전망은 기성세대와 상이하였다.

우선, Stone-Johnson(2016)의 연구에 따르면 미국의 신세대 교사들은 교직을 평생직장으로 생각하지 않는 경향이 많다고 하였다. 즉, 이직에 대한 많은 생각들을 가지고 있으며, 이는 이직률이 문제가 되는 미국 사회의 반영이기도 하다. 한편 우리나라의 교사들은 교직을 평생직장, 이직에 대한 생각이 매우 낮고, 한번 임용되면 평생 근무하는 문화를 가지고 있다고 할 수 있다. 도시로의 이직, 쏠림 현상이 있기는 하지만, 이것은 예외적인 측면이고 기본적으로 평생직장으로서의 교직에 대한 인식 경향성을 가지고 있다.

다음으로 신세대 교사들은 전통적 형태로의 승진에 대해 불확실하게 생각하거나, 관심이 낮은 편이라고 할 수 있었다. X세대 교사들이 삶과 일의 균형을 강조하면서 일을 위해 지나치게 많은 추가적인 근무시간을 할애하는 것을 꺼리는 것과 마찬가지로, 그들은 자신들의 삶과 일 사이의 균형을 뒤집을 수 있는 승진 경로를 밟는 것에 대해서도 회의적인 경향이 있었다. 교장으로 승진한다는 것은 전문적인 자율성을 포기하고 또한 삶과 일의 균형을 강조하는 그들 세대만의 선호를 상당 부분 희생하는 것을 의미한다고도 할 수 있기 때문이다. X세대 교사의 경력전망을 연구한 Stone-Johnson(2016)의 연구와 본 연구가 수렴되는 부분도 있지만 두드러지게 구별되는 부분은 미국 X세대 교사들은 대부분 교직을 떠나 이직을 심각하게 고려하는 반면, 우리나라 교사들 가운데 이직을 고려하고 있는 교사들이나 다른 직업을 고려하는 교사들은 거의 없었다는 점이다. 이는 교직 전망의 불확실성으로 인한 자연스러운 귀결이겠지만, 밀레니얼 세대 교사들은 교장 승진에 대해 더욱 더 불확실하게 느끼는 경향이 있었다. 흥미롭게도 미국 X세대 교사들은 절충적인 형태로 교장과 같은 행정직보다는 전문상담교사, 교과 관련 전문가 등과 같은 반(준) 행정직을 선호한다고 하였다. 이 직책들이 그들에게 교사라는 정체성을 유지하면서 교실을 넘어선 자신의 요구와 역량을 발휘할 수 있는 것이 이와 같은 지위라고 생각했기 때문이다. 이러한 승진에 대한 주저함에 있어 중요한 부분은 본질적으로 세대적인 특징이 있다고 분석하였다(Stone-Johnson, 2016). 예측 가능한 전통적 경력 궤도를 밟아나가기보다는 오히려 자신만의 요구와 목표에 맞는 경력을 창조하려고 하는 그런 세대적 선호와 관련이 깊다고 할 수 있었다.

III. 방법론

본 연구의 대상은 수도권 지역에 근무하는 밀레니얼 세대 초등교사들과 수도권 소재 교사양성대학에 재학하고 있는 예비교사들이다. 본 연구에서는 연구 대상을 선정하기 위해 의도적 표집법을 활용하였다. 밀레니얼 세대 교사에 주목한 이 연구의 목적에 부합하도록 1980년부터 1994년 사이에 출생한 소위 밀레니얼 세대 가운데 교직 입문 전 경력, 승진 열망 여부 등을 종합적으로 고려하여 면담 대상자를 선정하였다. 특히, 이 가운데에서는 교사와 예비교사 가운데 삼분의 일이 교직 입문 전 또는 교사양성대학에 진학하기 전 다른 대학을 다니거나 다양한 경력을 가진 경험이 많다는 점을 고려하여 이와 같이 다양한 경력을 가진 면담자들도 포함하였다. 연구대상자로 선정된 교사는 총 16(4명은 비교 차원을 위한 베이비부머 교사 1명, X세대 교사 3명 추가)명이고, 예비교사도 12명이다. 면담 대상자 교사의 배경은 다음과 같으며, 예비교사들은 제1저자의 수업을 듣는 4학년 교사양성대학 학생들 가운데 일부로 구성되었다.

표 1 면담 대상자의 배경

이름	성별	출생	교육 경력	교직 입문 전 경력 및 특이 경력	담당 업무
* 부1	여	1954	34	6년 교직생활 후 퇴직, 복직시험 거쳐 재임용, 2018년 2월 정년퇴임	·
* X·중1	여	1965	14	사대 졸업, 중등교사 5년, 8년 프랑스 생활, 교대 편입	·
* X2	남	1972	20	·	·
* X3	남	1978	15	·	과학, 실습교사
밀1	남	1983	11	·	체육부장, 6학년 부장
밀 · 중2	여	1983	6	일반대 졸업, 1년 워킹홀리데이	영어교과
밀3	여	1984	11	·	방과후 부장
밀 · 중4	여	1985	4	외교부 인턴, 브라질 유학, 일반대 졸업, 회사 근무	영재업무
밀5	여	1986	10	타도시 5년 근무	영재업무
밀6	남	1987	8	외국 교환학생	체육부장
밀7	남	1987	6	육아휴직	·
밀8	여	1988	9	·	청소년단체
밀9	여	1988	9	·	실습교사
밀10	여	1989	6	현 일본 대학원 교환학생	·
밀 · 중11	남	1990	3	일반대 자퇴	영어교육, 학교스포츠클럽
밀12	여	1993	3	·	청소년단체, 영재

(표 설명. 부: 베이비부머 교사, 밀: 밀레니얼 교사, 중: 제2의 경력 교사, 밀 · 중: 밀레니얼이면서 동시에 제2의 경력 교사)

본 연구의 주된 연구 기법 중 하나는 반구조화된 면담 기법이었다. 본 연구에서 수행한 면담의 주된 내용은 다음과 같다(예비교사들을 대상으로는 직업 동기와 교직 전망을 중심으로 면담 내용을 선별하여 선택적으로 수행하였다).

표 2 면담 주요 내용

영 역	주요 심층 면담 내용
직업 동기	– 왜 교직을 선택하였는가 / 교대에 들어온 계기 – (교직입문 전 다른 경력 있을시) 교사가 되기 전 어떤 일을 하였으며 왜 진로를 바꾸기로 결심하였는가 – 교직 전 경력이 학교생활이나 교직관에 미치는 영향 – 교대 입학 당시 교대나 교사에 대한 사회적 인식 – 발령 후 본인이 기대한 것과 차이를 느낀 것 – 교직에 더 머물거나 이직계획 여부와 그 이유
업무 인식	– 지금까지 맡았던 업무와 맡게 된 사연 – 업무 수행 스타일은 어떠한가(업무 통제력, 자율성) – 문화, 업무와 관련하여 이해 불가능하거나 불필요한 것 – 학교 업무 배정에 대한 생각 – 더 나은 교사가 되기 위한 노력 – 업무 전담팀에 대한 생각 – 교사 협력, 전문적 학습 공동체에 대한 생각 – 학생의 화장, 휴대폰 소지, 복장이나 염색 규제에 대한 생각 – 학생 인권 조례에 대한 생각 – 학부모 민원에 대한 생각
교직 경력 전망	– 교사로서의 목표나 비전 – 어떤 경력을 지향하는가/ 이를 달성하기 위한 노력 – 관리자에 대한 생각 – 승진 희망 여부와 그 이유 – 승진 외에 이직에 대한 생각과 그 이유

Ⅳ. 연구 결과

신세대 교사들의 직업 동기, 업무 인식, 그리고 교직 경력 전망은 삼위일체처럼 긴밀하게 연결되어 있다. 다음 글에서 각각에 대해 구체적으로 살펴보도록 하겠다. 특히 이러한 특성이 한국의 청년세대 담론 가운데 독특한 지형을 차지하고 있는 교직에서 이것이 어떻게 출현하는지에 주목하여 살펴보았다.

1. 직업 동기

IMF의 짙은 그늘과 부모 세대의 짙은 그림자: 안정, 순응, 그리고 아비투스

밀레니얼 세대 교사들은 교직을 선택하게 된 동기에 대해서 반복적으로 부모님의 영향과 또 공통적으로 IMF 금융 위기를 언급하였다. 밀레니얼 세대 교사들이 교직 선택 당시, 많은 우수한 인적 자원들이 교직을 이수하기 위해 교육대학 및 사범대학으로 몰려들었으며 결과적으로 교사가 되기 위한 경쟁이 치열했다. 실제로 면담한 밀레니얼 세대 교사들이 교대에 들어간 02학번부터 11학번 당시 면담자들은 교대의 인기와 높았던 성적들을 이야기했다. 이러한 현상은 지난 1990년대 후반 우리나라 경제위기 이후 고용불안과 구직의 어려움으로 교직에 대한 선호도가 상대적으로 높아졌기 때문으로 볼 수 있다. 이는 사회적으로 실업률이 증가하고 공무원과 안정적인 직업이 인기가 있었던 시대적 상황이 부모님으로 하여금 자녀에게 교직을 선택하도록, 혹은 그 꿈을 유지하도록 하는 데 영향을 미쳤다는 것을 알 수 있다.

> 분위기 자체가...우리 부모님들 세대가 애들 한창 키울 때 IMF 맞고 안정적인 직업을 원할 때기도 했고 그러면서 무난한..약간 그때 이후부터 공무원이라던지, 안정적인 직업 이런 쪽이 사회적으로도 인기가 많아졌던 것 같기도 해. (밀 3)

> 교사는 성적도 됐고...물론 아빠는 다른 직업들도 욕심내긴 했지만, 그래도 전반적으로 엄마아빠는 IMF시대니까(IMF시대를 겪었으니까) 여자니까 교사하는 게 제일 낫다. 마지막에 고3때 한의사랑 고민할 때도 가족들이 그냥 한의사를 해라라고 밀어붙이지 않고 내 의견을 존중해주셨지. (밀 8)

> 사실 가족들의 영향이 없다고는 할 수 없어요. 왜냐면 교사가 변하지 않는 꿈이었지만 중간 중간 이것 저것 해보고 싶은게 있었거든요. 근데 부모님은 변치않고 교사가 제일 좋은 직업이다라는 말씀을 하셨으니까, 아무래도 어렸을 때 그런 말씀을 자주 들은게 제가 진로를 선택하는 데 영향을 끼친 부분도 있다고 생각해요. 아빠가 공무원이셔서, 그리고 IMF를 겪으신 세대잖아요. 부모님들이 실직한 세대기 때문에 되게 안정적인 것을 중요시 여기셨어요. (밀 10)

밀레니얼 세대 교사들은 자신의 주관적인 성향이나 재능에 맞춰 대학 전공이나 진로를 선택하지 않고, 부모나 학교 교사들의 조언에 따라 안정적인 직업으로 평가되는 교직을 선택했다. 부모의 지배적인 영향력 행사에 이에 순응적인 선택. 교직 선택에 있어서의 부모의 짙은 그림자는 밀레니얼 세대 교사들에게 이중적으로 작용하였다. 계급적 기반과 연동되어, 가족은 부모는 자신들의 든든한 후원 세력이면서, 동시에 자신의 미래를 선택할 자율성을 구속하는 장애물이 되기도 하였다. 부모의 영향력이 크다는 것은 그들의 부모 세대의, 대체로 X세대이면서 중간 계급인, 계급적 기반과 문화자본과 결합되어, 밀레니얼 세대 교사들은 그들의 부모인 X세대와 유사한 문화적 경험과 세대 인식을 가질 가능성이 증가된다고 할 수 있다는 것이다.

간파: 워라벨(work and life balance)과 소확행(소소하지만 확실한 행복)

많은 밀레니얼 세대 교사들은 애초에 교직을 일순위로 고려하거나 이와 반대로 심각하게 희망하지 않았다가 여러 가지 상황적 고려로 인해 교직으로 진입하게 된 사례들이 많았다. 밀 6의 경우 교직을 희망하지 않았던 다른 많은 밀레니얼 교사들과는 달리 그(녀)의 부모님의 반대가 있었음에도 불구하고 무한 경쟁 체계의 비선호, 다양한 경험을 할 수 있는 시간적 여유 등 교직이 주는 안정감과 여러 가지 시간과 공간이 주는 장점을 따져서 진학한 경우이다.

> 부모님은 반대했어. 너는 성향상 이런데 보다 목표를 두고 성과를 달성하기 위해서 계획을 추진하고 세우고 이게 훨씬 맞을 테니까 경영이나 새로운 분야 쪽으로 진출해보라고 하셨는데, 나도 충분히 거기에 공감을 했고 고민했는데 생각을 해보니까 아무래도 너무 아쉬웠던 거지, 중고등 학교때 못 한게 많고 항상 서울 생활을 하면서 다양한 문화체험을 하고 싶었거든. 아무래도 그런 무한 경쟁 체계 전공 쪽으로 가거나 그러면 뭐랄까 일과 라이프, 요새 말하면 워라벨 그걸 맞추기가 쉽지 않겠다는 생각을 했었어. 그래서 교대 고민했을 때 교대의 장점들이 눈에 많이 들어왔지. 아무래도 주변 이야기를 들어보니까 전반적으로 분위기가 교사가 되려고 애쓴다기보다는 커리큘럼 조금 널널하고 개인적인 시간이 많이 남다보니까 아무래도 강원도 촌에서 와서 경험이 없던 나한테는 서울의 한가운데 있는 서초동에서 자유롭게 대학생활을 하면서 여러 가지를 해 보는게 충분히 더 행복한 삶이

겠구나 해서 교대를 왔어. (밀 6)

교대의 수많은 예비교사들의 정체성을 하나로 묶는다는 것은 불가능하겠지만, 많은 수의 교대생들에게서 공통적으로 발견되는 점은, 이들이 '소확행'을 추구하는 사람들이라는 것이다. 물론 이들이 교사가 되기로 결심하는 데 수많은 동기와 요인들이 작용하였을 것이다. 그러나 그 동기와 요인 중에 교대가 가진 '안정성'이 매우 큰 비중을 차지하는 것 또한 사실이다...(중략) 교대생들은 그들이 가진 학습 능력을 이용하여 '수능'이라는 조금 더 이른 경쟁에서 생존했다. 그리고 그 결과로, '예비된 취업'이라는 열매를 얻었다. 화려하고 대단한 성공은 아니어도, 평범한 안정 속에서 소확행을 추구할 수 있는 길이 보장된 것이다. 그래서인지 교대생들은 남들처럼 화려한 스펙을 쌓지도, 죽어라 학점을 관리하지도 않는다. (예비교사 1의 저널)

밀레니얼 세대 교사들이 교직을 선택한 동기로 가장 많이 이야기한 것 가운데 가장 많이 등장하는 주제는 시간적 여유였다. 이들은 빠른 퇴근시간 후와 방학동안 얻게 되는 시간적 여유로 가능한 자 계발에 대해서 긍정적으로 언급했다.

저녁이 있는 삶. 시간적 여유죠. 시간적 여유가 있으니까 그 시간으로 내가 끊임없이 발전할 수 있는 직업이에요. 근데 내가 일반 직장이었으면 스펙 쌓으려고 엄청 노력해서 회사에 들어가서 노예처럼 살아야 할 것 아니에요. 자기계발하기 힘들죠. 근데 나는 지금 너무 여유 있는 삶을 살고 물론 육아도 하지만 그 틈에서 엄청나게 자기계발을 하고 있으니까 계속 발전을 할 수 있는 거예요. 발전하는 내 모습을 보는게 너무 좋아요. (밀 1)

> 아무래도 제가 오후시간에 할 일 다 끝내놓으면 어느 정도 다른 직종에 비해 퇴근을 일찍할 수 있으니까 자기계발이나 취미생활도 정말 열심히 하고 사회생활도 굉장히 열심히 할 수 있죠. 저녁시간에 내가 알차고 재밌게 보낼 수 있고 방학이 보장되어 있었으니까 제가 좋아하는 여행이나 그런 것도 하고 좋죠. 다른 직종 제 친구들 같은 경우 길게 해봤자 1주일 빼는데 저는 맘만 먹으면 길게도 여행을 갔다 올 수 있으니까요. (밀 9)

이들 밀레니얼 교사들에게 있어서 교직선택은 비록 자신의 드림잡(dream job)은 아니었을지라도 치열하게 경쟁하지 않아도 되고, 자기계발을 통한 스펙쌓기에 열중하지 않아도 나름 의미있고 안정적이고 행복하게 살아갈 수 있다는 교직이 주는 혜택과 자신의 선택의 절충안에서 비롯되었다. 밀 6과 예비교사 1과 같은 밀레니얼 세대 교사들은 경쟁체제의 문제점을 간파하고 이를 회피 또는 우회하기 위해 교직으로 진입하였기에 그들은 기존 체제의 구조적 모순을 해결하려고 하기보다 오히려 기존 체제와 규범에 순응하며 기존 체제가 부여하는 기회를 전유, 향유하는데 급급한 경향이 있었다고 할 수 있었다.

이상에서 살펴본 교사가 된 동기와 관련하여 흥미로운 발견 또 한 가지는 그것이 동시대를 살아가는 청년세대의 다양한 취약성과 분리해서 살펴보기는 어렵다는 것이었다. 그들은 청년세대가 갖고 있는 다각적인 취약성으로부터 어느 정도 거리를 두고, 우회하여 안정적인 직업 궤도에 들어와 있음에도 불구하고 그들은 청년세대의 그러한 취약성을 어느 정도는 내면화하고 있었다.

> 세대를 두고 많은 말들이 오가지만 나는 지적 무기력을 겪는 세대라 말하고 싶다. 그들은, 그러니까 우리는 꿈을 꾸지만 꿈을 꾸지 않는다. 들여다보는 하늘은 높이가 낮거나, 고인 물웅덩이

> 에 비친 하늘이다. 먼 곳을 쳐다보는 건 사치였기 때문이다. 살아내기 급급했다. 좋은 성적, 좋은 대학, 안정적인 인생. 그 세 가지에 유년시절을 얽매여 살았는데, 대학교에 들어와서 사유할 시간을 가졌다고 해서 '이제 좋은 교사에 대해 고찰해보자', 할 사람이 어디에 있을까. 공부는 많이 하지만 휘발성 높은 공부다. 필요하지 않는 분야는 보려고 들지도 않는다. 그를 반증하듯 신세대 교사들은 대체로 교대에 입학했던 이유 그대로 안정적인 직업이라 교사가 되었다고 말한다. (예비교사 2의 저널)

Hargreaves와 Goodson(2006)의 연구에 따르면 베이비부머 세대 교사의 경우에는 자신의 직업 동기와 관련하여 자신을 이상주의자로 간주하고, 본인의 교육 목적을 사회의 변화 또는 사회 정의를 추구하는 것이라고 여기는 비율이 매우 높았다고 하였다. 한편, 이와 달리 후속의 밀레니얼 세대 교사들의 경우에는 자신의 교육 목표와 관련하여 자신을 기성세대 교사들처럼 이상주의자라고 생각하는 비율이 전체 교사의 23%에 불과하였다고 분석되기도 하였다(Yarrow, 2009). 이렇게 보다 현실주의적인 태도를 보이는 것은 한국의 교사들과도 접점이 있다고 할 수 있었다. 우리나라 교사들도 안정, 생존, '워라밸' 그리고 '소확행'을 모색하는 경향이 두드러진다고 할 수 있었다. 한편, 미국의 교사들과 다른 점이 있다면 직업 안정성을 대단히 강조한다는 것이다. 이에 대해서는 이어지는 경력, 미래 전망에서 보다 더 구체적으로 논의하도록 하겠다.

'제 2의 경력(second-career)' 교사들의 증가

밀·중2는 일반대를 졸업한 제 2의 경력자(다른 대학을 졸업하고 일반 직장을 다니다가 교직으로 만기 입문한 교사들)였다. 이들에게 공통적으로 언급되는 부분은 바쁜 회사 생활과 회사 조직문화에 대한 거부감이었다.

막상 졸업을 하려고 하다 보니 회사에 취직하고 싶지는 않았어요. 대기업에 다니다보면 여성들이 얼마나 힘들고,,, 조직문화에서 살아남을 것 같지가 않았어요. 물론 잘했겠지만 되게 삶의 목적을 모른 채 여유 없이 지치고 3년 안에 분명히 관둘 것 같았어요. 너무 하고 싶지 않고, 여행을 좋아하는데 그렇다고 승무원을 하자니 그런 단편적인 여행은 싫고...졸업 후 했던 게 학원 선생님이랑 과외였는데, 그동안 1년 동안 제가 뭘 하고 싶은지에 대해 고민을 많이 하게 된 거죠. 원래 초등학교 때부터 고2때까지 오랫동안 꿈이 선생님이었어요. 선생님이 되고 싶다는 생각이 드는 거예요. 그래서 다시 수능을 봐서 교대를 가거나 사범대를 다시 편입해서 가거나 아니면 교육대학원을 가거나 이 중에서 선택을 하다가 제일 빨리 선생님이 될 수 있는 방법은 교대인 것 같다 해서 수능을 다시 본거죠. (밀·중 2)

그때 회사일이 너무 힘들었고 체력이 안됐어. 새벽 6시 40분에 나가는 게 거의 마지노선이었고 일찍 나가고 늦게 퇴근해서 잠을 거의 못자고 이런 생활이 너무 안 맞았어. 내가 이 일을 평생 해야하나 확신이 없었어. 전공을 살린 것도 아니고 일에 대한 흥미도 없었고 재미도 없었고. 인화를 강조하는 회사 조직 문화도 안 맞고..게다가 획일적이고 권위적이고 되게 느리게 변화는 산업이어서 나랑 안 맞았어. 그래서 이 일을 평생할 수 없다는 결론을 내렸고, 나중에 결혼하고 나면 회사를 그만두고 육아를 하면서 할 수 있는 일을 찾아야지 했는데 그게 당겨졌지. (밀·중 4)

면담 속에 언급된 중간경력자들은 대기업에 종사하다 오거나, 고학력 졸업생들이었으며, 이러한 중간경력자의 증가는 교직의 안정성과 취업용이성이 더 강조된 선택이었다.

2. 직무 인식

밀레니얼 세대 교사들의 업무 인식과 관련하여 두드러진 주제는 세 가지였다. 우선, 밀레니얼 세대 교사들은 업무와 관련하여 교수 학습 차원에서 잘 가르치는 능력을 가장 중요하다고 인식하였다. 이를 위해서 그들은 무엇보다도 지속적인 자기계발을 강조하였다. 이러한 자기계발이 중요한 이유는 이것이 비단 자신의 성장뿐만 아니라 학생들을 위한 교수-학습 과정에 그대로 스며들게 되기 때문이라고 인식하였기 때문이다. 그래서 그들은 퇴근 후, 혹은 방학 때 자기계발을 위해 시간을 투자하기도 하였으며, 대학원이나 전문적 학습 공동체, 교과연구회 등에 소속되어 전문성을 계발하고 많은 것을 경험하기 위해 노력했다. 다음으로, 이를 위해 자연스럽게 수반되어 강조되는 것은 자기계발을 위한 '시간'이었다. 이는 소위 워라밸에 대한 강조로 나타났다. 워라밸에 대한 강조에서 확인할 수 있는 것은 밀레니얼 세대 교사들은 업무 관련하여 업무 내용에 대한 자율성보다 업무 수행을 둘러싼 시간과 공간적 활용의 자율성에 더 우선순위를 부여한다는 것이며, 이는 꽤 흥미로운 특징이었다. 또 한 가지 흥미로운 점은 워라밸을 통한 일과 삶의 균형을 모색하는 것과 업무에 대한 헌신이 제로-섬과 같이 이항대립적인 것이 아니라 밀레니얼 세대들에게 일과 삶의 균형과 업무에 대한 헌신이 공존한다는 것이었다. 마지막으로, 밀레니얼 세대들은 소위 말하는 학교 행정 업무에 대해서 부담감과 피로감을 느끼는 경향이 있었다.

진학

밀레니얼 세대 교사들에게 대학원 진학은 관심있는 분야에 대해 더 배우고자 하는 열망, 다양한 것을 경험하고 싶은 것과 주변 선배들의 모델링, 앞으로의 자신의 교직 경력 전망에 도움이 되기 위한 발판 등으로 인식되었다. 밀 8은 교직 생활을 하면서 한 단계 업그레이드되기 위해 대학원을 진학하였으며, 밀·중 11은 본인이 좋아하는 체육에 대해서 더 공부하고자 했으며, 대학시절부터 대학원 진학을 염두에 두어 두었다.

공부하러 갔지. 좀 더 리프레시되기 위함도 컸어. 5년차에 갔는데 그때 뭔가 한 단계 업되고 싶은 느낌이 컸달까? 한 4년까지 하니까 담임도 약간 손에 익고 근데 여기서 멈추는 느낌? 그때 마침 동료 샘이 이거 공부하면 학교에 대한 이해도가 높아진다고 그러고, 5년차에는 뭔가 좀 더 배워야겠다. 한창 교사상이나 교육철학이 부족해서 3,4년차에는 연수로 채웠는데. 그거보다 아예 이론적인 공부가 필요하다는 생각이 들었지. (밀 8)

대학원은 교대에 진학할 때부터 계속 생각을 하고 있었어요. 교대 다닐 때 뭔가 그 갈망을...해소하지 못했어요. 교대 커리큘럼에서요. (밀·중 11)

밀 6은 2010년 졸업과 동시에 대학원을 진학하였다. 초기 대학원 진학의 목적은 군대 연기였으나 공부를 하면서 흥미를 느꼈고, 인턴 조교를 하면서 봐왔던 선배들의 모습에 자극을 받았다. 이것이 대학원 박사과정까지 이어졌으며, 체육 쪽으로 연구를 더 하고 싶어 하는 교직 경력 전망에도 영향을 미쳤다.

아이들에게 좀 더 넓고 애들이 모르는 세상을 보여주기 위해 최대한 많은 경험을 하려고 한 거지, 완전히 아이들을 위한다기보다는 너한테도 나한테도 도움이 되는 거지. 내가 좋아하는 분야에 대해 글쓰는 재미를 석사 때 알았기 때문에 그게 박사과정까지 이어졌어. 그리고 무엇보다 모델링이 많이 있었지. 교대 출

> 신 대학원 석박사 형들 중에서 다들 학교에서 바쁘게 일하고 결혼했는데도 불구하고 어떻게든 체육쪽이든 교육적으로든 자기의 소양을 넓히고 체육학문쪽으로 기여를 하려고 하는 지금 관리자들, 선배들이 있으니까 그런 분들의 길을 나도 좀 따라 가고 싶다, 모델링의 느낌이 있었지. (밀 6)

많은 것을 경험하고 배우기 = 결국 학생을 위한 것

면담을 진행한 밀레니얼 세대 교사들은 학교 업무 외에도 자신의 관심있는 분야를 배우거나 경험하기 위해 노력을 했다. 그들은 자신이 좋아하는 일이지만 결국 아이들을 위한 것이라고 했고, 교사의 질이 교육의 질이라고 표현하였다. 또 본인이 행복해야 긍정적이고 좋은 기운이 아이들에게 미치기 때문에 본인의 행복을 위해 노력하고 있었다. 밀 1은 학교 체육부장 일 외에도 거꾸로 교실, 교내 학습 공동체 리더, 교외 학습 공동체 참여, 애플 교육자 프로그램 (ADE) 등 많은 일을 하고 있었다. 밀 1은 이렇게 많은 것에 참여하는 이유에 대해서 이렇게 이야기했다.

> 일차적으로는 본인이지만 근데 결국에는 그렇게 생각해요. 교사가 많은 경험을 하고 많은 배경지식을 가지고 있으면 자연스럽게 애들한테 투영될 수 밖에 없는 거죠. 그러니까 왜 교육은 교사의 질을 넘지 못한다는 말이 있는 것처럼 교사가 많은 경험을 해야 하는 게 맞다고 생각해요. (밀 1)

이러한 내용은 다른 밀레니얼 세대 교사들의 이야기 속에서도 발견할 수 있었으며, 본인이 배우는 것을 아이들과의 연관성을 찾으려고 노력하고 본인이 하는 것들이 결국 아이들에게 영향을 미친다고 생각하였다.

> 교사가 많은 것을 배워서 아이들한테 더 가르치고, 교사의 수준이 교육의 질이라고 하잖아요. 지금 배우는 것이 아이들에게 도움이 되고...영어는 아침마다 이비에스 영어 듣고 있고 운동도 하죠. 당연히 건강한게 중요하고 컨디션이 좋아야하니까. 제가 행복하고 건강한 게 중요하니까 꾸준히 하려고 하고 명상도 배웠거든요. (밀·중 2)

> 내가 여러 가지를 배우고 새로 역량을 쌓는 게 수업에 그대로 영향을 미친다고 생각해. 내가 즐겁고 하는 일에 만족스러워야 학생들에게 잘할 수 있다고 생각해. 내가 하는 삶이 애들 교육하고 전혀 연관 없는 삶이 아니니까. 하다못해 내가 배드민턴 하는 것도 실력이 좀 늘다보니까 내가 1,2교시 배드민턴 가르치거든. 배드민턴 기술하고 연관이 있으니까 내가 배운 걸 가지고 애들한테 가르쳐주니까 애들이 이전에 스강이랑 대충 주고받고 하는 것보다 애들이 훨씬 만족도가 높고 수업도 좋고. (밀 8)

밀레니얼 세대 교사들은 이 외에도 다양한 것을 배우기 위해 노력했다. 최근의 관심사에 대해 물었을 때 유행하는 기법이나 기기 활용법 습득에 관심이 있다고 하거나, 본인에게 주어진 시간을 어떻게 활용할지 고민하고 있었다.

> 사실 새로운 게 나왔을 때 별거 아닌 거 같고 사소한 거여도 일단 이게 뭔지 궁금증을 가지고 배워보려고 노력하려고 해. 그렇지 않으면 나도 고인물이 되겠구나 라는 생각을 했어. 뭐든 배워보고 인터넷으로도 찾아보고 시도하려고 하고...브라질에 있는 교육적인 패러다임도 가끔씩 찾아보고 한국과 다른 활동도 적용해보려고 노력하고 그런 것들을 하지. 세대가 변하고 다른 환경에서 사회가 변하고 있는데 교사가 변하지 않으면 아이들한테 적

절한 교육을 할 수 없다고 생각해. 이 세상에 적응을 해야지. (밀·중 4)

뭘 더 해볼까가 내 요즘 관심사야. 애들한테도 그렇고 나 스스로도...한국사랑 텝스를 좀 따볼까? 이 남는 시간에...아니면 PDC를 조금 더 정리해서 접목시켜볼까..요즘은 메이커교육이 뜨고 있는데 그런 연수를 좀 찾아서 해볼까 하는 생각도 들고. 요번에 우리 학교가 소프트웨어 예산으로 레고를 이용한 코딩교육이 나와서 키트를 샀어. 소프트웨어 담당교사가 동아리도 운영하더라고. 근데 나는 그거 너무 해보고 싶거든. 가르쳐 보고도 싶고. 그래서 내가 가서 좀 도와준다고 할까? 나는 정말 배우고도 싶으니까. (밀 8)

전문적 협력

면담한 밀레니얼 세대 교사들은 전문성 계발을 위해, 좋아하는 것을 더 배우기 위해 교내외 전문적 학습 공동체나 연구회를 협력활동에 적극적으로 참여하고 있었다. 밀 1은 대학원 수업에서 전문적 학습 공동체를 배운 후 바로 학교에서 교내 학습 공동체를 만들어 2012년 2학기부터 지금까지 리더로 활동하고 있으며 그 외에도 체육 전문적 학습 공동체에 참여하고 있다.

14년에 교육청에서 인성중심 협력 지원단을 했어요. 거기서 수업에 관심이 많은 선배들을 많이 만났어요. 아 협력학습이라는 게 있구나, 액션러닝이라는 게 있구나 하면서 수업에 눈을 뜬 거죠. 근데 또 맞물렸던 게 2012년 대학원 교수님 수업을 듣고 2학기 때 바로 실천을 한 거야. 2012년 2학기때는 동학년 3명으로 시작을 했어요. 근데 그 이후부터는 제가 젊은 애들 모아가지고

6명 7명씩 교육공동체를 하기 시작한 거예요. 제가 리더니까 더 알아야하기도 하고 수업에 관심도 커지고 그게 쭉 이어져서 지금도 교육공동체 리더를 하고 있어요. (밀 1)

밀 1은 외부에서 공동체를 시작했으나 학습 공동체의 장점을 알고 이를 널리 알리기 위해 직접 학교에서 학습 공동체를 만들어 지금까지 리더 역할을 하고 있다. 밀 3의 경우는 방과후 부장을 하면서 교외 학습 공동체를 나갈 시간적 여유가 없었으나 교내 학습 공동체를 하면서 외부로 나갈 필요 없이 생활지도에 있어서 여러 가지를 배웠다고 이야기했다.

1, 2년 정도를 학급경영과 관련해서..우리 동학년에 인디하면 알 수 있는 선생님이 계시거든. 그 선생님이랑 나랑 연차가 나보다 어린애랑 관심있어하는 한 4명이 모여서 PDC 책을 같이 사서 일주일에 한 번씩 모여서 읽고 정리하고, 교실에 적용한 다음 다시 피드백하는 식으로 했어...그때 되게 도움이 많이 됐어. 여러 사람들의 학급경영을 오픈한다는게 쉽지 않은 일인데 서로 오픈하면서 같이 해결하다보니까 애들 생활지도나 학급경영에 있어서만큼은 좀 더 여유를 가지게 됐고, 애들을 바라보는데 있어서 시각이 조금 넓어졌어. 나도 그때 느꼈어. 이렇게 해주니까 진짜 좋구나. 이렇게 공유하니까 진짜 좋구나. 그걸 느꼈어. (밀 3)

워라밸의 추구

워라밸은 직무 인식에서도 의미있는 주제로 등장했다. 밀레니얼 세대 교사들은 기성세대 교사들과는 달리 더 많은 일을 떠맡기보다는 개인적 삶과 일 사이의 적절한 균형을 찾으려고 했다.

> 나는 둘 다 중요하지만 일이 더 크진 않아. 둘 다 중요하고 물론 내가 다음날 해야하는 일을 안 하거나 수업준비가 안 되어있으면 퇴근을 더 늦게 하긴 하지만 그렇다고 해서 나의 주말까지 하면서 하진 않아. 나도 쉴 시간이 필요하니까..(밀·중 2)

> 나름 부장생활을 하면서 결심을 했던 게 내가 학교일로 인해서 내 개인생활을 최대한 침해받지 말아야겠다. 그게 절대 이것으로 인해서 내가 운동하는 거를 빠지는 게 없도록 하자라는 나름의 원칙을 가지고 했어. 학교에서 아무리 일이 많아도 운동이 있는 날은 무조건 접고 그냥 갔어. (밀 3)

> 나랑 헌신이라는 단어는 어울리지 않아. 그냥 내 삶과 나의 직업과 아이들과의 관계에서 균형을 맞추려고 하는 거지. 뭔가 헌신하는 거는 나의 일부분을 소모한다는 어감이 있는데 나는 그렇게 뭐 하나에 헌신하지 않아. 나한테 가장 중요한 거는 나인거지. 보통 헌신이라는 단어는 희생이라는 의미가 내포되어있다고 생각하기 때문에 나랑 맞지도 않고 워라벨을 맞추는거지. 일과 개인적 삶 중에서 일이 중요시 되지 않아. 다만 개인적 삶과 일이 구분지을 수는 없는 거지. 내가 내 삶을 중요시한다고 해서 아이들을 소홀히 한다는게 아니라 나를 지키면서 아이들관계의 균형을 맞추는거지. 필요이상으로 에너지를 쏟아부었을 때나 그 이상으로 아이들에게 뭔가를 바라는게 과부하가 걸릴 때가 있다고 생각하기 때문에 적정선을 지키려고 해. (밀 7)

이러한 밀레니얼 세대 교사들의 워라벨을 중시하는 업무 스타일은 기성세대교사들의 업무 스타일과 차이가 있었다. 기성세대 교사들은 일이 끝날 때까지 일했다면, 밀레니얼 세대 교사들은 빨리 집에 갈 수 있도록 일의 성격을 변화시켰다. 이들은 학교 밖에서의 시간을 위해 학교에서 일을 빨리 끝내려고 했으며, 학교에 무언가를 더 투자하는 것에 대해 기성세대 교사들과 다른 생각을 가졌다. 또 학교 업무로 인해서 개인적인 생활을 침해받고 싶지 않아했다. 밀레니얼 세대 교사들의 이러한 워라밸이나 개인의 삶과 직업에 대한 구분은 때로 헌신하지 않는 교사처럼 비춰지기도 한다. 하지만 Stone-Johnson(2016)에 따르면 헌신은 개념이 분명하지 않고 세대별로 다르게 인식되기 때문에 헌신적인 사람들이나 헌신이 높은 것처럼 보이는 사람들에게는 갈등으로 비춰지기도 한다. Day(2007:Stone-Johnson 2016: 73에서 재인용)는 헌신을 3가지로 나누었는데, 학생들과 학교에 대한 개인적 차원의 헌신, 동료들 간의 조직적 차원의 헌신, 직업에 대한 전문적 차원의 헌신으로 구분지었다. 밀 7의 경우는 개인적 차원의 헌신이 높은 것이라 볼 수 있다. 그러나 높은 조직적 차원의 헌신을 가지고 있거나 중요시 여기는 사람들에게는 헌신적이지 않은 사람이라고 여겨질 수 있으며 이는 헌신의 개념이 사람마다 다른 것에서 오는 오해이기도 하다.

3. 교직 경력 전망

밀레니얼 세대 교사들의 교직 경력 전망은 이전 세대와 다른 특징을 보였다. 밀레니얼 세대 교사들은 단순히 승진이냐 아니냐와 같이 교직 경력 전망을 이분법적으로 구분하기보다는 보다 다변화된 경력 궤도를 모색하는 경향이 있었다.

행정직으로의 승진에 대한 무관심 (또는 반감)

베이비부머 세대 교사들은 평생 교직에 재직하다가 교장 승진을 추구하거나 추구하지 않는 양자의 경력 경로를 밟았다고 할 수 있다. 그런데 밀레니얼 교사 세대들은 보다 다양한 경로의 경력 궤도를 모색한다고 할 수 있다. 세대 관점에서 본다면 이러한 행정직으로의 승진에 대한 무관심이나 반감은 교장 직무 자체의 근본적인 변화 때문이라기보다는(물론 교장의 직무가 덜 매력적으로 변화하고 업무가 증가되기도 했지만) 보다 근본적으로는 일과 생활의 균형, 가족과 가정생활에 대한 헌신, 그리고 시간적 여유를 모색하는 세대의 선호에 기인하는 바가 더 크다고 할 수 있다는 것이다(Stone-Johnson, 2017). 밀 7은 앞에서 기술되었던 면담 내용에서처럼 할 수 있는 만큼은 하되, 뭔가를 위해 희생하거나 헌신하는 것이 자신이 생각하는 것과 맞지 않는다고 이야기했다. 밀 7은 자신의 삶과 직업과 아이들 사이에서 균형을 맞추면서 교직생활을 하고 싶으며 승진을 위해 시간과 노력을 투자할 생각은 없다고 이야기했다.

> 승진 안해도 부장교사는 평생 할 수 밖에 없기 때문에 그냥 부장교사 하면 되지 뭐. 승진해서 얻게 되는 메리트보다 지금 누리고 있는 시간적 여유가 훨씬 소중해. 그걸 하기 위해서 뭔가 시간과 노력을 투자할 생각은 전혀 없어. (밀 7)

밀레니얼 세대 교사들 중 일부는 본인이 경험했던 관리자와 승진 문화에 대한 반감으로 인해 승진에 대한 생각을 접었거나 원래부터 하고 싶지 않은 마음을 더 굳건하게 했다고 했다. 밀·중 4는 원래부터 승진 생각이 없었던 것은 아니었다. 그러나 승진을 하기 위해 학급과 가정을 소홀히 하고 방학과 개인적인 시간까지 투자해야 하는 부장님들의 모습이 승진에 대해서 부정적인 인식을 심어주었고 결국에 승진하고 싶지 않다는 마음을 먹게 했다고 이야기했다.

> 교장선생님 차로 태워다드리고, 모셔다드리고 해장까지 해드리고 와야 하고, 방학도 없이 그분들의 개인비서처럼 행동하는 말도 안되는... 승진하려는 분들끼리 견제하고 이런 게 되게 좋아 보이지 않았어. 승진에 대한 부정적인 인식을 심어줬지. 아이들

교육시키는 것보다는 개인의 업무실적을 쌓으려고 하는 모습들이 말이야. 그리고 거의 가정을 등한시해야 승진할 수 있는 분위기였어. 예를 들면, 100대 교육과정이나 연구학교를 할 때, 여름방학에도 거의 11시에 퇴근하고 방학인데도..거의 육아를 할 수 없는...회식도 너무 많고 교육청 관련된 행사도 너무 많고. (밀 · 중 4)

밀 9의 경우는 승진 생각이 애초부터 없었으나 저경력 교사로 학교에서 과중한 업무를 맡았고 업무를 맡아 하는 과정 중에서 느꼈던 관리자의 실망스런 태도로 인해서 승진에 대한 생각이 굳건해졌다고 말했다. 앞의 교사 마찬가지로 승진을 희망했던 몇몇 교사들의 소홀한 학급 경영에 대해서도 승진에 대해 부정적인 인식을 심어주었다고 이야기했다.

저는 승진에 대한 생각이 원래 없었어요. 그래서 저는 학폭가산점도 신청 하나도 안했어요. 관리자라는 자리가 외로운 자리라는 생각도 많이 했고 승진하시려는 모든 분들이 그런 건 아니지만 그런 분들 중에 일부가 학급에 굉장히 소홀하신 것도 봐서 승진에 대한 생각이 원래 없었어요. 근데 이번에 2년 동안 부장을 하면서 저를 동료라기보다는 소모품, 기계적 부품으로 보시듯 하는 관리자분들 때문에 승진 생각이 더 없어졌어요. (밀 9)

한편 이와 달리 밀레니얼 세대 교사들 가운데에서도 승진을 희망하는 교사들도 있었다. 그러나 그 이유는 기성세대의 그것과는 상이했다. 밀 8, 밀 12는 관리자는 의미있는 변화를 이끌어 내고 불합리하고 전근대적인 학교 문화를 바꿀 수 있는 자리이기 때문에 승진을 희망한다고 이야기했다.

내가 부장이나 승진을 하게 되면 결정할 수 있는 것도 많아지고 그런 걸 만들어가는 것도 나쁘지 않다는 생각을 해. 내가 내

목소리를 못내는 걸 싫어하니까 내 목소리를 내기 위해서라도. 내가 승진을 하려는 이유는 변화를 이끌어 낼 수 있는 위치여서야. 지금은 만들어진 것을 하는 거고 내가 의미 있다고 생각하는 시스템을 만들어낼 수 있는 것처럼. 나이를 먹었을 때 내가 뭔가 바꾸고 싶은게 있을 때 그런 걸 바꿀 수 있는 힘이 있는 자리니까 하고 싶은 거지. (밀 8)

승진을 하고 싶은 이유는 뭔가 부조리한 학교의 문화를 바꾸기 위한 것도 있어요. 불합리함이나 트러블 없는 중재자의 역할을 해주고 싶고, 젊은 사람들한테 일이 많이 가는 그런 것도 없어져야 되지 않나 하는 생각을 해요. (밀 12)

대안적 경로 궤도

밀레니얼 세대 교사들은 전통적인 교직 경력 진로였던 관리자 외에도 다양한 진로에 대해서 생각하였다. 자신이 좋아하는 분야를 하면서 그 분야의 전문성을 키울 수 있는 일을 생각하기도 하였으며, 승진을 희망했었으나 수업에 관심을 가지게 되면서 승진에 대해서 다시 생각해보기도 하였다. 또 여러 가지 진로 중에서 정말 본인이 행복한 길이 무엇이며, 그 길이 자신의 개인적 삶도 만족시켜줄 수 있는 것에 대해서 고민하기도 하였다.

원래 승진을 희망했던 밀 1은 수업에 대해 관심을 가지게 되면서 최대한 승진을 빨리 하자고 마음먹었던 것을 바꾸기 시작했다. 그(녀)는 협력학습에 관심이 있었던 와중에 SNS에서 정보를 얻어 거꾸로 교실을 시작하고, 자신이 SNS 속 다른 선생님들에게 정보를 얻어 도움을 받았던 것처럼 자신이 가진 지식을 SNS에 공유하고, 그 곳에서 다양한 지식을 얻고, 여러 전문적 학습 공동체를 경험하면서 학교 밖의 더 큰 세상을 경험하였다고 말했다.

옛날에는 몰랐던 세상이었던 거야. 장학사 교장 교감 학교라는 사회만 보다가 이런 SNS를 보니까 더 큰 세상이 있더라고. 옛날에만 학교 업무에만 머무르고 최대한 승진을 빨리 하려고 했다면 지금은 강의를 나가보니까 괜찮고, 더 수업적으로 열심히 하게 되고 인정받게 되니까 이렇게 살아도 괜찮겠다라는 생각이 드는 거예요. 학교에서만 있었으면 정말 그런 생각을 한번도 못했을 텐데 나는 여태까지 수업 전문성에 대한 노력은 별로 안 한거야. 수업전문성에 대한 노력을 하다보니까 이 길이 맞다는 판단이 든 거죠. 거꾸로교실도 있고 ADE모임도 있고 체육모임도 있고 다양한 사람들을 만나잖아요. 그니까 시야가 확장되는거지. 아 이런 승진 길 말고 그냥 이렇게도 열심히 살아가는 길도 있구나 그런 확신이 들게 되더라구요. (밀 1)

수업 전문성에 관심을 가지게 된 밀 1 외에도 자신이 좋아하는 분야로 경력을 설계하고 싶은 밀레니얼 세대 교사들도 있었다. 밀 5는 영재 분야에, 밀·중 11는 체육 분야 쪽으로 자신의 경력을 설계하고자 했으며 자신이 설계하고자 하는 경력의 분야가 뚜렷했다.

나의 커리어에 대해서는 영재랑 과학, 소프트웨어 쪽을 생각하고 있어. 교장교감보다는 약간 연구사나 장학사 이런 쪽에 진로를 생각하고 있지 영재관련해서. 내가 관심있는 분야기도 하고, 지금도 계속 하고 있고... (밀 5)

체육 쪽에서 일해보고 싶어요. 체육 관련 일? 체육수업을 잘하는 것도 될 수 있고, 체육관련 연구도 계속 하고 싶고...굳이 연구대회가 아니더라도 학술적으로요...(밀·중 11)

이직?

Moore－Johnson(2002)은 어쩌면 베이비부머 세대가 교직을 평생직장으로 생각하는 마지막 교사 세대가 될 지도 모른다고 분석하였다. 밀레니얼 세대 교사들은 경력 전망과 관련하여 이직에 대한 생각이 기성세대 교사들에 비해 보다 열려있는 경향이 있었다. 하지만 미국의 밀레니얼 세대 교사들과는 달리 한국의 밀레니얼 교사들은 이직에 대한 전망이 낮은 편이었다. 이직을 한다면 그것은 본인이 원해서가 아니라 타의에 교직을 떠날 수밖에 없는 상황에 직면하게 되는 것을 상정하였다. 미련이 없는 것은 아니지만 교직에 머물면서 워라밸과 소확행을 통한 만족을 더 모색하는 경향을 보인다고 할 수 있었다. 하지만 이직이라는 옵션을 자신과 무관한 것이 아니라 가능한 옵션으로 열어놓고 있다는 측면에서 기성세대 교사들과 거리가 있다고 할 수 있었다. 면담한 교사들의 대부분은 이직 계획이 없으나 몇몇 교사들은 한 번쯤 생각해 볼 문제라고 이야기했다. 이직 생각에 대한 이유로는 아이들과의 세대 차이, 나이 든 교사에 대한 편견, 승진하지 않는 교사의 스트레스, 다양한 경험에 대한 미련, 증가하는 민원과 교권 침해 사례 속에서 혹시 모를 사건에 휘말림 등을 들었다. 밀 10은 이직 계획은 없지만 최근 교사들이 원치 않는 사건에 휘말리는 것을 듣거나 보게 되면서 이직 생각을 해본 적이 있다고 하였다.

> 생각해봐야 한다고는 스스로 느끼고 있어요. 예를 들어, 어떠한 이유로 교사를 못하게 될 수도 있잖아요. 예를 들어, 사건에 휘말린다던지, 꼭 타의가 아니더라도 또 그런 거에 싫증이나 염증을 느껴서 그만두고 싶다든지, 도저히 못하겠다싶은 순간이 올 수도 있으니까. 그냥 학부모 등쌀에 예전보다 일찍 명퇴하시는 분들도 계시잖아요. (밀 10)

밀·중 4는 면담한 밀레니얼 세대 교사 중 이직 계획에 대해서 다른 사람들에 비해 좀 더 구체적인 생각을 하였다. 중간경력자로 외국어를 전공하였기 때문에 그러한 경력을 살려 다른 일을 해보고 싶다는 생각도 하였으나 그러한 생각을 하게 된 것은 아이들과의 세대차이, 승진하지 않는 교사가 받는 스트레스를 이유로 언급하였다.

사실은 계속 하고 싶은데..한번 정도는 더 진로를 바꾸지 않을까 싶기도 해. 나는 승진에 대한 생각이 일단 없고, 교직사회에서 나이많은 선생님에 대한 편견이 일단 너무 많고 50대나 40대 후반부터는 아이들과 선생님의 갭이 너무 큰 것 같아. 이 직업을 내가 62살까지 할 수 있을까라는 질문을 항상 하는 것 같아. (밀·중 4)

한편, 졸업 직후 바로 발령을 받은 밀 8은 너무나 일찍 확정된 진로로 인해 많은 경험을 하지 못하였으며, 또 요즘 인터넷이나 SNS에서 다양한 경험을 하는 사람들을 보면서 자신이 하지 못했던 것에 아쉬움을 느낀다고 하였다. 그래서 이직에 대한 계획은 없으나 가보지 않은 길에 대한 아쉬움이 있는 듯 했다.

요즘 드는 생각은 시대가 요구하는 공부를 너무 열심히 잘해버려서 오히려 길이 어린 시절에 원했던 그 한정된 직업에 매어있다? 오히려 선택지가 좁아진 느낌이야. 물론 나는 원했지만... 오히려 그렇게 공부 안하고도 요즘 뭐 블로그 마켓이며 돈 벌 방법들이 정말 많잖아. 물론 잘 풀리는 게 어려운건 알겠지만,,오히려 일찍 결정되지 않았기 때문에 선택지가 늘어난 반면 우리는 너무 일찍 결정되서 매어있다는 것 때문에 답답함을 느낀 적이 있어. 다양한 경험을 해보고 싶은 건 있지. 내 인생에서 직업도 딱 이거 하나에, 계속 한다고 생각했을 때 안정되고 좋긴 하지만

> 안정되기 때문에 다른 게 부러워지는 거지. 물론 그 사람들은 결혼하면 끊기고 불안정함을 가지고 있어서 내가 아마 이런 생각이 몇 년 만 지나도 바뀌겠지만..한편으로는 아쉽다는 생각이 들어. (밀 8)

Ⅴ. 논의

본 장에서는 본 연구가 주는 이론적, 실천적 시사점을 크게 교육행정(교직) 차원, 세대 연구 차원의 두 차원으로 나누어 살펴보았다.

우선, 본 연구가 리더십과 교육행정에 주는 시사점은 다음과 같다.

첫째, 앞에서 살펴보았던 것처럼 업무에 대한 자율성보다 시간, 공간 차원의 자율성을 더 추구하고 강조하는 신세대 교사들의 성향과 선호를 반영하여 업무체계를 재편할 필요가 있다. 유연한 근무 체계, 시간 선택제 교사 제도 도입, 재택 근무와 같은 다양한 시간, 공간적 업무 수행상의 융통성을 확대하기 위한 제도적, 행정적 지원 체계를 마련할 필요가 있다는 것이다.

둘째, 교육 행정가들은 교사들의 세대 정체성에 유의할 필요가 있다. 교육 행정가들이 교사들의 세대 정체성에 대해 깊은 이해를 가질 때 효과적이고 지속가능한 학교 조직 변화와 학교 경영이 수월해 질 수 있을 것이다. 즉 교사들을 지금까지 해 왔던 것처럼, 교과 또는 경력만으로 범주화하기보다는 세대 특성에 따라 학교 조직이나 교육활동에 교사 간 현저한 차이가 있을 수 있다는 점에 유의해야 할 것이다. 특히, 최근 다양한 경력을 경유하고 들어오게 되는 제 2의 경력 교사 또는 만기 입문 교사들에 대한 각별한 관심이 필요하다. 이러한 관점에 기반을 두어 이러한 교사들이 세대 간, 또 세대를 교차하여 아이디어를 공유하고 함께 협의하여 업무를 추진할 수 있는 물리적, 심리적 공간을 제공할 필요가 있다는 것이다(Stone-Johnson, 2016, p. 15).

마지막으로, 밀레니얼 세대 교사들이 승진 열망이 없다는 것은 향후 리더십 파이프라인 구축이 어려워짐에 따라 교장 후속 세대의 확보가 어려워질 수 있음을 의미한다. 이러한 측면에서 단기적으로는 후속 교육 행정가 세대를 양성하고 모집하기 위한 새로운 전략과 인센티브 개발이 필요하고, 또한 교장의 업무 체계를 보다 매력적인 방식으로 재구조화할 필요가 있으며, 마지막으로 보다 장기적 차원에서 근본적인 교장 양성 및 임용 체제의 개편도 모색할 필요가 있다는 것을 시사한다고 하겠다(Stone-Johnson, 2016, 2017).

다음으로 본 연구는 세대 연구에도 시사점을 제공한다. 97년 IMF 외환위기 이후의 삶은 우리나라의 청년 세대에게 이전과는 전혀 상이한 방식의 삶의 양식을 요구하고 있다고 할 수 있다. 이는 곧 중산층의 위기와 청년 실업률의 증가 속에서 청년세대는 무한경쟁, 불안정한 생애과정, 양극화, 가족해체 등 사회적 위험에 대한 대응 차원에서 각자도생식의 자기계발에 헌신하였다(김홍중, 2015). 또한 사회, 경제 전반에 만연하게 된 유동성에 직면하여,

> "청년 세대들은 단기적인 안정과 안전에 급급해하고, 현재의 고통을 견디면서 꿈과 미래를 지향하는 데 맞춰져 있는 것이 아니라 안정과 안전을 구축하는 것 자체가 꿈이자 미래가 되어버린 상황 속으로 내몰리고 있다는 것(정수남 & 김정환, 2017, p. 205)"이다.

이런 맥락 속에서 새로운 교직 세대의 출현은 그 자체로 징후적인 현상이라고도 할 수 있다. 밀레니얼 세대 교사들이 동시대의 청년 세대와 차별화되는 시점은 소확행이나 평범함, 워라밸이 청년 세대에게는 일종의 '집합적 판타지'라고 한다면(정수남 & 김정환, 2017, p. 253) 한국의

밀레니얼 세대 교사들에게는 어쩌면 근접 가능한 현실에 가깝다. 밀레니얼 세대 교사들은 그들이 체득하고 체화한 지적 능력과 중산층의 아비투스를 활용하여 입시라는 치열한 조기 경쟁에서 생존하였고 그 대가로 더 이상의 치열한 경쟁과 스펙 쌓기의 고난으로부터 탈출하여 취업이라는 열매를 얻었으며, 화려한 성공은 아니더라도 '워라밸'과 '소확행'을 추구할 수 있는 '조기 입장 패스'를 획득한 것이다. 이는 칼 만하임이 지적하였듯이, 동일 세대는 균질적인 하나의 세대만이 아니라 동일 세대 내에서도 상이한 필드(field)에 따라 상이한 하위문화와 특성을 갖는 세대가 존재할 수 있다고 한 "동시대의 비동시성"을 반영하는 것이라고 할 수 있다. 밀레니얼 세대 교사들은 이러한 맥락에서 독특한 세대적 지형을 차지하고 있다. 한국적 맥락에서, 다각적 취약성(precarization)(직업 안정성, 취업 여건, 그리고 친밀성)에 노출된 청년 세대와 이러한 취약성을 적어도 우회하거나 탈출하여 상당히 안전지대에 진입했다고 여겨지곤 하는 밀레니얼 세대 교사의 세대적 특징이 교차하는 지점을 포착하기 위한 후속 연구가 더욱 요청된다고 할 수 있다(정수남 & 김정환, 2017). 이 교차하는 지점을 포착하는 과정에서 유력한 단서 하나는 앞에서 살펴본 밀레니얼 세대 교사에 드리운 부모 세대의 짙은 그림자와 그들의 중산층의 계급적 기반, 그리고 이로 인해 체득된 아비투스에 대한 이해이다. 로티(1975)가 지적하듯 교직으로의 사회화는 모순 형용과도 같은 '자기 사회화'인 만큼 교직사회화 과정에 지대한 영향을 미치는 것은 지금까지 은폐되고 간과된 경향이 있지만 바로 밀레니얼 세대 교사가 성장과 수학과정에서 체득하게 된 아비투스라고 할 수 있을 것이다(Golann, 2018). 밀레니얼 세대 교사의 특성을 이해하는 데 있어서는 세대와 계급적 차원을 밀접한 관계 속에서 다뤄야 깊은 이해에 도달할 수 있을 것이다.

세대와 직업, 일에 대한 연구나 문헌들은 더욱 더 양적, 질적으로 괄목할 만하게 쏟아져 나올 것으로 예측된다. 그리고 이것은 대체로 경영이나 사회학 분야에 해당될 것이고 교육 분야는 이러한 추세의 바깥쪽에 놓일 공산이 큰 것으로 전망되곤 한다(Stone-Johnson, 2016). 따라서 다른 분야의 세대 연구를 차용하여 교육을 이해하려는 시도도 유용할 수 있을 것이다. 하지만 그러나 일반 회사의 조직 문화와 일과 교직, 그리고 교육행위가 현저하게 다르다는 것을 유념할 필요가 있으며, 더 바람직하기로는 교직과 교육 분야에서도 세대적 관점에 천착한 본격적인 후속 연구들이 많이 수행되어야 할 것이다.

참고문헌

김선기. (2014). 세대연구를 다시 생각한다: 세대주의적 경향에 대한 비판적 검토. 문화와 사회, 17, 207－248.

김홍중. (2015). 서바이벌, 생존주의, 그리고 청년 세대. 한국사회학, 49(1), 179－212.

서울신문(2017. 9. 17). 퇴직 앞둔 '베이비부머' 교사들 임용절벽 예비교사 숨통 틔우나. http://www.seoul.co.kr/news/newsView.php?id=20170919011009#csidxcb8dcc98f2cc86dae53203f2bc00066

이장익 · 이명신(2011). 초등학교 교원의 세대 간 상호인식도와 세대갈등에 대한 조사 연구. 한국교원교육연구, 28(2), 257－281.

인디스쿨(2018). 밀레니얼 초등교사 보고서. 서울.: 인디스쿨.

정수남, & 김정환. (2017). '잠재적 청년실업자'들의 방황과 계급적 실천. 문화와 사회, 195－264.

최종렬. (2017). '복학왕'의 사회학. 한국사회학, 51(1), 243－293.

Golann, J. W. (2018). Conformers, adaptors, imitators, and rejecters: How no－excuses teachers' cultural toolkits shape their responses to control. *Sociology of Education*, 91(1), 28－45.

Goodson, I., Moore, S., & Hargreaves, A. (2006). Teacher nostalgia and the sustainability of reform: The generation and degeneration of teachers' missions, memory, and meaning. Ed*ucational Administration Quarterly*, 42(1), 42－61.

Lortie, .D. (1975). Schoolteacher－A Sociological Study. 김병찬 등(1993). 미국과 한국의 교직사회－교직과 교사의 삶. 파주: 양서원

Hargreaves, A., &Goodson, I.(2006). Educational Change over time? The sustainability and nonsustainability of three decades of secondary school change and continuity. *Educational Administraion Quarterly,* 42(1), 3－41.

Johnson, S. M. (2007). Finders and keepers: Helping new teachers survive and thrive in our schools. ERIC.

Kelchtermans, G.(2009). Who I am in how I teach is the message: Self－understanding, vulnerability and refection. *Teacehrs and Teaching: Theory and Practice,* 15(2), 257－272

Mannheim, K. (2013). 세대문제. 이남석 옮김. 책세상.

Stone－Johnson, C. (2014). Not cut out to be an administrator: Generations, change, and the career transition from teacher to principal. *Education and Urban Society*, 46(5), 606－625.

Stone－Johnson, C. (2014). Parallel professionalism in an era of standardisation. T*eachers and Teaching*, 20(1), 74－91.

Stone－Johnson, C. (2015). "That's not in my job description!" personnel management in the accountability era. *Journal of Cases in Educational Leadership,* 18(4), 294－308.

Stone－Johnson, C.(2016). *Generational Identity, Educational Change, and School Leadership*. New York: Routledge.

Stone－Johnson, C. (2017). Autonomy, professionalism, and the role of generation in professional capital. *Journal of Professional Capital and Community,* 2(1), 18－35.

Strauss, W., & Howe, N. (1991). Generations: The history of america's future, 1584 to 2069. new york, NY: William morrow & company.

Twenge, J. (2006). Generation me: Why today's young people are more conWdent, assertive, entitled—and more miserable than ever before.

저자약력

1. 양흥권 교수님
   현) 한국평생교육학회 이사
   현) 한국평생교육총연합회 부회장
   전) 한국교육개발원 부연구위원

2. 장수빈
   (현) St. Mary's College of Maryland 교육학과 조교수
   (전) 서울 풍납초등학교 교사
   (전) 미시간주립대학교 교육과정 및 교사교육, 교육정책 박사

   한동숙
   (현) 미국 미시간주립대학교 교육정책 박사
   (전) 한국정보화진흥원 성과평가팀 선임연구원
   교육부 학생 개인정보 및 종단연구 프로젝트 다수 참여

3. 오찬숙 선생님
   (현) 경기도 수주고등학교 교장
   (전) 경기도양평교육지원청 및 경기도군포의왕교육지원청 장학사
   (전) 경기도 신안중학교 교감

4. 이인회 교수님
   (현) 제주대학교 교육학과 부교수
   (전) 한국지방교육연구소 전임연구원
   (전) 영동대학교 교직부 전임강사

5. 허지숙 교수님
   (현) 아주대학교 교육학과 박사과정
   (현) 한국성인교육학회 학술이사
   (현) 아주대학교 공학교육혁신센터 전임연구원

6. 신현석 교수님
   (현) 고려대학교 사범대학 교육학과 교수
   (현) 고려대학교 사범대학장 겸 교육대학원장
   (전) 한국교육행정학회, 한국교원교육학회 회장

7. 남수경 교수님
   (현) 강원대학교 교육학과 교수 겸 교육연구소 소장
   (현) 한국교육재정경제학회 상임이사
   (현) 2017,2018 창의교육 선도 교원양성대학 운영사업 연구책임자

8. 정바울 교수님
   (현) 서울교육대학교 교수(초등교육과,교육행정)
   (전) KEDI 연구위원
   (전) 서울강덕, 서울토성초등학교 교사

융 · 복합시대의 공교육 혁신

초판발행 2018년 10월 26일

엮은이 한국교육학회
펴낸이 안상준

편 집 조혜인
기획/마케팅 노 현
표지디자인 권효진
제 작 우인도 · 고철민

펴낸곳 ㈜ 피와이메이트
서울특별시 금천구 가산디지털2로 53 한라시그마밸리 210호(가산동)
등록 2014. 2. 12. 제2018-000080호
전 화 02)733-6771
f a x 02)736-4818
e-mail pys@pybook.co.kr
homepage www.pybook.co.kr
ISBN 979-11-89005-44-3 93370

정 가 20,000원

박영스토리는 박영사와 함께하는 브랜드입니다.